左충
右돌

左충右돌

초판 인쇄 2014년 3월 4일
초판 발행 2014년 3월 12일

지은이 김종엽 | 펴낸이 강병선
책임편집 박영신 | 편집 황은주 이명애
디자인 엄자영 | 마케팅 정민호 이연실 정현민 지문희 김주원
온라인마케팅 김희숙 김상만 한수진 이천희
제작 강신은 김동욱 임현식 | 제작처 미광원색(인쇄) 한영제책(제본)

펴낸곳 (주)문학동네
출판등록 1993년 10월 22일 제406-2003-000045호
주소 413-120 경기도 파주시 회동길 210
전자우편 editor@munhak.com | 대표전화 031)955-8888 | 팩스 031)955-8855
문의전화 031)955-1933(마케팅) 031)955-2697(편집)
문학동네카페 http://cafe.naver.com/mhdn | 트위터 @munhakdongne

ISBN 978-89-546-2431-2 03330

* 이 도서의 국립중앙도서관 출판시도서목록(CIP)은 서지정보유통지원시스템 홈페이지(http://seoji.nl.go.kr)와 국가자료공동목록시스템(http://www.nl.go.kr/kolisnet)에서 이용하실 수 있습니다.(CIP제어번호: CIP2014007313)

www.munhak.com

左충右돌

김종엽 지음

문학동네

들어가며

10여 년 전 문학동네에서 칼럼집 『시대유감』을 출간한 적이 있다. 『시대유감』은 대략 30대에 쓴 글을 모아서 냈는데, 이번에는 40대에 쓴 글을 모아서 낸다. 『시대유감』에 수록된 글과 이번 칼럼집에 담긴 글은 두 가지 점이 다르다. 『시대유감』 서문에서 가능한 한 유감을 표명하는 데 그치는 글을 더이상 쓰지 않겠다고 적었다. 그후로 이 결심을 한 번도 잊은 적이 없다. 여기 수록된 글 가운데 유감 표명에 그친 경우가 없는 것은 아니다. 하지만 그렇게 되지 않으려 항상 경계하는 마음으로 썼음을 내세워 말할 수 있다. 『시대유감』과 이번 책을 대조해서 읽어볼 정도의 애독자가 나에게 있을 거라 생각하지 않지만, 누군가 그렇게 해본다면 두 책의 차이를 식별할 수 있을 거라 믿는다.

또 한 가지 30대에 쓴 글과 달라진 점이 있다. 『시대유감』에 수록된 글 대부분이 나에게는 쓸지 말지 선택할 성질의 것이 아니었다. 30대 중반까지 시간강사 생활을 하며 살았기 때문에 원고료 수입이 생길 수 있는 기회를 마다하는 것은 생각할 수 없었다. 청탁이 있으면 무조건 원고를 썼다. 교수가 되고도 몇 해는 그런 습관에서 잘 벗어나지 못했다. 하지만 점차 거기에서 벗어났고, 그런 만큼 여기에 수록된 글 대부분은 쓰지 않을 수 있음에도 불구하고 쓴 글이다. 그러니까 내 선택임을 명료하게 의식하고 썼던 셈이다.

지난 10여 년간 기회가 닿는 대로 꾸준히 쓴 칼럼이 책 한 권 분량은 충분히 될 정도가 되었으니 그 선택에는 비교적 일관된 이유가 있는 셈인데, 그것은 지식인과 공론장에 관한 내 입장에서 기인한다. 이 문제를 밝히자면 이야기가 조금 길어질 수도 있다. 서문은 책을 내는 이의 개인적 감상을 담는 정도에 그치고 독자로 하여금 빨리 본문으로 넘어가게 해주는 것이 좋은데, 그렇게 하려면 이 문제를 다루지 않는 편이 낫다. 하지만 칼럼을 모아 책으로 내면서 칼럼의 의미와 특질에 대해 '가벼운' 사회학적 고찰을 시도하는 것이 나쁠 건 없을 듯하다. 여기서 가볍다는 건 엄격한 분석이 아니라 내 개인적 경험과 다소간 뒤섞인 채로 논의한다는 뜻이다.

내가 업으로 삼은 사회과학은 우리가 살아가는 사회에 대해 관찰하고 분석하고 서술한다. 그렇게 생산된 지식은 다시 사회로 환류된다. 그런데 이 환류가 이루어지는 방식은 매우 다양하다. 저서 형태로 출간되어 좀더 많은 독자들에게 읽힐 수도 있다. 하지만 대체로 출간되는 것만으로 출판사에 감사해야 할 정도로 독자가 적은 것이 최근의 추세다. 책보다 더 심한 경우는 단지 심사위원 3명만이 독자가 되는 논문으로 남는 경우다. 그것들은 논문집에 게재된 뒤 미지의 독자를 기다리며 도서관의 먼지 아래 묻힌다(요즘은 그편보다는 학술DB에 저장되고 이따금 다운로드되어 컴퓨터 하드디스크에 유폐될 때가 더 많은 것 같다). 혹은 프로젝트라는 이름으로 주문 제작된 다음 기업이나 정부 관계자 들의 정책에 직접 영향을 미치거나 그들에 의해 곧장 쓰레기통으로 던져지기도 한다.

어느 경우에나 사회를 대상으로 하지만 기본적으로는 학문 전통 속에서 형성된 이론적 틀과 문제의식을 바탕으로 생산되며, 전문가 동료를 독자로 가정하고 쓰이며, 사회로 환류되긴 하지만 그 강도는 약하며, 사회에 영향을 미치려는 의도 또한 처음부터 부차적이다. 요약하자면 사회과학적 지식은 심층적이고 엄격하게 검토된 것일 수는 있지만 폭넓게 전달되지 않는다. 그리고 이 심층성과 엄격성이 가진 가치 덕분에 유통범위가 좁을 때에도 생산이 가능하게 해주는 대학이나 연구소 같은 제도적 기반이 만들어진 것이다. 이에 비해 우리가 살아가는 사회의 양상을 매일 사람들에게 전달하며 그들 사이의 커뮤니케이션을 촉발하는 것은 대중매체에 주어진 일이다. 우리는 엄청나게 복잡한 사회에 살기 때문에 의사결정 과정에서 사회에 대한 관찰을 통해 획득된 정보를 활용하지 않을 수 없다. 예컨대 다른 사람들이 어떻게 투자하는지 살피지 않고 주식을 살 수는 없다. 그렇게 살피는 것이 남보다 더 높은 투자수익을 보증해주지는 않는다. 하지만 남들의 투자결정을 아예 무시하는 투자는 재앙에 직면할 가능성이 크다. 이렇게 우리는 날마다 계속되는 결정의 압박 속에서 즉시 사용할 수 있는 정보들이 필요하다. 그런 것에 대한 접근 경로가 바로 대중매체다.

이런 예는 계속해서 열거할 수 있다. 시민들의 총체는 거대하게 조직된 국가를 매개로 사회적 삶을 운영한다. 그런데 그런 국가권력을 운영하는 것을 목표로 조직된 정당들 내부의 숱한 결정과 선택에 대해 직접 알 수는 없다. 그들의 행동을 모니터링하고 공적인 가치를 가진 결정들을 선별적으로 조직해서 전달해주는 보도기관이 없다면 시민으로서 숙고된 정치적 결정을 내린다는 것은 불가능하다.

물론 대중매체는 고유한 편향을 가지고 있다. 사태 차원에서 대중매체는 양(순위, 크기 등)에 집착하고, 시간 차원에서는 새로운 것에 경도되며, 사회적으로는 갈등에 과도하게 주목한다. 심층성, 안정성, 자율성, 균형감각의 수준에서 볼 때, 신문기사나 보도 코멘트는 학술논문에 비하면 열등하다고 할 수 있다. 하지만 학술논문은 대중의 커뮤니케이션 경로 속에 들어가기 극히 어렵다.

이런 경우 사회를 연구하는 학자는 학술논문의 회로 속에 머무르며 엄밀성을 견지하는 대가로 전체 사회에 느리고 간접적으로 영향을 주는 것에 자신을 한정할지, 아니면 공론의 흐름에 개입하기 위해 대중매체를 활용할지 선택해야 한다. 물론 이때에는 엄밀성과 중립성이 약화될 위험은 피할 수 없다. 그런 위험 부담을 피할 수 있게 해주는 제도적 토대를 가진 학자가 스스로 그런 위험을 무릅쓸 경우 그는 직업적으로 불가피하게 그런 위험을 지는 기자보다 훨씬 더 큰 부담을 떠안는다.

선택은 물론 선택 상황에 있을 때만 문제가 된다. 따라서 모두에게 의식적으로 그리고 계속적으로 주어지는 과제는 아니다. 기질과 성향, 기회의 우연한 분포에 따라서 이런 선택의 빈도와 강도는 매우 달라진다.

그렇다 하더라도 얼마나 의식적인지와 상관없이 사회과학 연구자는 대중매체를 활용할지 말지 선택한다. 내 경우 의견의 흐름 속에 개입하는 쪽을 지속적으로 선택해온 셈인데, 모든 선택이 그렇듯 얻는 것과 잃는 것이 모두 있다. 나처럼 사적인 성향이 강한 사람은 공적인 마음을 스스로 부양할 필요가 있는데, 그런 점 때문에도 내 경우는 얻는 것이 더 많았다.

동기가 어떻든 칼럼을 쓰는 본질적인 이유는 논문보다 우월한 영향력 때문인데, 영향력은 단순히 대중매체를 통해 전달되는 의견들의 집합 속에 하나를 보태는 것에 의해 확보된다고 보기 어렵다. 의견들은 매일매일 더 촘촘해지는 커뮤니케이션 그물 속에서 점점 더 많이 생산되고 점점 더 많이 유통되기 때문이다. 나도 그렇고 다른 사람들도 이런 의견의 눈사태 속에서 듣거나 읽을 만한 의견을 선별하는 한 방편으로 삼는 것이 의견의 출처를 인격으로 소급하는 것이다. 의견의 가치를 평가하기 위해서 말한 사람을 평가하는 것인데, 그것은 유용한 방법이다. 기자들이 내게 의견을 묻는 전화에 응답하면 기자는 내 멘트를 기사에 인용하면서 사회학자 김종엽의 발언이라고 소개한다. 그것은 발언을 인격으로 소환하고 인격을 지위와 연결함으로써 신빙성을 높이는 것인데, 내 발언이 대중매체의 선별을 쉽게 통과하는 것은 교수 그리고 사회학자라는 직함 덕분이다.

하지만 교수도 매우 많고 사회학자도 매우 많다. 더 영향력을 높이기 위해서는 명성이 필요하다. 명성은 인격을 개성 있게 만드는 과정 그리고 자신을 사회적 네트워크의 허브로 만드는 과정을 필요로 한다. 개성화의 자질이 어느 정도 있다면, 유명인이 되는 쉬운 길은 유명인을 만나고 그와 친구가 되는 것이다. 각종 시사 프로그램의 사회자가 쉽게 명성을 획득하는 것은 이런 메커니즘을 통해서다. 그는 대중매체의 중요 경로를 차지하고 직업적인 이유에서 계속해서 명사들과 만나 그들과 친분을 형성하며, 그렇게 해서 네트워크의 중심에 들어서게 되는 것이다.

영향력을 향해서라면 이런 일을 개척해야 한다. 전방위적으로 글을 쓰고 거의 모든 주요한 쟁점에 대해 코멘트를 하고 사회적 네트워크를 지속적으로 확장해야 하며, 그렇게 해서 어떤 명성의 문턱을 넘어야 한다. 그러기 위해서는 얼마 전이라면 블로그도 운영해야 하고, 요즘이라면 페이스북과 트위터에서 일상적으로 활동해야 한다. 굳이 거명할 필요는 없지만 이해를 도모하기 위해 예를 든다면 진중권 교수가 좋은 예다. 그의 활동 방식은 전략적이라기보다 기질적인 것이겠지만, 활동의 효과는 내가 지적한 방식에 매우 근접할 것이다.

말이 나온 김에 페이스북과 트위터의 효과도 잠시 살피자. 확실히 양자는 대중매체의 작동 방식도 바꾸고 있기 때문이다. 요즘 기자들은 학자들에게 전보다 훨씬 적게 전화하는 것 같다. 그들은 이미 많은 수의 영향력 있는 명사나 지식인 들의 트위터를 팔로우하고, 그들과 '페친'이 되어 있다. 그렇기 때문에 이제 '멘트를 따기 위해서' 전화를 돌려야 할 필요가 없다. 필요한 의견을 아는 데 필요한 것은 스마트폰 '잠금해제'일 뿐이다. 다시 진중권 교수 예를 든다면, 그의 의견을 얻기 위해서 기자는 어렵게 전화할 필요가 없다. 그의 의견은 이미 기자에게 전달되어 있기 때문이다. 기자에게 필요한 것은 그것을 인용할 것인가 말 것인가 하는 결정뿐이다.

대중매체에 의견을 유통시키기로 했다면, 영향력을 추구해야 의도에 충실한 것이다. 그러므로 나도 그렇게 해야 했을 것이다. 하지만 나는 그렇게 하지 않았다. 이 점에서도 교수라는 직업적 토대가 작용했다. 나는 영향력을 추구하지 않을 수 있기 때문이다. 그래서 나는 한편으로는 나의 사적 삶을 더 보존하고(명성이 가져다주는 불편함을 피하고), 다른 한편으로는 매번 타석에 올라야 하고 안타를 쳐야 한다는(사람들이 고개를 끄덕일 만한 의견을 그때그때 생산해야 한다는) 부담에서 벗어나 전문적인 책을 뒤적거릴 시간을 확보했다고 할 수 있다.

글을 보면 알겠지만 나는 한겨레신문 그리고 '창비주간논평'이라는 두 개의 매체를 중심으로 칼럼 작업을 하다시피 했고, 트위터와 페이스북 작업을 진행하지는 않았다(계정이 없는 것은 아니지만 개점과 동시에 휴업이다). 나에게는 의견을 말하는 것이 중요했고, 내 의견을 수용한 두 매체의 선별 능력에 대한 사회적 신뢰에 편하게 기댈 뿐, 숱한 의견의 네트워크에서 경쟁하고 무차별적인 댓글, 멘션, 추천의 흐름 속에서 백병전을 치를 생각은 없었던 셈인데, 영향력 손실을 대가로 과민한 상태에서 살지 않아도 되는 '게으름'을 보존하는 것은 그럴 만한 가치가 있다고 판단했다. 오늘날에 자유는 네트워크와의 접속을 확실히 끊을 수 있는 순간을 가지는 것, 최소한 그 접속을 조절하는 주도권을 잃지 않는 것에 있기 때문이다.

이런 이야기가 오해를 불러일으킬 우려가 있어서 어쩔 수 없이 몇 마디 덧붙여야 할 것 같다. 내가 명성을 추구하지 않았다는 말은 내가 추구하기만 하면 명성을 얻을 수 있었다는 이야기는 아니다. 어떤 의미에서 나는 추구했는데 얻지 못할 위험을 피한 것이거나 추구해봤자 소용

없는 일을 하지 않음으로써 자족감을 얻은 것일 수 있다. 또 칼럼 작업이 학술적 작업을 심각하게 침해하지 않도록 했다는 것이 학문적으로 높은 생산성으로 이어졌다는 이야기도 아니다. 나의 작업은 좋게 말하면 균형을 유지한 것이지만, 나쁘게 말하면 이도저도 아닌 태도로 우물거린 결과 양편 모두에서 보잘것없는 성과를 낸 것이라고 할 수도 있다(괴롭게도 이게 더 사실에 가까운 것 같다!).

내가 하고 싶었던 말은 칼럼이 생산되고 그것을 위해 작업하는 경로가 어떤 것인지, 여기에 실린 글이 어떤 사회적 맥락과 저자의 입장 선택 속에서 형성되었는지 말하고 싶었던 것이며, 그 과정에서 조금 내세우고 싶은 것이 있다면, 그 과정 전반에 대해 내가 충분히 자의식적이었다는 것 정도다. 그조차도 사실은 내가 종사한 학문 덕인데, 사회학은 이런 문제에 대해서 무의식적이거나 둔감하게 놔두지 않는 학문이다.

소략한 형태라 해도 칼럼의 사회학을 마감하기 위해서는 앞서 내가 주요한 매체로 삼은 한겨레와 창비주간논평에 대해서도 분석해야 할 것이며, 그것을 대중매체 전반에 대한 분석으로 확장해야 할 것이다. 창비주간논평 같은 매체는 왜 발생하고 어떤 기능을 하는가? 이런 문제를 다뤄야 한다.

하지만 이런 문제에 대한 제대로 된 분석은 작은 일이 아니다. 신문이 기사report와 의견opinion을 분화시키고, 각각 어떤 다른 생산 메커니즘을 가지는가 하는 원론적인 문제부터 따질 필요가 있기 때문이다. 왜 한국에서는 대학교수들이 신문에 칼럼을 그렇게 많이 쓰고 있는가 하는 질문에 답하는 것조차도 간단하지 않다.

신문사의 오랜 관행인 면도 있고, 적은 비용으로 괜찮은 원고를 조달하는 방법일 수도 있고, 사회적 명망가들의 의견이 유통되는 허브가 되기 위한 방편인 면도 있다. 교수들의 경우에는 여론 형성에 대한 참여, 자신의 전문적 지식의 공적 활용, 개인적 명성과 사회적 인정의 추구 같은 동기가 작용할 수 있다. 하지만 구체적으로 따지자면 그렇게 간단하지는 않다.

최근 한겨레 오피니언 난을 보면서 든 생각은 기자들의 칼럼이 점점 더 외부 필자들의 칼럼보다 안정적이고 맥락적이며 매체의 특성과 더 잘 부합하고 있다는 것이다. 이것이 함축하는 바는 신문이 외부 필자에게 점점 덜 의존하게 될 것이라는 점인데, 그것이 어떤 추가적인 변화를 불러올지도 섬세한 분석이 필요하다. 하지만 여기서 그 일을 할 수는 없다.

뒤의 문제, 그러니까 창비주간논평의 문제도 복잡하긴 마찬가지다. 그것은 『창작과비평』이라는 계간지의 존재와 연관된 문제다. 이 문제를 다룬다면, 사실 우리 사회에서 문학과 민주화운동, 교양과 담론장의 성격 들에 대한 긴 분석이 요청된다. 더구나 내 자신이 10여 년 『창작과비평』 편집위원이었고, 창비주간논평은 에디터 역할까지 맡기도 해서 객관성을 지키며 분석하는 것이 쉽지 않은 과제다. 이를 위해선 따로 긴 글 한 편 분량 혹은 그 이상이 필요하리라.

칼럼집의 구성에 대해 몇 가지 이야기하고 싶다. 그렇지 않은 경우도 있겠지만, 칼럼은 쓰인 시점과 높은 연계성을 지닌다. 그렇기 때문에 시간이 지나면 이해하기 어렵거나 이해한다 해도 의견의 흐름 속에서 그것이 가졌던 효과를 감지하기는 매우 어렵다. 이 책을 내는 문제를 가지고 문학동네 편집부와 처음 이야기를 하던 시점이 남양유업 영업사원이 대리점주에게 폭언을 한 것이 사회 문제가 되던 시기였다. 그래서 편집부원에게 칼럼집을 내달라는 이야기가 유통기한이 지난 우유를 대리점에 밀어내기하는 '갑질'을 하는 것처럼 느껴진다고 말했다. 지나고 보니 꽤 겸양을 떤 이야기긴 한데, 실은 출판사와의 관계에서 갑이 될 수 있는 필자는 인기 있는 소설가 정도임을 생각하면 이 겸양 밑에는 은연중에 자신을 갑의 위치에 놓는 오만함도 서려 있다. 아마 프로이트라면 이런 내 말을 "타협 형성"이라고 했을 것이다.

그 말을 한 내 심리가 어떤 것이든 여기 실린 글들이 유통기한이 한참 지난 것은 사실이다. 그래서 이전에 냈던 『시대유감』처럼 단순히 칼럼을 모을 경우 그것은 매우 개인적인 자기정리의 일환으로 그칠 가능성이 높다. 이 문제를 해결하기 위해서, 그러니까 칼럼집을 사적 사건으로 만들지 않기 위해서(이것도 일종의 타협 형성이다), 칼럼에 대해 내 자신의 주해를 달아서 재맥락화하기로 했다. 여기서 재맥락화는 여러 가지 의미를 지닌다. 칼럼을 쓰던 당시의 상황적 맥락을 복원하는 것을 뜻하기도 하고, 그런 상황을 칼럼 속에서 수용하는 과정과 방식의 맥락을 재현하는 것을 말하기도 하고, 칼럼을 현재의 맥락에서 재조명하는 시도 혹은 칼럼을 쓸 때와는 달라진 내 생각을 제시하는 식의 맥락화를 의미하기도 한다. 어떤 방식이 되든 각 칼럼에 따라 적합한 방식을 선택적으로 적용해보기로 했다.

그렇게 마음을 먹고 작업을 해보니 세 가지 문제가 발생했다. 우선 재맥락화 작업은 사실 한정이 잘 안 되는 작업이다. 어디까지 맥락을 밝힐 수 있고 밝혀야 하는지 미리 정해져 있지 않으며, 따라서 매우 자의적인 것이 되기 쉬웠다. '변명', 과도하게 강화될 자기 일관성을 향한 유혹을 떨쳐내는 것도 어렵고, 궁극적으로는 성공하기 어려웠다. 뿐만 아니라 이 재맥락화는 책을 출간하는 작업이 이루어지는 2013년 여름과 가을이라는 시점에서의 재맥락화일 뿐이다. 아마도 2014년만 되어도 재맥락화를 위해 쓰인 글 자체가 상당 정도 탈맥락화할 것이다. 그런 의미에서 이것은 일종의 불가능성을 내포한 작업이다. 작업이 진행됨에 따라 점차 이게 잘하는 일일까 하는 회의가 든 것은 그런 이유 때문이었다.

다음으로 결국은 이 작업이 칼럼집의 부피를 늘리는 일이 되고 만다는 것이다. 자칫하면 현재 칼럼집 분량만큼이 더 늘어날 수도 있는 일이었다. 출판사가 감당할 수 있는 수준으로 끊어내야 하는데, 그것도 어렵게 느껴졌다. 그래도 이런 문제는 작업 자체로는 큰 어려움은 없었다.

마지막 문제가 내게는 심리적으로 불편하게 느껴졌다. 글을 모으면서 나는 사실 대부분의 원고를 내 컴퓨터 하드디스크에서 찾지 않고, 웹사이트에서 복사해서 정리했다. 하드디스크의 원고 상태가 게재된 것과 다른 점들이 있었기 때문이다. 그 과정에서 하드디스크에 남아 있지 않은 원고도 찾을 수 있었으며, 내가 쓴 칼럼이 각종 블로그에 퍼져 있는 것도 더러 볼 수 있었다. 내가 쓴 글들은 각자 운명의 행로를 따라 떠돌고 있었던 셈이다. 그런 글을 보는 것은 마치 자신이 병 속에 넣어 바다에 띄운 편지를 스스로 되받아보는 것과 같은 체험이었다. 자신에게도 조금은 낯설어진 편지를 스스로 해명하는 작업, 요컨대 자기 자신에 대한 주석 작업은 그것이 주석을 붙일 만한 가치가 있다고 주장하는 것 같은 낯뜨거운 느낌을 준다.

뭐 그렇다고 해서 나는 내 자신이 B급이라고 위악적 너스레를 떨 생각은 없다. 자평하건대 나는 그런대로 출루율이 좋은 2할대 타자였고 출장 횟수도 꾸준했다. 그렇다 해도 별로 영웅적이지 않은 2할대 타자의 기록을 모으고 그것에 상세한 논평을 붙인다는 것에 심리적 불편이 따르지 않을 수 없었다. 그래도 이 일을 감수하기로 한 것은 독자에게도 그렇지만 나에게도 내가 썼던 칼럼 가운데 어떤 것이 그리고 어떤 부분이 달리 쓰일 수 있는지 혹은 여전히 달리 쓰일 수 없는지를 드러내는 경험이 되기 때문이다.

원고가 어느 정도 정리되면 책제목을 무엇으로 할지 좀더 구체적으로 생각하게 된다. 이번엔 아내가 문제를 쉽게 해결해주었다. 아내는 '좌충우돌'이라는 제목을 제안했는데, 이전 칼럼집 제목 '시대유감'과 일정한 연속성을 가진 동시에 이번 칼럼집의 구상을 잘 반영한다는 생각이 들어 흔쾌히 수용했다. 2003년부터 2012년에 이르는 시기는 노무현정부의 시작부터 이명박정부의 마감에 이르는 기간이다. 이 시기를 '좌충'에 이어진 '우돌'의 시대로 규정하는 것은 간결하고 타당해 보였다. 동시에 그런 좌충우돌의 시대는 좌우충돌을 내포하고 있기도 했다. 좌충의 시대는 좌우충돌로 점철되었고, 우돌의 시대 또한 격렬한 좌우충돌을 경유했다. 그리고 그 때문에 좌충의 시대도 우돌의 시대도 각기 다른 방식으로 좌충우돌의 비일관성을 노정하기도 했다. 내 칼럼들은 이렇게 중의적인 의미에서 좌충우돌/좌우충돌하던 시대를 성찰하고 또 그것에 개입하려는 시도였다고 할 수 있는데, 내 자신이 그런 좌충우돌/좌우충돌의 흐름 속에서 어느 지점에서 자리를 지키려 했는지 다시 한번 생각해보았다. 그 지점이 여전히 흐릿하고 좌충우돌/좌우충돌의 흐름 속에서 함께 흔들렸음을 부인하기 어렵다. 그래도 우리 사회의 좌충우돌보다는 조금 더 적은 진폭으로 흔들렸다고 말할 수 있고, 그랬음을 다행스럽게 생각한다.

끝으로 이 책이 나오기까지 도움을 준 모든 분들에게 감사드린다. 나에게 지면을 주었고, 지금도 주고 있는 한겨레와 창비주간논평에 특히 감사드린다. 또한 흔쾌히 출판을 결정해준 문학동네 강태형 사장과 편집위원들, 책을 만드는 실무를 담당해준 박영신씨에게 깊이 감사드린다. 그리고 칼럼을 쓸 때 초고의 약점을 언제나 끈기 있게 지적해주고 때로 언성이 높아지는 논쟁도 마다하지 않았던 아내 정민승에게 깊은 감사를 전한다. 자신들을 아빠 칼럼의 대중성 지표로 내세워온 두 딸에게도 고마운 마음이다.

2014년 3월
용인시 동천동에서
김종엽

차례

2006년

2007년

2008년

2009년

2010년

2011년

2012년

2013년

2003년

2월 노무현정부 출범
3월 이라크전쟁 발발
5월 화물연대 파업
7월 정전협정 50주년
한국대학교육협의회 대학 학문분야 평가 파행
8월 정몽헌 현대아산 회장 자살
9월 노무현 대통령 새천년민주당 탈당
11월 열린우리당 창당

평화로 가는 길

이달 들어 읽은 책이 몇 권 되는데, 그 가운데 언필칭 내 전공 분야의 책이라고 할 게 별로 없다. 제일 열심히 읽은 책이 셀리그 해리슨의 『코리안 엔드게임』이고, 그다음이 찰머스 존슨의 『블로우백』이다. '스탠스를 잃은 듯한' 노무현정부의 대미외교를 보면서 이왕의 위기감이 더욱 진해져 전공서적엔 손이 잘 가지 않는다. 하지만 뒤늦게 한반도 문제에 대한 책 몇 권 읽는다고 해서 사태의 핵심에 바짝 다가선 정견을 가지기도 어려운 일이란 생각이 들었다.

해서 나보다 북핵 문제나 세계정세에 밝은 지인들에게 북한의 현재 상황과 부시 행정부의 의도 내지 행동반경, 중국이나 일본의 동향, 그리고 앞으로 있을 사태의 전개 방향에 대해 물어보기도 했다. 우리는 이라크와는 사뭇 다르다는 낙관론에서부터 우리 또한 이라크와 별반 다를 바 없다는 비관론 사이에 다양한 견해들이 펼쳐져 있었다. 그러나 어느 쪽에 선 입장이든 충분한 정보에 기초한 견고한 견해로 여겨지지 않았다.

결국 책을 읽고 귀동냥을 거듭해도 현재 상황에 대한 적확한 이해를 얻을 수 없었던 셈이다. 그렇게 된 이유의 일부는 내 무능과 공부 부족 때문이지만, 정부든 민간이든 우리 사회가 북한의 내부사정을 포함해 동북아 국가들의 동향이나 미국의 세계전략 등에 대해서 정보 부족 상태에 있는 것 또한 사실인 것 같다. 이런 정보 부족 상태는 우리 사회가 자신의 명운이 걸린 사태에 대해 적절히 대처할 능력을 가지고 있지 못함을 뜻한다.

정보의 집적과 확산이 잘 되지 않았던 저간의 사정을 모르는 바 아니지만, 이제는 그런 상황을 단호히 벗어날 때가 되었다. 정부야 옳든 그르든 계속해서 나름의 정책을 펼칠 것이고, 지금 중요한 것은 시민 수준에서 독자적으로 한반도의 평화를 위해 정보를 수집하고 적합한 정책을 개발하며 그것을 대중적 의지로 모아가는 일이다.

어찌 보면 이제는 그렇게 할 수 있는 역량이 쌓였다 하겠다. 지난해 다분히 민족주의적 감정에 경사된 바 있지만 억울하게 죽은 미선이, 효순이를 위해서 거리로 쏟아져나온 시민들의 촛불시위나 올해 이라크전 파병 반대운동은 평화운동이 그간의 자주통일운동과는 다른 수준에서 폭넓은 대중적 기반을 가지고 있음을 드러내주었기 때문이다.

걱정스러운 것은 이런 대중적 정서와 토대가 응집된 힘으로 결집해 가는 모습이 뚜렷하지 못하다는 점이다. 기존의 사회운동들이 평화운동의 쟁점과 접맥한 기간이 일천하고, 새로이 평화운동을 일궈나갈 구심

점이 뚜렷하지 못한 탓이다. 하지만 지금 우리가 맞이하고 있는 상황의 무게를 생각하면 어떻게든 길을 모색해야 할 때가 아닌가 싶어, 몇 가지 우리가 해봐야 할 일을 적고 싶다.

우선 동북아 평화를 지향하는 평화운동을 새롭게 발전시키기 위해서 기존의 사회운동단체들 간의 연석회의가 필요하며, 사회운동단체들의 합력하에 평화운동의 새로운 구심점이 창출되어야 할 것이다. 또한 이런 평화운동은 강대국들의 전략적 행동에 대응해야 하는 만큼 매번 발생하는 이슈에 반응하는 형태를 넘어서 평화의 구체적인 비전을 마련해야 한다. 그러기 위해서는 정보를 집적하고 현실성 있는 정책을 개발할 수 있는 (가칭)평화연구센터가 필요하다. 이런 일을 제대로 해내기 위해서는 상당한 자금이 필요할 테니, 이를 위해서 (가칭)평화기금을 마련해야 할 것이다. 기금 마련이 쉽지 않겠지만, IMF 위기 때 금모으기도 하던 국민이니 미리부터 어려움만 예상할 필요가 없으며, 현재 한반도 상황의 심각성은 IMF 때보다 더하면 더했지 못한 게 아니지 않은가. 또한 많은 시민들이 한푼 두푼 모아 평화기금을 마련하는 과정은 그 자체로 평화교육의 장이 될 수 있을 것이다. 다가올 7월 27일이면 정전협정 50주년이다. 우리가 어떤 자세로 이날을 맞이해야겠는가. 다시 6·25와 같은 비극이 되풀이되지 않는 항구적 평화의 구축을 위해 노력하며 이날을 맞이해야 하지 않겠는가.

한겨레, 2003. 5. 22.

돌아보기

한겨레 지면 개편 시점에 맞추어 2003년 5월부터 정기적으로 칼럼을 쓰기로 했다. 그래서 2003년 5월 이전에 쓴 칼럼이 없다. 2002년 매우 극적인 드라마를 겪으며 노무현 대통령이 당선되고 또 취임 후 처음 몇 개월 사이에 일어난 일들에 대해서 칼럼 형태로 논평을 할 기회가 없었던 셈이다. 이번에 칼럼집을 내면서 신문 칼럼을 정기적으로 쓰지 않더라도, 계속해서 개인적으로라도 그때그때 사회적 쟁점들에 대한 의견을 정돈된 형태로 써두는 것이 좋겠다는 생각을 처음으로 했다.

아무튼 이 글은 한겨레에 정기 칼럼 형태로 쓴 첫 글이다. 그래서 그런지 무언가 손에 익지 않은 일을 하는 분위기가 물씬 풍긴다. 꼭 11년 전에 쓴 글인데, 이 글에서 말한 정전이 이제 어느덧 60주년을 넘겼다. 동양적인 시간감각에서는 역시 50주년보다는 60주년이 더 울림이 큰 법인 것 같다. 작년에 박명림 교수가 한겨레에 정전 60주년의 의미에 대한 좋은 글•을 연재했던 것을 비롯해 학문적·사회적 논의 역시 50주년 시기보다 한결 활발했던 것 같다.

• 「박명림의 한국전쟁 깊이 읽기」 1~8, 한겨레, 2013년 6월~8월.

그러나 정전 60주년에 벌어진 일련의 정치적 사건들은 50주년 때보다 더 뼈아픈 것들이었다. 2013년 3월과 4월에 북미 간 벌어진 극히 높은 수준의 군사적 긴장이라든가, 개성공단의 폐쇄와 재가동에 이르는 일련의 과정, 남북 이산가족 상봉의 좌절, 10·4 정상회담 녹취록을 둘러싼 논란이나 통합진보당 당원 연수 녹취록이 불러들인 정치적 갈등 그리고 그 중심에 국정원이 있었던 것들이 그렇다. 다시 한번 연기된 전시작전권 회수도 이런 사건들과 함께 거론할 수 있다.

이 칼럼에서 "지난해 다분히 민족주의적 감정에 경사된 바 있지만 억울하게 죽은 미선이, 효순이를 위해서 거리로 쏟아져나온 시민들의 촛불시위나 올해 이라크전 파병 반대운동은 평화운동이 그간의 자주통일운동과는 다른 수준에서 폭넓은 대중적 기반을 가지고 있음을 드러내주었"다고 했지만, "그간의 자주통일운동"과 다른 정전체제, 더 나아가 분단체제 극복을 향한 사회운동이 지난 10여 년 얼마나 성숙했는가 생각해보면 매우 안타까운 상황이다. 이명박정부 이전까지 햇볕정책을 통해 이루어진 정전체제와 분단체제 극복 노력은 정부를 중심으로 한 것이었고, 그런 만큼 사회운동적인 기반은 공고하지 못했던 것 같다. 이 때문에 이명박정부가 남북관계의 경색을 내치의 방편으로 동원하자 분단체제 극복의 성과들은 쉽게 후퇴하고 말았다. 그 결과 정전 61주년에 우리가 마주하고 있는 것은 북미관계를 중심으로 한 정전체제 그리고 그것을 포함하는 분단체제의 여전한 위세다.

외국 학술지에 논문 싣기

학문 세계에서 다른 학문 분야의 일에 대해 언급하는 것은 자제할 일에 속하지만, 내가 지금 하려는 이야기는 단순히 한 학문 분야에만 관련된 일이 아니라 전반적인 제도의 문제가 한 학문을 통해서 드러난 일이라 언급을 자제할 일은 아닌 것 같다. 그 일이란 한국대학교육협의회(이하 '대교협')가 수행하는 대학 '학문 분야 평가인정제'와 관련된 일이다. 대교협은 대학 평가와는 별도로 개별 학문 분야에 대한 평가를 매년 실시하고 있는데, 올해는 경제학과 물리학이 대상이다. 그런데 전국 경제학과 대부분이 평가를 위해서 대교협이 배포한 평가 편람 내용에 강력히 반발하여 '대교협 경제학 분야 평가개선추진위원회'(이하 '추진위')를 결성하고 평가의 무기한 연기와 평가 체제의 전면적 개편을 요구하고 나섰다. 이에 대해 대교협은 '추진위'의 요구를 무시하고 기존 평가 편람을 일부 수정하여 올해 안에 평가를 강행할 태세다. 이 일은 정부가 계속해서 추진해온 교육기관이나 학문 분야에 대한 평가사업과 교육현장 간의 최초의 전면적 대립이다.

그동안 대교협에 의한 평가사업이 노정해온 문제점이 한둘이 아니지만, 그런 문제들에 대한 이야기가 대학의 담장 너머로 번진 바가 별로 없어 대학 외부 사람들에게는 교수들의 반발이 잘 납득이 가지 않을 수 있다. 심지어 현정부 들어서 더욱 빈발하는, 또하나의 집단이기주의의 발호로 치부하는 사람조차 있을 것이다. 하지만 이번 사태에는 우리 사회가 깊게 논의해야 할 중요한 문제들이 깃들어 있기 때문에 사태를 신중히 살펴볼 필요가 있다.

전국 경제학과 교수들이 평가에 반발하는 이유는 여러 가지이며, 그것들은 각각 나름대로 해결책을 찾아야 하는 문제다. 전혀 상이한 조건에 처해 있는 전국 대학의 학과들에 획일적인 기준을 들이대어 서열화를 극복하기보다 강화하는 평가기준도 문제려니와, 평가주체가 평가를 위해 자체적으로 자료를 수집하려는 노력이 거의 없고, 외려 피평가기관이 모든 노력을 다해 자료를 제공하게 하는 대교협의 평가 경향은 큰 문제다. 현상황은 대교협이 대학의 발전을 위해서 존재하는 것이 아니라 대학이 대교협을 위해 존재하는 꼴이기 때문이다.

하지만 필자가 보기에 사회적 의제로 승격시켜야 하는 더 중요한 쟁점은 학문적 표준과 관련된 문제다. 두드러진 예를 하나 들어보자. 대교협의 평가 편람을 보면, 한국학술진흥재단에 등재된 A급 국내 학술지에 실린 논문 한 편이 2점을 받는 데 비해, 『아메리칸 이코노믹 리뷰AER』 같은 미국의 A급 학술지에 실린 논문 한 편은 8점을 받는다. 피상적으로 보면 영어로 논문 쓰는 것이 한국어로 쓰는 것보다 더 힘들고, '리뷰' 같은 학술지가 국내 학술지보다 게재 경쟁이 더 치열할 테니 더 높은 점수를 받는 것이 당연하게 보일 수도 있다. 하지만 그렇게 속단할 문제만은 아니다. 전자에 비해 후자는 4배의 점수를 받는 셈인데, 정말 그렇게 평가할 수 있을지도 의문이려니와, 거기엔 점수 부여의 적정성 이상의 문제가 숨어 있다. 학문적 성과에 대한 평가는 항상 논의의 맥락을 전제한다. 미국의 A급 저널에 논문을 싣기 위해서는 미국 경제학계의 논의의 맥락에 충실해야 한다. 그것은 국내 학술지에 게재할 논문을 쓰는 것과는 전혀 다른 연구 방향, 이론적 지향, 문체, 자료 수집을 요구한다. 다시 말해 우리나라 경제학자가 미국 학술지에 논문을 싣는다는 것은 좁은 국민적 맥락을 넘어서 보편성의 세계로 나아가는 것이 아니라 또다른 맥락 속에 깊이 발을 담그는 것을 의미하며, 그것에 대한 사회적 우대는 세계체제의 위계적 질서가 학문 세계 안에서 관철되는 한 양상이다. 이런 경향에 너무 쉽게 굴복하지 말고, 경제학자들의 문제 제기를 기화로 대학과 사회과학이 국민적 제도인지 아니면 글로벌한 제도인지에 대해 진지한 토론을 벌여야 할 때가 아닌가 싶다.

한겨레, 2003. 6. 19.

돌아보기

경쟁이 강화되기 위해서는 평가 혹은 비교와 그것에 입각한 인정과 보상이 필요하다. 그리고 평가와 보상을 위해서는 기준이 필요하다. 그런데 기준은 그 자체로 보편타당한 것은 아니다. 기준은 종종 권력의 산물인 동시에 권력의 작동 원리다. 미국은 20세기를 통해 학문 세계에서 이런 기준 그리고 표준 형성에서 유럽을 압도했고 전 지구적으로 그것을 강요해왔다. 그런 한에서 학문 세계에서도 중심-주변의 분화 그리고 그것과 연관된 위계 체제가 작동한다.

지구화는 이런 중심-주변 분화와 위계를 더 강화하고 있는데, 역설적이게도 그것에 도전하려는 움직임에 의해서 그것이 더 강화되기도 한다. 대학의 기능을 더 잘 충족하고 수행성을 높이며 나아가 국제적인 수준에서 경쟁력을 강화하기 위한 정책적 노력은 연구비를 비롯한 다양한 자원 투입으로 나타나는데, 그것을 위해서는 가시적인 수행성 지표가 필요하다. 그런데 그런 지표는 유감스럽게도 이미 미국에 의해 수립되어 있다. 따라서 대학의 국제적 수준을 높이려는 노력은 미국이 마련한 지표를 경유해서 이루어지게 된다. 이런 회로를 통해서 주변성으로부터의 탈출 노력이 중심-주변의 위계 강화에 기여하게 되는 것이다.

하지만 학문 세계가 진정한 의미에서 보편성을 추구한다면, 그 보편성의 자리인 중심은 비어 있어야 한다. 그리고 모든 지식은 그 자리에 오르려는 불가능한 시도를 거듭하는 과정에 있어야 한다. 이렇게 본다면, 미국적 기준은 그 중심이 아니라 중심을 일시적으로 점유한 것일 뿐이다. 아니, 점유한 것처럼 보일 뿐이다. 그러므로 보편성을 향한 노력은 미국적 기준 자체를 주변 또는 지방적인 것의 일종으로 여길 수 있어야 하며, '우리'의 경험 그리고 그것에 대한 분석을 산입하지 않은 어떤 지식체계도 보편성에 미달하는 것으로 여겨야 할 것이다.

이 칼럼은 당시에 논란이 되었던 대교협과 전국 대학 경제학과들 간의 갈등을 다뤘지만 그것은 비단 경제학과의 문제만이 아니라 내가 속한 사회학의 문제이기도 하다. 그리고 더 나아가 자연과학조차도 이런 문제로부터 자유롭지 않다. 하지만 10여 년이 지난 지금도 이 문제에서 우리 사회가 제도적으로 어떤 출구를 찾아나갔는지 의문스럽다. 최근에 한겨레에 실린 강명구 교수의 칼럼•은 그렇지 못함을 드러내준다.

• 강명구, 「어떤 학문과 학자를 키울 것인가」, 한겨레, 2013. 10. 14.

보안, 범죄,
그리고 과외

최근에 서울 강남구 도곡동에 있는, 우리나라에서 제일 높다는 아파트인가 주상복합건물인가에 초대를 받아 갔다. 인상적인 게 많았지만, 제일 인상적인 것은 역시 철통같은 경비였다. 말쑥해 보이는 보안업체 직원이 프런트를 지키고 있었고, 거주자의 허락 없이는 입구를 완벽하게 막고 있는 유리문을 통과할 수 없었다. 절차를 기다려 들어가려니 심사가 조금 뒤틀렸다. 확인을 받기 전까지는 잠재적으로 위험한 사람 취급을 받는 게 분명했기 때문이다. 그리고 평소 별로 범죄에 대한 두려움 없이 살아선지, 이런 최신식 보안 체제가 범죄 예방보다는 지위 상징에 지나지 않는 것이라고 생각했다.

하지만 그후 강남구의 길거리 폐회로 텔레비전CCTV 설치 관련 신문기사를 보니 아파트의 최신 보안시스템이 지위 상징만은 아닐 수도 있겠다 싫었다. 보도에 따르면 길거리 CCTV 설치가 인권침해 논란을 야기하자 강남구가 주민에게 CCTV 설치에 대해 여론조사를 했는데, 응답자 중 찬성이 83%나 된다는 것이다. 강남구 주민 대다수가 인권을 외면할 만큼 보안에 대한 강한 욕구를 가지고 있는 셈인데, 이쯤 되면 강남구 주민의 보안에 대한 욕구는 설명 대상이 되어야 할 것 같다. 왜냐하면 우리 사회에서 최근에 예산삭감 등의 이유로 경찰력이 후퇴하거나 범죄율이 급상승한 일 따위는 없었기 때문이다.

통계적으로 확인된 범죄는 결국 신고된 범죄에 한정되기 때문에 범죄 발생률과 체감적인 불안의식 간에 거리가 있는 것은 당연한 일이긴 하다. 하지만 실제의 범죄 발생과 큰 거리를 가진 주관적인 불안의 증가 또한 가능하다. 미디어의 범죄 보도 방식이나 보안업체들에 의한 협박적인 광고가 불안을 부추길 수 있기 때문이다. 그렇다면 통계적으로 포착되지 않은 범죄의 증가, 미디어, 보안업체의 이윤추구, 이 셋 가운데 강남구 주민의 불안을 증폭시킨 것은 무엇일까. 필자의 감으로 가장 신빙성 있는 것은 세번째 요인이라고 여겨진다.

이 가설이 맞다면, 그러니까 보안업체의 설득 내지 협박이 대중에게 '먹히고' 있다면, 그것은 보안 문화의 큰 변화를 예고하는 것이다. 아파트를 완전히 감싸고 있는 경비업체의 존재는 보안이 더이상 경찰 같은 국가기관에 의해 공공재로서 생산되는 것이 아니라 상업적으로 구매되는 사회로의 이행을 뜻하기 때문이다. 이런 상업화된 보안 문화 또는 신자유주의적 보안 문화는 심각한 사회적 불평등을 야기할 수 있다.

왜 그런가 생각해보자. 한 사회의 범죄 발생은 그 사회의 불평등 정도 그리고 문화적 병리화와 함수관계에 있다. 따라서 중대한 사회 변화가 없는 한 범죄 발생 빈도는 자살자 수만큼이나 안정적으로 재생산된다. 따라서 누군가 보안에 추가적인 지출을 하면, 그것은 범죄 발생의 총량을 낮추기보다는 범죄 발생 장소를 재분배할 뿐이다. 범죄자도 범죄 대상을 합리적으로 선택하기 때문에, 범죄는 보안 비용을 추가로 지불하지 않는 사람들에게로 전이된다. 다시 말해 강남구 주민이 범죄 예방을 위해 추가적인 비용을 지출하는 것은 서초구에서 발생하는 범죄의 증가를 가져온다.

예견되는 것은 한 지역 주민의 보안 비용의 지출 증가가 여타 지역 주민의 보안 비용 지출 증가를 가져오는 상황이다. 이 상황이 계속되면, 모든 사람들이 추가로 보안 비용을 지출하는 상황이 올 것이다. 이 경우 보안 비용의 사적인 추가 지출은 약간의 범죄 발생이 감소하는 것 이외에 별다른 효과가 없게 된다. 결국 보안 비용의 사적인 추가 지출이 효과를 가지기 위해서는 보안 비용의 차별적인 지출이 있어야 한다. 따라서 여타 지역들이 보안 비용을 지출하게 되면, 강남구 주민은 그 이상의 보안 비용을 지출해야 효과를 볼 것이며, 아마 그렇게 할 것이다. 이거 어디선가 많이 보던 메커니즘 아닌가, 과외비 말이다.

한겨레, 2003. 7. 17.

돌아보기

이 글은 "우리 사회에서 최근에 예산삭감 등의 이유로 경찰력이 후퇴하거나 범죄율이 급상승한 일 따위는 없었"다고 적었는데, 부끄럽게도 사실의 수준에서 앞부분의 말은 맞지만 뒷부분은 틀렸다. 경찰 예산은 꾸준히 증가되었으니 경찰력 후퇴는 없었다고 해도 과언이 아니다. 물론 경찰력이 어떤 부분에 주안점을 두느냐는 정치적 상황과도 관련이 있어서 일의적으로 범죄 통제력과 경찰 예산을 연결하기는 어려운 점이 있긴 하지만, 그래도 전반적으로 보아 경찰력 후퇴의 증거는 없다고 해야 할 것이다. 이에 비해 범죄율 증가는 있었다. 통계는 1993~94년을 경유하며 재산범죄가 뚜렷이 증가하는 현상을 보여준다. 대략 민주화 이후 노동운동의 성장이 약화되고 중국과의 수교로 제조업이 중국으로 이전되는 시기다. 이후에 외환위기가 닥쳤고, 그 여파로 사회적 양극화가 더 심화되었다. 그러므로 빈부격차의 심화가 범죄 증가를 야기했다고 봐야 한다. 이런 통계를 제대로 살피지 않고 글을 쓴 것은 작은 잘못이 아니다. 창피하다.

하지만 이런 문제에도 불구하고 이 칼럼의 논지는 여전히 타당성을 가지고 있다. 범죄 증가는 치안이라는 공공재를 창출하기 위한 비용을 증대시킨다. 국가가 치안 비용을 추가로 지출하는 정도가 범죄 증가율에 못 미친다면 보안산업이 발전할 것이다. 즉 안전이라는 재화가 사기업에 의해서 조달될 것이다. 또 일단 보안산업이 발전하면 보안산업은 이윤확보와 증대를 위해서 사회적 보안 수요를 창출하기 위해서 노력할 것이다.

전체 사회에 비교적 균등하게 치안 강화를 가져오는 경찰력 강화와 달리 보안산업은 적극적으로 비용을 지출하는 개인이나 조직 혹은 집단에 대해 보안 서비스를 제공한다. 그리고 이런 보안 서비스의 차별적 제공은 사회적으로는 치안 상태를 불균등화할 것이다. 그러면 이 칼럼에서 말했듯이 범죄자들은 당연히 치안이 나쁜 지역으로 이동한다. 보안산업의 존재가 지역적 차별화를 낳고 그것이 다시 범죄 발생률의 차이를 유도할 것이다. 치안이 더 좋아지는 지역이 더 나빠지는 지역을 만들어내는 것이다.

이 경우 만일 치안이 나빠진 지역이 보안산업에 추가적 비용을 지불하고자 한다면 우리는 악순환에 빠지게 된다. 아직 이런 단계는 아닌 것 같다. 하지만 이런 유사한 메커니즘을 우리는 학력 경쟁에서 맛본 바 있다. 확장한다면 건강보험과 사보험 그리고 국민연금과 개인연금도 유사한 메커니즘을 보일 여지가 있다. 공공재 문제에 대한 감수성이 높아지길 바란 글인데, 여전히 공공재에 대한 사회적 감수성은 더 많은 계몽을 필요로 하는 것 같다.

최후의, 버려진,
가엾은 이들

기자와 교수는 직업적인 이유에서 사이가 별로 좋을 수 없다. 기자의 편에서 보면, 자신이 취재하는 사건의 의미를 이해하기 위해서도, 또 '멘트를 따기' 위해서도 교수들에게 의존하게 된다. 그렇게 되는 이유는 전체로서의 교수 집단이 대체로 전체 사회의 지적 스펙트럼 전반을 포괄하고 있기 때문이다.

그러나 기자들은 적합한 취재원이라 생각한 교수에게 막상 접근해보면 그들이 신통치 않다고 여기게 된다. 자신의 기사 작성에 방향을 제시하는 이야기를 못해주는 경우가 많기 때문이다. 교수의 편에서 보면 기자들은 시도 때도 없이 자신의 작업을 방해하는 무례한 사람이고, 또 질문에 잘 답해주지 않으면 전문가랍시고 대학에 자리잡고 앉아서 그런 것도 모르냐고 비아냥거리는 경우조차 없지 않은 성가신 사람들이다.

나야 교수니까 교수 처지에서 생각하게 되긴 하지만, 기자가 하는 중요한 사회적 기능이 있으니 도울 일이 있으면 돕기도 해야 한다고 생각하는 편이다.

그러나 최근에는 기자들에게 꽤 짜증이 났다. 자살에 관련해서 이것저것 물어오는 기자들이 제법 되었는데, 최근 우리 사회의 자살 가운데 기삿거리가 될 만한 것은 정몽헌씨의 자살 이외에는 없다고 생각되었기 때문이다. 그래서 기자들이 자살에 대해 물으면, "도대체 자살에 대한 기사를 무엇하러 쓰느냐"고 되묻곤 했다. 이 자리를 빌려 다시 말하거니와 자살은 보도할 이유가 없는 한 개인의 인격적인 사건이다.

물론, 자살이 자주 보도되는 이유는 기자들이 잘 의식하지 못하는 메커니즘이 작동하고 있기 때문이기는 하다. 그 메커니즘을 요약하자면 이렇다. 우선 자살은 매우 성공하기 어려운 시도다. 통상 성공한 자살, 곧 죽음에 이른 자살은 전체 자살 기도 가운데 15% 정도에 그친다. 많은 사람들이 자살 기도에 실패하고 심각한 신체적 손상으로 인한 자살 후유증을 겪을 뿐이다.

성공하는 자살은 대개 매우 치명적인 자살 방법을 택한 경우다. 우리 사회처럼 총기 소지가 어려운 사회에서는 고층건물에서 뛰어내리거나, 열차에 뛰어드는 방법만이 자살의 성공을 보증한다. 그러다보니 자살은 경악스럽거나 참담한 것들이 대부분인 것처럼 여겨지며, 그런 만큼 기자들은 그것이 기삿거리가 된다고 여기게 된다.

자살한 사람의 신상을 캐고, 어설프게 자살 이유를 꿰맞춰 보도하는 것 자체가 쓸데없는 일인데, 자살할 만한 '용기'라면 이 세상을 못 살아낼 이유가 없다는 식의 어이없는 언급까지 따라붙는 때마저 종종 있다.

자살하는 사람보다 더 어려운 상황에 처한 사람이 없는 것은 아니지만, 한 사회에는 체력이 약한 사람들이 있는 것처럼 심성이 여린 사람들 또한 있기 마련이며, 자살자의 내면을 휩싸는 억울함 혹은 소외의 감정을 직접 겪어보지 않은 사람이 이러쿵저러쿵 입방아를 찧는 것은 자살자를 모욕하는 일일 뿐이다. 유명인사의 자살을 제외하고 나면 보도할 만한 의미 있는 현상으로서의 자살은 개개인의 자살이 아니라 전체로서의 자살률 증감일 뿐일 텐데 과문한 탓인지 최근에 우리 사회에서 자살률이 급증했다는 이야기는 듣지 못했다.

기삿거리를 넘어서면 우리 사회에서 자살과 관련해 의미 있는 사실은 하나뿐이다. 그것은 우리 사회가 자살률이 아주 높은 사회라는 사실이다. 하지만 우리 사회의 급속한 변동, 심각한 가치관의 갈등, 그리고 공동체의 해체와 사회적 안전망의 부재를 생각하면, 또 우리의 서로에 대한 냉담과 잔인함을 생각하면 이 또한 그리 놀랄 일은 아니다.

그러므로 높은 수준의 자살률이라는 이 엄연한 불행의 지표 앞에서 탄식해야 할 사람은 그런 사회에 살고 있는 살아남은 사람들이며, 자살한 이들에게 우리가 먼저 해야 할 말은 조앤 바에즈의 노랫말처럼 "최후의, 버려진, 가엾은 이들이여 우리를 용서해주소서"일 것이다.

한겨레, 2003. 8. 14.

돌아보기

이 칼럼은 쓰고 나서 얼마 지나지 않아 부끄럽게 느낀 글이고, 지금 와서 다시 읽어도 얼굴이 화끈 달아오르는 글이다. 이 앞의 칼럼에서도 범죄통계와 관련해 오류가 있었지만, 그럼에도 불구하고 나는 범죄사회학을 전공하지 않았다는 것으로 내 오류를 스스로 위로할 수 있었다. 하지만 자살 현상에 대해서는 그렇지 않다. 나는 에밀 뒤르켐에 대한 연구로 박사학위를 받았고, 뒤르켐의 가장 중요한 저서이자 사회학사에서 가장 중요한 저서의 하나는 『자살론』이다. 그러므로 나는 자살 현상에 대해서는 비전문가로 물러설 수 없는 처지에 있다. 그런데도 이 글에서 "과문한 탓인지 최근에 우리 사회에서 자살률이 급증했다는 이야기는 듣지 못했다"고 적었다. 내 학위논문의 중심 주제가 한국의 자살률에 대한 지식을 요구하지 않는 것이었긴 하지만, 이 글을 쓰던 시기에 있었던 우리 사회 자살률의 심각한 상승 국면에 대한 나의 "과문"은 놀라울 정도이며 그만큼 창피한 것이다.

여전히 나는 이 글 논지의 많은 부분을 고수하고 있다. 자살에 대해 저널리즘은 관음증적 태도를 단호하게 중단해야 한다. 그것은 죽은 이뿐 아니라 죽은 이 주변의 사람들 모두에게 치명적인 위험성을 지닌다.

자살과 관련해서 유일하게 보도할 가치가 있는 것은 "전체로서의 자살률 증감"이라는 주장도 여전히 유효하다고 생각한다. 하지만 이 글을 쓸 당시의 나의 무지와 오류에 대해서는 지금도 입이 다물어지지 않는다.

대중과 멀어진 사회과학

출판사들의 연합 조직인 한국출판인회의의 '이달의 책' 선정위원을 한 지 반년을 넘겼다. 내가 하는 일은 두 달에 한 번씩 사회과학 분야에서 출판된 책 가운데 좋은 책을 선정하는 일이다. 사회과학 분야의 책이라고는 하지만 실은 인문학적인 책도 많고, 인문학 분야의 책이라고 해도 사회과학적 성격을 띤 책도 많아서 인문학 분야의 선정위원들과 의견을 주고받으며, 인문학 분야의 책 선정에도 조언을 하곤 한다.

일을 맡을 때는 내가 남의 책을 평가할 대단한 능력을 가진 사람이 아닌지라 거북하게 느껴지기도 했다. 하지만 문화적 생산물에 대한 소비자 선택을 돕는 일은 의당 전문가들이 맡아 해주어야 하는 일이라는 '거창한 대의'도 있고, 선정을 위해 검토해야 하는 책들을 얻을 수 있다는 소리小利까지 챙길 수 있어 일을 맡았다.

반년 남짓 일을 하다보니 사회과학 분야의 좋은 책 선정이 만만치 않았다. 읽어야 할 책이 많아서 꽤 부담이 되기도 하지만, 일이 어려운 더 큰 이유는 사회과학 분야의 책 가운데 선정할 만한 좋은 책이 많지 않기 때문이다. 좋은 책을 선정하는 목적이 교양 있는 일반인들에게 일독을 권하기 위한 것이다보니 대학 도서관에서나 몇 권씩 살 전문적인 책이나 수년 동안 써온 논문을 모았을 뿐인 책을 선정하기는 어렵다. 소재가 참신한가, 집중력 있게 주제를 다루는가, 문체가 단정하고 우아한가, 일반인들의 독서를 유도할 만큼 흥미 있고 통찰력 있는가 하는 것이 기준이 될 수밖에 없다. 그런 기준에서 보면 국내 필자의 저서보다는 외국 필자의 저술을 번역한 것에 더 손이 간다.

그러나 함께 선정 작업을 하고 있는 인문학 분야의 책들을 보면 그렇지가 않다. 책의 수도 사회과학 분야의 두세 배쯤 될 뿐 아니라 국내 저자들의 책 가운데도 심사기준에 잘 맞는 좋은 책들이 많다. 역사학 분야나 철학 분야의 책들 중에는 대중들의 독서생활에 바짝 다가가려는 의도가 완연하고, 출판사 쪽도 책을 퍽 정성스럽게 꾸며놓아 내용뿐 아니라 장정이나 도판 그리고 지질과 인쇄에서도 그 수준이 사회과학 분야의 책을 가볍게 뛰어넘는 것이 많다. 옆에서 보노라면 사회과학자로서 참담한 기분까지 들 때가 있다.

이유를 짐작하지 못할 바는 아니다. 책이란 항용 가정된 독자가 있기 마련인데, 많은 사회과학자들이 대중을 자신의 가정된 독자로 생각하지 않고 기업과 정부, 그리고 자신의 직업적 동료를 일차적인 독자로 가정하기 때문이다. 그렇게 된 이유는 그런 집단으로부터의 인정이 사회과학자들에게 더 중요해졌기 때문이다. 부와 권력을 가져다주는 기업과

정부로부터의 프로젝트 수주, 강단화된 업적 평가기준의 강화로 인한 전문화가 조금만 고삐를 늦추면 쉽사리 벌어지게 마련인 사회과학과 대중의 거리를 벌려놓았다. 물론 이런 경향으로 인해 사회과학이 병들었다고 말하는 것은 지나친 말이며, 많은 사회과학자들은 제각기 할 일을 하고 있다. 하지만 이런 경향 속에서 중요한 사회과학의 과제가 방기되고 있다는 점은 분명하며, 80년대와 비교하면 이는 더욱 선명해진다.

흔히들 80년대를 사회과학의 시대라 부른다. 그때 사회과학은 더러 염증을 유발하는 소모적인 논쟁에 빠지기도 했지만 대중의 계몽에 주력했고 사회운동으로부터의 수요에 적극 부응하고자 했다. 하지만 90년대를 경과하면서 이 고리는 매우 약해지고 만다. 생각해보면 이 고리가 약해져야 할 만큼 우리 사회의 대중이 사회과학적 인식이 불필요한 시대를 살고 있는 것은 아니다. 우리 사회는 그동안 더 복잡하고 더 다원적인 사회가 되었고, 그런 만큼 깊이 있는 사회과학적 통찰을 가진 대중의 행동 없이는 어떤 사회 문제도 쉽사리 해결하기 어렵게 되었다. 그런데도 사회과학은 대중과 만나려는 노력을 게을리하고 있고, 그사이에 날마다 보수언론이 대중의 의식을 융단폭격하고 있으며, 대중은 책을 두고 영화를 보러 갔다. 분발하여 타개해야 할 상황 아니겠는가.

한겨레, 2003. 9. 18.

돌아보기

이 글에서 말했던 사회과학과 대중의 괴리는 슬프게도 지난 10여 년 동안 더욱 커졌다. 표준화된 업적 경쟁이나 프로젝트 중심의 연구 경향에서 사회과학은 좀처럼 벗어나지 못한 것이다. 이런 경향을 창출한 것은 (이제는 한국연구재단으로 개편된) 학술진흥재단(이하 '학진')이 김대중정부 시기부터 '개척한' 국가 주도의 연구 지원 및 평가 시스템이다. 학진은 처음에는 표준화된 평가 체제를 통해서 그리고 최근으로 올수록 엄청난 규모로 불어난 연구 지원 예산을 통해서 연구 경향, 학술지의 구조, 학문 후속 세대의 연구 방향과 생활양식, 글쓰기 방식, 대학원의 충원 구조 등 대학의 연구 영역 전반에 막대한 영향을 미쳤다.

이 과정에서 증대된 재원만큼이나 연구와 생활 조건의 향상이 일어났음을 부인할 수 없지만, 부정적 효과도 상당했다. 세상사 대부분에서 긍정적 효과와 부정적 효과가 동시에 나타나므로 중요한 것은 전체적으로 어느 편이 더 우세한가일 텐데, 그 점에서 학진의 효과는 학문 분야별로 다르게 나타났다.

매우 제약된 관찰에 근거한 것이라 조심스럽긴 하지만 내 보기에 자연과학에서는 긍정적 효과가 더 컸던 것 같다. 물론 자연과학 분야는 연구비의 규모가 워낙 크고 그로 인해 관리상의 어려움이나 도덕적 해이의 위험도도 크다. 지난 10여 년간 사회과학 계열 교수가 자살한 일은 없었던 데 비해 자연과학 분야 교수들에게 그런 일이 심심치 않게 일어난 것은 이런 문제와 관련이 있다. 하지만 자연과학 분야에서는 연구의 표준화 경향이 가하는 부정적 효과가 그렇게 심각했던 것 같지는 않다. 인문학의 경우에도 전체적으로는 긍정적 효과가 컸던 것 같다. 속성상 장기적인 작업을 요구하는 경우가 많은 인문학에게는 학진의 지원 체제가 도움이 될 때가 많았기 때문이다.

이에 비해 사회과학에서는 부정적 효과가 긍정적 효과를 압도했다고 판단된다. 사회과학적 연구는 자연과학과 달리 사회 내부로부터 사회에 대한 관찰을 수행하며, 이 관찰 결과가 사회로 환류함으로써 사회 자체를 변경해나가는 구조를 가지고 있다. 어떤 지식이든 동료 인류에게 전달되지 않는 한 의미를 상실할 것이다. 그런데 자연과학의 경우 동료 학자들이 동료 인류를 충분히 그리고 어떤 의미에서는 더 잘 대변할 수 있는 반면, 사회과학은 그렇지 않다. 사회과학적 지식은 그것이 전달되고 이해되는 것에 정비례로 제 역할을 하기 때문이다. 그런데 학진은 사회과학 또한 논문 형식의 글과 그것에 대한 학문적 동료집단에 의한 평가라는 폐쇄적 회로 안에 가두었고, 그 결과 사회과학은 사회적 의미와 영향력을 상실했다.

하지만 대중과 만날 수 있는 책이라는 형식에서 실패하고 있는 사회과학에게도 정보통신기술은 새로운 기회를 제공하고 있다. 예컨대 스마트폰을 생각해보자. 우리의 경우 아직 그렇게 폭넓게 활용되지 않지만, 이미 아이폰을 통해서 손쉽게 세계 유수 대학의 강의들을 마음껏 들을 수 있다. 멀지 않은 시기에 우리 대학의 좋은 강의들도 우리들 손 안으로 들어올 것이다. TED의 경우, 그런 강의 자체를 새로운 미디어 시대에 맞게 적합한 길이와 주제를 중심으로 편성하고 있다. 놀라운 아이디어와 혁신에 대한 이야기를 언어적 장벽 없이 접할 수 있게 된 것이다.

팟캐스트의 경우는 이미 우리 사회성원들이 세계적인 수준에서 새로운 가능성을 개척하고 있다. 2011년에서 2012년을 경유하며 '나꼼수'가 불러온 엄청난 반응 그리고 그것에 이어 등장한 엄청난 수의 팟캐스트들은 그것을 잘 보여준다. 이런 팟캐스트들 가운데는 단지 온라인에만 머물지 않고 오프라인과 연결되는 경우도 많아졌다.

아무튼 공통점은 이제 적은 비용으로 널리 그리고 멀리 생각을 전파할 기회가 생겼다는 것이다. 광고에 의한 제약에서도 한결 자유로우며, 편성과 러닝타임에서도 자유롭고, 수용자들도 시공간적으로 자유롭게 수용 상황을 선택할 수 있다.

이렇게 기술적 확장에 힘입어 사회과학적 지식이 대중에게 다가갈 새로운 경로가 형성되고 있는 것 같다. 그것의 한 예로 〈김종배의 시사로운 토크〉를 들 수 있다. 거기 출연한 내 후배 사회학자 조형근 교수의 경제사회학과 대안경제에 대한 토크쇼가 성공적인 반응을 이끌어냈는데, 대화 형식으로 어려운 내용을 쉽게 풀어낸 때문이기도 하지만 공중파나 인쇄매체로는 가능하지 않을 커뮤니케이션 조건 덕분에 가능했던 것이라 할 수 있다.

아마도 이런 이야기에 대해서 소박한 기술주의적 낙관론이라고 할지도 모르겠다. 전철에서 보게 되는 풍경은 옥스퍼드 대학의 심리학 강의를 듣는 사람이 아니라 카카오톡 채팅이나 게임 아니면 DMB를 이용한

TV 드라마 시청을 하는 사람들 아니냐고 비웃을지 모르겠다. 하지만 인쇄매체가 등장할 때도 그것이 문화의 퇴영을 가져올 뿐이라는 식의 이야기는 많았다. 중요한 것은 정보통신기술이 새로운 형태의 지식과 지식 전달 형식을 만들어내고 있다는 것이며, 그렇기 때문에 우리의 사회과학이 지금 겪고 있는 책이라는 인쇄매체에서의 실패를 벌충하며 대중과 만날 수 있는 새로운 길을 찾아볼 만한 상황이라는 것이다.

그들이 평준화를 싫어하는 이유

우리 사회 상류층과 보수언론에게 고교 평준화 제도는 동네북이다. 학생들의 학력이 떨어져도 평준화 탓이고, 과중한 과외비도 평준화 탓이라더니, 이제는 서울대 총장까지 나서서 최근의 강남 아파트값 급등까지 평준화 탓이라고 한다. 하지만 이런 주장들은 매우 근거가 박약한 것들이다. 평준화 때문에 학력 저하가 일어난다고 떠들어대지만, 지금까지 이루어진 평준화와 비평준화 간의 학력 성취에 대한 모든 비교 연구는 평준화가 오히려 상향 평준화를 가져옴을 보여주었다. 과외비 또한 그렇다. 평준화의 폐지는 고교 입시 경쟁을 격화시켜 학생들이 지금보다 더 어릴 때부터 입시 과외에 시달리게 할 것이니 평준화 폐지가 과외비 감소를 가져올 가능성은 거의 없다. 부동산 문제도 마찬가지다. 교육문제로 인해 집값이 오른 것이라면 지금 강남의 전세금과 집값의 차이가 그렇게 커질 수는 없는 법이다.

그렇다면 왜 별로 근거도 없는 평준화 제도에 대한 비난이 계속되는 것일까. 세 가지 정도의 이유가 있을 것이다. 하나는 어떤 제도든 그 제도 아래서 높은 성취를 한 사람들은 그 제도를 선호하기 때문이다. 평준화 이전에 경기고나 서울고 또는 경남고나 광주일고 같은 명문고를 다녔고, 또 그 덕에 좋은 대학을 나와 현재 높은 지위를 누리는 사람들은 평준화가 마뜩잖게 마련이다. 같은 논리로 나 같은 사람은 평준화를 선호한다. 평준화 제도 아래 있었기 때문에 중학교 때 아무런 입시 부담 없이 학교를 다녔고, 고등학교 시절에는 전두환정권이 과외를 금지시키고 대학 정원까지 잔뜩 늘려줘 대학 가기도 쉬웠기 때문이다. 이렇게 자기 경험에 근거한 선호의 차이가 단지 차이로 머무르지 않고, 평준화에 대한 비난으로 이어지는 것은 지금 우리 사회 지도층의 대다수가 비평준화 세대이며 그 제도 아래서 성공한 사람들로 이루어져 있기 때문이다.

그러나 이런 자기 경험의 특권화가 모든 것을 설명할 수는 없다. 그보다 더 중요한 다른 이유가 있다. 현재의 교육 제도에 대체로 많은 사람들이 만족한다면 자기 경험에 근거하여 평준화 제도를 비난하는 일도 잘 생기지 않을 것이기 때문이다. 내가 보기에 더 중요한 이유는 우리 사회에서 대학 진학이 모든 가족들의 계급적 재생산의 핵심 고리라는 사실에 있다. 학력과 학벌에 대한 강력한 보상으로 인해 격화된 교육 경쟁이 시간이 갈수록 심해져 이제는 상류층 자녀조차 이 경쟁으로 인한 고통과 피곤을 피해갈 수 없는 지경에 이르렀다. 이런 상황이 비평준화에 대한 향수와 평준화에 대한 비난을 불러들인다. 왜냐하면 평준화는 상류층이 중등교육기관에서 더 나은 교육상품을 구매할 길을 차단하기 때문이다.

그리고 마지막으로 평준화 문제가 좀체 공식적인 발언에서는 드러나지 않는 이유가 있다. 그것인즉슨 평준화 제도에는 섞이고 싶지 않은 계층의 자녀와 자신의 자녀를 섞어놓는 것에 대한 상류층과 중산층의 불만이 담겨 있기 때문이다. 이것이 노골적인 차별의 심리는 아니라 하더라도 문화적 취향과 감각의 차이라는 형태로 매우 강하게 관철되고 있는 것 같다. 이 점은 강남뿐 아니라 서울에서 중대형 아파트 단지와 학교 배정 단위가 잘 맞추어져 있는 곳은 어디나 아파트값이 인근 지역보다 상대적으로 높다는 사실에서 잘 드러난다.

다시 말해 평준화 폐지 주장은 자신의 학창 시절에 대한 향수와 계급 재생산과 계급적 분리 욕망이 뒤얽힌 자리에서 뿜어나는 것이라고 할 수 있다. 하지만 그렇기 때문에 그런 주장은 문제 해결에 도움을 주지 않는다. 중요한 것은 평준화 폐지 여부가 아니라 거의 틈새 없이 달라붙어버린 계급과 교육 사이에 조금이라도 거리를 만들어내는 일이다. 그럴 때만 교육은 제 본연의 기능에 조금이라도 가까워질 수 있을 것이기 때문이다.

한겨레, 2003. 10. 16.

돌아보기

이 책 안에서 좁게는 평준화나 입시, 넓게는 교육 문제 전반을 다룬 글이 여러 번 등장한다. 대학교수라는 직업적 특성상 대학교육이나 학문제도에 대한 글도 자주 등장한다. 중등교육에 대한 관심에는 2004년에 큰딸이 중학교에 입학했다는 개인사적 이유도 있었다.

2003년 당시에는 고교 평준화를 옹호하는 것이 큰 의미가 있었다. 그 후로도 상당 기간 그랬다고 생각되며, 그래서 2007년에도 평준화를 옹호하는 글을 썼고, 2008년과 2009년에도 평준화를 해체하는 이명박정부의 시도들에 대해 비판하는 글을 썼다.

하지만 평준화는 계속해서 약화되었다. 교육자치제에 힘입어 진보적인 교육감이 등장함에 따라 평준화가 확대된 지역도 있으며 현재도 평준화 확대의 노력은 지속되고 있다. 그럼에도 불구하고 이명박정부가 대규모로 자율형 고등학교를 도입함으로써 특목고·자립형 사립고-자율형 고교-일반고의 형태로 고교교육은 재서열화되었다. 이제는 "상류층이 중등교육기관에서 더 나은 교육상품을 구매할 길"이 차단되지 않고 있다. 오히려 이명박정부는 상류층이 필요로 하는 것보다 더 많은 양을 공급해서 문제를 야기했다.

다른 한편으로는 대안학교의 실험이 혁신학교의 형태로 제도권에 진입해서 서열화된 고교 체제에 도전하고 있는데, 그런 시도 또한 교육재화를 다원화하는 셈이다. 수평적 분화와 수직적 서열화의 두 가지 움직임으로 인해 우리의 고교 체제는 평준화를 근간으로 한다고 말할 수 없는 상태가 된 것이다. 이제는 기존 제도에 대한 서로 상이한 대안들이 실험되고 정책적으로 제도화됨에 따라 매우 복잡한 형태로 진화하고 있다고 할 수 있다.

그렇다고 해서 종언을 고한 평준화 체제에 애도를 표해야 할 상황인지 잘 모르겠다. 일원화된 국민적 제도로서의 교육 제도를 추구한 평준화 체제가 현재 우리 사회의 특징에 잘 맞는지는 논의가 필요하다. 언제나 그렇듯이 지금 더 나은 교육 체제를 추구하는 것도 이미 다원화되고 서열화된 현체제 안에서 모색되어야 할 것이다.

그런 점을 고려하면 이 칼럼은 우리의 현재에 대해 말해주는 바가 별로 없다. 다소 회고적이긴 하지만 서열적인 체제에서 성장한 사람과 평준화 체제에서 성장한 사람이 여전히 우리 사회에서 5,60대와 3,40대로 분열된 상황을 염두에 둔다면, 평준화를 둘러싼 문화적 심성의 차이와 관련해 이 글을 참조할 수는 있을 것이라 생각한다.

미션
임파서블

올가을에 교내외에서 열리는 이런저런 학회에 참석했는데, 많은 학회가 미국을 주제로 삼았다. 핵심적인 화제는 어디서나 9·11테러, 아프가니스탄과 이라크에서의 전쟁, 북핵 위기, 파병 문제, 미국의 신보수주의 등이었다. 이 모든 문제의 중심에 냉전 이후 세계체제의 행로와 미국 문제가 놓여 있는 것은 분명하다. 그런 만큼 사회과학자들이 이런 문제에 대해 힘써 연구하고 토론하는 것은 당연한 책무다. 그러나 이런 인식을 위해서 필요한 것 가운데 하나는 사태를 인식하고자 하는 학문적 논의 자체가 미국 중심적인 세계관으로부터 얼마나 벗어나 있는가 하는 것을 스스로 점검하는 일이다. 인식의 틀이 이미 대상에 굴복해 있다면, 그 대상을 제대로 인식하고자 하는 의지가 강렬하다 해도 결실을 보기란 난망하기 때문이다.

그런 점에 비춰본다면, '우리 학문 속의 미국'이라는 주제로 지난주에 열린 학술단체협의회 정기학술대회의 의의는 남다르다. 연전에 탈식민주의적 글쓰기 문제가 우리 학계의 화두로 등장한 적이 있기는 했다. 그에 비하면 이번 학술대회는 현재 우리 상황에서 탈식민주의의 핵심 과제가 미국에 대한 학문적 종속으로부터의 탈피임을 명시하고 있으며, 성찰의 대상도 글쓰기 수준에 머무르지 않고 학문 재생산구조로 심화시켜놓았다. 더 나아가 이번 학술대회는 학문적인 논의에 그치지 않고 학문정책 제안까지 선명하게 제시하고 있다.

그 정책의 핵심은 국내 대학원을 발전시키자는 것이고 이를 위해 국내 박사 할당제를 해서라도 국내 박사의 임용을 촉진하자는 것이다. 이런 제안을 보며, 학문 세계에서는 실력이 최고이며 학문은 보편적인 것이기 때문에 박사학위를 어느 나라에서 취득했느냐를 따진다는 발상은 황당한 것이라 생각하는 사람도 있을 것이다. 그러나 그런 생각은 순진한 것이다. 학회 발표에서 신정완 교수가 지적했듯이, 우리 대학은 수십 년 동안 국산품 불매 혹은 자사 제품 불매를 거듭하며 미국 대학 박사들을 선호해왔으며, 이로 인해 우리 학문의 자주성은 약화되었고 재생산 기반은 침식돼왔다. 이 점은 계속해서 감소해가기만 하는 국내 박사 과정 진학률이 잘 보여준다. 그러므로 자국 산업을 발전시키기 위한 보호관세가 필요하듯이 지금은 학문적 관세정책이 필요한 때다.

이런 이야기를 하면 국내 박사들의 밥그릇 챙기기쯤으로 치부될 때가 많다. 하지만 오해 없길 바란다. 국내 박사라도 나처럼 어쩌다 교수가 된 사람들에게 국내 대학원의 발전 문제는 절실한 고민거리가 아니다. 그것은 마치 자녀가 대학에 입학하면 우리 사회의 교육 문제가 아무리 심각해도 더는 고민거리가 아닌 것과 마찬가지다. 국내 대학원의 발전이 절실한 자기 이해관계가 되는 사람들은 나처럼 대학원 교육을 해볼 상황이 못 되는 대학의 교수가 아니라 명문대학의 교수들일 뿐이다. 학문 세계에서 명문대학에 재직하는 것의 이로운 점은 대학원생들과 함께 작업을 할 수 있다는 바로 그 사실에 있기 때문이다.

한 번의 학회로 큰 사회적 반향을 얻기 어렵겠지만 그래도 오랫동안 공론의 장에 오르지 못한 문제가 논의된 것은 소득이라 여기며 집으로 돌아왔다. 그런데 다음날 신문에서 교육부가 열다섯 곳 내외의 연구중심대학을 선별적으로 집중 육성하겠다고 발표한 기사를 읽으니 허탈한 심정이 밀려들었다. 연구중심대학이기 위해서 필수적인 것은 활력 넘치는 대학원이며, 국내 대학원의 활력을 위해서는 국내 박사에게 취업의 문이 열려야 한다. 그러지 못할 경우 대학원에는 석사 정도를 마치고 유학을 가려는 학생들만이 있을 텐데, 이런 학생들로 연구중심대학을 일궈나가려는 것은 '미션 임파서블'이다. 그런데 이런 문제에 대해 고민한 흔적이 교육부 정책에는 엿보이지 않는다. 교육부가 이선 헌트(톰 크루즈 분)도 아니니 학문의 자주성 상실에 예산낭비만 더할 게 뻔해 씁쓸했다.

한겨레, 2003. 11. 27.

돌아보기

국내 대학원과 국내 박사를 육성하는 것이 우리 사회의 학문 발전에 필수적이라는 것이 내 생각인데, 그때나 지금이나 이 생각에는 달라진 것이 없다. 하지만 그런 생각을 밝히는 방식이나 태도에는 변화가 생긴 것 같다. "국내 박사라도 나처럼 어쩌다 교수가 된 사람들에게 국내 대학원의 발전 문제는 절실한 고민거리가 아니다"라고 썼는데, 이런 말에는 내가 국내 박사라서 국내 박사에 대한 학문적·사회적 인정을 강화해야 한다고 주장하는 것이 아님을 밝히기 위해서 시쳇말로 잔뜩 '실드shield' 치고 있는 모습이 드러나 있다. 안쓰럽다. 지금이라면 이런 주장을 할 때 그것이 내 입지에는 영향을 끼치지 않는다는 변명을 하기 위해서 애쓰지 않을 것 같다. 나이를 열 살쯤 더 먹으니 이런 문제와 관련해서 나 스스로 당당하면 자의식적인 태도 따윈 내비치지 않을 수 있게 됐다. 적어도 몇몇 측면에서라도 내게 성찰적인 태도가 있음을 표명하지 않고서 직설적으로 말할 수 있게 된 것은 즐거운 일이다. 그런 태도에야말로 어떤 깊은 자유의 감각 같은 것이 있기 때문이다.

고3들에게 권하는 영화 한 편

한 해가 끝나가고 있습니다. 다들 지난 한 해를 되돌아보는 시간입니다만, 여러분은 아마도 올 한 해뿐 아니라 고등학교 생활 전체를 되돌아볼 때일 것입니다. 그렇지만 아직 대학 입시가 다 마무리되지 않아서 마음에 여력이 없을지도 모르겠습니다. 이렇게 마음이 부대끼는 때는 오히려 몸이 빈둥거리게 마련입니다. 그러니 이런 시간에 영화 한 편을 보며 지친 마음을 달래는 것도 좋을 것 같아 권합니다. 이란 영화감독 마지드 마지디의 〈천국의 아이들〉이라는 영화가 그것입니다.

영화의 줄거리는 이렇습니다. 초등학생 알리는 심부름을 갔다가 여동생 자라의 하나뿐인 구두를 잃어버리고 맙니다. 하지만 알리의 집은 너무 가난해서 자라에게 새 신발 한 켤레를 사줄 형편이 못 됩니다. 그래서 알리는 자신의 신발을 동생과 공유하기로 합니다. 자라는 오전반이고 알리는 오후반이기 때문에 자라가 먼저 알리의 신발을 신고 학교에 가고, 동생이 학교에서 돌아오면 이번에는 알리가 신을 신고 학교에 가는 것이지요. 이 때문에 알리는 자주 지각을 하게 되지만, 선생님께 사실대로 이야기하지 못하고 가슴앓이를 합니다. 동생의 신발을 주워서 신고 있는 것으로 보이는 아이를 추적하기도 하지만, 맹인 아버지와 어렵사리 사는 아이의 모습을 보고 알리는 신발 되찾기를 포기합니다.

그러다가 알리는 달리기대회의 3등상이 운동화 한 켤레라는 것을 알게 됩니다. 알리는 이 운동화를 동생에게 주기 위해 달리기대회에 참가합니다. 그는 동생의 잃어버린 신발을 위해 달립니다. 그리고 1등을 해서는 안 되기에 계속해서 속도를 조절하며 3등이 되려 애씁니다. 그러나 알리는 얄궂게도 3등을 못하고 1등을 하게 됩니다. 그래서 사람들의 환호 속에서도 그의 눈망울은 눈물에 젖고 맙니다.

아마도 눈치 빠른 학생이라면 내가 이 영화를 권하는 이유를 이미 눈치챘겠지만, 영화를 보며 생각해볼 것을 몇 마디 덧붙이고 싶습니다. 이 영화를 권하는 이유는, 그것을 보며 이란 사람들의 가난한 삶과 빈부격차를 느껴보라거나 그런 가난 속에서도 도덕적 삶을 견지하는 이란 사람들의 정신성을 살피라는 것이 아닙니다. 한없이 순진한 이란 어린이의 눈망울을 들여다보며 우리의 번잡하고 각박한 삶을 반성하라는 것도 아닙니다. 그렇게 영화를 본다면, 그건 이 영화를 우리 사회처럼 경쟁적이고 이기적인 사회에 사는 사람들을 위로하는 값싼 향수나 취미의 대상으로 소비하는 일일 뿐입니다.

오히려 이 영화를 통해 우리가 보아야 할 것은 알리의 욕망입니다. 알리는 동생에게 운동화 한 켤레를 마련해주기 위해 달리기대회의 3등을 욕망하게 됩니다. 3등을 하기 위해서 그는 숨이 차도록 언덕을 달립니다. 아마도 이런 욕망이 없는 삶은 생기 없는 삶일 것입니다. 명문대학의 좋은 학과를 가기 위해서 지난 몇 년 동안 숨차게 달려온 여러분의 고등학교 생활도 이 점에서는 다르지 않을 것입니다. 그러나 여러분이 가진 욕망, 여러분을 달려오게 한 욕망과 알리의 욕망을 비교해볼 필요가 있습니다.

알리의 욕망은 내생적인 것입니다. 그것은 외부로부터 불어넣어진 것이 아닙니다. 또한 알리의 욕망은 동생의 잃어버린 신발을 되찾아주려는 도덕적 책임감과 배려의 감정으로 차 있습니다. 그렇기 때문에 알리는 사회가 마련한 경쟁 속에 뛰어들지만 1등을 욕망하지 않습니다. 그는 욕망의 원인인 한 켤레의 운동화를 잊지 않고 있습니다. 3등을 향한 알리의 욕망과 명문대학의 좋은 학과를 향한 여러분의 욕망 사이에 어떤 차이가 있는지 생각해보기 바랍니다. 여러분 마음속에도 여러분 나름의 한 켤레의 운동화가 자리잡고 있는지 말입니다.

한겨레, 2003. 12. 25.

돌아보기

때로 칼럼을 쓰고 기분이 좋을 때가 있다. 물론 내가 이 칼럼에서 한 일은 보잘것없다. 영예가 돌아가야 할 대상은 두말할 나위 없이 〈천국의 아이들〉을 만든 마지드 마지디이고, 내가 한 일은 그의 영화에 대한 사회적 기억을 활성화하고 맥락화한 것밖에 없다. 그러나 사실 내 직업적 소명의 대부분이 가치 있는 문화적 산물이 망각으로 떨어지는 것을 막는 것, 그리고 기억이라는 커다란 에너지를 요구하는 일의 방향 설정에 개입하는 것이다. 그 일을 잘 해낸 것 같아서 이 글을 쓰고는 기분이 좋았던 것이다. 이제는 우리 사회에서도 유명해진 사상가인 자크 라캉의 격언을 빌려 이 글의 주제를 다시 강조하고 싶다. "당신의 욕망을 포기하지 마라."

2004년

1월 한나라당 '차떼기' 불법 대선자금 사건

2월 국회의원 정수 확대 논란

배우 이승연씨 위안부 누드 파문

3월 노무현 대통령 탄핵소추안 통과

주택거래신고제 발효

노대통령 탄핵반대 촛불집회

4월 제17대 총선

민주노총 정책연구원 설립

5월 노무현 대통령 탄핵심판 기각

6월 이라크 무장단체 김선일씨 납치·피살

8월 자이툰 부대 이라크 추가 파병

9월 현대중공업 노조 금속노조연맹에서 제명

10월 연세대 고교등급제 적용 논란

11월 전국공무원노조 총파업

정당명부식 비례대표를 늘리자

'차떼기 사건'의 여파로 정치개혁에 대한 관심이 어느 때보다 뜨겁다. 그래서인지 얼마 전에는 한 텔레비전 방송사가 4시간씩 이틀에 걸쳐 정치개혁 좌담회를 열기도 했다. 참석자들은 올해 들어 새로 구성된 국회 정치개혁특위의 각 정당 간사들과 범국민정치개혁협의회(이하 '정개협') 위원들이었다. 좌담회가 진행되는 방식에서는 국회의 어느 구석진 회의실에서 담합하지 말고 국민이 모두 보는 앞에서 회의를 진행하라는 투가 묻어났다. 그래서인지 놀랍게도 그날 참석한 각 당 간사들은 지난해 말에 그들이 그토록 깡그리 무시했던 정개협의 정치자금법과 정당법 개정안을 한 달도 지나지 않아 전폭 수용하겠다고 했다.

하지만 국회의원 정수 문제에 대해서는 그렇지 않았다. 정개협의 안은 정당명부식 투표를 도입해 그 득표율에 따라 비례대표 의원을 선출하며 비례대표의 수를 늘리기 위해서 현행 법정 국회의원 수 273명을 299명까지 늘리자는 것이었는데, 각 당 간사들은 꽤 복잡한 궤변을 늘어놓으며 그 안을 받아들일 수 없다고 했다. 그 궤변의 핵심은 이러하다. 국민이 차떼기 사건과 부패 국회의원들이 줄줄이 구속되는 사태에 크게 분노하고 있어서 국회의원 총수를 늘리는 것에 반대하며, 그렇다고 비례대표를 늘리기 위해서 지역구의원 수를 줄이자니 그것은 현역 국회의원들 전반의 반대 때문에 어렵다는 것이다.

얼핏 보기엔 그럴듯해 보이지만 이런 주장은 정치인들의 부패에 대한 국민의 분노를 오히려 자신들의 기득권을 수호하는 데 활용하는 극히 이데올로기적인 주장이다. 그들이 이와 같은 주장을 하는 이유는 정당명부식 투표의 전국 득표율에 따른 비례대표의 수가 늘면 기존 원내정당들의 의석수 비중이 낮아질 가능성이 크기 때문이다. 이 점은 현행 선거법을 통해 기존 원내정당들이 얻는 이득을 생각해보면 쉽게 알 수 있다. 현행 지역 비례대표제 중심의 소선거구제는 1위 득표자를 국회의원으로 뽑는 제도이기 때문에 지역감정을 선동해 특정 지역을 특정 정당이 점령하는 데 매우 유리한 제도다. 이런 제도는 지역감정을 고착화하는 동시에 지역보다 더 중요한 사회적 균열, 예컨대 노동과 자본의 균열이나 성적 균열 또는 수도권과 지방 사이의 균열을 정치적으로 배제한다. 그렇게 해서 재생산되는 보수적 정당 체제의 폐해는 너무나 많다. 비근한 예로 우리의 정당 체제가 다양한 사회 집단의 이해와 관심을 충분히 대의할 수 있는 개방적인 구조를 가지고 있었던들 지난해 노동자들이 손배·가압류 때문에 4명이나 자살하는 일이나 여성계가 앙망해온 호주제 철폐가 무산되는 일은 없었을 것이다. 그러므로 지역감정에서 벗어나 정당정책에 대한 선거를 가능케 하고, 소선거구제로 인해 대의되지 못한 투표자들의 의지를 반영하기 위해서는 정개협이 제안한 비례대표제의 확대가 꼭 필요하다. 그것이 낙천·낙선운동 같은 징벌적인 운동보다 더 효율적으로 정당 체제의 이념적 폭을 확대하는 동시에 기득권 정당들의 힘을 약화시킬 수 있는 제도다.

그러므로 국민이 국회의원 수를 늘리는 것에 반대한다는 검증되지도 않은 주장은 무시해야 할 것이다. 혹 정치부패에 대한 염증 때문에 그렇게 생각하는 국민이 상당수 있다면 그것은 시민운동이 계몽적 활동을 통해 극복해야 할 일이다. 그리고 지역구의원 수 줄이기가 현역 국회의원들의 기득권에 대한 집착 때문에 어렵다면 그 점은 현재로서는 어쩔 수 없는 일로 받아들인다 해도 비례대표의 수를 늘리는 것은 시민사회가 더 강한 압력을 행사해서 쟁취해야 할 제도다. 총선까지 시간이 빠듯하기는 하지만 국회의 정치관계법 개정 작업이 마무리되지 않은 만큼 시민운동진영이 낙천·낙선운동 대상자 명단을 작성하는 작업 외에도 비례대표의 확대를 위해 노력해야 하며, 여성계와 노동계 또한 의미 있는 정치세력화와 원내 진출을 위해서는 비례대표제의 확대가 관건인 만큼 함께 더욱 노력을 기울여야 할 것이다.

한겨레, 2004. 2. 5.

돌아보기

이때는 17대 국회의원 선거일인 4월 15일을 두 달여 앞두고 선거구 및 국회의원 수 조정으로 논란이 많았던 시기다. 국회의원 선거구 및 국회의원 정수 그리고 선출 방식을 법으로 새롭게 정하는 권한은 현역 국회의원들에게 주어져 있다. 고양이에게 생선이 맡겨진 상태인데, 이런 경우 관건은 두 가지다. 고양이를 여론이 얼마나 제어할 수 있는가, 그리고 그 여론 자체가 얼마나 제대로 방향을 잡는가.

여론이 강력하지 않으면 어떤 개혁도 이루어지지 않을 것이다. 하지만 아무리 강해도 고양이가 도저히 수용할 수 없는 일은 성과를 낼 수 없다. 국회의원들이 의원 정수를 정하는 일은 이런 문제가 첨예해지는 전형적 예다. 현역 의원들은 다음 선거에서도 당선되어 계속해서 국회의원을 하고자 할 것이다. 그러기 위해서 공천받을 기회나 당선 가능성 등을 고려해야 한다. 따라서 의원 정수가 줄어드는 것은 현역 국회의원 모두에게 좋은 일이 아니다. 그러니 여야를 막론하고 합심해서 거부할 것이다.

의원 정수를 크게 늘리는 것에도 국회의원들은 관심이 없다. 상황이 많이 바뀌는 것은 예측 가능성을 떨어뜨릴 뿐 아니라 자신이 당선되었을 때 의원으로서 누릴 특권을 잠식할 것이기 때문이다. 의원들이 받아들일 수 있는 것은 현상 유지 아니면 소폭 상승이다. 여야 의원들이 이해관심을 공유하는 이런 문제에 대해서는 거세게 조직된 여론의 압력도 원하는 결과에 이르기 어렵다.

하지만 우리 사회 성원의 일반적인 여론은 의원 정수를 축소하는 쪽이다. 그리고 이 글을 쓰던 시기에는 보수언론과 진보적인 시민단체 모두가 의원 정수 축소 의견을 피력했다. 가능하지 않은 일을 추구한 셈인데, 그렇게 된 이유의 일부는 보수언론이나 진보적인 시민단체 모두 정치에 대한 비판 속에서 자신의 영향력을 강화해왔기 때문이다. 그들의 정치 비판은 대중의 반反정치 정서를 강화하며, 이것은 곧 대중에게 지지를 얻으려는 언론과 시민운동의 정치 비판을 재강화하는 것이다.

하지만 전체적으로 보면 이런 반정치의 분위기를 만들고, 정치의 현재 모습에 고비용 저효율의 측면이 있다고 하더라도 그것을 이유로 정치 자체를 축소하는 것은 언제나 보수파에게 유리할 뿐이다. 정치야말로 대중이 자신의 이익을 투입할 유일한 통로인데, 그 통로가 좁아지는 것은 기득권층에게만 득이 되기 때문이다. 더구나 앞에서 지적한 이유로 인해 의원 정수 축소는 실제로 의원들이 수용하지 않아서 실현할 수도 없는 방안이므로, 이런 의제를 중심으로 의원들과 논란을 키워봐야 그런 와중에 다른 중요한 사회적·정치적 의제들만 수면 아래로 가라앉을 뿐이다.

사회적 계몽의 성과로 현재는 진보적인 시민단체의 경우 의원 정수 확대가 필요하다는 쪽으로 돌아섰는데, 사실 이 문제는 정치에 대한 혐오를 거두고 조금만 깊이 생각해보면 쉽게 이해될 수 있는 문제다. 어떤 집단의 특권을 줄이고 그들이 사회에 마땅히 제공해야 할 서비스에 더욱 몰입하게 하는 가장 쉬운 방법은 그 집단의 규모를 키우는 것이다. 의사를 늘리면 의사들은 더욱 경쟁하게 된다. 변호사의 경우도 마찬가지다. 로스쿨과 의학전문대학원 제도가 도입된 이유의 일부는 바로 여기에 있다. 마찬가지로 국회의원 수를 지금의 두 배쯤으로 늘린다면, 국회의원들은 특권을 누릴 시간을 잃고 실적과 성과를 내기 위해 입에 단내가 나도록 일하게 될 것이다. 그럴 때도 국회의원들에게 나가는 세비가 늘어나는 것이 그렇게 못마땅하면, 국회의원을 늘리더라도 그들에게 지출될 총 의회 예산은 동결하면 된다. 다른 나라 사례에 비춰보더라도 이런 방향의 개혁과 예산 절감의 여지는 충분히 있다. 그래도 2003년 선거법 개정 논의는 방향을 제대로 잡아 의원 수를 16대 이전 수준으로 다시 늘리면서 그 늘어나는 부분을 정당명부식 비례대표제로 할당했다. 그 결과 17대 총선에서는 노무현 대통령에 대한 탄핵 역풍으로 열린우리당이 원내 제1당이 되는 것 못지않게 민주노동당이 비례대표로 8석을 얻으며 크게 성장하는 토대가 되었다.

하지만 여전히 우리 사회에서 국회의원 정수를 늘리는 문제에 대해 여론의 방향이 제대로 잡혀 있지는 않다. 그것을 잘 보여준 것이 2012년 대선 당시 안철수 후보가 10월 23일 인하대 강연중에 의원 정수 축소를 주장하는 정치개혁안을 내놓은 일이다. 그 개혁안은 전문가 집단 내에서 안철수 후보의 식견과 비전에 대한 의구심이 비등하는 계기가 되었다. 하지만 그가 이런 어처구니없는 개혁안을 내놓은 것, 그리고 그후에도 이를 고집할 수 있었던 것은 일반 여론조사에서는 의원 정수 축소가 여전히 높은 지지를 얻었기 때문이다. 이 문제에 대한 사회적 계몽의 과제는 아직도 끝나지 않은 셈이다. 반정치의 정서가 아니라 정치의 확장과 활성화만이 대중의 삶을 개선한다는 것, 그것을 위한 쉬운 길 가운데 하나가 의원 정수의 확대라는 것은 계속해서 더 목소리를 높여야 할 사안이다.

한국 남자들이 견딜 수 없는

이승연씨의 일본군 성노예 누드 파문에 대해 여성 지식인들이 많은 글을 썼지만, 남성 학자들이 쓴 글은 별로 없다. 아마도 바쁘고 무관심해서겠지만, 이런 문제는 여성 지식인 혹은 여성학 연구자에게 일임하는 것이 좋다는 생각도 많은 것 같다. 남성 학자가 이런 문제로 글을 쓰는 것은 왠지 너무 나서는 것 같다는 생각, 이미 많이 이야기되었는데 췌언을 덧붙이는 기분, 뭔가 부지불식간에 정치적으로 올바르지 못한 발언을 할지 모른다는 자기검열이 작용하는 듯하다. 그런데도 이런 글을 쓰는 것은 이런 자기검열이 싫은 때문인지도 모르겠다.

이렇게 말하면 무슨 파격적인 주장이 나올 것이라 예상하는 이도 있을 테지만 그런 것은 전혀 아니다. 이 사건에 대해 내 나름으로 관심 가는 문제에 대해 논하고 싶을 뿐이다. 내게 관심이 가는 일은 왜 이승연씨의 누드는 이전의 수많은 다른 누드 혹은 포르노그래피와 달리 폐기될 수밖에 없었는가 하는 점이다. 이승연씨 누드의 유포를 막은 직접적 주체는 그로 인해 정신적 상처를 입게 된 '할머니들'과 정대협(한국정신대문제대책협의회)이지만, 남성들 또한 그들의 분노에 동참했는데, 이는 누드 유포를 막는 데 큰 힘이 되었다. 이전에 연예인들의 알몸 혹은 그들의 사적인 포르노그래피가 유통되었을 때, 사회적 담론의 수준에서는 비난이 격렬해도 남성들의 소비는 왕성했던 것과는 매우 다르다는 점에서 이는 매우 흥미로운 현상이다.

이렇게 남녀가 모두 이승연씨의 누드를 비난했지만, 이 문제에 관해서 남녀 간에 문화적 일치가 있었다고는 여겨지지 않는다. 똑같이 이승연씨를 비난해도 남녀는 서로 다른 코드 속에서 그렇게 한 것으로 보인다. 여성들, 그리고 '할머니들'이 이 문제에 대해 격한 감정을 가지는 이유는 '할머니들'의 경험이 재현되었다는 사실 자체에 있지는 않을 것이다. '할머니들'의 경험을 재현하는 것, 거의 재현 불가능해 보이는 압도적 고통을 되살리고 그것에 대해 발언하는 것이야말로 '할머니들'과 정대협이 추구해왔던 일이다. 문제는 이승연씨의 누드가 고통받은 피해자의 발언을 가능케 하는 것이 아니라 가해자인 남성의 시선을 유도하며 그것을 통해서 수익이라는 향유를 이끌어낸다는 점이다. 이 자본의 향유는 견딜 수 없는 일이다.

그러나 남성들에게서 이승연씨의 누드는 다른 의미에서 견딜 수 없는 것, 누릴 수 없는 것이다. 흔히 언급되듯이 누드 혹은 포르노그래피는 성적인 현상일 뿐 아니라 지배의 현상이다. 그것은 지배가 가능한 성적 향유를 재현한다. 하지만 정신대를 소재로 한 누드의 경우 그것을 바라보고 누리는 주체의 시선의 자리는 남성 일반의 자리가 아니라 일본 남성의 자리가 된다. 그것은 우리 사회 남성들이 점유할 수 없는 자리다. 더 나아가 이승연씨의 누드는 향유는커녕 우리 사회 남성들에게 견딜 수 없는 오점을 상기시킨다.

민족국가의 구성은 혈통의 원리를 피하기 어렵다. 그리고 혈통은 성관계를 전제한다. 그런 의미에서 민족의 구성은 항상 섹슈얼리티(성애) 내지 젠더(성) 문제와 매개된다. 근대 민족국가는 남성들 간의 형제애적 동맹을 통해서 여성에 대한 남성의 지배를 구축하는데, 이 동맹의 원천은 남성 시민 간의 공정한 여성의 배분이다. 그런데 이민족의 지배는 이 구도에 균열을 가한다. 식민지 경험은 남성들에게 그 자신이 착취당했다는 경험과 더불어 무력하게도 지배 민족에게 자신의 '누이'를 성적 향유의 대상으로 넘겨주었다는 자책감을 남긴다. '정신대'는 이 자책감을 끊임없이 상기시키는 오점이다. 그렇기 때문에 일본군 성노예를 소재로 한 '누드'는 우리 사회 남성들에게 향유 불가능한 대상, 누리려는 행위가 고통을 유발하는 대상이 된다. 그렇기 때문에 남성들은 '정신대'를 재현 불가능한 대상으로 묶어두고 싶은 것이다.

이승연씨 누드 파문은 일단락됐지만, 젠더와 더불어 민족국가를 그리고 민족국가와 더불어 젠더를 남녀가 함께 새롭게 사고해야 할 필요는 남아 있는 것 같다.

한겨레, 2004. 3. 4.

돌아보기

일본군 위안부 문제는 우리 사회에서 언제나 뜨거운 문제였다. 이승연 씨 사건은 그런 위안부 문제가 문화적 혹은 상업적 재현의 차원으로 옮아갈 때 어떤 일이 벌어지는지 보여준 사례였다. 이와 달리 학문적 연구가 위안부 문제와 만날 때 어떤 일이 벌어지는지는 이 사건이 있고서 몇 달 뒤에 있었던 서울대 경제학과 이영훈 교수의 위안부 관련 발언 사건이 잘 보여준다. 이영훈 교수는 2004년 9월 2일 문화방송MBC의 〈100분 토론〉에 출연해 "정신대가 조선총독부의 강제동원이 아니라 한국인의 자발적인 참여로 이뤄진 상업적 공창"이라는 취지의 발언을 함으로써 일제 식민통치를 찬양하고 위안부 할머니들을 모욕했다는 논란에 휘말렸다. 이교수는 정신대 관련 일본 자료를 보면 범죄행위는 식민지 권력만으로 이뤄진 것이 아니고 일본인 그리고 한국인 포주들이 개입한 상업적 활동이기도 했다는 점을 말했다.

그의 발언은 사실의 차원에서는 일정한 타당성을 가지고 있을 것이다. 하지만 그는 그런 성매매 산업의 존재 자체가 식민지 권력이나 일본이 일으킨 전쟁과 연계된 것이라는 점을 충분히 밝히지 않았고 그 결과 위안부 문제를 단순한 성매매의 일종으로 볼 수 있다는 함의를 띤 발언을 한 셈이었는데, 그런 발언은 곧장 엄청난 논란과 비판에 직면했다. 사건의 소용돌이 속에서 이영훈 교수는 위안부 할머니들을 찾아가 직접 무릎 꿇고 사과를 하기도 했다.

위안부 문제에 관해 민족 문제를 무시하지 않지만 그것에 갇히지 않으면서 그 의미를 침착하게 해명할 수 있는 제대로 된 길은 여전히 열려 있지 않은 상황이다. 여기에 얼마나 강력한 금기가 설정되어 있는가를 보여주는 한 사례는, 강력한 우익적 발상법과 여성 혐오 분위기가 가득하고 비어와 야멸찬 쌍말이 난무하는 온라인 커뮤니티 '일간베스트저장소'(일명 '일베')에서조차 위안부 문제에 대해 일본 우익풍의 발언이 나오면 당장 분위기 모르는 철없는 '애'의 발언으로 짓밟힌다는 것이다.

헌법을 민주화하자

주말에 광화문 촛불집회에 앉아 있었다. 해가 짐에 따라 촛불이 아름답게 피어올랐고, 〈너흰 아니야〉가 울려퍼졌다. 그리고 "탄핵무효, 민주수호"라는 구호가 거리를 메웠다. 구호를 외치고 있으니 1987년에 서울 거리에 울려퍼졌던 "호헌철폐, 독재타도"라는 구호가 떠올랐고, 지금의 구호와 그때의 구호 사이에 어떤 역사적 연속성과 계승관계가 있다는 생각이 들었다. '호헌철폐'는 '탄핵무효'가 되었는데, 실정법적인 의미의 헌법과 그것에 근거한 행위에 대한 국민적 거부라는 점에서 둘은 연속적이다. 더불어 "호헌철폐, 독재타도"라는 구호를 외쳤던 민주화 투쟁의 성과 덕에 이제 '독재타도'라는 구호는 '민주수호'로 바뀌었다. 이것은 우리가 타도해야 할 독재의 상태로부터 수호해야 할 민주주의의 상태로 옮겨왔음을 뜻한다.

하지만 여기엔 무언가 역설적인 것이 있다. 광화문에 모인 군중이 무효라고 외치고 있는 그 탄핵이야말로 독재타도의 성과로 얻어진 87년 헌법에 입각한 행위였기 때문이다. 이런 역설이 생겨나는 이유는 대중이 현재의 헌법 전체를 87년 민주화운동의 성과로 여기지 않기 때문이다. 대중의 기억 속에서 87년 민주화운동과 동일시되는 헌법적 성과는 대통령 직선제에 한정된다. 그렇기 때문에 직선된 대통령을 탄핵한 의회의 행동이 헌법의 테두리 안에서 이루어진 행위임에도 불구하고 '쿠데타'라고까지 불리게 된 것이다.

하지만 이런 대중의 생각을 분별없는 것이라고 말할 수는 없다. 헌법에 의거한 행위와 헌법에 근거한 판결이 국민 대다수에 의해서 존중되기 위해서는 국민이 헌법의 제정 혹은 개정 과정에 참여해야 한다. 이런 참여와 그것이 수반하는 학습 과정이 있을 때만 헌법에 대한 존중이 국민 속에 확고하게 문화적 뿌리를 내릴 수 있다. 그런데 해방 후에 제정되고 개정된 헌법 가운데 이런 국민적 참여를 통해서 확립된 것이 전혀 없었으며, 이 점에서는 87년 헌법조차 다르다고 말하기 어렵다. 87년 헌법 또한 대중적 의지를 통해서 분명하게 표현된 대통령 직선제라는 권력구조의 큰 틀은 수용하였으되, 그 외의 구체적인 내용들은 87년 민주화운동을 주도한 국민운동본부를 배제한 채 당시 여당과 야당 간의 밀실협상을 통해서 만들어졌기 때문이다.

이런 문제점에도 불구하고 우리가 대통령 탄핵 사태와 더불어 절실히 깨닫고 있는 것은 사회의 통일성의 뿌리가 헌법이라는 사실이다. 사실 사람들이 만든 사회란 언제나 적대와 갈등이 가득하기 마련이다. 그런 분열에도 불구하고 사회가 통합된 상태를 유지하기 위해서는 하나의 합의가 존재해야 하며, 현대사회에서 그것은 오직 헌법을 통해서만 표현된다. 다시 말해 우리 사회가 하나의 공동체라면 그것은 오직 헌법공동체라는 의미에서만 그렇다. 그런데 그 헌법이 국민의 민주적 참여 없이 만들어졌고, 이로 인해 사회생활의 운영 원리들이 헌법에 매개되어 있어야 한다는 감수성이 약한 것은 문제적 상황이 아닐 수 없다. 이렇게 되면 사회적 갈등이 깊어질수록 더욱 의존해야 하는 헌법이 제대로 작동하기 어렵기 때문이다.

이런 문제를 타개하기 위해서는 진지한 헌법 개정의 담론을 일으켜 세워야 할 것이다. 2007년이면 1987년 이후 20년 만에 대선 주기와 총선 주기가 일치하는 때가 된다. 그간 여러 가지 문제점을 노정해온 87년 헌법을 개정하는 동시에 통일 시대까지 대비하는 헌법을 구상할 때가 되었다. 앞으로 3년 동안 광범위한 국민적 토론과 숙고를 통해서 진정으로 조국의 제단 앞에 바칠 만한 헌법을 만든다면, 이는 87년 민주항쟁과 최근의 촛불시위를 통해서 표현된 민주주의에 대한 국민적 열망을 헌법 자체의 민주화로까지 밀고 나가는 것인 동시에 제대로 된 나라 만들기를 향해 크게 한 걸음 내딛는 일이 될 것이다.

한겨레, 2004. 4. 1.

돌아보기

2004년 초반은 3월 12일 대통령 탄핵소추안의 국회 통과, 4월 15일 총선, 그리고 5월 12일 헌법재판소에 의한 탄핵심판 기각으로 이어진 숨가쁜 정치 과정의 시기였다. 이런 정치 과정과 관련해서 나는 대략 세 가지 활동을 한 것 같다. 첫번째는 여기에도 적었듯이 광화문 촛불집회에 시간 나는 대로 나갔고, 주말에는 식구가 모두 함께하기도 했다.

두번째로는 〈신강균의 뉴스서비스 사실은〉(이하 〈사실은〉)이라는 MBC 프로그램의 외부 자문위원으로 활동했는데, 이 프로그램에서 탄핵 문제를 정면으로 비판하는 보도를 했다. 나는 그런 보도가 이루어지는 데 적어도 자문위원 몫만큼 관여했다.

〈사실은〉의 탄핵 관련 보도는 얼마 뒤 한국언론학회의 「대통령 탄핵 관련 TV방송 내용 분석」이라는 보고서를 통해서 불공정 보도의 대표적 사례로 지목되었다. 진보개혁진영 내의 일부 학자들도 〈사실은〉이 기본적인 보도 공정성을 지키지 못했다고 주장했다. 하지만 언론학회의 분석에 대해서는 연구를 주도한 보수적인 언론학 교수들의 편향이 작용했다는 반론도 있었고, 보도 공정성이 기계적인 중립성이나 찬반양론의 반분 배치와 동일시될 수 없다는 주장도 제기되었다.

이 문제에 대해서 지금 시점에서 두 가지를 자문하게 된다. 하나는 지금의 나라면 〈사실은〉의 보도 방향에 대해 자문위원으로서 보도 공정성을 이유로 이견을 제기했을까 하는 것인데, 역시 그러지 않을 것 같다. 사건은 어떤 감정을 불러일으키며 그 감정에는 사유보다 더 엄정하고 비례적인 논리가 존재하는데, 지금 생각해도 〈사실은〉의 보도는 그런 논리에 충실했다고 여겨진다.

그렇다면 한국언론학회의 보고서 주장은 어떻게 받아들여야 할까? 긴급하게 작성된 보고서이긴 하지만 일부 타당성이 있음을 인정한다. 하지만 이명박정부에서 그리고 지금 박근혜정부에서 벌어진 방송의 파행과 편파성은 〈사실은〉과는 비교도 되지 않을 정도로 심각하다. 그럼에도 불구하고 한국언론학회는 그런 것들에 대해서 비판하지 않았다.

이와 관련해 최근의 예를 하나 들고 싶다. 작년 우리 사회를 흔들어놓은 대표적인 논란이 노무현 전 대통령이 NLL을 고수했느냐 아니면 포기했느냐 하는 것이었다. 이와 관련된 무수한 이야기가 있었지만, 그 가운데 가장 중요하고 결정적인 발언으로 꼽고 싶은 것이 노무현정부 시기에 국방장관을 지낸 김장수 현 청와대 국가안보실장의 2013년 10월 5일 발언•이다. 그는 이날 국회 운영위에 출석해 10·4 정상회담 직후 "국방장관회담에 앞서 노 전 대통령에게 '회담에서 소신껏 일할 수 있도록 권한을 달라. 중간에 훈령을 넣는다든지 그런 것은 없었으면 좋겠다'는 건의를 했고, 노 전 대통령은 웃으면서 '소신껏 하고 와라' 해서 제가 회담에 임하면서 소신껏 NLL을 지킬 수 있었다"고 국회에서 발언했다.

• 「김장수 "노무현 '소신껏 하라' 해 NLL 지킬 수 있었다"」, 연합뉴스, 2013. 10. 5.

이 발언은 비겁할 정도로 늦게 이루어졌지만, 그럼에도 불구하고 발언자의 위치를 생각할 때 NLL을 둘러싼 논란을 종식시킬 만한 것이었다. 그런데도 그의 발언을 KBS와 MBC는 전혀 보도조차 하지 않았다. 그리고 이런 놀랄 만한 사태에 대해서 한국언론학회는 아무런 논평도 하지 않았다. 이런 점 때문에 앞서 언급한 한국언론학회 보고서가 〈사실은〉에 대해 쏟아냈던 비판의 진정성을 믿지 않는다.

〈사실은〉은 이 사건 외에도 나에게 심리적으로 중요한 영향을 미쳤다. 그래서 관련된 이야기를 조금 더 하고 싶다. 2005년에 SBS의 대주주인 태영건설이 지자체에 압력을 행사하며 물 관련 사업을 하고 있었다. 태영의 이런 압력에 SBS의 보도가 협력했다는 정황을 〈사실은〉 측이 포착하고 그것에 대한 보도를 준비했다.

하지만 태영 측에서 신강균 앵커에게 보도 무마를 위한 로비를 했고, 그것이 먹혀들어갔으며, 신강균 앵커는 이 문제를 추적하고 취재해온 이상호 기자에게도 태영 측의 로비를 알선했다. 하지만 이상호 기자는 로비를 거부하고 그 사실을 폭로해버렸다. 그 결과 신강균 앵커는 징계되고 프로그램은 결국 폐지되었다.

이 사건은 나에게 진보개혁적인 지향을 가진 사람 또한 쉽게 로비와 부패에 연루될 수 있으며 그로 인해 중요한 사회개혁(이 경우 언론개혁)의 진지들이 위험에 처할 수 있다는 사실을 가까이에서 지켜보는 계기가 되었다. 나로서는 갑자기 명예롭지 못한 프로그램의 자문위원을 맡은 처지가 되었다. 마음이 아팠다.

이 칼럼이 상기시키는 것들이 많다보니 본론에서 벗어난 이야기를 너무 많이 한 것 같다. 앞서 탄핵 사건과 관련해 세 가지 활동을 했다고 했는데, 세번째 활동이 바로 87년 헌법, 더 나아가 87년체제 자체에 대해 연구하고 그 결과를 학술적 논의로 확장해나간 것이다. 이 시기의 작업은 2005년에 『창작과비평』이 주도하고 한겨레 등이 후원한 87년체제론에 대한 학술회의로 이어졌고, 내 개인적으로는 그 작업을 지금까지 이어가고 있다. 그런데 작업을 계속함에 따라 나는 이제 87년 헌법에 대한 이 칼럼의 주장을 더이상 고수하지 않게 되었다. 아니 더 명료하게 말하면, 나는 지금은 이 칼럼의 주장에 대해 매우 비판적이다.

확실히 87년 헌법은 이 칼럼에서 적었듯이 한 사회의 설립적 토대가 되기엔 보편적 가치관의 구현, 기본권의 근거 원리와 범위 그리고 권력체계의 설계 면에서 그렇게 훌륭하다고 볼 수 없다. 하지만 헌법 제·개정 시기의 주요 행위자는 언제나 예외적 특권을 누린다. 헌법은 고치기 어렵게 설계되고 그런 점에서 후대의 선택지를 좁히기 때문이다. 그것이 헌법 개정 담론은 간헐적이긴 해도 줄곧 있었지만 개정이 이루어지지 않은 채 25년 이상이 흐른 이유이기도 하다.

그렇기 때문에 헌법 개정 자체를 중심 과제로 놓을 필요도 없고 그래서도 안 된다는 것이 지금의 생각이다. 헌법 개정이 실제로 진행되면, 그것이 어떤 사회적 상황에서 그리고 어떤 세력관계에서 이루어지는가에 따라 심각한 갈등과 분열이 발생할 수 있으며, 현재 헌법보다 나은 방향으로 개정될 것이라는 보증도 없다.

이런 점을 생각할 때, 헌법 자체에 대한 우리의 관점을 새롭게 하는 것이 매우 중요하다. 다시 말해 헌법을 고정된 조문에 따라 법률과 권력기관을 규율하는 것으로 한정하지 않고, 창의적 해석의 대상으로 여겨야 하는 것이다. 그래서 새로운 헌법 해석을 실현하기 위해서 사회적 계몽 활동과 토의를 조직하고 사회운동을 활성화하는 한편, 헌법이 사회 변화와 가치관의 변동을 수용하게 촉구하는 광범위한 국민적 프로젝트라고 이해하는 것이다. 헌법의 민주화는 헌법의 개정보다는 오히려 헌법의 해석적 실천과 그 해석 과정에서 보편적 가치의 실현을 제고하려는 노력으로 이해되어야 하는 것이다.

이 점과 관련해 문제점을 지적하고 싶은 것이, 이른바 '통합진보당의 이석기 의원 등에 의한 내란음모 사건'과 관련해 심상정 의원이 말한 "헌법 안의 진보" 같은 발언이다. 이런 발언은 진보정치를 추구해온 의원의 발언으로는 대단히 부적절한 것이다. 새로운 헌법 해석과 실천이야말로 진보정치의 핵심적 과제다. 그러므로 무엇이 헌법 안에 있는지를 미리 정의할 수 없다는 것이야말로 헌법에 대한 민주적 태도이고 진보적인 정치의 추구 방향이어야 한다.

질투로 질투를 넘어서기

강남구를 비롯한 몇 개 지역에 주택거래신고제가 도입되었다. 강남의 부동산 시장이 꽤 싸늘해진 모양이다. 정부의 이번 정책이 얼마나 효과가 있을지에 대해 논란이 분분하다. 이 점에 대해서 나는 전문가가 아니라 잘 모르겠다. 내게 더 중요하게 여겨지고 관심이 가는 것은 이런 정책을 불러오는 우리 사회 특유의 문화다.

지난해부터 강남은 언론매체의 집중적인 관심 대상이었다. 각종 매체들이 강남에 대한 기사를 그렇게 자주 내보낸 것은 그것이 '인기' 있는 소재이기 때문이다. 다시 말해 강남의 집값에 관심 있는 사람이 매우 많기 때문이다. 각종 매체들은 강남을 두고 '강남공화국'이니 '강남특별시'니 하는 표현까지 썼는데, 거기엔 비난과 부러움이 동시에 어른거리고 있었다. 아마도 이런 질시의 심정은 언론매체들만의 심정이 아니라 그런 매체의 소비자인 대다수 국민의 심정이기도 할 것이다.

이런 일이 꽤 '자연스럽게' 느껴지기조차 하지만 사실 그리 자연스러운 일은 아니다. 서울의 한 지역에서 집값이 치솟는다고 강원도나 전라북도에 사는 사람이 '열받을' 일은 아니다. 그 지역의 아이들이 좋은 대학에 많이 들어가는 것도 '개탄할' 일은 아니다. 자본주의 사회란 경제적으로 불평등한 사회이며, 이 불평등은 지리적 차별성으로 표현되게 마련이기 때문이다.

그런데도 50년 이상 자본주의를 치열하게 경험한 사회 성원들이 이런 불평등을 목도할 때마다 '가슴이 벌렁거린다'는 것은 우리 사회가 유난히 질투 많은 사회라는 것을 말해준다. 이렇게 일반화된 사회적 질투의 역사적 뿌리는 우리 현대사의 첫 발자국이 식민지로부터의 해방이었다는 사실에 닿아 있다. 해방은 식민지 지배권력의 소멸을 뜻한다. 해방 후에 우리 사회 성원들은 이 비어 있는 지배층의 자리를 향해 각개약진했다. 이 약진은 '타고난 저마다의 소질을 계발'해서 이루어진 것이라기보다는 치사한 연줄과 학벌 그리고 부패로 얼룩져 있었다.

그래서 우리 사회의 지배층에게서는 늘 졸부의 냄새가 풍긴다. 설령 졸부라 해도 교양과 도덕성과 자선의 미덕을 갖출 수 없는 일은 아니건만 우리 사회 지배층에는 졸부 근성에 더해 천민적 기질도 농후했다. 당연히 부유층이나 지배층에 대해 '네가 언제부터 내 위에 있었느냐'는 심리가 일게 된다. 역동적인 산업화로 인해 부침이 많았던 사회였고 지배층 구성인자들의 교체도 많았으며 계층 상승의 기회도 많았던 사회이기에 '나도 올라설 수 있다'는 심리가 지배층에 대한 질투와 반발심에 더해 함께 자라났다.

아무래도 질투는 사람들의 마음을 볶아대는 고약한 심정이니 이렇게 사회적으로 일반화된 질투가 좋다고 할 수는 없을 것이다. 하지만 질투도 하나의 에너지라면 에너지이고, 사람을 살게 하는 힘이라면 힘이다. 그게 사회적으로 편재해 있다면 그것은 그것대로 정직하게 인정해야 할 하나의 힘이다.

나는 이 질투의 힘에 뜻하지 않은 긍정성이 있다고 생각한다. 정신분석학적 상식을 동원하자면 고결한 이념도 병리적인 동기에서 연원할 수 있다. 마찬가지 현상이 질투에서도 발견된다. 질투는 자기보다 앞선 자를 '동료 중에 나은 자' 이상으로 인정하지 않으며, 그 사소한 차이가 권력 집중으로 치닫는 것을 막으려 한다. 그런 의미에서 질투는 평등주의적 의식의 병리적 동기이며, 역으로 평등주의 의식은 질투의 승화된 형태다.

우리 사회에는 충분히 승화되지는 않았지만 일반화된 질투로부터 자라난 강력한 평등주의가 있다. 이 평등주의를 조금 더 승화시킨다면 우리 사회는 우리 방식의 사회복지적 기획으로 나아갈 수 있을 것이다. 이 승화의 촉매제는 연대감이다. 질투와 더불어 공생하는 이기적인 경쟁심과 출세주의를 질투로부터 떼어내고 연대의식의 불을 지핀다면, 질투는 차이에 민감하고 관용적이며 연대의식으로 채워진 향긋한 평등주의로 승화될 수 있을 것이다.

한겨레, 2004. 4. 29.

돌아보기

이 칼럼을 읽은 직장 동료들, 그러니까 한신대학의 몇몇 친한 교수들은 글 말미에서 독특한 반전이 일어나 읽고 난 다음 잠시 혼란스런 느낌이 들었다고 했다. 제목에서 암시를 주었음에도 불구하고, 많은 독자들이 이 글을 단순한 의미에서 질투에 대한 비판으로 읽었다.

하지만 내가 하고 싶었던 이야기는 우리 사회에서 질투심은 사회적 연원을 가지고 있다는 것이며, 이런 명백한 사실을 도외시하고 질투심을 비판하는 것만으로는 문제를 해결하기 어렵다는 것이었다. 요컨대 우리가 가진 질투심의 뿌리를 이해하고 거기에 깃든 양가적 속성을 파악해 승화하는 것이 필요하다는 뜻이다.

이 글을 쓴 뒤에 나는 우리의 사회적 질투심의 뿌리를 '연대 없는 평등주의'로 개념화했다. 식민화 그리고 전쟁으로 인한 파괴적 평준화 과정은 한편으로는 평등주의를 형성했지만, 동시에 사회적 유대감과 연대의 자원 또한 고갈시켰다. 이로 인해 연대감이 결여된 평등주의만이 남았다고 할 수 있다. 평등주의라는 점에서 그것은 민주주의를 향한 강한 추진력이 되지만, 연대를 결여하고 있기 때문에 민주주의를 심화하는 데 장애가 된다. 또한 쉽게 타자와의 비교를 통한 상호 무시를 하게 되며 우월감, 패배감, 질투와 시기로 향할 수 있는 것이다. 이런 관점에서 보면 우리 사회에 나타나는 서구보다 더 강력한 개인주의가 어디서 연원하는지, 왜 그 개인주의가 사적 삶의 심미적인 개성화의 추진력이기보다 질투심으로 채워지는지도 이해할 수 있다.

이런 연대 없는 평등주의는 우리 사회의 여러 면에서 나타난다. 그 일례로 노동운동에 대한 비판을 살펴보자. 대기업 노조에 대한 비판은 우리 사회에서 매우 일반화되어 있다. 대기업 노조원들 자신이 사회적 유대감이 별로 없기 때문에 이런 비판은 그들이 자초한 면이 있다. 하지만 비판의 초점이, 왜 그들은 같은 직장에서 동일한 노동을 행하는데도 낮은 임금을 받는 비정규직을 노동자 계급의 연대감 속에서 포용하고 그들의 권리를 옹호하지 못하느냐는 것이 되는 경우는 별로 없다. 대체로 비판의 방향은 고임금을 누리면서 또 임금인상 타령이냐는 비판이 주종을 이룬다. 그러나 이런 식의 비판은 남을 깎아내리는 것이고 결국은 자신도 깎아내리는 방향으로 작용하게 될 어리석은 짓이다. 대기업 노조가 임금을 인상하면 왜 나도 그렇게 올려주지 않느냐고 외치는 방향으로 나아갈 수 있다. 그것이야말로 서로의 값어치를 높여줌으로써 내 값어치를 올리는 길, 사람들이 모두 제 값어치로 평가받고 대우받는 사회로 가는 길이다.

이런 마음의 편린이 지난 2010년 지방선거 시기에 무상급식을 매개로 한 사회복지 담론으로 표출되었다. 그때도 핵심적인 것은 복지를 어떻게 설계할 것인가 하는 게 아니라 '가난한 집 아이라고 해서 눈칫밥을 먹게 해서는 안 된다'는 도덕적 태도이거니와, 그 말에는 우리 사회 성원들이 연대 없는 평등주의를 벗어나 연대적 평등주의로 이행하는 모습이 엿보였다.

그러나 2012년 총선과 대선을 경유하며 그런 연대적 평등주의에 근거한 도덕적 통찰이 확장되지 못해 정치적 표현을 획득하지 못했고 정책적으로 구현되지 않았다. 대신 집권을 위해서 그것을 흉내 낸 새누리당의 총선 승리 그리고 박근혜 대통령의 당선으로 끝났다. 그리고 박대통령은 기초연금 공약을 휴지로 만들었다. 그런데 문제는 단지 기초연금 공약이 지켜지지 않은 데 있지 않다. 경제 여건과 재정 상황이 좋지 않으면 그저 기초연금 지급 시기를 늦추거나 연금 인상을 늦추면 된다. 하지만 박대통령은 그렇게 하지 않고 기초연금을 국민연금과 연계했다. 그리하여 사람들로 하여금 연금 제도 속에서 국민적 연대를 추구하기보다 어떻게 하면 공적 연금과 사적 연금 또는 저축을 배합해 최대 이익을 얻을 것인가를 계산하게 만들었다. 임의 가입자의 탈퇴 증가는 박대통령이 사회적 연대를 해체하는 정책을 수행했음을 말해준다. 더불어 우리는 질투를 승화할 길에서도 멀어진 것이다.

민주노총과 의무금 문제

2004년은 노동자들에게 뜻깊은 해로 기록될 것이다. 민주노동당의 의회 진출로 한국사회가 왼쪽 날개를 얻었다면, 한국의 노동자 계급은 정치적 날개를 얻은 셈이니 말이다. 하지만 노동자들이 자축 분위기에 젖을 상황은 아닌 것 같다. 민주노동당의 힘은 아직 미약한 데 비해 노동운동이 처한 상황은 매우 심각하기 때문이다.

상황의 심각성을 말해주는 두 가지 사례를 들어보자. 하나는 올해 초 민주노총 산하 금속연맹이 현대중공업 노조를 제명하는 데까지 이르게 한 박일수씨 분신자살 사건이다. 이 사건은 전체 노동자의 50%를 넘어선 비정규직 노동자의 상황이 매우 심각하다는 것뿐 아니라, 비정규직과 정규직 노동자들 사이의 연대감이 극히 취약함을 말해준다.

다른 하나는 올해 민주노총이 정책연구원을 설립했는데, 이 연구원의 상근 연구자 정원이 4명에 불과하며 사업 예산이 연 5천만 원에 불과하다는 사실이다. 한국 노동운동을 대표하며 산하 조합원 수가 65만 명이 넘는 조직이 이제야 정책연구원을 발족한 것도 그렇지만 그 사업 예산이 대학교수들 서너 명이 학술진흥재단에 공동 연구로 신청하는 프로젝트 하나의 예산에 지나지 않는다는 것은 놀라운 일이 아닐 수 없다.

민주노총의 예산구조를 들여다보면 이 두 가지 사례가 별개의 일이 아님을 알 수 있다. 민주노총의 정규 예산은 건물 임대료에 대한 정부 보조금을 제외하면 전적으로 단위 노조들이 내는 의무금으로 구성된다. 그런데 이 의무금이 커피 한 잔 값에도 한참 못 미치는 조합원 일인당 월 1000원에 불과하다. 이조차도 올해 들어 그럴 뿐이고, 작년에는 800원, 재작년까지는 500원이었다. 이런 수준의 의무금을 모아 만들어진 올해 민주노총의 예산은 고작 60억 원 남짓이다. 이런 예산의 40%가량이 박봉으로 쪼개져 민주노총 상근자들에게 건네지고 그 나머지로 각종 사업이 수행된다. 세계적인 명성을 가진 연대 투쟁 능력을 가졌다는 민주노총의 경제적 토대는 이렇게 취약하다. 그러니 정책 연구와 각종 사업이 극도로 취약한 것은 불가피하다.

정책 연구의 부실은 사회보험, 보육, 주택, 교육 같은 사회적 임금 문제나 공공 부문의 민영화에 대한 노동운동진영의 대처 능력을 크게 떨어뜨린다. 그 결과 방대한 싱크탱크를 가동하고 있는 정부나 기업 쪽의 정책과 구상에 대한 노동자들의 투쟁은 방어적인 데 머무르게 되고, 대안적인 정책을 제시하지 못하고 이루어지는 노동자들의 방어적 투쟁은 쉽사리 반개혁적이거나 기득권 수호적인 것으로 매도되어버린다. 사업 예산의 부족은 정책 연구뿐 아니라 자신들의 입지와 정책을 알릴 선전과 계몽의 활동을 위축시키며, 비정규직 문제 같은 초미의 과제에 대한 대처 능력 또한 약화시킨다.

결국 노동운동의 난제를 극복하기 위해서는 민주노총의 재정 확대가 필요한데, 국가의 재정지원이 노동운동의 자주성을 침해할 가능성이 크다는 점을 생각하면 의무금을 늘리는 것이 유일한 방안이다. 단위 노조들 가운데는 회사 쪽의 손배 가압류나 해고자 문제로 고생하는 곳이 꽤 되고 영세사업장이 많기는 하다. 하지만 조합비의 소폭 상승이 부담되지 않을 만큼 여유를 가진 사업장도 많다는 것은 잘 알려진 사실이다. 그러므로 의무금을 끌어올릴 여지는 충분히 있다.

민주노동당은 부유세를 주장한다. 그렇다면 그런 주장이 설득력을 가지기 위해서도 민주노총 산하 조합원들은 조합비 수준에서 부유세를 실천할 수 있어야 한다. 나를 위해서 1000원을 써달라고 내놓는 동시에 노동자 전체를 위한 정책 개발과 비정규직 문제를 위해 1000원을 써달라고 내놓을 수 있어야 한다. 이런 연대감이 없다면 노동자는 있어도 노동 계급은 없는 셈이며, 비정규직은 정규직의 미래를 예시할 뿐이다.

한겨레, 2004. 6. 3.

돌아보기

사실 이런 글은 노동운동 연구자가 쓰는 것이 적합하다. 그런데 내가 쓰게 된 것은 우리 사회에서 연구자와 연구 대상 사이에 어떤 융합이 발생해서 이런 문제를 다루지 않게 되기 때문인 것 같다. 그런 융합 자체는 이해 못할 성질의 것은 아니다. 가까이에서 관찰하는 이들은 너무 많은 것을 알게 되고 더불어 연구 대상의 문화까지도 공유하게 되기 때문이다. 하지만 그러다보면 전체 사회의 수준에서는 놀라운 일에도 놀라지 않게 될 수 있다. 이 글이 다룬 노동운동 조합비 문제도 그런 경우다. 그것에 대해 들었을 때, 나는 놀랐지만 노동운동 연구자들은 너무나 익숙하게 알고 있는 일의 하나였을 뿐이었다.

이 글에서는 초점을 인색한 수준의 분담금밖에 내지 않는 대기업 정규직 노조들의 문제에 두었다. 하지만 지면에 여유가 있었다면 그것에 적응해버린 민주노총 문제도 함께 다뤘을 것이다. 민주노총에서 일하는 노동운동가들에게는 자신도 노동자이며 정당한 임금을 받아야 한다는 의식이 약하다. 70~80년대 운동권 문화 속에서 성장한 이들은 자신의 활동을 사회적 대의를 위한 헌신과 희생으로 여기는 경향이 강하다. 하지만 대의를 위한 활동은 활동이고, 그런 활동의 대가로 정당한 대우를 받는 것은 그것대로 이루어져야 할 일이다. 하지만 그렇지 못하다.

이 글에서 다뤘듯이 노동조합이 상위 노조에 내는 분담금이 적으면 민주노총 활동가들은 매우 힘겨운 생활을 할 수밖에 없다. 그렇기 때문에 노동운동의 지속가능성을 위해서 나 같은 사람이 신문에 글을 쓰기 훨씬 전에 분담금 문제를 내부에서 문제 제기했어야 했다. 하지만 그렇게 하지 않았다. 그 이유의 일부는 분담금 인상 요구가 자신의 이익 추구로 여겨져 그래서는 안 될 것 같은 정서 때문이다. 그들은 상황을 바꾸기보다 그런 상황에 적응하려 하는 반反운동적 태도를 보인다.

예컨대 이런 식이다. 낮은 분담금 때문에 민주노총은 예산이 부족하다. 그래서 민주노총에 주어진 업무를 처리하는 데 적정한 인원을 채용하지 않는다. 그렇게 되면 임금을 생계를 위해 필요한 일정 수준에도 맞춰주기가 어렵기 때문이다. 그래서 적은 인원이 밤늦게까지 일한다. 우리 사회의 저임금 장시간 노동을 비판하고 싸워온 노동운동가들이 스스로 그런 생활 속으로 걸어들어가는 셈이다.

그럴 때도 여전히 그들은 가난한데, 그것은 청빈이라고 할 수는 없고 자기 노동의 정당한 대가를 요구하지 못하는 우둔함일 뿐이다. 다행히 전교조 교사인 아내나 남편, 약사 아내 또는 그 밖에 괜찮은 직장을 가진 배우자의 수입이 있다면 그 가난이 조용히 사적으로 메워질 수 있을 것이며, 그런 경우가 그리 드문 것도 아니다. 하지만 이렇게 문제를 때우는 것은 남루하며, 스스로 당당하게 문제를 제기하고 풀려는 노력을 방기한 대가일 뿐이다.

그 죽음을 아이들이 물으면

스피노자의 『에티카』 제3부의 정리 40은 이렇게 말한다. "자신이 어떤 사람의 증오를 받는다고 상상하며 더욱이 자신이 증오받을 어떤 원인도 그 사람에게 주지 않았다고 생각하는 자는 오히려 그 사람을 증오하려 할 것이다." 이어지는 주석에서 스피노자는 어떤 사람의 자신에 대한 증오가 "정당한 이유를 가지고 있다고 생각하면 그는 수치를 느낄 것"이라고 말한다. 다시 말해 타자가 자신을 미워할 만한 원인을 제공했다면 그로 인해 수치와 슬픔을 느끼게 된다는 것이다.

김선일씨의 죽음으로 인해 온 나라가 어둠에 잠겨 있다. 참담한 죽음의 소식 앞에서 김선일씨를 죽인 이라크인들에 대해 분노를 터뜨리는 사람도 있고, 우리에게 아무런 잘못도 저지른 바 없는 이라크에 전투병을 파병하려는 우리의 잘못을 탓하는 사람도 있다. 스피노자의 정리에 따르면 어느 쪽이 올바른 반응인지는 김선일씨를 통해서 표현된 이라크인들의 우리에 대한 증오심이 아무 이유 없는 것인가 아니면 우리가 이유를 제공했는가에 달려 있다.

아마도 이라크인들에 대해 분노하는 사람들은 김선일씨가 무고하며, 그를 살해한 방식의 잔인함에 대해 말할 것이다. 분명히 참수라는 살해 방식은 너무나 끔찍한 것이다. 하지만 이런 끔찍한 살해가 등장한 시점을 생각해봐야 한다.

이라크인들에 의해 참수당한 최초의 인물은 미국인 니컬러스 버그(닉 버그)이며, 그의 피살 시점은 영문도 모르고 잡혀온 숱한 이라크인들이 아부그라이브 감옥에서 미군에 의해 야만적으로 고문당하고 살해되고 있음이 감옥 담장을 넘어 알려진 직후다. 그중 온건한 것이었기에 언론매체에 널리 게재된 학대의 양상이라는 것이 개목걸이를 포로의 목에 걸고 서 있는 린디 잉글랜드 일병의 사진이었다. 그렇기 때문에 아부그라이브 감옥의 포로와 닉 버그를 교환하려는 시도가 좌절되자 그를 살해한 이라크인들이 "아부그라이브와 다른 곳에 있는 이슬람 남녀 신도들의 품위는 피와 영혼에 의하지 않고는 회복되지 않는다"고 말했던 것이다. 참수는 아부그라이브에 대한 반응에 다름 아니다.

이 점에서 닉 버그의 아버지 마이클 버그의 반응은 말해주는 바가 많다. 그는 참척의 슬픔 속에서도 왜 미국인이 증오의 대상이 되었는지 생각했다. 그는 이라크인들보다 '타인의 생명을 앗아가고 타인의 생을 파괴하는 정책을 만든' 부시와 럼스펠드를 비판했고, 9월 11일의 재난 앞에서 미국이 해야 했던 일 또한 "타인을 적이라고 규명하는 것을 중단하고 처음으로 그들이 무슨 말을 하는지" 듣고자 하는 것이었다고 말했다. 마이클 버그가 참척의 슬픔을 이기고 이렇게 말할 수 있었던 것은 이라크인의 분노의 정당한 원인이 미국에 있음을 깨달았기 때문이다. 그리고 이제 이 깨달음이 우리에게도 절실한 것이 되어버렸다.

김선일씨의 죽음은 이제 초등학생들도 다 아는 일이 되어버렸고, 그래서 아이들은 선생님에게 순진한 눈망울을 하고 왜 그가 죽어야 했는지를 묻는다. 그러니 교사들이 '계기 수업'(공식적인 교육과정과 상관없이 사회적 이슈나 사건을 가르치는 수업)을 하지 않을 수 없는 상황이다. 하지만 교사들이 아이들에게 해줄 수 있는 말이라고 해봐야, 김선일씨는 무구한 희생자일지라도 그로 대변된 우리들은 이라크인들이 증오할 이유를 제공했다는 것 이외에 무엇이겠는가.

그런데 이런 당혹스런 상황 속으로 교사들을 밀어넣은 우리 사회가 교사들을 질타하기조차 한다. 예컨대 조선일보는 전교조의 반전평화 계기 수업을 두고 그것이 의식화이고 저의를 가진 "등골이 오싹"한 것이라 말한다. 하지만 정말 오싹한 것은 반전교육이 아니다. 우리가 증오의 대상이 된 이유에 대해 성찰하기를 거부하며, 미국인들조차 절반이 부정적 의견을 가진 전쟁에 반대하는 것을 두고 반反부시가 아니라 반미로만 해석할 만큼 숭미에 찌든 조선일보식 사고방식이다. 지금 우리가 전교조의 계기 수업에 대해 해야 할 일은 파병 자체를 철회함으로써 전교조 교사들의 계기 수업 자체가 불필요하도록 돕는 것이다.

한겨레, 2004. 7. 1.

돌아보기

노무현정부의 이라크 파병은 노무현 대통령의 당선 그리고 탄핵소추 시기와 총선을 통해서 대체로 연합해 있던 개혁진영과 진보진영을 분열시킨 계기가 된 사건의 하나였다. 이 점은 노무현 대통령의 사후 자서전 『운명이다』나 문재인 의원의 『문재인의 운명』에서 보듯이 노무현정부가 스스로 잘 알고 있던 사건이었다.

그럼에도 불구하고 2003년 북한의 핵확산금지조약NPT 탈퇴 이후 위기 국면을 이어오던 북미관계 속에서 부시 정부가 요청한 이라크 파병을 노무현정부가 거절하기 어려웠던 상황에 대해 진보진영 사람들조차 어느 정도 이해하는 마음이었다고 기억된다.

하지만 2004년 5월 30일 이라크에서 통역사로 일하던 김선일씨가 이슬람 무장단체에 납치되는 일이 발생했다. 이 단체는 자이툰 부대 파병국인 대한민국 정부에게 이라크로의 추가 파병을 중단할 것과 현재 주둔하는 한국군을 즉각 철수시킬 것을 요구했고, 노무현정부가 이를 거부하자 6월 22일에 그를 참수했으며, 참수 동영상을 공개했다.

사건이 워낙 널리 알려졌고 충격 또한 엄청나게 컸다. 초등학생들조차 모르는 아이가 거의 없었고, 그들은 어른들에게 왜 그런 일이 일어난 것이냐고 묻기 시작했다. 그리고 어른들은 이 순진한 질문 앞에서 당혹스러워졌다. 항용 그렇듯이, 아이들이 질문할 때 어른들이 답변을 머뭇거리는 것, 그것이 바로 사회의 도덕적 위기다.

현실주의가 사회의 근본 가치를 내부로부터 그토록 거세게 부식시키는 일이 그렇게 흔한 것은 아니다. 하지만 김선일씨 사건으로 인해 모든 어른들은 현실주의의 참혹한 귀결에 직면하게 되었고, 아이들의 질문에 답해야 할 처지에 놓였다. 그런 경우 어른들은 아이들 앞에 모든 것을 털어놓아야 한다. 현실주의를 선택한 그 너절한 모습까지도. 전교조의 계기 수업이란 바로 그런 것의 하나였다. 하지만 그조차도 보수언론에게는 위험한 것으로 여겨졌고, 그래서 그들은 전교조를 맹비난했다.

그런데 이 맹비난과 함께 더 섬뜩한 무엇이 드러났다. 맹비난의 저류에 있는 보수의 심리구조가 그것이다. 아이들의 물음에 답하지 말라고 하는 그 주장에 무엇이 깔려 있겠는가? 사회란 은밀한 공모, 때로는 공동 범죄의 산물이라는 것, 생존을 위해서는 굴종을 마다않고 약간의 희생 따위는 간단히 무시해야 한다는 것, 그리고 아이들도 아무런 가르침 없이 스스로 알아서 그것을 배워야 한다는 것 아니겠는가?

웰빙이 아니라 평등이 필요하다

정확한 외래어 표기법으로는 '웰비잉'이어야 하고, '안녕' 혹은 예스럽게 표현해 '강녕康寧'이라고 옮길 수 있는 '웰빙'이라는 말이 유행이다. 부자들이 많이 본다는 신문들은 지난 몇 달간 주말이면 웰빙 기사를 쏟아놓았는데, 이들 신문에 따르면 웰빙이라는 말은 거의 모든 말들에 갖다붙일 수 있는 접두어다. 웰빙 타운, 웰빙 카페, 웰빙 포도주, 웰빙 국수, 웰빙 초밥, 웰빙 바캉스, 웰빙 경영, 심지어 '웰변便'에 웰빙 섹스라는 말까지 신문지상을 오르내린다.

가히 가관이랄 수 있는 행태지만, 그걸 비판하는 일이 쉽진 않다. 어쨌든 웰빙이란 게 좋은 거 아니냐는 시큰둥한 반응을 이겨내기 쉽지 않기 때문이다. 사실 웰빙이든 안녕이든 그렇게 살고 싶은 것이야 사람들의 욕구, 아니 생명 자체의 욕구가 아니겠는가. 하지만 어떻게 거기에 이를 것인가. 웰빙 기사를 쏟아내는 신문들을 따라 읽노라면 그것에 이를 수 있는 길은 돈, 그것도 아주 넉넉한 돈뿐이다. 예컨대 웰빙 기사는 반경 5마일 이내에 화학비료를 뿌리지 않고 3년 이상 유기농을 해온 땅에서 재배된 멕시칸 셀렉트라는 원두로 끓인 커피를 웰빙 커피로 상찬한다. 그런 커피가 맛좋고 몸에 좋기는 하겠지만 웬만큼 벌어서야 마실 엄두를 낼 수 있겠는가.

또한, 설령 주머니 사정이 넉넉해서 그런 커피를 마신다 해도 집으로 돌아오는 길에 다른 사람의 자동차와 신경전을 벌이며 끼어들기를 반복해야 한다면 그런 삶이 웰빙일 수 있을까. 도로에서 만나는 다른 차 운전자들이 나에게 동료 시민이 아니라 경쟁의 대상이고 나의 속도를 늦추는 방해꾼이기만 한 사회에서 웰빙 커피는 너무 덧없는 것 아닐까.

웰빙을 말하는 사람들은 모든 문제가 운동과 명상을 하지 않고 삼겹살에 소주를 마신 때문인 양 말한다. 하지만 삼겹살일망정 그걸 먹으며 우리는 즐거울 수 있다. 정작 많은 사람을 괴롭히는 것은 너무 긴 노동시간, 냉담한 이웃, 우울증과 자기 비하를 강제하는 사회적 압박, 자녀의 미래에 대한 걱정, 실업에 대한 두려움, 치솟는 집값과 물가, 정당한 대우를 받고 있지 못하다는 억울함, 이런 것들이다. 요컨대 사람들의 행복과 안녕은 호사스러운 소비생활의 경로를 따르기보다는 사회심리적 경로를 통해서 형성된다.

이 점은 통계적으로도 확인된다. 일인당 국민소득 5천 달러를 넘으면 주요한 사망원인이 전염병, 폐결핵, 영양결핍 같은 빈곤으로 인한 질병으로부터 심장질환, 암, 고혈압 같은 풍요로 인한 질병으로 바뀌는, 이른바 역학적 전환이 일어난다. 그리고 이때부터는 소득 증가에 따른 기대수명의 증가는 매우 완만하다 못해 거의 무관하다시피 하다. 대신 이때부터 기대수명을 결정하는 요인은 얼마나 소득 분배가 평등한가로 바뀌게 된다.

혹자는 이렇게 반박할 것이다. 평등한 소득 분배가 기대수명을 연장하는 이유는 평등 자체의 효과 때문이 아니라 그런 소득 분배로 인해 가난한 이들의 소득이 증가하고 그것이 그들의 수명을 연장하기 때문이라고 말이다. 하지만 통계적 사실은 이런 반박을 기각한다. 평등한 소득 분배는 가난한 사람의 기대수명뿐 아니라 부자의 기대수명 또한 증대시켜주기 때문이다.

사실 소득 분배가 더 평등해지는 것은 부자의 편에서 보면 소득 감소를 의미할 때가 많다. 하지만 그럴 때조차 부자의 기대수명도 증가한다는 사실은 사람들의 안녕과 행복을 관장하는 것이 사회관계의 짜임새임을 확증해준다. 공동체 정신 대신 경쟁이 판치고 실업의 위협에 시달리는 사회는 공격성과 질투, 분노를 제어할 수 없고 그렇기 때문에 가난한 자들뿐 아니라 부유한 자들까지 불안과 스트레스에 빠뜨린다. 그리고 이런 스트레스는 그들의 내분비계, 혈관계 그리고 신경계를 교란한다. 이런 힘겨움을 멋진 웰빙 커피 한 잔이 달래줄 수 있을까? 아마 어려울 것이다.

한겨레, 2004. 7. 29.

돌아보기

2003년에 쓴 보안산업에 대한 칼럼은 사회적 불평등과 양극화 심화가 가져오는 부정적 효과를 다룬 것이었다. 양극화는 다른 면도 가지고 있다. 그것은 더 부유해진 부자들의 삶을 매력적으로 만드는 상업적 노력을 강화한다. 부를 지키기 위해서 보안산업이 필요하다면, 부를 누리기 위해서는 사치품이 요구되는 것이다.

하지만 사치품이라는 말은 향유에 허세, 무취향과 무교양의 분위기를 덧씌운다. 향유는 향유하는 양상 자체를 품위 있는 것으로 만들어 품위까지도 향유하고자 하는데, 사치는 향유를 필요와 과잉의 이분법 속에 밀어넣기 때문에 어떻게 해서든 피하고 싶은 말이다. 생각해보라. 잘 차려입은 사모님이 백화점에서 비싼 시계를 고르면서 점원에게 "이거 어때요?" 하고 물을 때, "사모님, 사치에는 그만한 게 없지요" 하고 답하는 풍경을……

웰빙은 사치라는 말을 대체하기 위해서 등장한 말이다. 더 비싼 물건, 더 좋은 물건을 소비하는 것을 '잘 있으려는Well-Being' 궁극적 소망과 연결하는 것이다. 나는 이 글을 통해서 그렇게 잘 있고자 한다면, 진정 잘 있고자 한다면 더 좋은 것의 소비가 아니라 사회적 평등이 필요하다는 것, 평등은 부자에게도 좋은 것임을 말하고 싶었다.

이 글에서는 국제적 비교 통계를 동원했지만, 왜 평등이 부자에게도 좋은지 이해하는 데 통계적 사실이 필요한 것은 아니다. 부자는 가난한 이들보다 대우받는다. 하지만 바로 그것만으로 부자는 행복할 수 없다. 부자는 자신보다 더 부자인 사람 앞에서 가난하기 때문이다. 그리고 어느 누구보다 부자가 되는 것은 불가능한 꿈이다. 그렇기 때문에 부자가 누리는 향유의 조건은 바로 박탈감과 무시의 이유가 된다. 이에 비해 평등은 정반대 방향으로 우리를 이끈다. 박탈감과 무시 대신 상호 존중을 가능하게 하고 그것은 그 자체로 '잘 있음'이기 때문이다.

사치스러운 소비와 연결된 웰빙에 대한 비판은 그나마 웰빙이라는 공동의 문화적 준거가 있었다. 요컨대 웰빙이 무엇이며 무엇일 수 있는지에 대한 해석에 이견을 제시할 여지가 있었던 것이다. 웰빙이라는 말은 부유층이 자신을 식별하는 기호로서의 가치가 약했던 것 같으며, 그래서인지 금세 인기를 잃었다. 그리고 그 자리는 이론의 여지 없이 사치재 소비를 당당하고 자신감 있게 만들어주는 '명품'이라는 말이 차지했다.

이상한 사립대학 총장님들

교육 문제는 대다수 국민의 머리를 짓누르는 관심거리다. 잠시만 방심해도 계단에서 굴러떨어지듯 계층적 실추를 면할 수 없는 각박한 한국 사회에서, 교육 문제는 한 가족의 미래가 걸린 일이고 바로 그렇기 때문에 어렵게 벌어들인 소득을 빨아들이는 괴물 같은 것이기도 하다. 결국 교육에 대한 관심의 밑바닥에 꿈틀거리는 것은 자녀와 가족을 위한 이기심이다. 하지만 그래도 교육 문제에 부심하다보니 다들 교육 제도 자체가 믿을 만하고 공정하기를 바라는 마음이 한편에 있다.

이런 공적인 관심을 가지고 교육 문제를 바라보면 자기 자식에게 직접 이익이 되는 일은 아니더라도 제도 개선 효과가 큰 개혁이 무엇인지가 눈에 들어오게 되는데, 그 가운데서도 시급하고도 중요한 것이 사립학교법 개정이다. 우리의 사립학교 재단들 가운데는 아무런 철학도 비전도 없이 학생과 교수와 교직원을 약탈하다시피 하는 부패 재단들이 꽤 많기 때문이다. 그래서 부패 레퍼토리의 백화점이었던 동해대학 같은 학교를 비롯해 적잖은 사립학교에서 목불인견의 풍경이 벌어지게 된다. 하지만 재단의 학교 지배를 거의 완벽하게 보장하는 사립학교법 때문에 학내 성원들이 비명을 지르며 부패 재단에 맞서도 문제가 전혀 해결되지 않는 때가 많다.

사립학교법에 대한 이런 개정 요구가 처음으로 크게 결집된 것이 2000년 사립학교법 개정운동이었는데, 유감스럽게도 그것은 실패했다. 실패의 주원인은 16대 국회 제1당이었던 한나라당 때문이었다. 그래서 17대 국회의 제1당이 사립학교법 개정에 전향적인 열린우리당이 된 것은 반가운 일이었다. 총선 이후 열린우리당은 자신들의 지지율 실추의 이유가 개혁 작업을 일관성 있게 추구하지 않았기 때문이라는 것을 모르는 '바보들의 행진'을 거듭했지만, 그래도 사립학교법에 관한 한 그들이 내놓은 개정안은 정말 괜찮은 것이었다.

하지만 곧장 반격이 시작되었다. 수구신문들은 막말을 하다시피 하면서 사립학교법 개정안을 비방했고, 대학 총장들과 사학재단 관계자들이 나서서 토론회를 열고 사립학교법 개정안을 욕하고 나섰다. 이중에서도 총장들의 행보는 참 우려할 만한 것이었다. 많은 사람들이 대학 총장들을 학문과 덕망이 뛰어난 분들이라고 여기고 있고, 그래서 그런 분들이 비난하는 것으로 보아 사립학교법 개정안에 문제가 많은 것임에 틀림없다고 생각할 공산이 크기 때문이다. 하지만 좀 들여다보면 금세 이상한 점이 발견된다. 열린우리당이 제출한 사립학교법 개정안은 재단이 가지고 있던 교원의 임면권을 학교의 장에게 준다. 이 개정안대로 법이 개정되면 대학 총장의 권한은 크게 강화되어 나름의 철학과 소신을 가지고 학교를 운영할 여지가 매우 커진다. 그런데 일부 총장들이 자신들의 권한을 강화해주겠다는 개정안을 비난하고 나선 것이다.

왜 그런 것일까? 우리나라 대학의 총장은 어떤 분들이고 그들의 이익은 무엇인가를 생각해보면 그 답에 접근할 수 있다. 대학 총장이 되는 분은 아마도 동료로부터의 신망이 깊은 교수이거나 뛰어난 경영 능력을 가진 분일 것이다. 그러나 재단 이사장이 학교를 사적 소유물이나 다름없이 장악하고 있는 사립대학에서 총장을 하기 위해서는 그런 경륜 이상의 필수적인 자질이 하나 더 필요하다. 총장 후보자는 무엇보다 자신에 대한 임면권을 가진 재단의 이익을 침해할 소지가 없는 사람이어야 한다. 총장을 하는 사람에게 가장 중요한 이익은 자신의 권한 확대나 소신 있는 학교 운영 이전에 우선 총장으로 재직하는 일이다. 그리고 이를 위해서 그가 우선적으로 대변해야 할 것은 재단의 이익이다. 바로 이 구조적 사실 때문에 재단의 부패와 전횡을 막고 사학을 민주화하는 법안을, 바로 그 법안을 통해서 더 권한을 갖고 소신을 펼칠 위치에 있는 사람들이 반대하는 일이 생기는 것이다.

한겨레, 2004. 8. 26.

돌아보기

사립학교법 개정운동은 내게는 개인적으로도 상당한 의미가 있는 일이다. 이 글에서 노무현정부 이전에 있었던 2000년 사립학교법 개정운동을 간략히 요약하고 있는데, 그 시기 사립학교법 개정운동에 나는 민교협(민주화를 위한 전국교수협의회) 지도부의 일원으로서 참여했다. 당시 전교조, 민교협, 대학 노조, 참교육 학부모회가 주축이 되어 만들어진 기구가 '사립학교법 개정을 위한 국민운동본부'(이하 '국본')였는데, 나는 국본의 공동사무처장을 맡아서 1년 이상 활동했다. 국본은 합법화된 전교조의 인적·물적 동원, 참여 조직들의 열성, 그리고 김대중정부의 은근한 지원 속에서 굉장히 활발하게 법 개정운동을 전개했다. 하지만 김대중정부하에서도 여전히 국회 다수당인 한나라당 때문에 법 개정은 끝내 좌절되었다. 이후 2004년 총선 결과 열린우리당이 과반수 의석을 차지하자 강력한 사회운동이 발생하지 않아도 사립학교법 개정이 사회적 의제로 부상했다. 그때, 총선을 잘 치르면 전국을 떠돌며 땡볕에 집회를 열고 선언문을 작성하고 국회의원회관을 돌아다닐 일이 없어지는구나 하는 생각이 들기도 했다.

이렇게 사립학교법 개정 논의가 부상하고 열린우리당과 민주노동당의 협력 속에 사립학교법 개정이 목전의 일로 다가오자 사립재단 측은 다양한 방식으로 저항을 시도했다. 그런 것 가운데 하나가 사립대학교 총장들을 동원한 것이다. 대학 총장들이 반대하는 사립학교법이라는 대중적 이미지를 만들기 위해서였다. 이 글은 자신들의 권한을 강화시켜 줄 사립학교법 개정을 왜 총장들이 반대하는가 하는 맥락을 밝히려 한 것이며, 그렇게 함으로써 총장들의 행태가 미칠 사회적 영향력을 약화시키고자 했다.

조선일보, '스탠스'를 잃다

내 보기에 노무현정부는 왼쪽 깜빡이를 켜고는 줄곧 우회전해왔다. 그런데 우리 사회의 보수층은 그 왼쪽 깜빡이마저 성가시고 신경쓰이는가 보다. 하긴 왼쪽 깜빡이가 계속 켜져 있다보면 언젠가 한 번쯤 좌회전할 수도 있을 것이다. 그 때문에 진보진영에 속한다는 사람은 기대를 저버리지 못하고, 보수층은 불안을 느끼는 것 같다. 그렇지만 요즘 보수층이 느끼는 불안은 과도한 것이다. '할말을 하는 신문'이라 주장해온 조선일보가 막말하는 신문이 된 것을 보노라면 그런 생각이 든다.

그런 생각을 하게 된 것은 지난 7월 말에 여당의 사립학교법 개정 움직임에 대한 조선일보의 사설에서 다음과 같은 글귀를 보면서부터다. "이제 이 나라의 초·중·고등학교에서 우리의 아들딸들은 조국의 부끄러운 모습만 집중적으로 교육받고, 6·25전쟁을 일으켜 수백만 명의 사람 목숨을 앗아간 김일성의 항일유격대 활동을 학습하고, 미국 등의 동맹국이 추악한 나라라는 교육을 받으면서 대한민국의 '신新국민'으로 성장하게 될 것이다. 한마디로 이 나라 학교는 '인간개조改造 공장'이 된다는 이야기다." 시쳇말로 '오버도 한참 오버'라는 느낌을 지울 수 없었다.

8월 초에는 시민단체에 대한 국고 지원을 문제삼다가 우스운 꼴을 당했다. 스스로 생각해도 아둔한 기사라는 걸 깨달았음을 자인하는 듯이, 며칠 뒤에는 "NGO에 대한 국가 지원은 정당하며 우리의 경우 액수를 늘려야 한다"고 주장하는 시론을 실었다. 코미디 아닌가.

국가보안법이 폐지되어야 한다는 대통령의 발언이 나오자, 조선일보는 『해방전후사의 인식』을 다시 꺼내 읽은 것 같았다. 현재를 내전의 전야라 우기고 우익 총궐기를 외치는 듯한 글귀들이 지면 여기저기에 등장했고, 급기야는 전두환 빼고 얼추 다 모인 것 같은 5공 인사 중심의 선언문을 70·80년대 독재에 항거하며 발표되었던 시국선언의 전통에 연결하는 창의력을 보이기까지 했다.

8월에 조선일보는 사설에서 과거사진상규명법이 "나라 전체가 남의 족보를 뒤지고, 자기 족보를 점검하느라 고문서 더미를 헤치고, 때론 이 나라를 강탈했던 일본 국회의사당 서고까지 찾아가 일제의 헌병 명단과 순사 명단을 챙기며, 6·25 부역자 재판기록을 다시 읽는, 이 시대착오의 참담한 국가파괴 행위"라고 몰아붙였다. 그러고는 9월 들어서 그들이 그려준 가계도만 보아도 가족사적 아픔이 적지 않았을 김희선 의원 집안의 내력을 대문짝만하게 기사화함으로써 자신들이 과거사진상규명법을 비판하며 예단했던 폐해를 몸소 실천하기까지 했다.

이런 조선일보를 두고, 증오심이 기승을 부려 예전의 교활함과 노회함을 잃었다고밖에는 달리 뭐라고 할 수 있을까? 예전의 조선일보는 신중함에 더해 신속함을 가지고 있었고 의뭉스러움과 독살스러움을 겸비했으며 그 양면을 내보임에 있어 솜씨 있고 자재로웠다. 그러나 지금 조선일보는 포효하고 있기는 하되 덫에 걸린 짐승처럼 보인다. 한마디로 스탠스를 잃었다.

조선일보의 이런 허둥거림은 오래전 예고된 것이었다. 조선일보가 80년에 '올인'했던 전두환 독재정권이 87년 민주항쟁으로 물러났던 바로 그때 조선일보의 정오는 이미 지나버렸다. 89년 베를린장벽과 함께 냉전이 무너져내리고 더불어 자신을 나라를 세운 세력으로 참칭할 수 있게 해준 반공이라는 깃발이 세계사적 문맥을 상실했을 때, 조선일보의 시계는 늦은 오후 시간대로 접어들었다. 그리고 이제는 우호적인 국가권력에 이어 의회권력마저 잃게 되자 오래된 불안과 초조가 견디기 어려울 정도로 자라났고, 그것이 지금 조선일보가 내비치는 흥분과 공격성의 뿌리라고 할 수 있거니와, 이렇게 공격성을 무분별하게 표출한다는 사실 자체가 바로 몰락의 진행을 증명한다고 할 수 있다.

한겨레, 2004. 9. 23.

돌아보기

이 글을 쓰던 시점은 아직 노무현정부의 실패가 가시화되지 않은 때였다. 오히려 탄핵에 이어 치러진 총선에서 열린우리당이 승리해서 해방 이후 처음으로 행정부와 의회권력 모두가 민주파의 손에 들어온 시기였다. 그리고 민주파가 다수인 첫 정기국회가 열린 시기였다. 아마도 우리 사회에서 보수파가 이만한 위기감을 느낀 시기가 해방 후에 별로 없었을 것이다. 그리고 그런 위기감은 이 글이 표현하듯이 조선일보가 스탠스를 잃고 헤매는 듯한 것으로 나타났다(한겨레에 원고를 보낼 때는 스탠스라고 했는데, 담당 기자가 스탠스라는 말을 '자세'라는 우리말로 바꾸어 게재했다. 역어 선택이 잘못되지는 않았지만 맛이 좀 덜 살아나는 것 같아 이번엔 원래대로 스탠스로 적었다).

현재 시점에서 보면 그런 위기를 보수파들은 극복했다고 할 수 있는데, 여기엔 세 가지 요인이 작동했다. 첫째는 국가권력을 빼앗겼을 때도 여전히 시민사회에서 보수파의 권력이 강력하게 작동했기 때문이다. 둘째, 보수파들이 위기감 속에서 열정적인 투쟁을 계속했기 때문이다. 〈개그콘서트〉의 인기 코너 '용감한 녀석들'에서 출연진들이 부르는 노래 중에 유명한 가사가 있다. "한숨 대신 함성으로, 걱정 대신 열정으로, 포기

대신 죽기 살기." 아마도 노무현정부 시기부터 지금 박근혜정부의 탄생에 이르기까지 이런 자세로 투쟁한 것은 우리 사회 보수파였지 민주파는 아니었다. 마지막 요인은 이 글 앞머리에서 슬며시 지적하고 넘어간 노무현정부의 '좌회전 깜빡이'와 '우회전'에 이미 깃들어 있다.

말이 나온 김에 오해의 소지가 있는 점을 풀고, 관련된 개인적 소회도 몇 자 적고 싶다. 첫 문장은, "내 보기에 노무현정부는 왼쪽 깜빡이를 켜고는 줄곧 우회전해왔다"이다. 이 말은 서강대 손호철 교수가 노무현정부의 특징을 잘 요약한 말로 널리 알려져 있다. 그 점을 염두에 두면 '내 보기에'라는 말은 생략되어야 할 부적절한 표현이고, "노무현정부는 왼쪽 깜빡이를 켜고는 줄곧 우회전해왔다" 부분에는 따옴표가 있어야 한다. 그런데 현재처럼 쓰인 까닭은 이 말을 한 최초의 사람이 손호철 교수가 아니라 나이기 때문이다.

경위는 이렇다. 내 칼럼에서 노무현정부에 대한 묘사는 나오지만 주요한 주제는 조선일보였다. 아마도 내 글을 읽은 사람의 머릿속에 남은 메시지는 노무현정부에 대한 묘사이기보다는 조선일보의 당시 행태에 대한 비판일 것이다. 하지만 내 편에서 보면 노무현정부에 대한 묘사가 매우 간결하고 설득력 있게 이루어졌다는 느낌이 있었고, 언젠가 이 문제를 다룬 글을 쓰는 것도 좋겠다는 생각이 남아 있었다. 하지만 그럴 기회를 따로 가지지 못했다. 그러던 차에 내 기억으로 2005년 봄에 한 인터넷 신문이 당시 논쟁의 분위기가 만들어지고 있던 87년체제론과 관련해서 손교수와 내가 참여하는 대담을 마련했다. 대담 장소는 손호철 교수의 연구실이었다. 그 자리에서 나는 노무현정부를 "왼쪽 깜빡이를 켜고 우회전을 계속한 정부"라고 말했다. 그리고 나는 얼마 후 연구년을 위해서 캐나다로 출국했다.

귀국할 즈음이 되자 그 말은 손호철 교수가 한 유명한 말이 되어 있었다. 손호철 교수가 내 말을 표절했다고는 생각하지 않는다. 아마 그 대담에서 내가 한 말이 그의 머리에 남았고 어떤 적절한 기회에 그가 이 말을 하자 큰 사회적 반응을 자아낸 것 같다.

이런 사태가 내게는 왠지 서운한 데가 있었다. 이 서운한 감정의 이유는 아마도 명성과 발언이 상호 상승효과를 발휘하는 궤도에 있는 사람과 그렇지 못한 사람의 차이를 절감하는 것에서 오는 감정일 것이다(이것은 내 콤플렉스에서 비롯한 잘못된 분석일지 모른다. 노무현정부의 '좌측 깜빡이를 켠 우회전'이 사회적 설득력을 가지기엔, 앞서 지적했듯이 이 글을 쓰던 시점이 다소 일렀는지도 모르겠다). 아무튼 그런 상황을 보며 한겨레 칼럼의 형태로 이 발언의 연대기가 확립되어 있지 않았다면 내가 그 말을 처음 한 사람이라는 주장마저 망상으로 치부될지도 모르는 일이라, 그나마 자족적 위안의 객관적 근거라도 있어서 좋다는 심정을 느끼기도 했다.

그러다가 2009년 노무현 대통령의 서거를 겪고 난 뒤 문득 나는 "좌측 깜빡이" 발언이 사회적으로는 내가 아니라 손호철 교수가 한 말로 기억되는 것이 '다행스럽게' 느껴졌다. 노무현 대통령과 그가 꾸린 정부는 우리 사회에서 매우 중대한 분기점에 있었다. 이 점은 노무현정부가 이명박정부로 교체되고 나자 더욱 명확해졌다. 노무현정부 시기는 웬만큼 해내면 되는 시기가 아니라 정말 제대로 잘했어야 하는 시기였다. 노무현 대통령은 남북정상회담을 2007년보다 훨씬 이른 시기에 이룩했어야 하고, 신자유주의적 담론에 휘둘려 복지 프로젝트 시행에 머뭇거리지 말아야 했던 정권이었다. 지역주의 극복에 지나치게 몰입할 필요가 없었고, 대연정이나 한미 FTA 같은 것을 추구하지 말았어야 했다.

하지만 이 모든 과정은 노무현 대통령의 한계일 뿐 아니라 우리 사회 민주파의 한계이기도 했다. 이들은 자신에게 얼마나 중요한 기회가 주어졌는지 몰랐다. 그리고 그 기회의 무산이 어떤 사회적 반동backlash을 불러들일지 몰랐다. 한국 민주주의의 대표적 연구자인 최장집 교수 같은 이조차 정권이 보수파에게 넘어가는 것은 민주주의의 정상적 과정의 일환이라는 소박한 생각에 머물러 있었다. 그렇기 때문에 민주당이나 진보정당을 아울러 민주파 전반의 자기 한계를 자각하기보다 노무현 정부에 대한 조롱에 머무르는 "좌측 깜빡이" 발언은 충분히 성찰적이라고 할 수 없다. 노무현정부에 한정하더라도 자신의 진정성에도 불구하고 상황이 요구하는 성숙함, 힘, 지혜에 이르지 못함으로써 자신에게 객관적으로 부과된 과제를 오인하고 잘못된 길로 가는 것에는 확실히 우스꽝스러움보다 비극성이 더 두드러진다. 노무현 대통령의 죽음은 그것을 확증해주었다.

연세대에
드리는 고언

연세대는 100년이 넘은 명문대학이다. 곡절 많은 우리의 근현대사를 거치며 대과大過 없이 명예를 지켜왔으며, 사회 곳곳에서 제 몫을 하는 인재들을 양성해왔다. 그러니 스스로 자랑스럽게 생각할 만한 대학이다. 그런 연세대가 지금 고교등급제 적용으로 인해 오명을 뒤집어쓰고 있다. 안타까운 일이라 지면을 빌려 몇 가지 고언을 드리고 싶다. 내 자신이 연세대 동문도 아닌데 곤혹스러운 상황에 놓인 연세대에 대고 쓴소리하는 것이 몹시 부담스럽다. 그런데도 어렵게 말을 꺼내는 이유는 연세대의 전통과 역량은 두말할 나위 없이 우리 사회 전체의 소중한 자산이기 때문이다.

고교등급제 적용으로 인한 비난에 대해 연세대는 억울하게 느낄지 모른다. 등급제로 문제가 된 것이 연세대뿐인 것도 아닌데 유난히 초점이 되는 것이 억울하고, 수시 입학 제도 자체가 학생 선발에 필요한 정보들을 차단해놓은 제도이기에 통계적인 추정을 통해서 응시자의 능력을 평가한 것이 언필칭 고교등급제로 명명되어 공분의 대상이 되는 것이 억울할 수 있다. 사실 내신이 부풀려지고 그래서 고교등급제라 불리는 발상법에 따라 학생을 선발하는 일련의 과정은 입시를 둘러싼 각 행위자들 간의 상호작용의 산물이기에 그 과정 전체의 책임을 연세대에게만 지라는 것은 무리한 데가 있다.

하지만 크게 보면 연세대가 지금 비난받는 것은 연세대가 자신들에 대한 사회적 기대에 둔감했으며, 자신들이 원하든 원하지 않았든 가지게 된 권한과 힘을 제대로 그리고 신중하게 사용하지 않았기 때문에 자초한 것이다. 연세대는 세금으로 운영되는 대학이 아니라 하더라도 국민의 대학이다. 의당 국민에게 다가가 국민으로부터 사랑받는 대학이 되고자 해야 하며 자신들의 노력을 통해서 사회통합에 기여해야 한다.

그렇기 때문에 내신을 믿을 수도 없거니와 내신을 무시하는 것이 우수한 학생을 모집하는 길이라 생각하여 내신 실질반영률을 낮추고 선배의 수능 성적으로 후배의 수능 성적을 추정하는 방법을 통해서 학생을 선발하는 방식을 모색한 것은 불법적일 뿐 아니라 도덕적으로도 부끄러운 일이다. 그것은 연세대의 뿌리에 있는 기독교 정신과도 크게 어긋나는 일이다. 연세대쯤 되는 대학이라면 고교의 내신성적 부풀리기를 무산시킬 기술 관료적 해결 방식을 찾기에 앞서 고등학교의 그런 행태를 준엄하게 꾸짖어 고등학교가 더욱 신뢰성 있는 입시 자료를 생산하도록 촉구해야 했다. 나아가 고교 간의 학력 격차에 따른 등급제 또한 성적 우수 학생 유치 자료로 쓰기 이전에 교육 여건이 불리한 지역의 학생에 대한 차별을 막는 데 사용해야 했다.

이런 혁신의 잠재력은 전통 있는 사립대 안에 오히려 풍부하게 존재한다. 소폭의 지역할당제 도입 하나를 두고 몇 해를 꾸물거리는 서울대의 예에서 보듯이 국립대학은 의사결정이 느리고 복잡하다. 하지만 연세대는 이런 사립대학의 장점을 살리기는커녕 그것을 사회적 기대와 신뢰를 저버리는 방식으로 써버린 셈이다.

좋은 대학은 인재를 양성한다. 나는 연세대가 이 점에서 부끄러운 데가 없다고 생각한다. 우리 대학의 인재양성 능력은 매우 취약하지만 그런 중에서도 연세대는 좋은 여건과 전통에 터하여 제 몫을 잘해왔다. 하지만 좋은 대학은 인재를 양성할 뿐 아니라 잠재력 있는 인재를 발굴하기도 한다는 점을 생각하면 연세대가 제 몫을 다했다고 하기 어렵다. 해서 연세대가 이번 사태를 깊은 자기 성찰의 계기로 삼아 혁신의 진원지로 거듭나기를 바란다. 이런 바람이 간절한 것은 연세대는 누가 뭐래도 우리 사학의 맏형이며 그렇기 때문에 연세대가 주도하는 혁신의 전파력은 매우 위력적일 수 있기 때문이다. 이런 바람이 이루어진다면 사람들은 우리 사회의 가는 길을 알고자 할 때 다른 곳이 아니라 연세대를 바라보게 될 것이다.

한겨레, 2004. 10. 21.

돌아보기

다시 읽어보니 나는 정말로 이 글을 연세대 당국이나 교수들이 읽기 원했고 그들이 새롭게 문제를 보는 데 자극을 주기 원했던 것 같다. 지금이라면 하지 않을 기대이고 품지 않을 소망이지만, 당시에 그런 마음이 진정으로 있었다는 것을 보여주는 것은 이 칼럼의 마지막 문장이다. "이런 바람이 이루어진다면 사람들은 우리 사회의 가는 길을 알고자 할 때 다른 곳이 아니라 연세대를 바라보게 될 것이다"라고 적었는데, 눈치 빠른 독자라면 이 말이 어떤 말을 변조한 것인지 알 것이다. 그것은 1971년 서울대 관악캠퍼스 기공식에 부쳐 당시 국문학과 4학년이던 정희성 시인이 쓴 「여기 타오르는 빛의 성전이」라는 시에서 따온 것이다.

이 시의 마지막 연에는 "누가 길을 묻거든/눈 들어 관악을 보게 하라"는 구절이 있다. 1971년의 시대 상황, 박정희가 주도한 서울대 이전의 정치적 맥락 등을 생각하면 이 시의 역사의식에 대해 약간의 의구심을 가질 수도 있다. 요즘 서울대생들은 어떤지 모르겠다. 그래도 내 시절 서울대생들은 입학 무렵 이 시를 읽고 뭉클한 감정을 갖지 않은 경우가 별로 없었다. 하지만 이 글을 쓸 무렵 나는 모교와 모교의 행로가 정희성 시인의 시에 담긴 열망과 같이 이어질 것이라는 기대를 거의 버리다시피 했다. 생각해보면 나는 내 꿈의 편린을 넘겨주는 제스처를 취할 만큼 내 이야기가 연세대 사람들에게 들리길 바란 것 같다. 하지만 지금 와서 드는 느낌은 나의 40대는 실수가 참 잦았구나 하는 것이다.

이 당시 논란이 되었던 고교등급제는 이제 더이상 문제가 되지 않는다. 연세대가 문제를 올바르게 해결했기 때문이 아니다. 수시 입학 제도가 복잡해지고 입학사정관 제도가 도입되고 확대되어, 고교등급제 밑에 깔린 의도를 사회적 감시와 비판에서 벗어나 어려움 없이 실현할 수 있게 되었기 때문이다. 사회는 문제를 해결하기보다는 문제를 전치轉置하는 때가 많은데, 이 경우도 그렇다.

공무원 노조의 총파업을 보고

조합원 수가 14만이고, 파업투쟁기금이 100억이나 된다고 하던 전국공무원노조의 총파업이 이틀을 넘기지 못하고 지리멸렬해지더니 17일에는 결국 스스로 파업 중단을 선언함으로써 사실상 종결되었다. 그런 경과를 보며 씁쓸한 느낌이 들었는데, 그건 공무원 노조의 파업 실패가 안타까워서가 아니라 공무원 노조를 둘러싸고 드러난 우리 사회의 여러 모습들 때문이다.

국민의 공복公僕 혹은 '철밥통'들이 웬 파업이냐는 시민들의 말을 어디서나 들을 수 있었다. 공복 운운하며 공무원 노조를 비난하는 것은 민원 처리를 위해 직접 만나면 상전처럼 여겨지는 공무원에 대한 원한의 전도된 표출이며, 상전과 공복 사이를 오갈 뿐 도무지 그들을 같은 동료 시민으로 생각지 못하는 전근대적인 사고의 표현일 뿐이다. 철밥통 운운하는 비난도 문제다. 그간의 가혹한 정리해고와 비정규직화를 생각하면 우리 사회의 남은 철밥통에 대한 사회적 질시를 이해할 수 없는 것은 아니지만, 그런 식으로 서로 질투를 심화해가는 것은 다시 부메랑이 되어 노동 조건 전체를 침식할 위험이 있다.

언론매체들의 행동도 유감스러웠다. 보수적 신문들의 행태는 그렇다고 쳐도 한국방송KBS이나 문화방송MBC도 공무원 노조의 법제화를 둘러싼 쟁점들을 상세히 다루지 않았다. 한겨레조차 단체행동권이 노-정 갈등의 핵심인 듯 잘못된 보도를 했는데, 그런 점에서 한겨레 또한 쟁점을 제대로 짚으며 우리 사회에 맞는 공무원 노조 모형과 노-정의 타협 지점을 모색하기 위해 진지하게 노력했다고 하기 어렵다. 보수적인 매체들이 공무원 노조에 대한 대중적 반감에 불을 지피기 위해 모든 수단을 동원했다면, 개혁적인 매체들은 대중의 반감을 추수할 뿐 공론형성 구실을 충실히 하지 않았다.

그러나 더 실망스러운 것은 공무원 노조 자체였다. 그들은 우선 자신들의 대의를 일반 시민들에게 알리기 위해 모든 노력을 기울이지 않았다. 공무원 노조의 주축인 중하위직 공무원들이 엄격한 상명하복 체계의 국가기구 안에서 갖은 부조리와 불합리를 경험했을지 모른다. 그러나 그들 또한 사회 위에 군림하는 국가기구의 일원이다. 따라서 자신의 권리 주장에 앞서 대다수 국민이 가진 공무원에 대한 '안 좋은 추억'을 불식하기 위해서 배전의 노력을 기울여야 했다. 공무원 조직의 유연화와는 다른 방향에서 국가기구를 혁신하고 양질의 대민 서비스를 제공하는 데 자신들이 어떻게 기여할 수 있는지 알려야 했다.

선전 활동에서뿐 아니라 운동 과정에서도 공무원 노조는 전략적 취약점을 드러냈다. 냉담한 언론매체들이 비록 공세적인 비난의 기조일망정 공무원 노조에 관심을 보인 것은 노-정 협상이 깨지고 공무원 노조가 총파업을 예고하면서부터다. 그렇다면 이 기간을 길게 끌며 자신들의 대의와 노-정 협상에서의 쟁점 등을 알리고 사회적 토론을 유도하는 것이 필요했다. 하지만 노조는 총파업이라는 카드를 쉽게 꺼내고 말았다. 민주노총의 총파업은 26일로 예정되어 있었는데, 그들은 자신들의 파업을 그때까지 끌고 갈 수 있다고 과신한 것일까? 전략적으로 서툴러 보일 뿐 아니라 민주노총 편에서도 연대 투쟁의 효과를 극대화할 전략이 있었는지 의아스럽다.

그 무엇보다 실망스러운 것은, 일단 총파업에 뛰어들었다면 그 투쟁의 열렬함을 통해서 자신의 진정성을 입증해야 했는데 전혀 그렇지 못했다는 것이다. 대중의 지지도 없는 상황에서 전략도 치밀하지 못하고 거기다 대의에 헌신하는 열정과 용기마저 없는 셈이다. 이렇게 열정마저 없다면 대의와 진정성조차 의심받게 되는 법이다. 근대사회의 역사를 통해서 노동자들이 자신의 권리를 희생과 고통 없이 공짜로 얻은 적은 없거니와, 이렇게 근로대중이 수세에 몰리는 시대에는 더욱 그렇다. 공무원 노조의 파업 실패가 그간 우리 노동운동이 펼쳐온 용기와 열정의 쇠퇴를 보여주는 증좌가 아니길 바란다.

한겨레, 2004. 11. 18.

돌아보기

노무현정부는 출범 초기 화물연대 파업에서 유화적인 태도를 보인 이후, 계속해서 노동운동과 갈등관계에 있었다. 그것은 노무현정부로서는 자신의 지지기반을 축소하는 정치적으로 어리석은 결정이었다. 그런데도 왜 그런 결정이 내려졌던 것일까? 노동운동진영 또는 진보진영은 노무현정부가 경제 관료, 재벌 그리고 보수언론의 이데올로기적 공세 속에서 신자유주의에 투항했기 때문이라고 말한다. 이에 비해 참여정부 인사들은 당시의 이데올로기적 지형 속에서 가능한 최선의 개혁적 노력을 기울였다고 주장한다. 어느 쪽이 맞는 말인지 판단하기는 쉽지 않다. 사안마다 차이가 있기도 하지만, 대략 두 주장의 중간 어디쯤이 진실에 가까울 것이라는 게 내 생각이다.

공무원 노조와 노무현정부의 대립도 그런 문제 가운데 하나다. 공무원 노조 측에서는 2004년 정부가 추진한 공무원노조법이 겨우 단결권을 인정하는 것뿐이고 단체교섭권도 제약이 많아서 노동 삼권 가운데 1.5권만 인정한다고 비판하며 저항했고 그것이 이 글에서 다룬 공무원 노조 총파업이다. 당연히 참여정부 인사들은 1.5권 수준의 공무원노조법이라도 빨리 제정하고 공무원 노조의 합법화도 실현하는 것이 최선이라는 입장이었다.

결과는 어떻게 되었는가? 공무원 노조는 이 칼럼에서 비판했듯이 미적지근한 총파업을 했는데, 이는 정부안을 둘러싼 내부 갈등에도 기인한 바가 있었다. 아무튼 미적지근한 총파업은 실패했고, 정부는 정부대로 총파업에 대응해서 2000여 명의 노조원을 징계했으며, 법내 노조 전환을 압박하며 노동조합 사무실을 폐쇄하는 등의 조치를 행사했다. 그리고 그 과정에서 법제화를 우선시하는 일부 노조원들로 인해 전국공무원노조는 분열되었다.

공무원 노조가 다시 단합하게 된 계기는 이명박정부 출범 후 공무원에 대한 본격적인 구조조정이 시작되면서다. 그 결과 2009년 9월 조합원 총투표를 통해 전국공무원노동조합으로 통합하고 민주노총 가입을 결정했다. 하지만 그후 노동부는 노조 설립 신고를 계속해서 반려하고 있으며, 반려의 근거는 해고자에게도 조합원 자격을 유지해주는 공무원 노조 규약이다. 박근혜정부는 같은 이유로 법적 지위를 가진 전교조 또한 법외 노조로 내몰고자 하고 있으니 공무원 노조가 법내 노조가 될 길은 현재로서는 요원하다. 1.5권을 비판하며 총파업을 하고 또 그 총파업에 실패해 긴 분열의 과정을 겪은 노조가 이제 단결권조차도 정면에서 부인하는 정부를 맞이하고 있는 것이다.

노무현정부 시기의 노동운동 그리고 개혁세력은 자신들이 얼마나 귀중한 기회와 가능성을 가졌고 그것을 잘 사용하는 것이 결정적으로 중요했는가를 이제라도 냉정하게 살펴야 할 것 같다. 그때 누가 먼저 혹은 더 큰 잘못을 해서 일을 어그러뜨렸는가는 부차적인 문제일 것이다.

자이툰 부대 방문 유감

지난 9일 아침에 배달된 신문은 어느 것을 막론하고 모두 자이툰 부대를 방문한 노무현 대통령의 사진을 실었다. 환한 미소로 장병을 얼싸안는 대통령의 모습과 부대를 떠나며 눈물을 흘리는 모습의 사진이 특히 눈에 띄었다. 신문들은 대통령이 탄 비행기의 행로까지 자세히 그리면서 '동방계획'의 전말을 상세하게 전하는 데 주력했고, 후속 보도들 또한 대통령에 대한 칭찬을 쏟아냈다. 평소 노대통령과 각을 세우며 그의 사소한 말실수조차 심하게 꼬투리를 잡아오던 조중동 또한 오랜만에 대통령다운 모습을 보았다며 상찬을 늘어놓고, 심지어 그중 어떤 신문은 '우리 대통령'이라는 자못 '따뜻한' 표현마저 동원했다. 그런 신문들이 전하는 말에 의하면 평소 대통령을 싫어하는 사람들조차 이번 일은 참 잘한 일이라고 했다고 한다.

대통령의 잘 기획된 미디어 정치가 한 건 올린 셈인데, 그것을 보는 심정은 아주 씁쓸했다. 우선 기자들에 대해 불쾌한 감정이 들었다. 대통령의 위험을 무릅쓴 행동의 진정성을 의심부터 하고 바라볼 일은 아니겠지만, 그럼에도 불구하고 결과적으로 그것은 정치적 쇼였다. 국회의 파병동의안 처리가 임박한 시점에서 나온 그의 행동은 달리 해석할 여지가 없다. 사진기자들을 대동하고 가서 멋진 앵글의 사진을 찍은 전 과정이 연출 없이 가능하겠는가? 하지만 거의 모든 신문과 방송 들이 이런 대통령의 미디어 정치에 동원될지언정 그것과 비판적 거리를 유지하지는 못했다.

그리고 조중동마저 추파에 가까운 우호적인 기사를 싣는 것을 보면서 대통령과 이들 사이에 어떤 적대적 공존관계가 수립되어 있는 것은 아닌가 하는 의심도 들었다. 생각해보면 양자는 지난 2년간 내내 싸웠다. 그 싸움의 결과는 우리 사회를 '친노'와 '반노'로 가르는 것이었고, 그것의 결과는 참담했다. 여러 가지 정치적·사회적 현안을 하나하나 원칙을 가지고 따져 생각하고 해결책을 찾으려는 사람들의 입지만 좁아졌기 때문이다. 그런 중에 양자는 각각 자신의 지지세력을 손쉽게 규합했다. 그러나 그들이 갈등만 거듭했던 것은 아니었다. 이라크 파병이나 노동자들의 파업, 한-칠레 FTA, 새만금이나 부안군 방폐장(방사성 폐기물 처리장) 같은 문제들에 대해서는 양자 간에 눈에 띄는 이견이 없었다. 그런 사례들에서 양자의 투쟁은 수면 아래 가라앉았다. 노대통령이 추진하니 '노사모'가 조용하고, 자신들이 원하는 정책이라 조중동이 묵과하면, 웬만한 저항이 아니고는 막기 어려운 일이 많았는데, 파병은 그런 사례 중에서도 가장 고약한 것이었다.

그렇지만 조중동과 평소 노대통령을 싫어하던 보수층이 사안에 따른 묵인을 넘어서 자이툰 방문을 쌍수 들어 반긴 것은 그들의 저류에 있는 심정을 드러내주는 바도 있는 것 같다. 그들은 자이툰을 방문한 대통령에게서 처음으로 아버지의 이미지를 발견한 듯싶다. 생각해보면 노대통령 이전의 대통령들은 하나같이 자신을 아버지로 표상하고자 했다. 물론 그들은 모두 실패한 아버지였다. 차이가 있다면 비참하게 실패했느냐 비참할 정도는 아니었느냐 하는 것뿐이었다. 하지만 노대통령은 지금까지 아버지의 이미지를 지향하지 않았거니와, 보수층에게 그는 아버지는커녕 철없는 아들의 이미지를 가지고 있었다. 그런 그가 이번에는 앳된 얼굴의 자이툰 장병들 사이에 장년의 얼굴로 서 있었고, 스무 살 청년 장병을 얼싸안음으로써 부성적 면모를 보여주었다. 그러니 보수적인 대중은 그런 모습에서 자신들이 언제나 대통령에게서 기대해온 모습을 되찾았을 법하다.

그렇게 한 것이 잘못이라고만 할 수는 없을 것이다. 정치의 세계가 가부장적 이미지로 물드는 것을 피하기 어려울 수 있기 때문이다. 또 노회한 정치가라면 그런 이미지를 자신의 정책에 동원할 수도 있다. 문제는 그가 아버지의 모습을 자처하지 말아야 할 바로 그 지점에서 그렇게 했다는 것이다. 그가 취한 아버지의 모습은 아들을 사지에 보낸 아버지의 모습이었기 때문이다.

한겨레, 2004. 12. 16.

돌아보기

이 글은 내가 『시대유감』 이후로 더이상 쓰지 않으려 했고 그래서 실제로 거의 쓰지 않았던 유감 표명의 글 가운데 하나다. 그래서 글을 쓰며 짜증이 났던 기억이 생생하다.

앞서 김선일씨의 죽음을 계기로 쓴 2004년 7월 1일자 칼럼(「그 죽음을 아이들이 물으면」)과 관련해 말했듯이 나는 김선일씨가 살해되던 시기까지도 북핵 위기나 한미동맹 같은 당시 노무현정부를 둘러싼 국면적·구조적 조건을 생각하면 이라크 파병은 불가피한 면이 있다고 생각했다. 이미 지적했듯이 노무현 대통령이나 문재인 의원도 자서전에서 파병의 불가피성과 내면적인 고뇌를 토로한 바 있다. 하지만 나는 이 칼럼에서 다룬 노무현 대통령의 이라크 자이툰 부대 방문 사건 때문에 노무현 대통령의 진정성에 대해서 의구심을 갖게 되었다.

당일 아침 신문에서 본 노무현 대통령의 표정은 나에게 당혹과 고통을 안겨주었다. 파병된 병사들이 안타까워서 방문했고 고생하는 병사들을 보니 반가운 마음에 활짝 웃었을 수 있다. 그것이 우연히 사진에 포착되었고, 언론은 그런 모습이 좋다고 판단했을 수 있다. 그럴 가능성을 배제할 수 없지만, 신문의 사진에서 나타난 효과는 그 반대의 판단에 더 가깝다. 그 사진은 명백히 당시 청와대 실무진과 대통령이 그 사진이 야기할 효과를 알면서 흔쾌히 수용한 것이라고 봐야 한다. 보수언론, 청와대 홍보담당 비서진, 그 외 많은 대중이 그 사진을 좋게 보았을 수 있다. 하지만 나는 그렇게 생각하지 않는다. 그는 활짝 웃지 않아야 했고, 그랬다 해도 사진이 보도되는 것을 막아야 했으며, 오로지 미안함에 눈시울을 붉히며 거기 있었어야 했다.

2005년

1월 박지만씨 영화 〈그때 그 사람들〉 상영금지 소송
3월 호주제 폐지
4월 4·30 재보선
5월 삼성 이건희 회장 고려대 명예박사학위 수여 논란
7월 삼성 X파일 사건
8월 한일회담 외교문서 공개
10월 론스타 탈세 혐의 수사 착수
11월 황우석 교수 논문조작 의혹

엘리트와 사유의 미국화

며칠 전 신문에서 미국의 박사학위 취득자 가운데 미국 대학을 뺀 외국 대학 출신자의 출신 대학별 집계에서 서울대가 1위를 차지했으며, 미국 대학을 포함해도 버클리 대학에 이어 2위를 차지했다는 기사를 읽었다.

그 기사를 보면, 서울대에 더해 연세대와 고려대도 10위권에 들었다고 한다. 그 기사를 읽은 날이 내가 재직하는 대학의 입학 면접 날이라 입시생들에게 이런 상황에 대해 어떻게 생각하느냐고 물어보았다. 학생들은 교수의 질문 의도를 잘 짐작 못해서 머뭇거리긴 했지만, 대체로 긍정적인 현상이며 굉장한 성취 아니겠느냐는 식으로 답했다. 그들에게는 서울대 출신들이 미국에 가서 그렇게 많이 박사학위를 받는다는 사실이 올림픽 경기에 나가서 메달을 많이 따온 것이나 진배없는 것 같았다.

아마도 이런 식의 생각이 고등학교를 막 졸업하는 학생에게 한정될 것 같지는 않은데, 만일 그렇게 사태를 본다면 크게 잘못된 일이다. 박사학위를 받은 사람들은 일반적으로 한 사회의 엘리트 집단의 일원이 된다. 그들은 우리 사회의 지적 담론과 사유의 흐름을 규정하는 지식인이 되고, 정책을 생산하고 집행하는 관료가 되며, 사회적 생산력을 담지한 기업의 경영진으로 편입된다.

그런데 우리 사회의 명문대학 출신들이 미국에서 그렇게 많이 박사학위를 받는다는 것은 엘리트 집단의 충원이 미국을 매개로 해서 이루어지며, 그런 만큼 미국사회가 생산한 지적 패러다임과 시스템을 우리 사회의 표준으로 수용할 가능성이 커짐을 뜻한다.

그저 미국 대학에서 공부한 것뿐이고 학문이란 보편적인 것 아니냐는 반론이 있을 수 있다. 하지만 학문의 보편성이란 국민적 특수성을 아우름으로써 형성되는 것이며, 그렇기 때문에 우리의 특수성을 산입하지 않고는 구성되지 않는다. 따라서 보편성의 소재지는 미국 대학과 우리 대학 간의 대화와 토론, 예컨대 인도의 대학과 우리 대학 사이의 교류와 논쟁 속에 존재하는 것이지 미국 대학에 있지 않다. 미국 대학은 불가피하게 미국적이다. 그러니 엘리트 재생산이 미국 대학을 매개로 해서 이뤄지는 것은 우리와 실정이 달라도 한참 다른 사회가 우리의 준거점이 되는 지적 편식을 거듭하는 일이 된다.

이 문제는 생각보다 큰 사회적 파급력을 가지고 있을 뿐 아니라 꽤 치명적인 사태를 낳을 수도 있다. 1997년 외환위기의 원인을 분석하는 신장섭과 장하준의 책 『주식회사 한국의 구조조정 무엇이 문제인가』는 그런 사례를 잘 보여준다. 그들은 외환위기의 가장 중요한 원인을 80년대 말 90년대 초를 통해서 우리나라 경제 엘리트 집단이 적극적으로 신자유주의를 수용했고 그 결과 90년대 초부터 97년까지 적극적으로 국가의 산업정책 기능을 축소해나간 데 있다고 분석한다.

그러면서 이들은 한국의 경제 엘리트가 이렇게 신자유주의 이데올로기에 자발적으로 복속해간 원인의 하나를 경제학 문화의 미국화에서 찾는다. 그들은 87년 말부터 95년 사이에 미국 경제학 박사 가운데 한국인이 차지한 비율이 약 10%였다고 집계했다. "한국 인구가 세계 인구의 약 0.75%를 차지한다는 점을 감안한다면" 이는 놀라운 일이다. "이 경제학자들은 대부분 한국에 귀국했고, 따라서 대학의 경제학 교육을 점차로 신자유주의적 방향으로 움직여나갔다. 추가로 처음에 한국 대학에서 점차로 신자유주의적 노선을 따라 교육받게 된 많은 엘리트 관료들은 2년 동안의 고급 과정 학습을 위해 미국에 보내졌다. 그들 중 얼마는 심지어 박사학위를 받기 위해 더 오래 미국에 머물렀다. 전부는 아니더라도 대부분은 결국 한국 정부에서 맡고 있던 이전의 직무로 복귀했다."

이런 지적은 지식-정책-엘리트 충원 간의 관계에 대한 더 체계적인 연구에 의해 보완되어야겠지만, 고등교육과 그것을 매개로 한 엘리트 충원 방식이 한 사회의 운명과 관련된 중요한 문제임은 분명하게 시사하고 있다. 그러니 우리 모두 엘리트와 사유체계의 미국화를 암시하는 통계를 더 깊이 곱씹어 생각해야 할 것이다.

한겨레, 2005. 1. 13.

돌아보기

이 글의 문제의식은 2003년 6월 19일자 칼럼 「외국 학술지에 논문 신기」의 연장선상에 있는데, 사유체계 그리고 정책 선택에서 유학을 고리로 미국이 미치는 영향을 중심으로 다루고 있다는 점에서 문제의 범위는 좀더 넓어지고 초점은 좀더 분명해진 셈이다. 지식과 엘리트 재생산 문제를 더 밀어붙이면 우리 사회에서 미국은 어떤 의미를 갖는가 하는 문제로 확장될 것이다.

언젠가 한번 다뤄보고 싶은 주제가 있다면, 1980년대 이래 우리 사회 대형교회 담임목사의 재생산구조에서도 미국 유학이 중요한 고리가 된 현상이다. 미국 기독교와 한국 기독교 간에는 식민지 시대부터 깊은 연관관계가 있지만, 미국 대학에서 받은 신학 또는 목회학 학위가 직접적인 중요성을 가진 것은 1980년대 중반부터로 보인다. 이때부터 강남-기독교-미국의 연쇄가 우리 사회에서 중요한 문제가 되는 것 같다.

미국 문제는 물론 이런 수준에 한정되지 않는다. 정전체제를 고리로 한 정치군사적 블록, 그리고 이제는 한미 FTA 같은 경제적 블록 속에서도 작동한다. 미국이 세계체제의 헤게모니 국가라고는 하지만 한국에서 미국의 영향은 정말로 압도적이다. 그러니 사유의 미국화라는 현상도 그저 유학 문제를 성찰하는 것으로부터 실마리를 찾기는 어려운 일일 것이다.

최근 동료 학자와 우리에게 미국이 정신적으로 상대화되는 것은 언제 가능할까에 대해 이야기를 나눴다. 아마도 그런 상대화는 미국 못지않게 강력해진 중국의 영향 속에서 가능해질 것이라는 점에 의견의 일치를 보았다. 중국과의 교역은 이미 막대한 수준이다. 그리고 그런 상황은 중국 유학파와 친중파를 우리 사회에 만들어낼 것이며, 언젠가 그 세력은 미국 유학파나 친미파만큼이나 성장할 것이다. 그런 상황 속에서 우리는 미국이나 중국을 상대적인 존재로 상상할 수는 있을 것이다. 그러나 사유 방식의 면에서나 이해관계의 측면에서 미국에 경도된 친미파와 중국에 경도된 친중파가 서로 갈라져 다투고 경쟁하는 상황에 처하게 된다면, 그것이 정신적 자주성의 상태는 아닐 것이다.

그때
그 사람

조갑제씨가 죽은 박정희를 살려내는 푸닥거리를 하고, 진중권씨가 조갑제씨의 흑마술에 대항하는 저서를 낸 지도 꽤 세월이 흘렀다. 그때 나는 두 사람의 책을 읽고 여러모로 진중권씨의 판정승이라 여겼다. 하지만 박정희 문제가 논쟁 따위로 종식되지 않는다는 것을 보여주기 위해서인 양 박정희기념관 문제가 불거졌다. 그런가 하더니 이번에는 광화문 현판 교체, 영화 〈그때 그 사람들〉에 대한 박지만씨의 소송, 육영수씨 피살 사건에 대한 자료 공개, 그리고 한일회담 외교문서 공개를 둘러싸고 박정희 문제가 다시 논란이 되고 있다.

이런 논란들은 이전과 다른 점이 있다. 조갑제씨의 저서나 박정희기념관 따위는 보수층이 죽은 박정희를 살려내려 해서 문제였던 것처럼 보이는 데 반해, 지금의 논란거리들은 아직 죽지 않은 박정희를 죽게 하려 해서 문제인 듯 보인다. 그래서인지 최근 상황에 대해서는 이런 논란이 박근혜씨에 대한 정치적 공세의 일환이라는 해석이 많다. 좀더 세련된 형태로는 최근 경제 사정의 악화와 정치의 공전에 따른 민심의 복고적 성향을 차단하려는 것이라는 해석도 있다. 느슨하기는 해도 음모론에 기대고 있는 이런 해석들이 조잡한 것임은 분명하다. 오히려 때가 되어 공개되는 외교문서나 상업적 이익을 목표로 제작된 영화나 문화재의 원형 복원 문제들을, 그냥 그런 문제가 아니라 극히 예민한 문제로 보고 논란거리로 증폭해나가는 보수층의 모습이 편집증적으로 보인다. 하지만 그렇게 보는 것은 참여정부 음모론만큼 과도한 해석일 수 있다.

그보다 우리가 생각해봐야 할 것은 박정희씨가 죽지도 않고 살지도 않은 채 유령처럼 우리 사회를 떠도는 이유가 무엇인가 하는 것이다. 박정희는 그의 마지막 만찬에서 불린 노래처럼 "비가 오면 생각나는 그때 그 사람"이 되어버린 것 같은데, 그렇다면 무엇이 우리 사회에 '비'를 내리게 하는지를 생각해봐야 한다는 이야기다. 내 생각에 그것은 1987년 이후 우리 사회가 민주화에 조응하는 경제발전 체제를 구축하지 못했다는 데서 비롯된다. 고도성장에 대한 환상은 여전히 가지고 있지만 이제는 그럴 수 없는 사회, 민주화로 인해 이익 갈등은 심화되었지만 그것을 조정하기는 어려워진 사회, 냉전의 해체와 신자유주의적 지구화의 도전에 제대로 대처하기는커녕 가장 값비싼 형태로 그 비용을 치른 사회가 우리 사회다. 이런 사회에서 새로운 발전의 동력을 이끌어내는 것은 박정희가 살아 돌아와도 안 될 일이거니와 박정희라면 더더욱 불가능하다. 87년체제는 정치적으로는 민주화를 이룩했지만 경제적으로는 박정희식 체제에서 벗어나지 못했고, 이런 경제 체제는 글로벌 환경에 적합하지 않은 체제였기 때문이다.

박정희가 무덤에서 일어나기 시작한 것은 바로 87년체제의 경제적 실패가 가시화된 바로 그 시점이다. 신자유주의적 '개혁'이 양산한 고통이 박정희 시대를 '그래도 좋았던 시대'로 느껴지게 했기 때문이다. 이런 대중의 자생적인 정서를 타고 박정희 체제의 신자유주의적 변형 과정 속에서 다시금 사회적 권력을 거머쥔 보수층은 박정희 향수를 통해서 자신의 정통성을 재수립하고 빈곤층의 고통을 환상적으로 위무하는 동시에 정부의 무능을 공격했다.

하지만 환상을 버리고 우리가 현실 속에서 찾아야 하는 길은 민주화의 성과를 보존하고 확대하는 가운데 발전의 새로운 모델을 만들어나가는 것이다. 그것은 말끔한 데라고는 없는 민주적 절차 속에 사회적 의제를 용해시켜나가는 것, 끈기 있는 대화와 타협을 통해서 사회적 합의를 이끌어내는 것, 새로운 제도 설계를 위해서 남다른 노력을 기울이는 것이다. 그리고 그런 작업을 통해서 민주화가 제로섬이 아닌 포지티브섬 게임일 수 있는 가능성을 발견하고 그것을 정책과 제도로 구현하는 일이다. 그럴 때만 박정희는 '비가 와도 생각나지 않는' 그때 그 사람이 될 것이다.

한겨레. 2005. 2. 10.

돌아보기

박근혜정부 아래서 이 글을 다시 보는 심정은 참담하다. 박정희가 노년 세대에게 향수 취미의 대상으로 부활하는 것을 지나 그의 발전주의의 총아 격인 이명박이 대통령이 되었고, 4대강 사업으로 박정희 시대는 비교도 안 될 정도로 끔찍하게 국토를 훼손했으며 약속한 경제성장을 달성하지도 못했지만, 그의 혈육인 박근혜마저 이명박을 이어 대통령이 되었다.

그렇게 되는 이유는 세 가지다. 첫째, 우리 사회 다수에게 민주주의보다 먹고 사는 문제가 더 중요하기 때문이다. 둘째, 사람들은 성공의 경험에 집착하기 때문이다. 요컨대 민주주의를 원하지만 가난한 민주주의 또는 불평등한 민주주의를 원하지는 않는다는 것이다. 그러나 그 때문에 우리 사회 성원들을 고결하지 못하다고 비난할 수는 없다. 또 성공 사례에 집착하는 것, 이 경우 박정희 시대의 경제성장에 집착하며 새로운 혁신의 길로 나서지 못한다고 비난할 수도 없다. 사람들은 이 경우 그저 평범한 것일 뿐이기 때문이다. 하지만 비난하지 않는다 해도 의문이 제기되는 바가 있다. 성장에 대한 집착 때문에 이명박을 뽑을 수는 있었지만 그가 성장에 실패했는데도 왜 박근혜정부가 등장했는가 하는 점이다. 이 점을 설명하는 것이 세번째 이유다. 성공 사례에 대한 집착은 그것을 반박하는 사례에 의해서 쉽사리 약화되지 않는다는 것이다. 그것은 얼마든지 변명될 수 있기 때문이다. 이명박이 약속한 성장을 이루지 못한 것은 2008년 금융위기 때문이거나, 촛불 들고 거리에 나선 '좌빨'들이 발목을 잡어서거나, 그도 아니면 성장주의 자체는 맞지만 이명박이 박정희만큼은 못 되는 인물이기 때문인 것이다.

그러므로 이 글에서 말했듯이 "그때 그 사람을 생각나게 하는 비"를 그치게 하기 위해서 요구되는 것은 낡은 성장주의의 실패가 아니라 새로운 발전 모델에 근거한 성공 사례다. 김대중·노무현 정부는 그것을 위한 중요한 기회를 살리지 못했다. 그렇다면 지금 어떤 모델과 기회가 우리에게 있는 것일까? 몇 년 전부터 활발하게 논의된 복지와 사회적 경제가 그런 가능성을 품고 있다. 하지만 전자는 여전히 발전과 무관한 것으로 인식되고 후자는 사람들을 유인할 만한 성공의 경험을 축적하지 못하고 있다. 더구나 그 성공을 위해서는 우호적인 정치적 환경이 필요하며, 특히 복지는 중앙정부를 매개로 하지 않고는 성큼 앞으로 나아가기 어려운 면이 있다. 2012년 총선과 대선 패배는 복지에 의한 발전의 길을 어렵게 한 것이다. 하지만 비록 국지적인 것이라 하더라도 사람들의 호기심을 자극하고 그들을 유인할 만한 새로운 성공 사례가 있다면 변화의 계기가 될 수 있을 것이다. 이점을 고려하면 현재 조건에서는 복지보다 사회적 경제가 훨씬 더 전망 있는 경로라고 할 수 있을 것이다.

사학법을 붙잡고 있는 것들

지난 수요일 호주제 철폐를 핵심으로 하는 민법 개정안이 국회 본회의를 통과했다. 1987년 남녀고용평등법 제정 이래 여성운동이 거둔 가장 큰 성과라고 할 수 있다. 후자가 공적 영역에서 민주주의와 평등주의의 실현을 이룩한 것이라면, 이번 호주제 폐지는 사적 영역을 관장하는 제도적 틀이 민주주의와 평등주의에 종속되게 된 것이라는 점에서 의의가 크다. 이렇게 우리 사회의 민주주의는 느리지만 꾸준히 발전하고 있다. 하지만 이런 민주화의 숨결이 잘 스며들지 않는 중요한 영역이 있으니, 그 대표적인 사례가 '사립학교'다.

사립학교는 재단 이사장의 권력이 독점적으로 관철되는 영역이며, 이런 독점적 권력행사는 사립학교법에 의해 완벽하게 보장되고 있다. 이사 상호간의 친인척 관계를 3분의 1로 한정하고 있는 사립학교법은 친인척을 포함해 자신과 특수관계에 있는 사람 몇몇으로 이사회를 구성하면 이사장이 쉽사리 권력을 독점할 수 있도록 보증하고 있다. 그 결과 사립 중고등학교나 대학 재단 이사회를 들춰보면 숱한 사학 이사회들이 친인척으로 도배되어 있는 것을 알 수 있다. 족벌로 경영되고 절반 이상이 친인척에게 상속되고 있는 사학은 우리 사회의 대표적인 부패와 비리의 온상이 되었다. 사립대학의 각종 비리가 원인이 된 사학분규가 1990년 이후에만 모두 79회나 발생했는데, 이는 연평균 5회꼴이다. 교육부가 전체 297개 사립대학 중 고작 38개 사립대학에 대해 1999년부터 2003년 사이 벌인 종합감사 결과 이들 대학이 지난 5년여 동안 횡령 또는 부당운영 등으로 대학에 입힌 손실금이 2000여억 원이었다. 전체 대학으로 감사를 확장한다면, 비리의 규모는 천문학적으로 불어날 것이다.

그럼에도 사립학교법 개정을 통한 사학 민주화는 아직도 요원해 보인다. 지난 한 해 정치권을 시끄럽게 한 4대 개혁법안 가운데 하나였던 사립학교법 개정안은 2월 임시국회에 상정조차 되지 않았다. 호주제와 달리 한국사학법인연합회라는 매우 뚜렷한 이익집단이 개정을 반대하고 있으며, 그들이 가진 로비력이 정관계에 걸쳐 광범위하며, 특히 교육부는 이런 사학재단들과 매우 석연찮은 인적 연관을 맺어왔다.

언론매체들 또한 개정에 도움이 되지 않았다. 많은 언론사 간부들이 사학재단의 이사직을 맡고 있으며, 우리 사회의 많은 문제들이 그렇듯이 일선 기자들 또한 재단 비리로 학교 성원들이 비명을 지를 정도가 되어야 겨우 관심을 기울일 뿐 지속적으로 사립학교 문제의 구조를 파고들지 않았다. 때로 집중적으로 사학 비리가 터져나오면 그것이 사회적 의제로 떠오르기도 했다. 하지만 그럴 때마다 사립학교법이 개정되어도 아무 문제가 없을 몇몇 건전한 사학들이 앞장서서 사학의 자율성을 치켜들고 나서고, 종교계 사립학교들이 건학이념을 내세우며 교계를 동원해 사립학교법 개정 흐름을 차단했다.

대중의 일반의식에 뿌리박힌 소유권 지상주의도 사학 민주화의 걸림돌로 작용해왔다. 사립학교 법인은 공익 법인이며, 그렇기 때문에 법인의 재산은 사회에 환원된 재산임에도 학교를 이사장의 재산으로 생각하는 문화가 공공연하다. 대부분의 사학 재산이 학생과 학부모의 등록금과 정부의 지원금으로 이룩된 것임에도 불구하고 이사장의 재산인 것처럼 취급되며, 그것은 법인 해산 때 잔여 재산을 법인 정관이 지정한 자에게 양도할 수 있도록 하는 형태로 사립학교법에 의해 보장되어 있다.

독재정권의 사학 통제와 사학 내부 이사장의 권력독점을 교환하는 형태로 1963년 제정된 사립학교법은 그것을 제정한 박정희 체제의 몰락 이후에도 여전히 박정희 체제 아래 있으며, 그런 의미에서 사립학교는 아직도 87년 6월 민주화 이행 이전의 시간에 머물러 있는 셈이다.

한겨레, 2005. 3. 3.

돌아보기

2004년에 칼럼에서 다뤘던 사립학교법 개정 문제를 다시 다뤘다. 사립학교법 개정의 분위기가 2005년에 더 강화되었기 때문이다. 사립학교법 개정은 17대 총선을 통해 헌정 사상 처음으로 진보개혁진영이 의회 과반수를 차지하고서 의욕적으로 강력하게 추진한 4대 개혁입법의 일환이었다. 4대 개혁입법은 국가보안법 폐지(또는 개정), 사립학교법 개정, (진실·화해를 위한) 과거사정리 기본법 제정, 그리고 언론관계법(신문법과 언론중재법) 개정을 말한다.

이 칼럼을 통해 나는 사립학교법 개정을 역설했지만, 두 가지 생각이 머리를 사로잡고 있었다. 하나는, 개혁입법에 올인하는 열린우리당의 행보가 방향을 잘 잡은 것인가 하는 의구심이었다. 이 칼럼 바로 한 달 전에 쓴 「그때 그 사람」에서 말했듯이 새로운 경제 모델을 구상하고 그것을 뒷받침하는 입법이 더 중요한 것 아닐까? 경제를 살리겠다고 나서면 한나라당으로서도 입법에 극한적 반대를 할 수 없을 것이다. 문제가 많은 재벌들의 탈법이나 불법을 제어하고 경제구조를 합리화하며 중소기업을 지원한다면, 그래서 경제가 살아나고 분배가 개선된다면, 지지층도 확대될 것이다. 그렇게 되면 4대 개혁입법에 대한 사회적 지지도 확고해질 것이다. 이런 일은 놔두고 너무 입법 투쟁에만 모든 에너지를 쏟는 것이 잘하는 일일까? 원하는 것에 이르는 제대로 된 방법일까?

다른 하나는, 과연 4대 개혁입법 모두에 성공할 수 있을까 하는 것이었다. 한나라당과 보수언론 그리고 보수적 시민단체가 총궐기하다시피 했고, 사립학교법 개정에 대해서는 사학 전체가 들고일어섰다. 그런 상황에서 네 가지 법률 모두에 대해 의지를 관철하기는 쉬운 일이 아니었다. 그렇다면 그 가운데 입법을 성취할 수 있는 것은 어떤 것일까? 거기에 사립학교법 개정이 들어갈 수 있을까?

이런 의문이 들었지만, 나는 이 시기에 연구년 준비를 하는 상황이었다. 칼럼을 쓴 이력에서 보듯이 2005년 나의 칼럼은 5월에 삼성에 대한 칼럼을 쓴 것으로 끝난다. 5월 말이 한겨레 오피니언 난의 필진 교체기인데, 연구년 때문에 그만 쓰기로 의사를 전달한 상태였다. 그리고 여름 방학에는 캐나다 브리티시컬럼비아 대학으로 떠났다. 아마도 국내에 있었다면 사립학교법이나 4대 개혁입법에 대해서 칼럼을 더 썼을 것이다. 그해 가을부터는 황우석 사태로 온 나라가 시끄러웠는데, 그 문제에 대해서도 아마 국내에 있었으면 칼럼 한 편쯤 썼을 가능성이 크다. 이제는 국외에 있다고 해도 인터넷으로 한국 소식을 아는 것은 어렵지 않다. 원하기만 한다면 사실 국내에 있는 사람보다 더 소상히 알 수도 있다. 그래도 어떤 의견을 피력하는 것은 어렵게 느껴진다. 사건을 감싸는 어떤 느낌, 또는 분위기를 감지하기 어렵기 때문이다. 그것은 다른 사람들과의 일상적 대화 같은 것 없이 형성되기 어렵다. 그래서 말없이 지냈다.

그러던 중 12월 9일에 사립학교법 개정안이 통과되었다는 기사를 인터넷을 통해 읽게 되었다. 너무나 반가웠다. 한국에 있었으면 옛 국본

(사립학교법 개정을 위한 국민운동본부) 시절 사람들과 만나 축하주라도 한잔했을 텐데, 그러지 못하는 것이 무척 아쉬웠다.

하지만 그런 기쁨 속에서도 사회학자로서 나는 당황했고, 조금은 침울한 기분이 들었다. 그날 겨울비가 내리는 밴쿠버 아파트에서 혼자 축하주를 마셨는데, 법 개정의 기쁨과 나의 이론적 미숙함에 대한 탄식이 마음속에서 산란하게 뒤섞여 평소보다 훨씬 많이 취하도록 마셨던 기억이 난다.

앞에서 4대 개혁입법 가운데 무엇이 성공할지에 대해 생각했다고 했는데, 그것이 나에게는 이론적으로 의미 있는 질문이었다. 과거사정리기본법은 법조항에서 여야 간 타협의 여지가 많으니 다소 실망스러운 부분이 있다 해도 제정될 것이라 생각했다. 언론관계법에서 중심 쟁점은 언론에서도 시장지배적 사업자를 규정해 공정거래법의 통제를 받게 할 것인가 하는 문제였는데, 조중동에 대한 실효적인 통제를 위해서 일반 기업들보다 더 강하게 시장지배적 사업자를 규정하고 있어서 위헌소송으로 가면 무력화될 가능성이 클 것 같았다. 한마디로 쓸데없는 짓 한다는 생각이었다. 보수언론과 싸우는 제일 좋은 방법은 정부에 대한 지지를 높이는 것이다. 그런데 노무현정부는 보수언론과 직접 대결하는 것에 강한 집착 같은 것이 있어서 오히려 일을 그르치는 면이 있었다.

핵심은 국가보안법과 사립학교법인데, 나는 국가보안법은 폐지될 때 보수가 잃을 것이 별로 없는 반면, 사립학교법이 개정되면 보수가 잃을 것이 현실적으로 너무 많아서 전자는 폐지되어도 후자는 개정되지 않을 것이라 생각했다. 이론적으로 표현하면 국가보안법에는 상징적 이익이 그리고 사립학교법에는 물질적 이익이 걸려 있으며 물질적 이익이 상징적 이익보다 더 중요하리라는 것이 내 판단이었다. 내가 공부한 사회학은 이런 판단을 더 신빙성 있는 것으로 여기는 편이기도 했다. 하지만 결과는 내 예상과 달랐다. 한나라당이 어떤 경우에도 폐지할 수 없다고 버팀에 따라 국가보안법 폐지는 무산되었고, 사립학교법은 개정된 것이다. 이 사건을 계기로 상징적 이익이 가진 중요성을 실감했다.

그러나 이런 판단은 시간이 지나면서 다시 달라졌다. 국가보안법을 지킨 한나라당과 보수언론 그리고 사학재단은 사립학교법이 개정되자마자 온 힘을 다해 싸워나갔다. 박근혜 당시 한나라당 대표는 법 개정 나흘 뒤부터 장외 투쟁을 시작해서 추운 겨울에 50여 일 동안 길거리에서 투쟁했다. 이런 투쟁 때문에 결국 사립학교법은 2007년 7월 재개정된다. 이때 설치된 사학분쟁조정위원회는 이명박정부 들어서 이미 퇴출되었던 비리 사학들이 모두 복귀하는 창구가 된다.

이런 사건의 경과를 지켜보면서 한나라당이 되찾기 쉬운 고지(사립학교법)를 양보하고 되찾기 어려운 고지(국가보안법)를 고수했다고 생각했다. 국가보안법의 경우 열린우리당은 폐지를 주장했는데, 개정된 법을 재개정하는 것은 가능해도 폐지된 법을 새로 제정하는 것은 극히 어려운 일이기 때문이다. 그리고 실제로 한나라당은 잃어버린 고지를 되찾기 위해서 곧장 전투에 돌입했다.

하지만 2012년 대선에서 불거져 2013년에도 재연된 10·4 정상회담 회의록을 둘러싼 논란, 그리고 이석기 의원 등 통합진보당원에 대한 내란음모죄 기소를 보면서 국가보안법은 단지 상징적 이익이 아니라 분단체제 최고의 실익이라는 것을 깨닫게 되었다. 생각해보라. 민주적으로 선출된(민주적으로 선출된 것인지 의심스러운 박근혜 대통령과 달리) 대통령이 헌법에 명시된 조국통일에 대한 의무를 지고 최고 수준의 통치 행위를 했던 남북정상회담마저 '친북' 또는 '종북' 운운하며 몰아세우는 일이 국가보안법이 엄존하지 않는 상황에서도 가능할 수 있겠는가?

그렇게 보면 민주파에 의한 4대 개혁입법의 시도가 얼마나 어설프게 기획된 것인지, 사립학교법 개정 때 축하주를 나누었고 박근혜 대표가 장외 투쟁을 할 때 그래도 후퇴는 없을 것이라 믿었던 나나 내 동료 교수들 또한 얼마나 순진했는지 알 수 있다.

이런 과정에 대한 몇 년에 걸친 관찰 속에서 나는 사회학을 공부해 왔다고 하지만 정작 사회의 작동 방식과 경로에 대해 판단하려 할 때 내 자신의 공부가 얼마나 모자란 것인지 절감했다. 사립학교법 개정이나 4대 개혁입법을 둘러싼 사태의 전말은 우리 사회 민주파들이 곱씹어 봐야 할 일이었을뿐더러, 나에게도 다른 무엇보다 중요한 학습의 계기였다.

대학교육을 침식하는 기업들

매 학기마다 개강을 하면 수강생 가운데 졸업을 한 학기 앞둔 학생들이 찾아와서 취업계를 낸다. 취업을 해서 수업을 들을 수 없지만 졸업은 해야 하니 출석을 못하더라도 F학점은 받지 않게 해달란다. 학생들이 학점을 거저 달라는 건 아니다. 출석을 대체하는 리포트를 작성하겠으며 시험도 보러 오겠다고 한다. 출석도 않는 학생에게 학점을 준다는 게 말이 안 되지만 취업난 시대에 애써 취직한 학생에게 그 학교 선생이 야박하게 굴 수는 없는 일이다. 적당히 리포트를 써오면 좋은 학점은 아닐망정 F학점을 주지는 못한다.

이런 교수와 학생의 모습은 이제 대학에서는 흔한 풍경이지만 대학 바깥 사람들에게는 낯설게 느껴질 수도 있다. 졸업예정자가 취업을 미리 할 수는 있지만 그렇다고 학업을 마저 마치지도 않고 직장에 나가서 일한다는 게 무슨 이야기냐고 여길 수도 있다. 그러나 기업들이 대학생들을 졸업 전에 채용하는 것은 물론이고 졸업 전에 데려다가 인턴 사원이라는 명목으로 일을 시킨 지는 오래되었다.

대학에 있는 사람의 입장에서 보면 기업의 이런 관행은 괘씸하기 그지없다. 졸업이 한 학기나 남은 학생을 데려다 쓰는 것은 말이 좋아서 인턴 사원이지 그들을 적어도 한 학기 동안은 싸게 부려먹으려는 수작일 뿐이다. 더 불쾌한 것은 이런 관행 밑에 깔린 기업의 대학관이다. 기업이 이렇게 행동하는 것은 대학에서 한 학기 더 배워봐야 별 볼일 없다고 생각하기 때문이다.

기업 쪽 생각이 고약하지만 터무니없는 것만은 아니다. 사실 대학에서 한 학기를 더 배운다고 해서 얼마나 큰 향상이 있겠는가 싶기도 하다. 배움의 중요한 이유가 직업을 얻는 것에 있는 바에야 직장에서 일을 배우는 것이 더 빠르고 좋을 수 있다. 그리고 기업 관계자들이 입만 떼면 앵무새처럼 떠들어대듯이 우리나라 대학이 학생들을 제대로 가르치지 못하고 있는 것도 사실이다.

하지만 만일 그렇다면 대학교육의 재구조화를 위해서 대학과 기업과 정부가 함께 고민하는 것이 옳다. 열악한 대학교육의 수준을 끌어올리기 위해서 무엇을 해야 하고, 기업의 요구를 대학은 어떤 수준에서 어떻게 반영할 수 있을지 함께 고민해야 한다. 여기서 핵심적인 관건은 교육과 직업훈련을 어떻게 준별할 것인가 하는 문제다. 개별 기업마다 극히 다양할 수밖에 없는 요구를 대학이 모두 수용할 수는 없다. 기업 특수적인 지식과 기술은 직업훈련의 몫이며, 그것을 위한 비용은 기업이 지불해야 한다. 대학교육이 목표로 해야 하는 것은 다양한 직업 세계에 응용 가능한 지식과 안목, 판단력의 양성이다. 현재 대학교육의 문제는 개별 기업의 특수 요구를 수용할 수 없는 데 있는 것이 아니라 다양한 현장에 대한 적응력과 창의력을 가진 인재를 길러내지 못하는 데 있기 때문이다. 한마디로 필요한 것은 대학과 기업이 각자 해야 할 몫을 서로 협의하고 그것을 이룰 수 있도록 노력하는 일이다.

그러나 현재 일어나고 있는 일은 시장에서의 우월한 힘을 통해 기업이 대학교육을 침식하는 짓거리다. 학생은 수업에 나오지도 않으면서 학점을 간청하고, 교수는 수업에 나오지도 않는 학생에게 학점을 주는 상황에서 교수가 어떻게 자긍심과 열정을 가지고 교육할 수 있으며, 어떻게 학생이 대학교육을 겉치레 이상의 것이라 여길 수 있겠는가?

강자이며 단기적으로는 이익을 보고 있는 기업들이 이런 관행을 쉽사리 고치지 않을 것이다. 그러니 그전에라도 대학이 자위 수단을 강구할 필요가 있다. 그것을 위해 전국 대학 총장들이 힘을 모아, 졸업하지 않은 학생을 데려다 쓰는 일을 막았으면 한다. 이런 일에 발 벗고 나선다면 대교협(한국대학교육협의회)도 대학 사회에서 신망이 조금은 높아지지 않을까 싶다.

한겨레, 2005. 4. 7.

돌아보기

이 글의 중심 주제는 대학이 기업 특수적인 교육을 할 수 있는가 하는 것이었다. 대학은 기업과 관련해 세 가지 수준의 교육을 할 수 있다. 먼저, 모든 기업에 일반적으로 적용되는 능력의 교육이다. 소통과 협동 능력, 업무 파악 능력, 문서 해독 및 작성 능력, 조사 능력, 외국어 능력 같은 것이 거기 해당된다. 다음으로 산업 특수적인 교육이다. 대체로 이런 분야는 공대가 가장 잘 구현한다. 예컨대 전자공학과는 전공교육 면에서는 산업 특수적인 교육을 한다고 할 수 있다. 마지막으로 기업 특수적 교육이다. 다시 말해 특정한 기업에서 필요로 하는 교육이다. 변화하는 기업 세계 속에서 자신의 생애를 가꿔야 하는 젊은이에게 대학이 해줄 수 있는 것은 산업 특수적 교육까지인데, 지금처럼 수명이 길어지고 산업적 변화 속도는 빠른 시대에는 산업 특수적 교육조차도 나중에 부적합하거나 실용성이 떨어질 리스크를 안고 있다. 또한, 기업 특수적 교육은 사실상 기업이 채용을 약속하지 않는 한 대학이 해줄 수 없는 성질의 것이다.

사실 기업들이 대학에 기업 특수적 교육마저 요구하는 듯한 발언을 거듭하는 것은 두 가지 이유가 있다. 하나는 기업이 강자이기 때문이고,

다른 하나는 기업들이 예전처럼 종신고용을 하지 않기 때문이다. 외환위기 이후 종신고용이 사라지자 기업과 노동자의 관계는 서로 자기 이익을 극대화하는 쪽으로 진화했다. 이런 경우 기업은 직무훈련 비용 지출을 꺼리게 된다. 2~3년 투자를 해서 노동자를 '쓸 만하게' 만들어놓으면 노동자는 그런 능력을 기반으로 다른 기업에 경력직으로 이직할 수 있기 때문이다. 하지만 모든 기업들이 직무훈련 비용을 기피하면 기업은 원하는 인재를 얻을 수 없게 되는데, 이런 문제를 외부로 전가하는 방식의 하나가 대학에 대한 비난이다.

이 문제는 그렇다 치고 인턴 노동의 상황은 어떻게 되었을까? 지난해 제3회 창비 사회인문학평론상 심사위원을 맡았다. 투고된 원고 가운데 인턴 노동을 분석한 글이 있었다. 당선작이 되지는 못했지만 젊은 연구자가 20대들이 어떤 인턴 노동을 경험하는지 상세하게 밝힌 것이었다. 그 글의 결론은 인턴 노동 또한 적나라한 착취 방식일 뿐이라는 것이다. 확실히 인턴 노동도 그 출발 시기에 비하면 노동 착취의 방편으로 더 나아간 것 같다. 그리고 그런 점을 청년 세대도 더 뚜렷이 자각하게 된 것처럼 보였다.

교수 입장에서 보면 졸업 후의 인턴은 그렇다 하더라도 재학중의 인턴만이라도 사회적 논의를 활성화해서 막는 것이 좋겠다는 생각이 들었다. 하지만 그것은 개별 교수는 물론이고 개별 대학이 하기에도 어려운 일이다. 오직 대학들 사이의 협의체가 기업 전체와 맞서서 주장을 관철시켜야 하는 일이다. 여전히 그런 일을 할 만한 기구는 대교협인데, 대교협은 교육부 위탁사업에만 골몰하고 있을 뿐이다.

삼성이 얼마나 세기에

삼성 이건희 회장이 고려대에 명예철학박사 학위를 받으러 갔다가 학생들의 반대 시위로 봉변을 당했다는 기사를 읽었다. 제목을 보고 나는 고대 학생들이 십몇 년 전처럼 또 밀가루를 뿌리고 계란을 던졌나 했다. 하지만 기사를 읽어보니 학생들의 시위는 비교적 점잖았던 것 같다. 계란은 고사하고 김영삼 전 대통령 때처럼 학교 진입을 막지조차 못했다. 아무튼 약식이긴 하지만 학위는 무사히 받았다고 하니 말이다.

기사를 읽고 나서 처음에는 이렇게 생각했다. 고대가 백주년기념관을 짓는 데 이회장이 400억 원을 쾌척했다. 고맙지 않은가? 그 고마움의 표시로 명예박사 학위를 하나 주자고 했을 것이다. 그럴 수 있는 일 아닌가? 하지만 그것에 고대 학생들이 반대하는 것은 당연하다. 상속 문제와 기형적인 지배구조 문제도 문제려니와 21세기에조차 지나가던

개도 웃을 무노조주의를 고집하며 노조를 설립하려는 노동자를 탄압하는 것이 삼성이니 말이다. 아무튼 우여곡절이 있긴 했어도 이회장은 명예박사 학위를 받아 이름뿐이긴 해도 명예를 챙겼고, 고대 당국은 돈을 챙겼고, 학생은 고대의 정신을 살렸으니 이럭저럭 모두 윈윈 게임이라고 할 수 있다. 한마디로 아무 일도 아니군 하는 게 내 생각이었다.

그러나 다음날 신문기사를 읽으면서 사태가 이상하게 돌아간다는 생각이 들었다. 부총장 이하 고대 보직교수들 전원이 사퇴서를 제출했고, 고대 총장은 공식 사과문을 발표했다. 고대가 삼성에 납작 엎드린 것이다. 사과를 할 만큼 잘못한 게 뭐가 있다고 그러는지 도무지 이해가 가지 않았다. 고대가 지난 100년의 역사를 통해 어떤 일에 대해서 이렇게 신속히 그리고 처절하게 용서를 구한 일이 있었던가? 설령 삼성이 이번 일로 고대 당국을 몹시 괘씸하게 생각한다고 해도 대학이라는 제도는 그 성질상 어떤 다른 권력과 권위에 굴종해야 할 이유가 없다. 그것은 대학이 단지 비판적 지성을 자기 정체성으로 해서만이 아니라 대학이 특정 기업 같은 것에 중요한 의존관계를 가지는 것은 아니기 때문이다.

하지만 조선일보와 중앙일보가 사설을 통해 고대생들을 난타하는 것은 물론 연이은 기사가 전하는 인터넷의 분위기, 예컨대 누가 우리를 먹여살리는데 학생들이 그렇게 방자하게 구는가, 이제 고대 출신은 삼성에서 이사 하기는 글렀다는 식의 글들을 보자 조금 느낌이 달라졌다. 방대한 사회경제적 힘을 가진 삼성에 척을 지지는 않을까 하는 두려움이 고대 인맥 전체에 흐르고 그것이 고대 당국에 피드백되는 과정이 그려졌다. 이런 게 삼성의 힘일 수 있겠다 싶었다. 거기에 더해 청와대 경제

수석까지 나서서 "기업가 정신의 긍정적인 면을 인정해야 한다"며 학생들을 꾸짖었다는 기사를 보게 되자 청와대조차 삼성에 아첨해야 할 만큼 삼성의 힘이 강한 것이었구나 하는 느낌이 들었다. 이런 사태의 전개를 모두 보고 나니 고대 당국의 행동이 진정 두려움에서 우러난 행위였구나 싶었다. 그렇다면 이것은 진정으로 징후적인 사건이다. 100년의 역사를 가진 명문사학 고대가 두려워할 존재라면 삼성은 우리 사회 성원 모두에게 두려운 존재이기 때문이다.

이번 일을 통해 삼성은 모든 판돈을 챙겼다. 이회장은 이번 사태를 "젊은 사람들의 열정으로 이해한다"는 소회를 밝힘으로써 한껏 자신의 인자함(?)을 과시했고, 삼성은 자신이 우리 사회에서 얼마나 큰 힘을 가졌는지 아주 우아하게 드러내는 동시에 자신의 위상을 사뿐히 끌어올렸다. 그러나 사건의 당사자가 아닌 우리 모두에게도 이번 일은 경고하는 바가 있거니와, 삼성의 비대한 권력과 막대한 생산력을 우리 사회의 민주적 통제 아래 두기가 극히 어려워진 것은 물론 자칫 우리 사회가 삼성의 통제 아래 들어갈 수 있다는 경고가 바로 그것이다. 그러므로 민주주의의 심화를 지향한다면 우리는 이제 삼성을 비판적 사유와 사회운동의 대상으로 삼기를 게을리해서는 안 될 것이다.•

한겨레, 2005. 5. 6.

• 이 글에 대해서는 삼성 문제에 대해 쓴 다른 글, 2010년 4월 20일자 한겨레 칼럼 「삼성과 북한, 이건희와 김정일」(본문 434쪽 참조)과 함께 다룰 것이다.

2006년

3월 철도 노조 총파업
5월 5·31 지방선거
7월 북한 대포동 2호 등 미사일 발사
8월 '바다이야기' 사행성 게임산업 논란
9월 전시작전통제권 환수 논란
10월 반기문 장관 UN 사무총장 선출
11월 교과서 채택 비리 적발

캐나다 교육계를 압박하는 한국의 학부모들

나는 지금 연구년 출장으로 캐나다 밴쿠버에 와 있다. 이곳 밴쿠버가 북미대륙의 여러 도시들 중에 한국인의 조기유학이 집중되는 지역 가운데 하나라서 조기유학을 시키고 있는 부모들을 여럿 만나게 된다. 나 역시 아이들을 데려와서 캐나다 학교에 보내고 있으니 그런 기회가 많은 것은 자연스런 일이고, 그래서 뜻하지 않게 조기유학의 실태를 가까이서 접하게 된다. 그리고 거기서 더 나아가 한 지역에 집중된 우리의 조기유학이 해당 지역의 교육 조건에까지 영향을 미치는 것을 보게 되었다. 조기유학의 현장과 실상을 알려주는 글과 책은 많으니 후자를 보여주는 에피소드 하나를 살펴보자.

지난해 밴쿠버가 속해 있는 캐나다 브리티시컬럼비아 주에서는 신자유주의를 내세우며 집권에 성공한 자유당과 공공 부문 노동자들 간의 대립이 심각했다. 이 대립 중에서 가장 격렬했던 것이 브리티시컬럼비아 주 교사연맹과 주정부 간의 대립이었다. 교사들의 파업으로 인해 2주 동안 수업이 전면 중단되었던 것이다. 이 대립은 외양만으로는 타협으로 끝났지만 전체적으로 보아 교사연맹의 승리였다. 교사연맹은 높은 수준의 단결을 과시했고, 임금인상 요구를 자제하고 교육 여건의 악화를 막는 투쟁에 주력함으로써 대중적 지지를 이끌어냈으며, 그런 단결력과 대중적 지지에 힘입어 주정부의 신자유주의 드라이브를 상당 정도 막아냈기 때문이다.

파업과 협상의 과정도 흥미로웠지만, 그보다 더 인상적인 것은 그런 파업을 둘러싼 전체 사회의 분위기였다. 파업과 정부 및 주대법원의 압박 그리고 막후의 협상이 진행되는 2주간 학생들은 언제 학교에 갈 수 있을지 모르는 불확실한 상태로 집에서 지냈다. 그런데도 사회 전반의 분위기는 매우 평온했고, 미디어의 보도 태도 또한 전혀 호들갑스럽지 않았다. 그런 평정은 학교가 파업해도 여타 보완 제도들이 잘 작동해서 부모와 학생들이 별다른 어려움을 겪지 않았기 때문은 아니었다. 학교가 파업하면서 각종 보육기관과 방과후 어린이집들도 동조 파업을 했기 때문에 부모들은 꽤 어려움을 겪었다. 그런데도 "참 어렵네요. 하지만 교사 파업을 지지합니다" 하는 식의 부모의 반응이 보도되는 정도였는데, 교사들이 자신들의 연가를 이용해서 주말에 하는 시위조차 야단스런 반응을 불러일으키는 사회에서 살아온 나에게는 퍽 인상적이었다.

하지만 조기유학을 시키고 있는 한인 학부모들의 반응은 다수 캐나다인들의 반응과 달랐다. 그들은 기껏 아이들을 데리고 힘들여 조기유학이라고 와서 학교에 보냈더니 아무 대책 없이 교사들이 파업이나 한다고 불만이 대단했다. 게다가 이들의 자녀는 국제학생International Student으로 등록해서 상당히 비싼 학비를 내고 있었기에 그로 인한 불만도 컸다. 결국 수업 결손에 대한 불만은 교육을 받지 못한 기간만큼 교육비를 환불받아야 한다는 주장으로 수렴되었다. 한인 학부모들은 집단적인 진정서를 작성해 교육청에 보내는 등의 활동을 전개했고, 4~5개월에 걸친 끈질긴 활동의 결과 올해 4월 마침내 광역 밴쿠버 내의 도시 가운데 하나인 뉴웨스트민스터 시 교육청으로부터 결손 수업일수에 해당하는 교육비 환불을 받아냈다. 아직까지는 광역 밴쿠버 내의 교육청들 가운데 뉴웨스트민스터 시 교육청만이 환불을 결정했지만, 이런 선례는 다른 교육청의 환불로 이어질 수 있고 그렇지 않다 해도 이미 한인 조기유학생은 교육청 입장에서는 매우 신경쓰이는 집단으로 부상했다.

이 사건은 우리의 행동반경이 넓어짐에 따라 우리 사회의 문제가 다른 나라로 이식되어 새로운 문제로 변형돼나가는 것을 잘 보여주는 사례다. 우리 사회의 구조가 조기유학을 유발하고, 그런 조기유학에 유리한 지역적 탐색이 북미대륙 어떤 도시로의 집중을 낳는다. 다른 한편으로 이 도시의 교사들은 주정부의 신자유주의 드라이브를 막기 위해 싸워서 부분적 승리를 거두었다. 그런데 이런 교사 노조 대 주정부의 대립의 외곽에 있는 이방인들이 이 게임에 개입한다. 이 이방인들은 수업료를 통해 이미 이 도시의 교육재정 구조를 변형하고 있는 집단이다. 그 도시의 정부와 교육청들은 이들로부터 상당한 추가 재정수입을 얻었고 따라서 그것을 더 끌어들이려는 욕심을 내게 되었다. 그러나 이제 이 집단은 기존 게임의 룰을 무시하고 새로운 게임의 룰을 요구하는 것이다.

물론 우리 입장에서 새로운 게임규칙이 필요하다면 그것을 요구할 수 있다. 하지만 그 새로운 게임규칙이 그 사회가 방어하려는 공공적 가치관을 침식하는 구실을 한다면, 좀더 신중해져야 할 것이다. 우리가 이 도시를 엉클어놓아 이 도시가 우리에게 배타적으로 변한다면, 다른 도시로 조기유학을 떠나면 될지도 모른다. 그러나 그렇게 파괴적으로 행동하는 것은 언젠가 우리에게 족쇄가 되어 돌아올 것이다.

창비주간논평, 2006. 5. 17.

돌아보기

창비주간논평에 처음 쓴 글이다. 창비주간논평은 『창작과비평』 창간 40주년을 기념하며 새롭게 시작되었다. 2005년 봄에 『창작과비평』 40주년 기념사업 및 혁신을 위한 프로젝트 책임자 일을 했었다. 그 프로젝트 결과 『창작과비평』이 계간지로서 따라잡기 어려운 시사적인 문제들에 대해 창비 그룹의 지식인들이 입장을 표명하는 동시에 좋은 읽을거리로 독자들과 더 자주 만나는 기회를 만들 필요성이 제기되었다.

내가 연구년을 떠난 사이에 창비 편집진 내에서 이 제안이 추가 논의를 거쳐 구체화된 형태가 창비주간논평이었다. 지금은 창비주간논평에 창비 편집진이 그렇게 자주는 글을 쓰지 않고 각계 전문가들에게 원고를 받는 경우가 더 많아졌다. 사실 우리 사회에서 발생하는 많은 문제들에 대해 창비 편집진이 두루 전문적 식견을 가진 것은 아니기 때문에 이렇게 되는 것은 자연스러운 일이다. 하지만 창간 시기에는 매체를 홍보하는 의미에서도 창비 편집진들이 모두 참여해서 원고를 썼고, 멀리 밴쿠버에 있는 나에게도 창비주간논평 창간 논의를 시작한 사람의 하나로서 책임감을 가지고 원고를 하나 보내달라는 요청이 왔다. 그래서 이 글을 썼다.

글감이 내가 그 당시에 밴쿠버에서 경험한 일이 되는 것은 자연스러운 일이다. 원고를 청탁받은 사람은 주제가 자유일 때는 당시 가장 인상 깊은 일에 대해서 쓴다. 그런데 인상 깊기로 말하자면 이 글에서 다룬 이야기보다 그것을 야기한 사건이 몇 배는 강렬했다. 하지만 이 글에서는 더 강렬한 사건에 대해서는 두번째 문단에서 간략하게 기술하고 있다. 현재의 글로 보면 브리티시컬럼비아 주 교사들의 파업을 다룬 두번째 문단보다 세번째 문단에서 다룬 파업에 대한 주민들의 반응이 더 인상적인 것처럼 기술되어 있다. 하지만 그렇지 않다. 교사들의 파업 자체가 가장 인상적이었다. 그런데도 이렇게 기술한 것은 이 글의 중심 주제인 파업에 대한 한인 부모들의 반응을 캐나다 주민들의 반응과 비교하고 싶었기 때문이다.

그렇다면 교사 파업의 어떤 점이 그렇게 인상적이었을까? 두 가지 이유 때문에 그랬다. 하나는 파업기금 문제다. 캐나다에서도 파업 기간에는 임금을 지급하지 않는다. 우리나라 노동운동계에서 파업 기간에 적용되는 것을 투덜대는 '무노동 무임금'이라는 가혹한 원칙이 캐나다에서도 시행되고 있었다. 우리나라 노동운동과 다른 점은 그렇기 때문에 장기 파업에 대응할 수 있는 파업기금이 강건하게 비축되어 있었다는 점이다. 브리티시컬럼비아 주 교사연맹의 2005년 총파업은 연맹으로서는 10여 년 만의 파업이었다. 그런데 그 10여 년 동안 파업기금이 꾸준히 비축되어 있었던 것이다. 그런 파업기금 덕분에 파업중에 노조는 모든 교사들에게 매일 임금을 지급할 수 있었다. 투쟁의 동력은 이렇게 맑은 날에도 언젠가 비가 내릴 때를 위해 준비하는 안목에 의해서 마련되었던 것이다.

다른 하나는 파업의 명분이었다. 브리티시컬럼비아 주정부의 신자유주의 정책이 교사와 관련해 내린 정책은 보조교사 부문이었다. 주정부로서도 교육 영역에서 정부 지출을 줄이기 위해 제일 손대기 쉬운 계약직 교사의 감축을 시도한 것이다. 대부분의 보조교사들은 장애인 학생을 돕는 이들이었는데, 교사연맹은 이들을 위해서 파업에 나선 것이다. 여기에서 엿보이는 것은 장애인 학생들의 교육 복지 감축을 좌시할 수 없다는 도덕적 책무, 법적 지위가 약한 계약직 교사들에 대한 전체 교사들의 연대감, 그리고 그런 약자들에 대한 공격을 방치하는 것이 순망치한의 우를 범하는 것이라는 것에 대한 통찰 등이다. 교사들의 파업에 대한 대중적 지지는 파업 일반에 대한 문화적 차이로만 설명될 수 없다. 이런 연대감이 없었다면 신자유주의적 정부를 선출한 주민들이 교사연맹의 파업을 마냥 지지했을 리 없으며, 그 연대감을 제외하고는 왜 브리티시컬럼비아 주의 다른 공공 부문 노조들이 패배한 자리에서 교사연맹만이 승리했는지 설명하기 어렵다.

공적 대의와 사적 행복 사이에 길을 내자

최근에 권인숙 교수가 쓴 『대한민국은 군대다』를 읽었다. 우리 사회의 군사주의, 군사화의 양상과 메커니즘을 비판적으로 분석한 책인데, 몇 가지 점에서 마음에 깊이 다가오는 바가 있었다. 우선 우리의 생활양식과 습벽 속에 깃든 군사주의가 분단체제에서 유래하는 것이기에, 권교수의 분석이 분단체제와 일상생활의 내적 연관을 밝히는 뜻깊은 저작이라는 생각이 들었다.

이어서 군사주의가 남녀 간의 불평등이나 가부장제 문화의 중요한 재생산 고리라는 점을 떠올리자, 여성학 연구자가 이런 분석에 나선 것은 당연한 일이지만 다른 한편 남성 학자들이 이런 작업을 해내지 못한 것은 부끄러운 일이라는 생각이 들었다. 제도화된 군사주의가 마음의 습벽에 가장 강하게 영향을 미칠 집단이야 역시 군복무를 한 남성들 아니겠는가?

하지만 이런 점보다 더 내게 생각거리를 던져준 것은 80년대 학생운동을 다룬 장이었다. 권교수는 80년대 학생운동이 보여주었던 격렬한 전투성에 대해 새로운 분석을 하고 있다. 기존의 설명들은 조금씩 논리를 달리하긴 하지만 대체로 그럴 수밖에 없었다는 식으로 학생운동의 전투성을 정당화하는 데 반해, 권교수는 그런 설명들의 허점을 짚으면서 80년대 학생운동 세대는 누가 적인지를 지목해주면 그 적에 대항해서 공격적인 전투성을 표현할 성향이 확립되어 있었음을 지적한다.

그 논지를 따라 생각해본다면 이렇게 말할 수 있겠다. 반공 글짓기를 통해서 북한을 맹렬히 공격해 상을 타기도 했던 초등학생이 80년대 대학 생활을 거치며 열성적인 운동권이 되었을 때, 그는 자신이 어린 시절 받았던 교육 내용에 대해 깊이 성찰하고 그것에 대해 분노하기조차 했을 것이다. 하지만 그가 시위대 앞줄에 각목을 들고 섰을 때 그는 반공 글짓기를 통해서 표현되었던 자신의 공격성, 그러니까 비록 동원되고 부양된 것이라 해도 종래 자기 안에 침전되어 성향으로 자리잡아간 공격성에 대해서는 성찰하지 못했다고 할 수 있다.

이 문제가 나의 관심을 끈 이유는 학생운동 세대가 민주화를 위해 투쟁하면서도 실은 그들이 타도하려는 대상이 만들어낸 문화적 패턴에서 제대로 벗어나지 못했다는 사실이 단지 학생운동의 전투성에 한정되지 않는 것 같아서였다. 오히려 그 문제는 그 세대의 생활양식 전반에 걸쳐 나타나는 것이며, 현재 우리 사회가 처한 여러 문제들과도 관련되어 있다는 생각이 들었다.

지금 우리가 살아가고 있는 사회 체제의 모체는 87년 민주항쟁이고,

그런 뜻에서 우리 사회 체제를 87년체제라 부를 수 있다. 그리고 민주화운동에 대거 참여함으로써 그 체제를 수립하는 데 주도적이었던 세력은 386세대라고 불리는 학생운동 세대다. 이 세대는 해방 후 한국사회에서 대중적인 동시에 대규모의 사회운동을 실천하고 학습한 최초의 세대이며, 민주적 가치에 대한 추구와 신념이 뚜렷한 세대이기도 하다. 그들 중 일부는 노무현정부 시기에 국가권력의 중심부에 도달했으며, 사회 영역에서도 빠른 속도로 중심세력이 되어가고 있다. 그러나 민주화의 중심세력이던 그들이 사회 중심부로 진입했지만 우리 사회의 모습은 많이 달라진 것 같지 않고 앞으로도 큰 변화가 있으리라 예상되지 않는다. 왜 그런 것일까?

그 이유의 하나는 현재 사회의 중심부에 진입해 있는 이 세대의 생활양식과 문화 속에 제대로 성찰되지 않았고 그래서 청산되지 못한 문화적 보수성이 자리잡고 있기 때문이다. 그들은 민주화를 위해 노력했지만 민주화된 사회에서 성장한 사람들은 아니다. 그들의 초기 사회화 과정을 지배한 것은 박정희 체제였으며, 그런 만큼 권인숙 교수가 지적한 군사주의를 비롯한 박정희 체제의 부정적 유산과 그것이 부양한 욕망에서 별로 벗어나지 못했다. 그들이 만일 그런 부정적 유산, 예컨대 가부장적 문화와 관행에서 조금이라도 벗어났다면 그것은 자기 욕망과 마음의 습속을 깊이 성찰해서라기보다는 자신들이 수립하는 데 힘썼던 민주적 제도가 불러온 사회 변화에 적응하기 위해서였을 가능성이 더 크다.

민주적 규범에 근거한 요구라는 이유로 자신에게 불편한 것을 수용하는 태도만 해도 이전 세대에 비하면 꽤 진보한 것이긴 하다. 그렇지만 이런 요구와 압박이 없는 영역에서는 기존의 문화적 습속이 여과 없이 그들의 생활 속에 자리잡았다. 우리 사회 성원의 머리 한구석을 짓누르는 것 가운데 하나가 주택 문제다. 그런데 모두들 어느 지역 무슨 단지 몇 평형 아파트를 살지, 그것이 얼마의 재산가치를 가졌는지, 언제 은행융자를 받을지에 대해서만 고심했을 뿐, 어떤 집에 살아야 하는지에 대한 논의는 지난 10여 년간 공적 논의에 오르지 않았다. 그러는 사이에 우리들 집의 구조와 내부에 대한 문화적 표준을 정해준 것은 아파트 공급업자들이 제공한 모델하우스였을 뿐이다. 그렇게 우리는 자기 존재의 다양함을 표현할 기회를 잃었고, 그럼으로 해서 그저 이웃과의 사소한 차이에 부심하고 집값 변화에 가슴이 벌렁거리는 사람들이 되었다.

정권을 바꾸고 세상을 바꾸고자 했던 세대가 자기 집도 못 바꾼 형국인데 당연히 이런 상황은 불만족을 낳는다. 그래서 일부는 전원주택을 추구한다. 하지만 그런 시도는 곧 여유층의 재테크로 변질되고 주택업자의 사업 아이템이 될 뿐이다. 진정성을 가지고 제 손으로 황톳집을 짓는 이도 있다. 하지만 그런 사람들은 은연중에 낭만적 아웃사이더로 취급된다. '멋지다. 하지만 글쎄 나는 좀……' 이것이 그들에 대한 다수의 반응이다.

이런 양상에는 80년대적 투쟁이 극복하지 못한 자기 한계가 패턴처럼 어른거린다. 그때 민주화 투쟁에 투신하는 것은 희생을 모델로 했다. 그래서 희생에 매혹되거나(그것은 때로 분신을 부를 만큼 치명적이기도 했다) 아니면 희생에서 비켜선 것에 대한 회오와 자기 혐오에 빠지는 일이 빈번했다. 운동이 광범위했지만, 공적 대의와 사적 삶 사이의 합리적 연계가 있었던 것이 아니라 다양한 수준과 농도의 희생이 분포되어 있었을 뿐이었다. 이런 패턴에서 독재타도 같은 강한 규범적 요청이 빠져나가면 전위와 대중의 분리가 쉽게 일어나고 사회적 대안을 추구하는 사람들은 쉽사리 문화적 아웃사이더로 떨어지게 된다. 공적 대의와 사적 행복을 매개하는 집합적 생활양식이 엿보이지 않는 한, 대안의 추구가 사람들을 불러모을 수 없기 때문이다.

그런데도 여전히 사적 삶과 공적 삶을 매개하는 생활양식, 현실에 적응하는 것과 그 현실을 극복하는 과정을 통일하는 생활 모델의 창출을 위한 끈기 있는 노력은 태부족이다. 이에 비해 양자의 분리에 멍하니 자신을 내맡기는 경우가 너무 많다. 하지만 그 둘을 매듭지어 묶는 것이 가능할 때, 비로소 아침 신문 사회면을 보며 치솟는 부동산 가격에 분개하고, 문화면에서 읽는 황톳집이나 통나무집 짓는 이의 삶을 몽롱한 향수 감정으로 소비하는 분리에서 벗어날 수 있을 것이다. 그리고 한국사회가 글러먹었다고 하면서 아이를 학원에 보내는 일이나 미국의 제국주의적 행태를 욕하면서 조기유학 보낸 아이를 위해 송금하는 일에서 빠져나올 수 있을 것이다.

창비주간논평, 2006. 11. 8.

돌아보기

연구년에서 돌아와 학교로 복귀한 뒤에 쓴 첫 칼럼이다. 외국생활이 이사를 포함해 번거로운 일이 많아서 생활이 예전의 틀을 회복하는 데 시간이 걸렸다. 첫 칼럼이 귀국 후 석 달이 지나서인 것은 그런 연유다.

이번 칼럼집을 준비하면서 인터넷을 검색하다보니 내가 쓴 칼럼 가운데 비교적 많은 사람들이 블로그에 게재하고 있는 것이 몇 있었는데, 그 가운데 하나가 이 글이었다. 공감을 많이 얻은 때문이라고 짐작된다.

이 문제는 나의 개인적인 삶과도 연관된 것이기 때문에 내 머리를 떠난 적은 없다. 그럼에도 불구하고 생활양식, 더 나아가 새로운 집합적인 생활양식을 창출하는 것은 어려운 일이다. 여기엔 기존의 민주화운동과는 다른 패러다임이 요구되는 것 같다. 민주적 법치국가 건설과 그것의 발전을 추구하는 민주화운동은 주권, 민주주의, 정의, 법치 같은 규범적 토대에 의존한다. 하지만 생활양식의 문제, 요컨대 아파트에서 사느냐, 채식을 하느냐, 아이에게 어떤 책을 읽히느냐는 것은 그런 규범적 토대를 가지고 있지 않다. 즉 선택하지 않는 이유를 달리 근거 있게 말하기 어려운 것이다. 그럴 때 어떻게 새로운 생활양식이 개발되고, 그 행위를 동기화하는 힘이 생겨나 확산될 수 있는 것일까?

이 문제에 대해 영감을 줄 만한 사례는 성미산 마을공동체다. 몇 년 전에 성미산 마을공동체에 가서 주민들에게 짧은 강연을 한 적이 있다. 강연자는 나였지만 사실 배우는 사람은 주민들이기보다 나였다. 그들이 공동육아, 대안학교, 생협, 마을 식당, 마을 반찬가게, 마을 극장을 만들어온 과정의 핵심에는 내 보기에 공동육아가 있다. 많은 이들이 혼자서 아이를 키울 수 있는 상황이 못 되는데다 기존의 보육시설엔 보내고 싶지 않다는 궁지에 처한다. 공동육아는 기존의 제도적 해결책 앞에서 '내 아이를 그렇게 안 키우고 싶다'고 말하는 이들이 찾아간 길이다. 이 소망은 기존의 먹을거리 제도 앞에서 '내 아이에게 그런 것을 안 먹이고 싶다'는 주장으로 나아간다. 문제를 해결하기 위해서는 생협이 필요하고, 반찬가게도 필요해진다. 공동육아를 통해 무럭무럭 자란 아이들이 학교에 갈 나이가 된다. 그때 기존의 학교 앞에서 '내 아이를 그런 학교에 안 보내고 싶다'고 말하며 맞선 이들은 대안학교를 세워야 했던 것이다. 그 모든 것을 시장에 의존하지 않고 해결하려 할 때마다 공동체는 강화되고 촘촘하게 발전했다.

다른 예를 하나 더 들고 싶다. 우리나라에는 한국전력으로부터 자유를 선언한 가구가 둘 있다. 이들은 패시브하우스와 태양열을 통해서 에너지 자립을 이룩하고 있다. 온실가스의 증대와 지구온난화에도 불구하고 우리는 전기 없는 삶, 그것도 한국전력이 중심에 서서 대규모 송전 시스템을 통해서 공급하는 전기 없는 삶을 잘 상상하지 못한다. 매일 밀양에서는 거대 송전탑이 세워지는 것에 반대하는 팔순 노인들이 투쟁하고 있고, 그들을 마음으로 응원해도 여지없이 자신의 집이 한국전력에서 받는 전력에 의존하는 것을 방치하고 있다. 하지만 소수일지라도 '그런 전기를 안 쓰고 싶다'는 욕망에 충실한 이들이 있으며, 그들은 그래서 집을 바꾸어버렸다.

많은 철학자들이 해석을 시도한 『필경사 바틀비』라는 멜빌의 소설이 있다. 이 소설에서 바틀비는 이런저런 요구를 하는 고용주에게 늘 "그렇게 안 하고 싶다I would prefer not to"고 말한다. 이 말은 매우 흥미롭다. 한편으로 그것은 단순한 거절이 아니라, 자신에게 주어진 제안을 받아들이지 않는 것을 적극적으로 선택하는 방식의 거절이다. 다른 한편 그런 거절의 선택이 하나의 정향, 선호preference로 정착될 수 있음을 함축하고 있다. 실제로 바틀비는 그것이 하나의 선호임을 반복적인 표명을 통해 드러낸다.

나는 이 거절의 방식이 성미산 마을 주민들이나 패시브하우스에 사는 사람들에게도 있었다고 본다. 그리고 그들은 바틀비보다 한 걸음 더 나아갔다. 그들은 월 스트리트의 구석진 곳에서 웅크린 자세로 죽은 바틀비와 달리 이웃과 손을 맞잡고 그 선호를 실현할 방법을 찾았다. 생활양식의 정치는 제도에 대한 규범적 비판이 아니라 그 제도를 따르지 않음을 택하는 것, 단순한 거부가 아닌 하나의 선호를 전제하며, 더불어 자신과 같은 방향의 선택을 한 사람들의 손을 잡는 것과 더불어 시작되는 것 같다.

교과서 채택 비리를 넘어 공공문화의 강화로

고등학생 시절 수학 공부를 하려고 『수학의 정석』(이하 『정석』)이라는 책을 샀었다. 수학 교과서가 있긴 했지만 지질도 나쁘고 내용도 고만고만한 게 풀어볼 문제도 적어서 별 쓸모가 없었다. 그래서 『정석』을 사면서 그냥 『정석』을 교과서로 하면 될 텐데 뭐하러 교과서를 따로 사라고 하는지 의아해했던 기억이 있다. 나이를 먹어감에 따라 그 이유를 알게 되었고, 그게 꽤나 구질구질한 우리 사회의 자화상 중 하나라는 것도 알게 되었다.

그런 중 지난달 20일 서울지역 고교 교사 30명이 교과서 채택 비리로 적발되었다는 신문기사를 읽으며 악습이 여전할 뿐 아니라 더 고약해진 면도 있음을 알았다. 신문들은 교육은 뒷전이고 잿밥에 눈먼 교사들을 맹비난했는데, 그들이 질이 상당히 안 좋은 교사라는 것에는 십분 동의

하지만, 수십 년 동안 악습을 고칠 능력이 없었던 우리 사회의 무능함에 대해서도 생각해볼 필요가 있겠다 싶었다.

사실 현행 제도를 뜯어보면 교과서 채택 비리가 발생한다는 것이 좀 당혹스럽게 여겨질 수 있다. 현재 우리나라에서 교과서는 몇 종의 국정 교과서를 제외하면 출판사들이 제작한 책을 검인정을 거쳐 교과서로 삼고, 일선 학교가 과목별로 10여 종쯤 되는 검인정 교과서 가운데 하나를 택해 자기 학교 교과서로 사용하게 되어 있다. 이런 검인정 체제 아래서 교과서 채택을 둘러싼 과당 경쟁을 막기 위해 중·고교 검정교과서 발행조합에 가입한 출판사들은 전체 이익금의 60%를 균등 배분해왔으며, 7차 교육과정이 시행된 2000년부터는 아예 과목별로 이익금 전액을 균등 배분하고 있다. 출판사들이 이렇게 사이좋게 '사회주의'를 하고 있는데, 왜 이런 일이 생기는 것일까?

겉모양만 조금씩 달라져왔을 뿐인 오래된 악습이 개입하는 게 바로 이 지점이다. 우리 사회에 만연한 문화 가운데 하나가 '수익자 부담 원칙'이다. 공적 부문이 깡마른 나라라서 아쉬운 것이 있으면 뭐든 자기 호주머니를 털어서 각자 알아서 해결하는 것이 우리의 습속인 셈이다. 어린 학생들이 보고 싶은 책이 있으면 도서관에 가기보다 사서 보거나 그도 아니면 시내 대형서점에 가서 자리잡고 주저앉아 읽는 일이 다반사인 것만 보아도 그렇다.

교육은 특히 심하다. 사교육비는 물론이고 공교육도 말이 공교육이지 갖은 잡비를 내야 할 뿐 아니라 교과서조차 사서 봐야 한다. 국가도 이런 점은 미안했는지 언제나 학부모에게 부담이 덜 가도록 교과서 단가를 낮추려 해왔다. 그래서 고등학교 교과서도 4~5천 원 남짓이다. 그간 지질과 인쇄 상태는 좋아졌지만 이 때문에 책 두께가 얇고 내용이 부실한 것은 여전하다. 학습지와 자습서가 늘 추가로 필요한 것이다.

검인정 체제하에서는 학교마다 교과서가 다를 수 있고, 그것에 연동해서 참고서와 자습서가 결정된다. 교과서의 몇 배 가격을 책정할 수 있는 이 참고서 시장이 교과서 제작의 진짜 목표가 된다. 그러니 출판사들이 참고서가 필요 없을 정도로 교과서를 충실하게 만들 이유가 없다.

우스운 것은 이 시장에 모든 교과서 출판사들이 뛰어드는 것도 아니라는 점이다. 검인정 교과서 출판사들 가운데 교과서 채택 로비를 하고 참고서 시장에서 경쟁할 능력이 없는 작은 회사는 아예 교과서 채택을 원하지 않는다. 검인정 교과서를 가진 것만으로 교과서 매출액보다 더 많은 이익을 균등 배분받는 것을 목표로 하며, 실제로 그것으로 만족이다. 그러나 규모가 큰 회사는 전력을 다해 채택률을 올려 참고서 시장을 장악하려고 한다. 이런 탓에 교과서 채택 과정이 비리의 온상이 되는 것이다.

교사가 30만이 넘는데 그들 중 일부가 평균적 도덕성 이하일 것은 뻔한 일이다. 그러니 이렇게 세팅된 제도는 은밀히 내사하면 언제나 잡아들일 수 있는 비리 교사를 양산할 것이다. 당연히 제도를 바꾸어야 하는데, 그건 단지 비리를 없애는 것 이상을 지향해야 한다. 교사의 비리 제거만을 목표로 한다면 채택 권한을 일선 교사의 손에서 떼어내기만 하면 된다. 더 큰 문제는 교과서는 저렴하지만 알차지 못해 결국 참고서를 사야 하기 때문에 학생들 입장에서는 들 돈을 다 들이고 있다는 점과, 검인정 제도를 통해서 교과서의 다양화가 이뤄졌지만 다양화가 교과서의 질적 향상을 이끌어내지 못하고 있다는 점이다. 그런 채 우리는 수십

년을 살아온 것이다.

문제 해결의 방향은 결국 우리 사회가 들이고 있는 돈을 제대로 된 교과서를 만드는 데 제대로 쓰는 것에서 찾아야 한다. 하지만 그럴 경우 어쨌거나 비싸진 교과서는 가난한 가정에 부담이 될 수 있다. 그러니 당연히 교과서를 무상 공급해야 한다. 그러면 이번엔 국가의 재정 부담이 커지게 되는데, 세금 늘리는 게 걱정이 될 것이다. 늘 뺑뺑 도는 문제인데, 필자가 지난 1년간 머물며 목격한 캐나다의 사례는 문제를 해결하는 길을 찾는 데 참고할 만하다.

캐나다 공립학교는 한 권의 교과서를 7년간 사용한다. 교과서를 장정이 잘된 훌륭한 책으로 만드는 대신 그 책을 학생이 소유하게 하지 않는다. 학생은 마치 도서관에서 책을 빌린 것처럼 1년간 쓰고 반납해야 하며 책에 줄을 긋는 등의 사소한 손상도 금지된다. 이런 방식의 교과서 정책은 필자가 보기에 삼중의 장점이 있다. 우선 앞서 말했듯이 돈을 더 들여 좋은 교과서를 만들어도 재정 부담이 거의 늘어나지 않는다. 다음으로 학생들에게 공공의 자산을 사용하고 존중하는 경험을 제공할 수 있다. 마지막으로 책을 만들기 위해 베어야 하는 나무가 줄어드니 환경보호에도 기여한다.

우리 사회는 빈약한 공공 부문으로 인해 고통받고 있다. 의료도 그렇고 주택도 그렇다. 쓸 돈 다 쓰면서 고통을 받고 있다. 사교육에 쓰는 돈만 해도 20조에 육박한다고 추정된다. 그런데 이 돈을 공적 부문으로 흘러들어오게 할 방안을 만들지 못한다. 하지만 교과서 정도의 일이라면 우리 사회가 해결 능력을 보일 수 있지 않을까? 수익자 부담 원리가 만들어낸 온갖 너저분한 양상을 공공재정을 통해서, 그리고 교과서를 공유하는 공적 문화를 통해서 떨쳐내는 '수로' 정도를 마련하는 것은 지혜를 모으면 해낼 수 있지 않을까? 이 정도도 못한다면 방대한 사교육비를 공교육 재정으로 끌어들이는 '운하'를 파는 방안 같은 것은 꿈도 꾸기 어려울 것이다.

사족: '운하'라고 적고 보니 대선주자인 이명박씨가 주창하는 낙동강과 한강을 잇는 황당한 운하가 아니라 이런 제도의 운하부터 고민했으면 좋겠다는 생각이 들었다.

창비주간논평, 2006. 12. 6.

돌아보기

캐나다에서 아이를 학교에 보내본 경험 덕에 우리 사회 상황과 거리를 확보하고 관찰하며 쓸 수 있었던 글이다. 이 글을 쓰며 이런 생각도 했다. 우리 사회에 유학 가서 자녀를 키운 사람이 한둘이 아니고 그런 사람 가운데 사회 엘리트가 된 사람이 허다한데, 왜 이런 것 하나 우리 사회에서 실험해볼 생각을 하지 않았을까? 모두들 유학 가서 외국의 좋은 복지와 공공자산 덕에 잘 지냈다는 이야기만 하는데, 그런 사회를 우리 안에서 구현해보려는 노력은 왜 그토록 적었던 걸까?

유학을 다녀온 이들이나 여타 이유로 외국에서 상당한 경험을 쌓은 이들을 제외한 우리 사회 대다수 성원은 공적 문화와 자산이 빈약한 상황 속에서 살아간다. 그런 상황 속에서는 많은 문제를 개인적으로 해결하게 된다. 그렇게 개인적으로 해결을 해나가다보면 공공자산의 필요성을 별로 느끼지 못하게 되고, 그런 삶이 얼마나 빈약하고 졸렬한 삶인지 제대로 깨닫지도 못하게 된다. 그리고 그런 졸렬함은 이 글에서 지적했듯이 교과서와 참고서가 시장 논리로 해결됨에 따라 그 가능성이 생겨난 채택 비리에도 스며 있다.

연말정산이
씁쓸한 까닭

다들 12월엔 바쁘다. 해를 넘기지 않고 끝내야 하는 일에 바쁘고 송년회로 바쁘다. 12월을 분주하게 만드는 일 가운데는 과세 대상이 되는 근로소득 가운데 일부를 공제받기 위한 연말정산도 있다. 연말정산이라는 게 영수증을 모으는 등 부지런을 떨면 꽤 절세가 되니 소홀히 할 수도 없지만 은근히 성가신 일이기도 하다. 국가는 손쉽게 원천징수를 하고 공제를 받기 위한 수고는 몽땅 내가 해야 하는 식이라 마음이 불편하다. 그래도 품을 팔아서 돈을 번다는 기분으로 하면 못할 것도 없다고 마음을 고쳐먹고 꼼꼼히 챙겨본다.

하지만 그러고 있노라면 다시금 마음 한구석이 찜찜해진다. 소득세는 한 국가의 시민 모두에게 공평하게 적용되어야 하는데, 그 소득 가운데 특정 용도로 사용된 돈을 과세 대상에서 빼준다면, 그 공제 또한 공정성과 연대의 원리에 입각해야 맞을 것이다. 그런데 소득공제 규정들을 따라 연말정산 서류를 작성하다보면 도무지 어떤 근거를 가진 것인지 납득이 안 되는 항목들이 꽤 있다. 그중에는 생각해보면 괘씸하게까지 느껴지는 것도 있는데, 연금저축이 대표적이다.

2001년 이후에 연금저축에 가입한 사람은 연금 불입액 가운데 240만 원을 공제받을 수 있는데, 올해부터는 그 액수가 300만 원으로 상향 조정됐다. 임금소득이 없는 배우자나 자녀에 대한 공제액이 각각 100만 원이고, 부모님을 봉양하는 것에 대한 공제액도 100만 원에 불과한 것을 생각하면 연금저축에 대한 공제액은 상당히 큰 편이다. 이런 연금저축 공제의 의도는 얼핏 보기에는 선량한 것 같다. 노령화 사회를 앞두고 사람들이 노후생활에 대비할 수 있게 하고 그런 개인의 노후 대비를 위한 노력에 대해 정부가 소득공제의 형태로 지원을 해주는 것이니 말이다.

하지만 조금 더 생각해보면 이런 연금저축이 심각한 문제를 안고 있음을 알 수 있다. 우선 이 제도는 소득 역진적이다. 경제적으로 여유가 있는 사람은 이 제도를 이용해 노후도 대비하고 절세도 할 수 있지만, 가난한 사람은 아예 이용도 할 수 없거나 한다고 해도 적은 액수밖에 불입할 수 없어서 공제도 적게 받기 때문이다. 소득공제가 이렇게 소득 역진적인 형태로 이뤄지는 것은 본래 취지에 정면으로 위배된다.

여기에 더해 이 제도는 사회 성원의 미래를 연대의 원리에 입각한 연금 제도 안에 통합하는 것을 포기하고 시장에 내맡겨버린다는 문제를 안고 있다. 이 제도가 도입된 맥락을 재구성해본다면 이럴 것이다. 한편에는 잘못 설계되어 기금이 고갈되었거나 고갈 직전이어서 제구실을 할 수 없게 된 골칫덩어리 연금 제도를 쥐고 전전긍긍하는 국가가 있다. 다른 한쪽에는 부실한 연금에 대한 대중의 불안에 기생해서 보험상품을 더 많이 팔고 싶은 보험회사들이 있다.

보험사는 국가에 이제 사람들 스스로 노후를 책임지게 하자고 제안한다. 그리고 그런 사람들의 자가 보험에 대해 소득공제를 해주자고 부추긴다. 국가는 연금저축을 통해 노년의 불안을 개인적으로 덜어낸다면 사람들이 자연히 공공연금 부실에 대한 국가 책임을 덜 추궁할 것이라 생각하고 이 제안을 덥석 받는다. 아마 잘 포장하면 국민들에게 생색마저 낼 수 있다는 달콤한 생각도 한 것 같다. 그리고 보험사는 연금저축이 노후도 노후지만 무엇보다 절세에 도움이 된다고 사람들에게 속삭인다. 이제 미래에 대한 불안을 덜고 절세라는 덤도 얻을 수 있다는 유혹에 사람들이 이끌리리라는 것은 불 보듯 뻔한 일이다.

이렇게 제도가 만들어진 맥락이 고약한 구석을 가지고 있기는 하지만, 그래도 그것을 통해 상당수 사람들이 혜택을 보기는 본 것일까? 아직 만기가 돌아오지 않아서 연금저축에 대한 총평은 어렵다. 하지만 다른 종류의 통계는 이 제도가 대중에게 실익을 안겨줄 것이라 믿기 어렵게 한다.

우리나라 사람들이 질병과 재해와 노후에 대한 불안으로 사보험에 불입하는 돈은 한 해 60조 원쯤 된다. 그런데 보험사들이 한 해에 지급하는 보험금은 43조 원에 불과하다. 아직 만기가 도래하지 않은 보험금을 염두에 둔다 해도 우리나라 보험사들이 얻는 수익은 한 해 10조 원을 훌쩍 상회함을 알 수 있다. 부실한 공적 보험과 연금 탓에 사보험이 엄청나게 팽창해 있지만, 이윤을 제1원리로 삼는 보험회사들은 보험금 지급에 지극히 인색할 터다. 당연히 다치고 아파도 희한한 약관에 걸려 보험금을 제대로 못 받는 일이 비일비재할 것이다. 흔히 공적 부문의 비효율을 이야기하지만 효율적이라는 시장의 대가 또한 엄청나다는 것을 이보다 잘 보여주는 예가 있을까?

보험회사로 흘러들어간 방대한 자금을 어떻게 굴리고 있는가 생각해보면 문제가 여기서 그치지 않음을 알 수 있다. 시장점유율이 가장 높은 생보사(생명보험회사)인 삼성생명을 보자. 삼성생명의 매출액은 2003년에 이미 23조를 넘었다. 삼성생명이 보험료로 거둬들인 돈이 삼성그룹 전체의 자금줄 노릇을 하는 것은 물론, 에버랜드-삼성생명-삼성전자로 이어지는 순환출자의 핵심 고리라는 것은 잘 알려진 사실이다. 삼성의 이건희 회장은 우리 사회를 쥐락펴락하는 사람의 하나인데, 그 지배력의 한 뿌리가 우리가 낸 보험료인 셈이다. 그의 권력을 쌍수로 환영하는 사람이 아니라면 입맛 쓴 일이 아닐 수 없다.

최근 우리 사회를 휩쓴 가장 큰 문제라면 단연코 부동산이다. 천정부지로 가격이 뛰는 부동산에 흘러드는 돈의 큰 줄기는 부동산 담보대출금이다. 집 가진 사람이 그 집을 담보로 돈을 빌려 또 집을 사거나, 집 없는 사람이 살 집을 담보로 융자를 얻어 집을 사고 있다. 그런데 이 부동산 담보대출의 출처에는 은행만이 아니라 엄청난 자금을 축적한 굴지의 보험사들도 있다. 아마도 보험사 직원은 저금리하에서 보험금의 수익성을 높여 가입자에게 도움이 되고자 그리했다고 변명할 테고, 그게 거짓말은 아닐 것이다.

하지만 그 뒷면에는 우리의 미래를 보호하기 위해서 낸 보험료가 우리를 위협하는 부동산 가격 앙등을 야기하는 원인의 하나라는 사실이 숨어 있다. 건강한 공공 부문을 통해서 문제를 해결하지 못한 사회는 이렇게 자기 패배적인 제도 속에서 굴러가게 된다. 해서 연말정산이 씁쓸하다.

창비주간논평, 2006. 12. 27.

돌아보기

이 글이 다루고 있는 문제는 2010년 무렵이 되어서야 의제화되고 널리 대중화된다. 복지 담론의 팽창과 더불어 보험과 연금에 대한 인식이 널리 확산되고 첨예해졌기 때문이다. 그것에 기여한 대표적인 예는 우석훈 박사와 선대인 소장이 진행하고 보험소비자협회장 김미숙씨가 출연한 팟캐스트 방송 〈나는 꼽사리다〉 보험 편(2012년 7월 22일분)이다.

이 글을 준비하던 시기에 나는 우리 사회 보험과 연금에 심각한 문제가 많은데 그것을 연구한 학자들의 공적 발언은 왜 그렇게 적은가 궁금했다. 그러다가 보험학회의 학술대회 공고를 보게 되었다. 기억에 의존한 것이라 사실관계와 약간의 차이가 있을지 모르겠다만, 그해 보험학회는 8월에 강원도에 있는 콘도미니엄에서 개최되었으며, 가족을 동반할 수 있었다. 그런데도 학회 참여자들이 내는 비용은 매우 저렴했는데, 그럴 수 있었던 것은 학술대회를 보험사들이 후원하고 있었기 때문이었다. 나의 궁금증을 풀어줄 약간의 실마리를 본 느낌이었다.

2007년

3월 서울대 3불정책 비판 논란
4월 한미 FTA 협상 타결
7월 신정아 교수 학력 위조 파문
사립학교법 재개정
10월 제2차 남북정상회담
김용철 변호사 삼성 비자금 폭로 사건
12월 태안 원유 유출 사고
제17대 대선-이명박 대통령 당선

부활한 본고사, 논술에 대한 사회적 책임

2007년 대입 정시가 마무리되고 응시생들은 합격 여부 통지를 받기 시작했다. 올해 입시에서는 어느 때보다 논술이 주목 대상이었다. 2008년이 되면 논술이 수능을 제치고 입시의 중심이 되기 때문이다. 이미 여러 해 전에 고지되었듯이 내년부터 수능은 등급체계가 9단계로 조정되어 실질적인 변별력을 잃게 된다. 수능 1등급에 속하는 학생수만 해도 이른바 '스카이' 대학 입학정원의 배를 훌쩍 넘게 되니 수능이 입시에서 차지하는 비중은 대폭 축소되고 그 빈자리를 논술이 채울 수밖에 없는 것이다.

되짚어보면 이렇게 해서 수능, 그러니까 수학능력시험은 1994년 등장한 이래 2008년 입시에서 처음으로 그 이름에 걸맞은 구실, 즉 입학시험이 아닌 자격시험으로서의 역할을 하게 되는 셈이다. 미소한 차이가 있긴 하지만 수능은 기능적으로 이전 예비고사의 등가물이 된다. 수능이 1981년 학력고사의 등장과 더불어 폐지된 예비고사의 구실을 하게 된다면, 예비고사의 짝으로서 함께 폐지되었던 본고사 또한 복원될 수밖에 없다. 그 자리는 당연히 논술이 차지할 것이다. 그렇게 해서 2008년, 본고사 체제가 부활한다.

흥미로운 것은 이런 본고사 부활의 원동력이 교육에서의 '구체제'(비평준화와 대학별 본고사 체제)를 지향하는 세력에서 나온 것이 아니라는 점이다. 논술이 본고사로 등극하는 배경은 이렇다. 학력고사에서 수능으로 전환한 뒤 끊임없는 난이도 조정, 등급 축소라는 정책이 뒤따랐다. 이런 정책 경로를 이끈 에너지는 교육에서의 계급 격차를 줄이고 사교육 부담을 덜어내려는 대중의 열망이었지만, 구체적 정책 방향은 이런 대중의 열망에 중구난방 대응한, 정책적 정교함이라고는 전무했던 교육부로부터 나왔다. 대중의 의지와 정책적 무능의 결합이 낳은 엉뚱한 결과인데, 이런 점에서 '본고사 논술'의 출현은 참여정부의 부동산정책과 유사한 면을 가지고 있다.

어쨌든 일련의 과정을 통해서 대학은 오랫동안 원했던 대학별 본고사를 힘 안 들이고 거저 얻었다. 뭐, 거저 얻었다는 것 자체가 문제는 아니다. 하지만 거저 얻었기 때문에 대학은 자신이 원하던 것을 얻었다는 자의식이 약하거나 혹은 그런 생각조차 하지 않는 것 같다. 그만큼 논술과 관련해서 사회적으로 책임 있는 자세를 보이지도 않고 있는데, 이건 큰 문제다. 왜냐하면 대학이 입시에서 자율권을 가졌다는 것은 곧 대학이 중등교육을 향도하는 권력을 손에 넣었다는 것을 의미하는데, 권력을 가진 자가 그 권력에 대한 자의식이 없다는 것은 권력행사의 여파에 대한 고민이 없다는 말과 다름없기 때문이다.

비근한 예로 서울대가 논술 강화 방안을 수립하면서 사회에 내놓은 것은 고작 '고전 200선' 목록이다. 그 목록을 훑어보면 대학교수랍시고 이 글을 쓰고 있는 나조차 읽지 못한 책이 허다할뿐더러 지금 읽자고 작정하고 찬물로 얼굴 씻고 머리 동여매도 힘겹게 여겨지는 책들이 태반이다. 더구나 목록 말고는 어떤 독서의 길잡이도 제시된 적이 없는데, 이런 인문교양의 확산을 위한 절호의 기회를 아무렇지도 않게 흘려버리는 것이 그간 인문학 위기를 운운해온 교수들의 처신일 수 있을까.

논술 출제에 당면해 조금 더 고민해서 내놓았다는 서울대 입시관리 관계자의 발언은 고작 논술학원을 다녀봐야 별 소용이 없도록 문제를 출제하겠다는 식의 실망스러운 이야기였다. 올해 출제된 문제를 보면 논술교육을 대학 공부에 대한 선행학습 정도로 생각해온 논술학원의 교육이 감당할 만한 것은 아니었다. 하지만 논술학원의 추격 능력이 쉽게 무시될 수 없음은 그간의 경험이 잘 보여줄뿐더러 기껏 논술학원에 대해 대결의식을 보이는 것은 서울대가 정작 신경써야 할 요체를 놓치고 있음을 말해준다.

본고사가 재래할 수 있었던 것은 그것이 논술이라는 형태를 취했기 때문이다. 논술은 적어도 입시 경쟁이 무의미하거나 낭비적인 것이 아니라 가치 있는 능력이 함양될 수 있는 제도로 인식되었다. 그랬기 때문에 어떤 사회 집단도 논술을 명시적으로 거부하지는 않았다. 그런 의미에서 논술은 사회적 합의를 얻은 본고사라고 할 수 있으며, 이런 합의는 전체 사회 성원이 교육에 대한 방향감각을 잃지 않은 덕분에 얻어진 것으로 여겨진다.

문제는 논술의 중요성이 증대하는 만큼 논술교육을 위한 인프라 구축이 뒤따라야 한다는 점이다. 인프라 구축은 단지 중등교사들에게 논술 연수를 시행하는 수준 이상의 교육개혁을 요구한다. 중등 교과과정 전반을 손봐야 하고, 그에 따라 교사양성 체제를 개혁해야 하며 교과서를 정비하는 등 업그레이드된 소프트웨어를 공교육 속에 결합해나가야 한다. 여기에 이르면 사범대 개혁 같은 구조개혁 문제가 등장한다. 서울대라면 자신의 손에 쥐어진 커다란 권력이 곧 자신의 구조개혁도 요구한다는 것을 이해해야 하며, 그럴 때에야 중등교육을 향도할 권력에 더해 그럴 만한 자격을 가지고 있다고 할 수 있다.

입시 제도만 만지작거려온 사회에서 이런 이야기는 공소하게 들릴 수 있다. 하지만 생각해보자. 입시 제도 중에 유별나게 합리적인 제도는 없다. 대학 입학 허가라는 희소한 자원의 획득을 어떤 식으로든 점수와 연계하는 한, 진정한 의미에서 합리적 방안은 존재하지 않는다. 학력고사가 수능보다 열등한 것도, 수능이 논술보다 내재적으로 비효율적인 것도 아니다. 중요한 것은 제도가 정당성과 효율성을 가지고 잘 작동할 수 있는 체제가 갖추어져 있느냐다.

수능의 몰락은 수능의 내재적 특성이 아니라 이런 체제의 불비 때문이었다고 봐야 하며, 논술의 운명 또한 다르지 않을 뿐 아니라 더 위태롭기까지 한 면도 있다. 왜냐하면 학력고사에서 수능을 거쳐 논술에 이르는 과정은 대학 입시가 공식적인 중등 교과과정과 거리를 점점 더 벌려온 과정이었고, 그 거리는 논술에서 가장 크게 드러나기 때문이다. 어쨌든 우여곡절 끝에 우리 교육이 도달한 자리가 논술이다. 그렇다면 이 제도를 잘 정비해야 한다. 그리고 이번에는 논술과 더불어 교육 제도의 고삐를 쥐게 된 명문대의 책임이 더 커졌다.

창비주간논평, 2007. 1. 31.

돌아보기

첫 문단의 "내년부터 수능은 등급체계가 9단계로 조정되어 실질적인 변별력을 잃게 된다"는 말은 그 당시에는 별문제가 없는 말이지만, 지금 와서 보면 오해를 불러일으키거나 잘 이해되지 않게 되었다. 수능등급제는 2002년부터 9등급을 부여했다. 하지만 원점수, 표준점수, 백분위 등을 공개했다(처음엔 원점수이다가 나중엔 표준점수와 백분위점수로 바뀌었다고 할 수 있다). 그런데 딱 한 해 2008년 입시에서만 등급이 단독 표기되었다. 그래서 2008년 입시를 따로 등급제 수능이라고 부른다. 그러니 내가 쓴 말의 의미는 진짜 9등급제가 되었고, 표준점수는커녕 백분위도 없어서 대학이 원하는 변별력이 없어졌다는 의미다.

이 글의 배경은 사실 2004년으로 거슬러올라간다. 왜냐하면 2008년 입시정책은 해당 학생들이 중학생일 때 발표되었기 때문이다. 2003년에 발족한 대통령 자문기구 교육혁신위원회의 개혁안이 2004년에 가시화되었는데, 그것에 대해 교육부가 강하게 반발했다. 결국 청와대의 조정을 거쳐 대입 제도 개선안이 10월에 발표되었다. 이 글에서 논의한 등급제와 관련해 교육혁신위원회는 5등급제를 주장했고, 교육부는 9등급을 유지해야 한다고 맞섰다. 대학 쪽에서는 정말 여타 자료를 안 주고 수능 성적표에 등급만 기재해서 줄 거면 15등급은 되어야 한다고 주장했다. 청와대의 조정을 거쳤다고 하지만 순수한 등급제라는 점에서는 교육혁신위원회의 안이 관철된 것이고, 9등급제라는 점에서는 교육부의 주장이 고수된 것이었다. 그리고 그 과정에서 집권세력과 갈등을 겪은 안병영 교육부총리는 2005년 1월 퇴임했다.

등급제 수능이 예고되자 그것이 가져온 효과는 그리 좋은 것이 아니었다. 그것을 보완하기 위해서 정부는 학생생활기록부를 더욱 상세하고 표준화된 형태로 작성해서 대학에 제공하기로 했으며, 더불어 대학의 자율 선발을 확대하기로 했다. 그리고 대학의 자율적 선발 방안으로 교육혁신위원회가 논의한 것은 입학사정관 제도였다. 하지만 입학사정관 제도는 대학이 입학사정관을 채용하고 양성하며 사정방법에서도 대학별 노하우를 갖추어야 하는, 실시를 위해서 시간이 많이 걸리는 제도다. 따라서 당시에 대학은 자율 선발을 위해 논술 제도로 몰려갔다. 이로 인해 2005년부터 사교육비가 빠른 속도로 상승하기 시작했다. 수능, 내신, 논술의 이른바 죽음의 트라이앵글이 시작된 것이다. 그리고 마침내 2008년 입시가 닥쳐왔다.

그 시점에서 나는 이 칼럼을 썼는데, 그때 내가 하고 싶었던 말은 수능등급제가 사실은 본고사 체제의 부활이라는 것을 직시하자는 것, 그리고 그런 본고사가 그래도 논술이라는 사회적 합의에 도달했으며, 그런 합의가 가능했던 것은 논술이 현행 고교교육과 큰 거리가 있는 점은 문제라 해도 긍정적인 교육적 효과를 가진 것이라는 사회적 인식이 있었기 때문이니 끈기를 가지고 이 방향으로 문제를 풀어가보자는 것이었다.

하지만 이후의 사태는 나의 바람과는 전혀 다른 방향으로 진행됐다. 그해 수능시험은 다른 때보다 더 엉망으로 출제되었다. 물리2의 경우 복수 정답이 있었다. 물리2는 워낙 지원자가 적어서 그렇게 심각한 문제가 되지는 않았지만 어처구니없는 일이었다. 더 심각한 것은 난이도 조절 문제였다. 수리 가형의 1등급 컷이 100점이 되었는데, 이만큼 난이도 조절에 크게 실패한 일은 별로 없었다. 아무튼 이런 일들과 이와 관련된 논란이 겹쳐 2008년 수능은 여론의 격심한 역풍을 맞았다. 그래서 당장 이듬해부터 백분위와 표준점수가 부여됐다. 참여정부는 격심한 논란을 겪으며 도입한 제도를 한 번 시행하고 곧장 철회한 셈이었다.

이 사건의 교훈은 이렇다. 5년제 단임 대통령제가 유지되는 한, 대통령은 단 한 번 교육개혁의 기회를 가진다. 입시 제도는 임기 첫해에 개혁안이 도입되어도 3년 뒤에야 처음 실시하게 되며, 그렇다면 그런 입시 제도의 귀결이 무엇인지 모니터할 시간조차 1년 남짓일 뿐이다. 다른 교육 개혁안이라면 조금 더 여유가 있을지 모른다. 하지만 그것도 빨라야 2년 정도 시간이 걸리고 제도 도입을 모니터해서 수정할 시간은 없다.

노무현정부는 교육혁신위원회를 중심으로 논란 속에서 개혁안을 만드는 데 거의 2년이 걸렸고, 그 제도를 시행하자마자 철회하는 것으로 그냥 끝이었다. 이명박정부는 자립형 사립고 설립과 강사 제도 개혁을 시도하는 정도에서 끝이 났다. 박근혜정부는 제도 개혁에는 관심이 없는 것 같다. 그냥 가르쳐야 할 교과과정에서 뉴라이트적 세계관 그리고 박정희에 대한 긍정적 평가가 도입되면 그만이라는 태도다. 더이상의 교육개혁은 시도조차 없을 것이고 오직 관료적 추진력만이 지속될 뿐일 것으로 판단된다.

이런 사건의 경과가 말해주는 것은 한국사회 교육을 개선하려는 시도가 정치권력의 장악을 통해서 이루어질 수 있는 범위가 매우 좁다는 것을 깊이 인식해야 한다는 것이다. 더구나 노무현정부와 이명박정부 모두 각기 반대 진영의 교육감 때문에 장애를 겪었다. 이 점은 진보개혁 진영의 누군가가 대통령이 될 경우 보수 교육감 때문에 장애를 겪을 가능성을 미리 보여준다. 즉 중앙정부의 몫이 줄어든 것이다. 그래서 정권을 잡는다고 해도, 대통령이 된다고 해도, 낮은 수준의 교육개혁조차 단 한 번의 마스터플랜을 시도할 기회만 있을 뿐임을 분명하게 인식하는 것이 중요하다. 당연히 그 기획은 겸손하고 신중하며 집권 초기에 시도되어 끈기 있게 실천되는 그런 것이어야 한다.

'386세대'를 위한 변명

언젠가 프로이트는 자신이 하는 일이 정신분석학psycho-analysis이라면, 정치는 정신종합학psycho-synthesis의 세계라고 한 적이 있다. 정치가 합리적인 토의와 담론이 지배하는 영역이 아니라 환상과 꿈, 기대와 좌절, 욕망과 투사가 먼지바람을 일으키며 뒤섞이는 곳이라는 뜻이다. 프로이트의 이런 생각은 파시즘이 권력을 장악하던 20세기 초 유럽의 정치에 대한 관찰에서 비롯한 것이지 일반적 현상은 아니라고 평가절하할 수도 있다.

하지만 우리의 경우에도 오랫동안 그리고 지금도 상당한 정도는 지역'감정'이 정치적 행동의 중요 변수가 되고 있으며, 많은 하층민들이 한나라당을 지지하는 현상에서 볼 수 있듯이 정치 세계의 비합리성은 무시할 성질의 것은 아니다. 무엇보다 정치적 행위가 합리적이려면 사람들의 정치적 지각이 합리적이어야 하는데, 정치적 지각을 결정하는 프레임과 개념은 생각보다 자의적이며 명확한 현실 준거를 갖지 않는 경우가 많다. 개념과 언어가 현실을 반영할 뿐 아니라 구성하기 때문이다. 오래전 푸코가 했던 분석을 예로 들자면, 광기라는 말과 정신병이라는 말은 현상을 다르게 포착함으로써 현상에 대한 새로운 지각을 유도할 뿐 아니라 그로 인해 다른 형태의 사회적 현실을 구성한다.

나는 386이라는 말도 그런 말 가운데 하나라고 생각한다. 오늘날 386은 무능을 상징하는 말로 쓰인다. 하지만 이 말이 세대로서 386 전체를 향하고 있는지, 386운동권을 지칭하는지, 그도 아니면 386운동권 출신 정치인만을 가리키는지 모호하다. 문맥 속에서 그 말이 무엇을 지칭하는지는 금세 알 수 있다는 반론이 있을 수 있다. 하지만 설령 그 말이 문맥상 무엇을 지칭하는지 분명하다고 해도, 따지고 보면 그때도 모호함은 남는다. 예를 들어 그 말이 386운동권을 지칭한다고 해보자. 그 386운동권은 누구를 가리키는 말인가? 학생운동에 얼마나 참여했어야 그는 운동권인가? 학생회장을 했고 구속되기도 했다면 누가 봐도 운동권이겠지만, 학생운동 서클에 잠시 있다가 나왔으면 운동권인가 아닌가? 학생 때는 과학생회에 참여한 정도이고 데모라도 나갈라치면 겁이 나서 뒤로 숨곤 했는데, 사회에 나와 직장 생활을 하다가 노조에 들어가 노동운동에 참여하게 되었다면 그는 386운동권인가 아닌가?

따지기 좋아하는 사람의 공연한 '시비 걸기'라고 할 수도 있다. 말이란 본래 그런 것이라고, 화자가 말하고 청자가 알아들으면 문제없는 것이라고 말이다. 하지만 일상적 대화의 국면에서 혹은 이런저런 글에서 의사소통에 장애가 발생하지 않는다고 해서 아무 문제가 없는 것은 아니다. 소수자운동들이 정치적 올바름political correctness을 그렇게 강조하는 이유를 생각해보라. 멀리 갈 것도 없이 '빨갱이'라는 말을 생각해보라. 화자가 그 말을 사용하고, 내가 그게 무슨 뜻이며 누구를 지칭하는지 맥락 속에서 알 수 있다고 해서 그 말에 문제가 없는 것은 아니다.

그런 뜻에서 386이라는 말은 심각한 문제를 가지고 있다. 말은 언제나 나름의 은유적 자질을 가지고 있어서 어떤 단어들을 끌어당기고 어떤 말에는 등돌리고 어떤 말과는 대립적인 관계에 들어선다. 그리고 바로 그렇기 때문에 현실의 어떤 측면을 부각시키는 동시에 다른 면을 배제한다. 그런 면에서 볼 때 386은 현실에 대한 지각을 나쁘게 변형하는 말이다. 실제로 386이라는 말이 어떤 짓거리를 하는지 그 말이 사용된 방식을 되짚어보자.

386은 잘 알려져 있듯이 60년대 태어나서 80년대 대학을 다닌 삼십대를 286 컴퓨터와 486 컴퓨터 사이에서 유난히 단명했던 컴퓨터 기종에 빗대어 일컫는 말로 등장했다. 유난히 단명했던 컴퓨터 기종에 어떤 세대를 결부시키는 것은 그 세대의 입장에서 보면 그 자체로 별로 기분 좋은 일이 아니거니와 컴퓨터 관련 용어였기 때문에 486으로 '업그레이드'를 했느니 못했느니 하는 말을 유발하기도 했다. 별것 아닌 것 같지만, 이런 식의 표현은 그 세대가 자신을 긍정하는 것을 방해한다. 업그레이드 대상이 자부심을 가질 수 있겠는가?

맨 처음 386이라는 단어를 세대를 지칭하는 말로 사용한 사람이 누구인지 나는 모른다. 하지만 이 말을 누가 널리 퍼뜨렸는지는 알고 있다. 내 기억에 의하면 그것은 조선일보다. 1999년에 조선일보는 386에 대한 특집을 장장 8개월에 걸쳐서 진행했다. 386에 의미를 부여하고, 그 세대의 사람들을 찾아서 그들의 과거와 현재를 조명했다. 그 당시 30대 중후반에 들어선 이 세대 사람들의 추억을 자극하고, 서로 오래 만나지 못해 소식이 궁금한 사람들을 신문지상에서 만나게 해주었다. 특집이 길었던 만큼 그 풍경은 꽤 다양했다. 한편에서는 체제 안에 안착한 모습이, 다른 한편에서는 그렇게 안착한 체제 안에서 여전히 투쟁하고 있는 모습이, 또다른 한편에서는 여전히 20대의 열정을 가지고 살아가고 있는 모습이 조명되었다.

지금 와서 생각하면 우스꽝스럽기조차 하지만 그때 조선일보의 386에 대한 시선은 따스했는데, 왜 따뜻했는지는 그리 어렵지 않게 분석할 수 있다. 조선일보가 386 특집을 했던 계기는 가로쓰기의 도입이었다. 조선일보가 가로쓰기를 도입한 이유야 당연히 젊은층을 독자로 끌어들이기 위해서였으며, 다른 신문들에 비해 가로쓰기를 늦게 도입한 조선일보로서는 뭔가 주목을 끌 소재가 필요했다. 조선일보는 그 소재로, 아예 자신들이 독자로 끌어들이고 싶은 세대를 호명하고 조명하는 전략을 택했다. 그렇게 해서 만들어진 것이 386 특집이었다.

요컨대 조선일보는 80년대에 정권을 향해 돌을 던지기 바빠서 미처 조선일보에 돌을 던질 겨를이 없었던 386을 향해 먼저 화해의 손을 내밀었던 것인데, 늘 그렇듯이 이런 경우 그 화해의 프레임은 그것을 짠 사람 자신을 위한 것이 되기 마련이다. 생각해보자. 80년대 대학을 다닌 사람들을 조선일보가 무엇이라고 부를 수 있겠는가? 이전의 정치세대 명칭인 4·19세대니 6·3세대니 하는 식으로 따른다면, 그들은 5·18세대 아니면 6·10세대라 불려야 한다. 그리고 사실 386이라 불리는 세대에게 정당한 명칭이 있다면, 그건 5·18세대 아니면 6·10세대여야 한다.

더 나아가 이렇게 날짜로 상징화하는 것조차 정치적 사건의 중립화와 희석의 방식임을 염두에 둔다면 386의 제대로 된 명칭은 광주항쟁 세대 혹은 민주화운동 세대가 되는 것이 마땅하다. 하지만 조선일보는 그런 명칭을 쓸 수 없다. 그런 명칭을 쓴다는 것은 엄혹한 시대를 곡필로 일관했던 조선일보에게는 지극히 자해적인 것이기 때문이다.

그런 조선일보에게 사회의 이런저런 구석에서 조금씩 쓰이던 386은 반갑기 그지없는 말이었을 것이다. 조선일보는 즐겁게 그 말을 널리 퍼뜨렸다. 하지만 민주화 세대는 그로 인해 많은 것을 잃었다. 한 세대가 청년기를 통해서 몸 아프게 겪었던 경험이 명명 방식 속에서 소거되었고, 더불어 그 세대에 속한다는 자의식에 자부심과 정서적 울림을 불어넣을 올바른 이름을 잃었기 때문이다.

386은 그 세대를 두드러지게 양분하는, 즉 80년대에 대학을 다닌 사람으로 한정하는 효과도 있었다. 이전의 어떤 세대의 명칭에서도 혹은 386에 이어진 세대를 지칭한 신세대라는 말에서도 세대 내부를 대학 다닌 사람과 그렇지 않은 사람으로 나누진 않았다. 물론 80년대 전두환정권에 대한 저항의 중심이 대학생이었던 것은 맞다. 하지만 유난히도 자신의 대학생으로서의 지위에 대해 깊이 성찰하고 그것을 기득권으로 여기며 괴로워했고 그랬기 때문에 방대한 노학연대를 조직하고자 했던 세대, 대학을 중퇴하고 노동현장에 뛰어들었던 사람들이 그토록 많았던 세대에 대해서 그런 명칭을 부여하는 것은 부당하다. 더 나아가 그때 민주화운동에서 대학생이 중심이었다고 해서 그것이 그들만의 것이었던 것도 아니다. 이 모두가 한 세대의 명칭이 그들이 겪은 중심 경험을 통해서 명명되지 못한 탓이다. 386이라는 명칭은 그렇게 그 세대를 내부로부터 분할하고 고립하는 말이었다.

아무튼 그렇게 정의된 386과 조선일보를 비롯한 그 동료 신문 간의 나쁘지 않았던 관계는 지난 대선을 경유하며 틀어졌다. 그 386이 노무현을 당선시켰고, 그 386의 일부가 청와대를 비롯한 여러 국가기구 속에 진입했고, 탄핵 사태를 통해서 그 386이 탄핵을 막았고, 뒤이은 총선에서는 그 386이 대거 국회에 진출했다.

이 과정에서 보수언론은 이 세대를 고립시키지 않는 한, 이 세대가 가진 정체성을 훼손하고 박탈하지 않는 한, 수구보수 집단이 권력을 되찾는 것이 불가능하다는 것을 확실하게 학습했다. 지배 계급의 유기적 지식인으로서 능란함을 보여왔던 조선일보의 몇몇 칼럼니스트들은 지난 대선 무렵 민주화운동 세대가 자신의 후속 세대를 양성하는 것을 막기 위해서, 노년 세대가 대학 다니는 자식들이 선배 세대에게 휘둘리지 않게 다잡아야 한다는 식의 글을 쓰기도 했다.

노무현정권기를 통해서 보수언론은 본격적으로 386에 대한 빈정거림을 시작했다. 기회가 닿는 대로 그렇게 했고, 빈정거림은 점차 조롱과 능멸로 발전해갔다. 투쟁만 하느라 경제를 모르고 분배는 알아도 생산은 모른다고 조롱했고, 철없는 좌파 아니면 친북 좌파로 묘사하며 색깔론을 들이대고, 냉엄한 국제정치의 현실을 외면하는 감상적 반미주의자로 몰기도 했다. 그리고 이런 부정적 프레임의 구축은 성공을 거두었다.

이렇게만 말하면 보수언론은 억울해할 수 있다. 노무현정권은 보수언론과 대결을 선언한 첫번째 정권이며, 공격은 보수언론만 한 것은 아니었으니 말이다. 사실 양자는 위험한 게임을 벌였다. 대통령도 막말을 했지만 언론 또한 증오심에 차 야비한 보도를 일삼았다. 말이란 때로 사람을 푹푹 찌를 수 있다는 것을 양자는 생생히 보여줬다. 결과는 물론 대통령의 패배였다. 정책적 오류와 정치적 일관성 상실로 지지가 상실되었으며, 그런 지지 축소의 원인을 보수언론에서 찾음으로써 변명의 체계를 수립했고, 더불어 자기성찰 능력에 손상이 일어났기 때문이다. 그런 의미에서 보수언론이 조직한 부정적 프레임이 성공한 주된 요인은 스스로 지지를 상실해간 노무현정권에 있다. 하지만 보수언론이 비틀거리는 대통령의 다리를 건 것은 분명했다.

대통령의 실추가 그의 참모들인 386과, 대통령을 위해 창당된 것이나 다름없는 열린우리당 386의원들의 실추를 야기하는 것은 당연한 일이다. 하지만 말이란 묘해서 386같이 모호한 말을 자꾸 사용하면 손꼽아봐야 몇 십 명에 불과한 40대 젊은 정치인들의 실추가 한 세대의 정체성 훼손으로 이어지게 된다. 민주화운동 세대는 노무현과 자기 세대 출신 정치인들을 대통령과 국회의원으로 밀어올린 중심 집단이긴 하다. 하지만 그렇기 때문에 양자 간에 무슨 관련이 있는가? 이들과 노무현정권 간의 관계는 대의된 자와 대의하는 자 간의 관계일 뿐이며, 자주 그렇듯이 대의·재현은 불완전하거나 불충실하고 때로는 배반에 이르기까지 한다. 요컨대 민주화운동 세대가 노무현 대통령과 그의 젊은 참모들 그리고 초재선의 젊은 의원들에게서 발견하는 것은 자기 무능을 비추고 있는 자화상이 아니라 대의하는 자들의 불완전과 불충실과 배반의 아말감이다.

그런데도 386이란 단어는 언제나 세대에 대한 모욕의 뉘앙스와 거부감, 거리감을 동반한다. 그래서 말 그대로 60년대 태어나 80년대 대학을 나온 사람이 술자리에서 "386이라는 것들이……" 하는 식으로 자기를 타자화하는 동시에 그 타자화를 의식하지조차 못하게 되는 것이다. 내게는 이런 것이 제대로 이름 붙여지지 않음에 저항하지 않은 하나의 대가로 보이며, 그 대가는 적지 않다.

최근 황석영씨는 2월 초 오마이뉴스에 기고한 글에서 자신은 "형식적 민주주의가 이뤄지기 전에 행사장에서 애국가나 국기에 대한 예를 표한 적이 없다"고 적었다. 내게는 인상적인 구절이어서 그 이유를 말하고 싶다. 보수언론은 틈만 나면 남한 체제의 우위를 이야기한다. 남한이 북한보다 잘 먹고 잘사는 것은 맞는 말이다. 하지만 부자가 가난한 사람보다 존엄한 것은 아니듯이 남한이 잘 먹고 잘 입는다고 북한보다 더 존경받을 만한 나라인 것은 아니다. 그러나 보수언론이 북한의 정치적 독재와 참혹한 인권에 대해 말하며 북한을 열등한 체제라고 말할 때 그 말은 그른 말이 아니다. 민주주의와 인권이 없는 나라는 존경받을 수 없는 것은 물론 경멸받아 마땅하다. 그런데 우리는 언제 북한과 달리 민주주의와 인권이 살아 있는 나라가 되었고, 작가 황석영에게 존중받는 나라가 되었는가? 87년 민주화 이행 이후부터다. 87년 이전 독재로 민주주의와 인권이 유린될 때 그런 일 없다고 잡아떼던 보수언론이 지금 우리 체제가 북한보다 우월함을 격조 있게 지적할 수 있게 된 것은 87년 민주화 이행 덕분인 것이다. 그리고 그 체제의 수립에 기여한 바가 큰 세대가 언필칭 386세대다.

그런데 그들이 자부심을 잃고 있다. 광주항쟁의 트라우마로부터 탄생하였기에 국가의 본질과 미국의 본질에 대해 사유한 세대이며, 그 사유로부터 민주주의에 대한 신념을 형성하고 사회운동을 집합적이고 대중적으로 전개한 첫 세대인 이들이 자부심과 응집력을 잃어가고 세대적으로 고립되고 있다. 자주 지껄여지듯이 혁신 능력이 없는 무능한 세대이기에 그것은 당연한 행로일까? 아니다. 누가 반부패운동을 추진하고, 누가 공동육아와 대안학교를 시도하고, 누가 벤처산업의 주역이었는가? 이들이 이룩한 혁신의 잠재력은 아직도 사회 안에 풍부하게 살아있다. 더구나 그저 10년 남짓 되는 연령대이면서도 남한 인구의 20%에 육박하는 이 세대가 아니면 누가 젊은 세대와 늙은 세대를 이어줄 수 있겠는가? 한 정권과 얼마 안 되는 정치인들의 부침에 의해서 한 세대가 모욕당하고, 그렇게 해서 그 세대 안에 깃든 체험의 고갱이와 열정이 사그라지고, 더불어 그 세대가 이룩한 민주주의에 대한 헌신을 잃는 것은 누구에게도 도움이 되지 않는 일이다. 해서 이제 낱말을 바꾸어야 한다.

『문학동네』 2007년 봄호.

돌아보기

2006년에 창비주간논평에 쓴 「공적 대의와 사적 행복 사이에 길을 내자」는 어떤 의미에서 386세대에 대한 비판이었다. 그 비판 논조의 일부는 우석훈 박사가 『88만 원 세대』에서 전개한 것과 유사하기도 하다. 하지만 이 글에서 나는 386이라는 단어의 출현을 비판하는 동시에 386세대에게 어떤 문화적 가능성이 존재하고 있음을 역설하고 있다. 일종의 386 역할론이다. 겉보기엔 논조가 바뀐 것처럼 보이지만 사실은 일관된 바가 있다. 앞의 글에서는 이른바 386들이 현재 드러내는 어떤 세대적 방황의 뿌리가 사적 행복과 공적 대의를 연결하는 생활양식의 정치를 개발하지 못한 때문임을 지적하고 있는 것이고, 뒤의 글은 386의 심기일전을 촉구하는 동시에 그 출발점으로 모욕적인 함의를 지닌 386 같은 더러운 말부터 떨치자는 것이다.

내 제안으로 그렇게 될 거라고 생각지는 않았지만, 역시 낱말은 바뀌지 않았다. 도리어 지저분한 숫자의 상상력은 유감스럽게도 끝 간 데 없이 계속되고 있다. 386은 나이를 먹자 486으로 불리고 있다. 박근혜정부 들어서는 '쉰 386', 그러니까 30년대 태어난 80대 인물로 60년대에 사회에 진출해 활동해온 김용준, 김기춘, 남재준, 유영익 같은 사람들을 가리키는 말까지 등장했다. 그리고 늘 그렇듯이 386은 어떤 비아냥거림 속에서 출현한다.

386에 대한 조롱은 다른 수준에서 다른 방식으로도 이루어지고 있는 것 같다. 작년 6월 3일 창비 팟캐스트 〈라디오 책다방〉은 엄기호 박사와 한윤형 기자를 초청해 '꼰대와 잉여의 나라'라는 주제로 대담을 진행했다. 대담 진행의 본래 의도가 무엇인지는 모르겠다. 한기자의 『청춘을 위한 나라는 없다』라는 저서 출간이 계기였다면 청년 세대 문제가 중심이었을 것 같은데, 사회자인 김두식 교수가 더 일반적인 세대론으로 이야기를 키운 듯했다. 아무튼 제목에서 보듯이 '꼰대'와 '잉여'가 키워드로 등장했는데, 잉여는 당연히 청년 세대고, 꼰대는 386을 뜻하는 말이다. 출연자들은 모두 386세대는 자녀를 과잉 장악하며, 자신이 가진 내적 분열(진보적 가치를 지향해야 한다고 생각하지만 실제로는 혹은 몸에 밴 습속은 세속적 성공이나 인정 욕구 그리고 서열의식에 찌들어 있는) 때문에 자녀를 더욱 혼란스럽고 고통스럽게 옥죄는 심각한 꼰대로 묘사했다.

그런 내적 분열은 너무나 일반적인 사실이라서 변명하고 싶지 않다. 그리고 그런 내적 분열을 가진 이들이 자녀를 엄격하게 양육할 경우 몹시 병리적인 결과가 나올 가능성도 실제로 높다. 하지만 내심 불편한 것은 이런 것이었다. 그런 내적 분열도 없는 일관된 서열의식을 가진 앞세대와 비교하면 조금이라도 나아진 바가 있는 것 아닌가? 어린 시절 박정희와 대통령이 구별되지 않던 시대에 성장한 이들의 정신적 성숙에 모자람이 있는 것을 그 세대의 일원으로서 변명거리로 내세울 수는 없지만 그 한계가 관찰자 입장에서는 당연한 것 아닌가? 그러나 후배 세대에게 선배 세대에 대한 그만한 이해심을 기대하기는 어려운 것 같다.

확실히 386세대는 희생이 적지 않았지만 그들이 추구한 것의 상당한 성취를 청년 시절에 이루었고, 그만큼 빨리 문화적 인정의 회로로 들어갔다. 그리고 경제적 성장기에 직업생활에 들어섰으며, 외환위기조차도 세대적으로는 위기이기보다 기회였다. 양손에 모두 떡을 쥔 세대였다. 그런 역운에 비하면 제 몫을 충분히 못해낸 바가 크다. 그래서 후배 세대의 조롱을 감수할 수밖에 없다. 하지만 다른 면에서 후배 세대에게 아쉬운 면이 있다. 그들이 꼰대를 욕하며 자신을 대타적으로 정립하지 않았으면 한다. 자기 세대를 그 자체로 주장하고 그 주장 속에 대자적인 자기긍정이 표명되면 좋겠다.

끝으로 나 스스로에게 물어본다. 나는 이 글의 마지막 문단에서 표명한 희망을 하나의 세대로서 386에게 유지하고 있는가? 그렇지 않다. 이제 그런 시기는 지나간 것 같다. 그것이 지금 내 느낌이다.

남한에 '김정일'이 너무 많다

수구언론은 남한 사회에 좌파들이 많고 그들이 대한민국을 부정한다고 자주 질타한다. 그런데 대한민국에 대한 폄훼와 부정이라는 게 다 북한과 견주어 말해지는 거라, 북한을 찬양하고 좋아하는 마음 없이 그냥 남한 체제를 비판하고 싫어하는 것은 문제가 되지 않는다. 그래서 좌파는 그저 좌파이질 못하고 늘 친북 좌파라 불린다. 친북 안 하는 좌파라면 그래도 좀 건전하다는 말일까?

아무튼 내 자신만을 놓고 보면 나는 대한민국이 나라 이름으로는 좀 거창하고 잘난 척하는 이름이라 싫지만 그 이름이 지칭하는 대상을 긍정해왔고 어떤 부분은 자랑스럽게 생각해왔다. 수구언론의 발상법에 따르면 나는 대한민국이 북조선인민민주주의공화국보다 우월한 체제라고 생각해왔으며, 이 기회에 덧붙여 말하자면 나는 남한이 북한보다 우월해서 좋을 뿐 아니라, 북한이 싫고 김정일이 싫어서 남한이 좋다. 북한이 싫고 김정일이 더 싫은 나의 감정은 신新우익 신지호씨처럼 전에는 좋아했는데 이제는 싫다는 그런 게 아니다. 나는 애초부터 싫었다. 싫은 이유는 간단하다. 김일성이 국가를 김정일에게 물려주었기 때문이다. 국가를 여전히 가산으로 생각하는 이 엄청난 전근대성이 역겨웠다. 그 점에서 수구언론이 왕조 국가나 다름없다고 북한을 비판한 것은 정말 바른말이다.

내가 북한을 싫어하는 이유에는 이런 전근대성을 우스꽝스러운 사상으로 포장하려 한 것도 들어간다. 80년대 말에 북한의 주체사상이 많이 소개돼 읽어보았는데, 인류의 생각 중에 사상이라는 이름을 붙이는 것이 참담한 것이 있다면 그게 주체사상이고, 그중에서도 제일 너절한 부분이 수령론이라고 생각해왔다. 그래서 그런 '사상'을 만든 주역이었다는 황장엽씨도 대단히 웃기는 사람이라고 여겨왔고, 수령론 같은 수작을 부리는 것에 비하면 차라리 한 번만 더 뽑아달라고 징징 울면서 독재의 방도를 찾던 박정희 전 대통령 스타일이 더 낫다 생각했다.

내가 좀 어지럽게 말하고 있다는 생각이 드는데, 하고 싶은 말을 좀 정리하면 이렇다. 남한과 북한의 체제를 비교하면 남한이 단연 우월한데, 그 우월성의 핵심은 국가권력을 독차지하고 종래 그것을 자식에게 세습할 수 있는 사유재산이 되는 것을 남한 민중이 막아냈다는 점이다. 4·19혁명과 5·18민주화운동, 87년 민주항쟁이 대한민국을 북한보다 더 나은 체제로 만든 동력이다. 대통령 직선이 별것 아닌 것 같지만, 그것이야말로 국가가 가산이 아니라 공적 제도임을 확언하는 제도이고, 남한 민중이 피 흘려 쟁취한 것이며, 남한 체제가 북한 체제보다 나은 또렷한 근거다.

하지만 애석하게도 남한 체제가 북한 체제보다 나은 점은 거기에 머물고 있다. 남한 사회에서 공적인 제도이지만 그것이 가산인 양 대물림하는 것은 아직도 너무나 많다. 아니 국가 부문을 제외하면 대부분이 그렇다고 할 지경이고 그래서 국가를 벗어나면 도처에서 '김정일'을 발견하게 되는 것이 대한민국이다. 멀리 갈 것 없다. 삼성의 이건희 회장을 보라. 고故 이병철 회장이 김일성이라면 이건희 회장은 김정일이다. 예는 너무 많다. 현대의 정몽구 회장, SK의 최태원 회장, 이런 분들도 김정일과 뭐가 다른지 나는 잘 모르겠다. 다들 날로 먹듯이 후계자가 된 것은 아니다. 하지만 김정일도 날로 국방위원장이 된 것은 아니다. 남한의 김정일들은 산하 기업 직원을 잘 먹이고 잘 입혔지만 북한의 김정일은 안 그렇다고 할지 모른다. 하지만 남한의 김정일들은 외환위기의 주력들이시며, 북한의 김정일도 그 큰 기업을 용케 망하지 않게 아직은 잘 꾸려가고 있으니 능력 없다고만 말하기 어렵다.

남한에 김정일은 경제 부문에만 있는 게 아니다. 그토록 김정일을 싫어하는 언론사주들 또한 내 보기엔 다들 김정일이다. 동아일보의 김병관씨가 그렇고 조선일보의 방상훈씨도 그렇다. 아니, 이들은 김정일이 아니라 김정일의 아들 김정남쯤에 해당하는 분들이다. 중앙일보의 홍석현씨는 어떨까? 그 역시 김정일과 같은 상속자 부류가 아닌가? 언론사는 국가와 다르다고 주장할지 모르겠다. 하지만 언론은 공기公器라고 늘 읊조려온 것은 언론사 자신들이다. 학교는 어떤가? 사립학교의 이사장과 교장 혹은 총장 중에 김정일과 같은 부류의 분은 너무 많아서 아닌 분을 찾는 일이 훨씬 어렵다. 내가 졸업한 고등학교의 이사장도 설립자의 아들이다. 교회는 어떤가? 광림교회의 김정석 목사는 김정일과 많이 다른가? 글쎄, 그런 것 같지 않다. 교회의 경우 세습되지 않은 곳도 꽤 많지만 덩치 큰 교회 중 세습과 관련된 잡음 없는 곳이 많지 않다.

그런데 흥미롭게도 이런 분들일수록 자신과 동류인 김정일을 미워하고 북한을 싫어한다. 어떤 단체의 이름은 '반북 반김'을 아예 내걸고 있는데, 증오심을 단체의 이름으로 삼는 것도 희한할 뿐더러 속으로는 통하는 분들끼리 왜 이러나 하는 의구심이 자꾸 든다. 당사자들의 속마음을 내가 마음대로 추정할 수는 없는 노릇이지만, 아무튼 내 보기에 남북한을 통틀어 보수세력은 모두 김일성주의자들이다. 남한 보수의 태두 박정희 전 대통령부터 김일성을 추종하는 분이었고(열등감도 좀 있었을 것 같다), 그 추종자들도 박정희 숭배를 통해서 김일성 숭배를 위장하고 있는 '친북 우파'라고 봐야 한다. 남북한을 통해 지배층에게 철학이 있다면 그것은 주체사상 하나이며 그래서 양자는 모두 주사파다. 그들이 서로를 헐뜯고 싸우기 때문에 다른 것인 양 보였다면 이는 분단체제로 인해 야기되는 착시 현상일 뿐이다.

오늘날 박정희 향수라 불리는 대중적 정서는 민주화를 이룩한 대한민국 국민조차 김일성주의를 청산하는 것이 얼마나 어려운 일인가를 보여준다. 독재를 추방한 국민이 보이는 이 퇴행적인 행태는 그들의 진군이 국가를 넘어서 사회를 향해 나아가지 못했기 때문이다. 그래서 학교와 병원, 교회와 기업 그리고 언론 상당수가 김정일 치하에 있기 때문이다. 2005년 겨울 어렵사리 개정되었던 사립학교법은 학교 안에 여전히 똬리를 틀고 앉아 있는 숱한 작은 김정일을 권좌에서 밀어내는 중요한 계기를 마련해주었다. 그런데 그 법이 다시 위기에 처해 있다. 대한민국

체제의 우위를 믿는 이 땅의 선량한 민중이라면 이 법의 위기를 좌시해서는 안 될 것이다.•

미간 칼럼

• 이 칼럼집에 실린 글 가운데 유일하게 발표되지 않았던 원고다. 아마 요즘 상황에 맞추어 이 글을 다시 써서 발표한다면, 제목을 '남한엔 '김정은'이 너무 많다'나 '진짜 종북은 보수주의자들!' 정도로 했을 것 같다. 미간 원고를 여기 싣는 이유를 비롯해 다른 칼럼과의 관계에 대해서는 2010년 4월 20일자 한겨레에 게재한 「삼성과 북한, 이건희와 김정일」(본문 434쪽 참조)에서 함께 다루려 한다.

산소 마스크를 쓰고 연명하는 고교 평준화

2008년 대학 입시를 둘러싼 논란이 끊이지 않고 있다. 지난 4월 서울대가 내신 1, 2등급을 동점 처리하겠다고 나설 때까지만 해도 그렇게 큰 논란은 없었다. 물론 그렇게 된 것은 서울대 입시안에 문제가 없어서라기보다는 서울대가 입시안을 내던 시기에 더 핵심적인 논란거리가 서울대 장기발전위원회의 도발로 시작된 3불정책(본고사 부활 불가, 고교등급제 불가, 기여입학제 금지) 문제였기 때문이다.

하지만 6월 들어 이화여대가 아예 4등급까지 동점 처리하겠다는 대담한 입시안을 내걸자 논란은 불가피해졌다. 즉각 교육부가 돈을 무기로 대학을 제어하려 했고 그게 잘 안 먹히자 대통령까지 나섰다. 그 참에 정부는 현재 대학이 수용할 수 있는 것 이상의 요구를 했다. 즉 내신 등급을 입시에 제대로 반영하는 것에 더해 실질반영률 자체를 현행보다 크게 끌어올리라는 것이다. 당연히 대학들은 거세게 반발했다. 거의 한 달 내내 공방이 계속된 셈인데, 그래봐야 결국 적당한 선에서 봉합될 것으로 보인다. 전반적으로 이런 문제에 갈팡질팡해온 교육부에 별다른 정책 수단이 남아 있지 않고, 대학들로서도 확전보다는 정권 교체를 기다리는 것이 편하기 때문이다.

내신 논란은 겉보기에는 대학과 교육당국의 싸움인 듯하지만, 그 본질은 명문대들이 내세우는 주장의 근거 자체, 즉 고교 간 학력차가 무시할 수 없다는 점에 있다. 보수언론이 의도하는 의제설정 방식을 따른다면, 아마도 사람들은 명문대 측이 명백한 사실을 수용하는 지적 정직성을 가지고 있는 반면 정부와 몇몇 교육단체들은 존재하는 차이를 알면서도 마치 그것이 존재하지 않는 양 억지를 부린다고 생각할 것이다. 이런 이데올로기적 선동은 내신 4~5등급이면서 수능 1등급인 학생을 이 제도의 가련한 희생양으로 묘사한 최근의 보도에서도 이미 나타나고 있다.

사실을 있는 그대로 인정하자는 보수세력의 논변에 대항하기 위해 구구한 변명을 늘어놓는 것은 별로 소용이 없을 것 같다. 오히려 그런 논변을 전적으로 수용하는 것이 필요하다. 정말로 고교 간 학력차는 심각하며, 그것이 곧 고교 평준화 체제가 해체되었다는 것을 의미하기 때문이다. 이미 우리의 고등학교는 자립형 사립고, 외국어고, 과학고, 국제고라는 일류 고등학교와 그 나머지 일반고라는 이류 고등학교로 이원화되었다. 종종 교실 붕괴 이야기가 나오지만 나는 외고나 과고에 교실 붕괴가 있다는 이야기를 들어보지 못했다. 교실 붕괴는 우리 사회 문화적 변화의 결과인 것 못지않게 이원화된 고교 체제의 산물이기도 하다.

이렇게 이야기하면 여전히 고교 평준화 체제가 존속하고 있다고 생각하는 사람들은 고개를 갸웃거리며 특수목적고는 특수한 목적을 위해, 소수의 학생을 위해 존재하는 것 아니냐고 되묻는다. 하지만 통계는 이미 그렇지 않음을 입증한다. 1973년 당시 세칭 '일류고'(서울의 6개 명문고와 시도별 대표 공립학교)의 한 학년 학생수는 10800명으로 당시 같은 연령대 인구의 1.3%였다. 2006년 과학고, 외국어고, 국제고, 자립형 사립고 학생수는 9229명으로 같은 연령대 인구의 1.5%로 이미 비평준화 시절의 수준을 상회한다.

그런데도 평준화를 해체하자고 주장하는 사람들이 있는 이유는 이른바 비평준화 시기에 비해 훨씬 많은 사람들이 교육 경쟁에 뛰어들고 있기 때문에 현재 규모의 일류고가 여전히 모자란다고 여겨서일 것이다. 하지만 그 규모가 충분히 늘어난다면 일류고-이류고 체제가 일류고-이류고-삼류고 체제로 확장될 뿐, 일류고가 늘지는 않을 것이다. 일류고는 그 자체가 일정한 희소성을 통해서 정의되는 것이기 때문이다.

되돌아보면 평준화 체제는 포괄 범위를 넓혀오긴 했어도 동시에 계속되는 침식을 겪으면서 제 모습을 잃어왔다. 전두환정권의 사교육 금지 조치는 예체능계 과외조차 막을 수는 없다는 논리에서 시작하여 가난한 대학생들의 아르바이트를 막아서는 안 된다는 주장으로 나아갔고, 입시학원이 보습학원이라는 이름으로 확장되다가 종래 헌법재판소의 과외금지 위헌 결정으로 완전히 무너졌는데, 평준화 체제 또한 이와 유사한 경로를 겪었다.

실업계와 예체능계를 위해서 만들어진 특목고가 점차 '영재'라는 미심쩍은 단어를 매개로 과학고니 외국어고니 하는 엘리트 학교로 발돋움

했고 그것이 이제 체제 자체를 망가뜨려버렸다. 남은 것은 명실상부한 엘리트 학교들의 발목을 잡고 있는 '치사한' 내신 제도 하나뿐이라고 할 수 있다. 따라서 내신 실질반영률이 특목고에 부담스러운 그만큼만 우리의 평준화 체제는 가늘게 숨을 쉬며 연명하고 있는 것이며, 그 내신을 무력화하는 것은 평준화 체제로부터 산소 마스크를 떼어내고 사망진단서를 발부하는 일이 될 것이다.

이런 사태에 대해 뭐라고 해야 할까? 최초로 평준화가 도입되었을 때, 고교 입시의 부담이 사라짐과 동시에 전국의 웬만한 고등학교들은 자신들도 좋은 학교가 될 수 있다는 희망에 부풀었다. 경쟁의 강도는 전반적으로 완화되었고 전국의 고등학교들은 새로운 조건 속에서 생기 있는 긴장감을 가지고 경쟁에 참여했다. 이렇듯 일류고라는 특권적 교육재화가 제거된 다음 우리가 목도한 것은 평등주의의 퇴영성이 아니라 약동하는 생기였다. 오늘날 평준화 체제가 엘리트 학교의 발목만 잡고 있는 퇴영적인 제도인 양 비치게 된 것은 평준화의 내적 속성이 아니다. 그것은 오히려 평준화가 엘리트 학교의 존재로 인해 빈사 상태에 이를 정도로 해체된 상태이기 때문에 일어나는 일이다.

평준화를 깨뜨린 이 힘이 어디로 향할지 예시적으로 보여주는 것은 52대 1의 입학 경쟁률을 기록한 청심 국제중학교다. 막고자 하는 어떤 사회세력이 없다면 청심 국제중 같은 학교가 열 개 스무 개로 불어나는 일은 시간문제일 뿐이다. 그렇게 된다면 우리는 고교 평준화와 대학교육의 팽창을 불러온 평등주의적 열망이 제 스스로 이룩한 평등주의적 교육 체제를 허물어버리는 불쾌하며 역설적인 순환을 보게 될 것이다. 이것이 싫다면, 아직 고교 평준화가 가는 숨을 쉬고 있는 지금, 외국어고와 과학고와 국제고가 여전히 외국어·과학·국제라는 법적 설립 목적으로부터 비롯하는 불편한 이름을 떨치지 못한 지금, 특권적 교육재화를 해체하는 일을 시작해야 하며 이제까지의 형식적인 고교 평준화 이상의 실질적 평준화를 이룩하기 위한 작업에 착수해야 한다.

창비주간논평, 2007. 7. 3.

돌아보기

이미 2003년 10월 16일자 칼럼(「그들이 평준화를 싫어하는 이유」)을 살피며 지적했듯이 우리 사회에서 평준화는 하나의 체제로서의 의미를 상실했다. 2009년 이명박정부의 친서민 슬로건과 함께 당시 한나라당 일부 의원들로부터 특목고 폐지 논의가 나왔지만, 그런 논의가 사회적 반향도 없이 그리고 정책적으로 전혀 구체화되지 못하고 지나갈 때, 이 글의 제목에서 말하고 있는 '산소 마스크'는 벗겨진 셈이다.

이 글에서 말하는 산소 마스크는 구체적으로는 내신 제도다. 내신은 여전히 중요한 입시전형 자료인데 무슨 소리냐고 할지 모르겠다. 그리고 내신의 측면에서 특목고의 불리함은 해소되지 않았다고 할 사람도 있을지 모르겠다. 모르는 소리다. 내신은 그 자체로 별로 중요하지 않다. 다양해진 수시전형과 입학사정관 제도는 내신을 참조하지만, 이 글을 쓰던 시기처럼 특목고를 제약하는 요인으로는 작동하지 않고 있다.

폭로 너머의 사회학을 위하여

송호근 교수는 우리나라의 대표적인 교수이자 문필가다. 그의 신문 칼럼은 그저 당면한 현실을 분석해서 전하는 여느 사회과학자들의 글과는 다른 매력이 있다. 역사와 문학을 종횡하는 박람강기博覽强記도 눈부시고, 그것을 엮어내는 솜씨 또한 날렵한 검기劍氣 같은 문체미를 가지고 있기 때문이다. 따라서 그의 메시지에 정치적으로 동의할 수 없을 때조차도 그의 글은 늘 읽을 만하고 느낌도 상큼한 편이었다. 하지만 남북정상회담을 주제로 한 지난주 중앙일보 칼럼 「황태자를 위하여」를 읽은 뒤에는 그런 느낌을 받을 수 없었다. 결이 매끈해 보이는 그의 칼럼이 실은 유리가루 섞은 풀을 먹인 듯 섬뜩하게만 느껴졌고, 이건 좀 심한 거 아닌가 하는 반감을 누르기 어려웠다. 연전에 그가 황우석 교수를 비판하는 MBC 〈PD수첩〉을 꾸짖다가 구설수에 휘말렸던 칼럼(「PD, 실험

가운을 입다」, 중앙일보 2005년 12월 7일자)을 보았을 때도 아무렇지 않았는데 말이다.

말이 나온 김에 첨언하자면, 당시 글을 처음 읽었을 때 고개가 갸우뚱했지만, 나중에 황우석 교수가 사기꾼이라는 게 밝혀졌을 때도 그의 칼럼에 큰 문제가 있다고는 생각지 않았다. 그의 글은 같은 대학의 동료 교수에 대한 정상적인 수준의 신의를 가진 사람이 그저 사태를 너무 빨리 단정하고 쓴 탓에 저지른 실수였을 뿐이다. 그래도 주요 일간지에 쓰는 칼럼인데 신중했어야 하지 않느냐는 비판을 할 수 있겠지만, 사람은 실수를 하게 마련이고 실수에 너무 엄격한 것은 그것대로 악덕이라는 게 내 생각이다. 이번 글에도 노무현 대통령의 방북이 기차로 이뤄지지 않을 가능성이 크고, 회담 자체도 연기되었으며, 그로 인해 정상회담의 정치적 의미도 일정한 변화를 겪을 것이라는, 너무 서둘러 써서 생긴 실수들이 있다. 하지만 이런 실수는 넘겨버린다 해도 여전히 문제가 남는다.

모두가 알다시피 현재의 남북정상회담은 분명 국내정치적 파급력을 가지고 있다. 어쨌거나 이번 대선 행로가 그럭저럭 순탄하다고 생각할 야당과 보수언론으로선 그런 파급력은 반가운 일이 아니다. 이런 파급력을 억누르기 위해 이들은 한편에서 남북정상회담이 정략적이라고 비판한다. 하지만 그런 정략 운운은, 그렇다면 남북정상회담을 하지 말라는 것인가라는 반문에 답하기 어렵다.

그래서 다른 한편으로 그들은 남북정상회담을 통해서 얻어내기 어려운 데까지 기대 수준을 높이려고 했다. 어떤 성과가 나오든 그것을 평가절하할 틀을 구축하려는 것이다. 하지만 이조차 효과적일지는 알 수 없다. 그만하면 이번 회담의 성과가 나쁘지 않다는 국민적 평가를 얻는다면 보수언론의 맹공이 그리 효과를 보기 어려우며, 더불어 이런 식으로 틀을 짜는 것이 어쨌거나 남북정상회담에 이목을 집중시키기 때문이다. 야당이나 보수언론으로서는 이런 상황이 까다롭게 여겨질 법하다.

송호근 교수는 이런 상황을 다루는 한 방식을 보여줌으로써 보수층의 상상력을 자극하고 그들이 사용할 수 있는 어휘를 늘려주고자 했다. 철도에 대한 낭만적 비유로 시작한 그의 칼럼은 다음과 같이 끝을 맺는다.

> 말하자면, 남북정상회담은 대선정국의 담론 골격, 즉 프레이밍framing을 결정했다. 노대통령은 유권자의 관심을 '실책'으로부터 대북정책과 미래구도로 이전시키는 데 성공했다. 그리하여 연결의 종착역, 황태자 책봉에 나설 것이다. 벌써부터 여권 주자들이 자신의 공로를 애원하는 것을 보고 노대통령은 모처럼 느긋해할 것이다. 평양에서 타전될 수많은 뉴스, 정상 간 합의, 후속 사업 등과 관련된 화려한 논의의 후광을 한몸에 안을 황태자가 누구일까를 짐작하는 것도 그리 어렵지는 않다. 두 정상이 축배를 들 때 축사는 '통일을 위하여'겠지만, 나에게는 이렇게도 들린다. '황태자를 위하여.'

그는 '기차'와 "황태자 책봉" 사이를 '종착역'이라는 낱말로 잇는다. 세 단어의 연결은 의미심장하다. 칼럼 서두에서 기차는 "새로운 만남을 향해 떠나는 것"이라고 운을 뗐을 때 그는 기차를 둘러싼 수많은 은유 가운데 특정한 하나를 선택한 것인데, 이제 '목적'의 은유로도 쓰이는 종착역이라는 단어를 사용함으로써 그동안 추진된 남북 철도 연결 사업의 의미를 처음부터 정상회담을 위한 '목적 사업'으로 축소하는 것이다. 만일 노무현 대통령이 철도를 이용해 방북한다면 그것은 하나의 스펙터클이 될 것이다. 그리고 송호근 교수는 이 스펙터클의 위험성을 알고 있기 때문에 그 영향력을 미리 침식하고 있는 셈이다.

하지만 그에 의하면 종착역은 정상회담이 아니라 "황태자 책봉"이다. "황태자 책봉"이란 말은 종착역이라는 단어보다 더 의미심장하다. 언뜻 송호근 교수는 여권의 차기 대선주자들이 정상회담을 자신에게 유리하게 이용하려는 정략적인 면모를 비판하는 것처럼 보인다. 하지만 이 정도는 누구나 알고 있는 일이며 굳이 사회학적 폭로라고 할 만한 것이 못 된다. 그는 분명 그 이상을 말하고 있다. 황태자라는 단어를 사용함으로써 범여권 대선주자의 예상되는 행동에서 능동성을 박탈해버리기 때문이다. 그가 제시한 사유의 갈래를 따라가면 범여권 대선주자는 정상회담의 성과를 자신에게 끌어당기는 것이 아니라 과정 전체의 수동적 수혜자로 전락한다.

이와 더불어 황태자라는 단어는 폭로의 수사를 경유해서 모호한 정서적 반감을 불러일으킨다. 황태자는 황제를 전제하며, 여기서 황제는 노무현 대통령인 듯하다. 하지만 노무현 대통령에게 황제라는 이미지는 어울리지 않는다. 황제는 고사하고 대통령으로서 존경받을 만한 이미지를 구축하기도 힘겨웠던 인물이다. 오히려 이 단어가 오랫동안 보수언론이 즐겨 써왔던 부정적 이미지인 왕조 국가로서의 북조선 그리고 아버지의 권력을 승계한 김정일 위원장의 이미지로 연결되고 있다고 한다면 과도한 해석일까? 그의 글은 김정일 위원장이 남한 여권의 대선주자를 황태자로 책봉한다는 식으로까지는 나가지 않는다. 하지만 적어도 김정일 위원장을 황태자 책봉의 조연으로 출연시킴으로써 그의 행동이 남한 내정에 간섭하는 것으로 파악되도록 유도한다. 그리고 그런 연상의 흐름은 정상회담 전반에 대해 역겨운 감정을 자아낸다.

송호근 교수가 자아낸 이런 연상의 흐름은 고약하긴 하지만 은밀하고 복잡해서, 보수언론이 새로운 프레임으로 채택할 만한 선동적 간결함이 없다. 그러니 그의 글의 흐름을 비판하는 것이 정치적 우려 때문은 아니다. 내가 그의 글을 비판하는 것이 필요하다고 생각한 까닭은 그와 나 모두의 밥벌이 수단인 동시에 마음 깊이 사랑하는 사회학이라는 학문 때문이다.

사회학은 유난히 폭로적인 학문이다. 우리가 몰랐던 사실을 폭로한다는 점에서가 아니라 사유의 틀과 언어의 선택과 그 사용에 깃든 조작과 은폐에 침투하고자 한다는 점에서 말이다. 아마도 사회학자가 쓰는 칼럼에 약간이라도 신문기자를 넘어서는 분석력이 들어 있다면, 그것은 이런 폭로의 깊이 때문일 것이다. 하지만 폭로하고자 하는 자가 자신의 폭로에 생기와 감정적 힘을 불어넣고자 은유를 남용하는 것은 자신을 새로운 기만의 출처로 만들 수도 있다. 나아가 어떤 사회적 대의도 행위자의 저의에 깃든 이익이나 권력 추구로 여기는 것이 사회 성원 대다수에게 상식이 된 사회에서 폭로의 가치는 신중하게 평가되어야 한다. 오히려 이런 상황이라면 사회학은 상식화된 폭로 작업으로 야기된 냉소주의의 일반화를 제어하는 데 기여해야 하는 것은 아닐까?

송호근 교수의 이번 칼럼이 기차에 대한 이야기로 시작하기 때문에 나 또한 사회학자들 모두가 잘 알고 있는 또다른 철도의 비유를 들고 싶다. 오래전 막스 베버는 이해관심 또는 열정이 이념이나 가치와 맺는 관계를 기차와 전철수(철도의 선로를 바꾸는 사람)의 관계로 비유했다. 그에 따르면 우리가 동의하지 않을 수 없게도 인간이 행동하게 만드는 것, 기차를 움직이는 것은 고귀한 이념이나 대의명분이기보다는 사람들의 물질적 이익 그리고 정서적 열정이다. 하지만 종종 이념은 마치 철로의 방향이 기차의 행로를 규정하듯이 인간 행동의 방향을 규정한다. 사람들의 이익과 열정이라는 에너지 없이 기차는 결코 움직이지 않겠지만, 기차가 어느 방향으로 향할지는 물질적 이익이나 열정에 의해서만 규정되지는 않는다. 이익과 열정이 투쟁하는 장場 자체를 규정하는 것은 가치와 규범일 때가 많다.

남북정상회담을 추진하는 동기는 정략적일 수 있다. 하지만 그런 정략적 자기 이익과 열정이 아예 존재하지 않는다면 정상회담 같은 것이 어떻게 가능하겠는가? 오히려 반가운 것은 남북교류 확대와 정치·군사적 협력, 경제적 통합 강화가 어떤 정파의 이익이 되는 세력 편성이 가능해졌을 만큼 우리 사회가 발전했다는 점이며, 정략적 정치 계산과 열정이 전체 사회 성원의 더 나은 삶에 기여하는 방향으로 배수로를 찾았다는 점일 것이다.

이런 상황에서 사회학자 모두의 스승 막스 베버라면, 폭로를 심화하고 냉소를 뿜어내는 것이 아니라, 폭로할 것도 없이 번연히 드러나 있는 정략적 계산에 힘입어 달리게 되었지만 그것을 초월해 더 먼 길을 가게 될 기차의 행로가 좋은 방향이 되도록 조정하는 데 관심을 기울이고 기차의 순항을 도모하기를 권할 것이다. 그리고 베버라면, 모든 사람의 공적 발언이 각자의 권력이나 이익 추구의 산물이라 폭로하는 데 대부분의 사회 성원들이 숙달되어 규범과 가치가 형해화되어버린 사회에서 사회학은 폭로가 아니라 폭로 너머를 기획해야 한다고 말할 것이다.

창비주간논평, 2007. 8. 21.

돌아보기

이 칼럼은 내가 다른 사람의 칼럼을 비판한 거의 유일한 글이다. 학문 영역에서 다른 연구자 비판은 밥 먹듯이 일상적인 일이다. 학문 작업 자체가 다른 연구자가 수행한 연구에 대한 평가와 비판에서 출발하기 때문이다. 하지만 그 경우 연구에 대한 비판이 연구자의 인격에 대한 비판을 함축하는 경우는 없다. 연구에 대한 비판과 연구자에 대한 비판은 분리될 뿐 아니라 수준이 전혀 다른 문제다.

하지만 칼럼은 칼럼니스트와 잘 분리되지 않는다. 칼럼은 정도의 차이가 있지만 칼럼니스트의 개성과 문체를 유기적인 구성 부분으로 하기 때문이다. 또한 그렇기 때문에 어떤 칼럼이 다른 칼럼을 비판하는 일은 칼럼니스트에 대한 비판으로 곧장 연결될 소지가 있다. 칼럼이 다른 칼럼을 비판하는 것을 중심 주제로 삼는 경우가 별로 없는 것은 이런 이유 때문일 것이다.

그런데 이 칼럼은 그런 일을 하고 있다. 게다가 내가 문제삼은 칼럼을 쓴 이는 송호근 교수인데, 그는 나의 대학 선배다. 7,8년쯤 선배 되는 분의 칼럼을 후배가 비판하는 것은 우리 사회에서 낯선 일이다. 그만큼 이 글은 인격적 부담을 지고 쓴 글이다.

그런데도 이 글을 쓴 이유는 글 안에 나타나 있듯이 그와 내가 공통의 지적 자산으로 삼은 사회학적 발상법이 그의 칼럼 속에서 오도되고 있다는 판단 때문이었다. 그리고 또다른 이유는 그가 나와는 비교도 되지 않을 정도로 영향력이 큰 칼럼니스트이기 때문이다. 영향력이 크다는 것은 대중의 의견을 좋은 방향으로 이끌 힘 못지않게 잘못된 방향으로 이끌 힘도 크다는 것이다. 그런 사람의 칼럼은 검사되고 견제될 필요가 있다.

내 의도의 '선량함'에도 불구하고 사회학을 하는 더 나은 자세를 선배에게 '설파'하는 데까지 나아간 이 칼럼은 결과적으로 우리 문화에서는 이례적일 정도로 무례한 것이 되었다. 하지만 그렇게 될 수밖에 없음을 몰랐던 것도 아니고, 후회되는 바도 없다. 사적인 것에서 공적인 것으로의 이행에는 날카로운 면도날에 의한 베임 같은 경험이 개재되기 때문이다.

이 글은 이론적 쟁점들도 많이 담고 있다. 예컨대 포스트 계몽주의 사회에서 불가피하게 생성되는 냉소주의와 어떻게 싸울 것인가 하는 문제 등이 그것이다. "모든 사람의 공적 발언이 각자의 권력이나 이익 추구의 산물이라 폭로하는 데 대부분의 사회 성원들이 숙달되어 규범과 가치가 형해화되어버린 사회에서 사회학은 폭로가 아니라 폭로 너머를 기획해야 한다"는 이 글의 마지막 문장은 그런 문제의식을 표현한 것이다. 이 문제를 제대로 다루기 위해서는 까다롭고 긴 이론적 논의가 필요할 것이다. 하지만 '그놈이 그놈'이라는 정치적 냉소가 자신의 영민함이라는 자족감을 대가로 어떤 정치적 우둔함을 불러들이는가를 생각해보면 이 글이 말하고자 하는 바를 직관적으로 이해하는 것이 어렵지는 않을 것이다.

문제는 이명박이 아니다

한 국가의 정체성이 흔들리고 있음을 가장 잘 보여주는 예는 어린 자녀들의 질문에 부모가 난감해질 때 찾아볼 수 있다. 연전의 이라크 파병 때 그랬다. "왜 우리나라가 이라크에 군대를 보내는 거야, 아빠?" 하고 딸이 물었을 때, 답을 하기 힘들었다. 이번 삼성 비자금 사건을 두고 딸이 "아빠, 삼성이 뇌물을 엄청 뿌렸다며. 근데 어떻게 검찰총장에다 국가'청렴'위원장까지 뇌물을 받아?" 하고 질문할 때도 마찬가지였다. 내가 한 답변이란 게 고작 "뇌물 주고받는 사람도 있지만 그걸 폭로한 사람도 있고 고발자를 지켜주는 정의구현사제단도 있지 않느냐. 그리고 뇌물을 뿌린 건 삼성이 아니라 이건희 일가라고 해야 맞는 말이다"라는 정도였다.

하지만 "아빠, 이명박이라는 사람이 위장전입인가 위장채용인가 그런 거 무지하게 하고, BBK인가 뭔가 문제가 많다며. 그런데 왜 그런 사람이 지지율이 제일 높아?" 하고 물었을 때는 정말로 답을 할 수 없었다. 사회학자로서 이유를 설명하지 못할 바는 아니었다. 하지만 아버지로서 자식에게, 기성세대로서 미래세대에게 나는 정말로 말을 잃었다.

자식 앞에서 궁색해진 날 저녁에 동창들과 술자리가 있었는데, 거기서도 대선 이야기가 나오자 분위기는 울적해졌다. 취기에 실려나오는 말의 주종은 "하여간 개판이야, 개판" 이런 말이었다. 이 울적한 상황을 정리하며 한 친구가 이렇게 말했다. "암튼 요즘 이명박이 위증교사에 위장전입에 위장취업에 하도 '위' 뭐가 많아서 이명박이 아니라 위명박이라고 불리더군. BBK 문제에서 검찰이 혐의 없다고 판단하면 이전의 과오까지 털어내어 위명박은 다시 이명박이 되겠지. 그렇지 않으면 벼랑 끝에 선 위명박일 거고 말이야. 그러니 이번 대선은 전적으로 이명박 대 위명박의 싸움인 셈이야." 제법 재치 있는 말이라 다들 껄껄 웃었고, 그 김에 자리를 털고 일어났다.

하지만 그 정도 농지거리로 털어질 우울은 아니었거니와 세간의 인식을 반영하는 그 농담이 문제를 정확히 짚은 것도 아니었다. 점입가경인 이명박 후보의 비리가 대선의 향배를 가르는 폭발력 큰 요인임에는 틀림없다. 그에 비하면 지지율이 꽤 높다는 이회창 후보의 경우는 전적으로 이명박 후보의 종속변수일 뿐이다. 하지만 이명박 후보의 도덕성이 심각한 것으로 드러나도 그의 지지율이 크게 흔들리지 않는 것은 마음을 바꾸어 달리 지지할 후보가 마땅치 않기 때문이다. 그러니 이번 대선이 이명박 대 위명박의 판인 것처럼 보이지만 진짜 문제는 유권자에게 대안을 마련해주지 못하고 있는 범여권이다.

대선이 마치 승자독식의 게임인 양 보이지만, 지난 노무현정부의 행로에서 보듯이 대선이 우리 사회의 행로를 전적으로 결정하는 것은 아니다. 하지만 그렇다고 해서 대선이 그 결과에 대해 무심해도 될 만큼 작은 의미를 갖는 것도 아니다. 특히 이번 대선 이후 우리 사회는 여러 가지 중요한 결정을 해야 한다. 한미 FTA가 그렇고 한반도에서의 평화와 화해 협력이 그렇다. 한반도에 더 평등하고 인간적인 사회를 만들 것인지 아니면 더 위계적이고 갈등적인 사회가 등장할지가 전적으로 이번 대선에 달려 있지는 않다 해도 대선 결과가 아주 중요한 계기임에는 틀림없다.

그런데 더 평등하고 인간적인 사회를 일관되게 추구하는 유권자들이 상당수 엄존하고 있음에도 불구하고 이런 사회세력을 모아서 대변할 정당 간 연합과 후보단일화가 존재하지 않는다는 것은 고통스러운 일이다.

되돌아보면 참여정부, 특히 노무현 대통령은 참 오만했던 것 같다. 그들은 자신들을 열렬히 지지했던 사람들의 목소리에 귀를 닫았고, 지지자들이 어렵게 마련해준 개혁의 소중한 기회를 많이 흘려보냈다. 오만이 자주 과오를 불러들였고 그 결과 남은 것은 볼썽사나운 신당이다. 하지만 우리 사회의 행로를 깊이 고민하는 이들은 지지의 대가로 돌려받은 실망을 뒤로하고 범여권의 후보단일화를 그들의 과오를 용서할 근거로서 요구하고 있다. 범여권이 작은 정치 산술에 집착하여 이런 지지층의 소망을 실현하지 못한다면, 그것은 민주화운동의 자산을 마지막으로 털어먹는 짓일 것이다.

후보단일화에 대한 요구는 참여정부와 한나라당 모두에 대한 반감을 토대로 출사한 문국현 후보에게도 마찬가지로 적용된다. 혼자 힘으로 이룰 수 없는 자신의 가치 실현을 위해 타협하고 협상하는 자세를 보이지 않는 후보에게서 정치적 다수를 형성할 비전을 발견하기는 어렵다. 그리고 세력 형성을 마다하는 외고집의 행로는 또다른 오만의 징후일 뿐이다.

다시 말하건대 문제는 '위명박'이 아니라, 범여권이 지지층의 소망을 실현하기 위해 간절히 노력하는 자세를 보이는가 하는 것이다. 그리고 지금 국면이라면 그것은 자신들이 추구하는 가치를 높이 내걸고 후보단일화에 진력하는 것이다. 그런 자세와 성과가 있을 때야만, 마음이 떠났거나 마음 둘 곳을 잃은 유권자들이 스스로를 설득할 이유를 찾을 수 있을 것이다.

창비주간논평, 2007. 11. 28.

돌아보기

이미 2007년 11월에는 진보세력의 대선 패배 분위기가 완연했다. 지금 와서 보면 어떻게 그렇게 맥없이 패배할 수 있었는가 싶을 정도다. 많은 이들이 18대 대선에서 박근혜 후보가 당선됐을 때, '멘붕'을 경험했다고 했지만 내 경우 멘붕은 이명박 후보 당선이었다. 박근혜 후보의 당선이 뼈아프고 힘겨운 경험이긴 해도 멘붕에 이를 정도는 아니었다.

그 이유는 세 가지다. 첫째, 박근혜는 이미 이명박을 경험한 뒤에 다시 경험하는 것이다. 패배도 경험이다. 한 번 패배했으면 그다음에는 전보다 더 패배의 가능성을 염두에 둘 수 있어야 한다. 그러기 위해서 처음 패배를 정말로 패배인 것으로 체험해야 한다. 만일 사람들이 박근혜의 패배에서 멘붕을 겪었다면 이명박 당선 때의 패배를 패배로 여기지 않았던 때문이며, 여기엔 부인의 심리가 깔려 있는 면이 있다.

둘째, 내가 보기에 이명박은 정말로 용인할 수 없는 사람이었다. 그는 대통령이 되기엔 범죄를 너무 많이 저지른 사람이었다. 병역기피나 위장전입, 현대건설 사장 시절의 건축법이나 근로기준법 위반은 그렇다고 치자. 그는 대선 국면에서도 BBK 주가조작 사건 같은 중범죄에 연루되어 있었다. 사생활이나 경제 영역에서의 범죄만이 아니다. 그는 또 정치인이 되자마자 선거법 위반으로 처벌을 받고 의원직을 상실했는데, 연루된 범인을 도피시키는 등 죄질이 좋지 않았다.• 아무리 경제성장이나 물질적 부에 대한 갈망이 앞선다 해도 이런 범죄자를 대통령으로 뽑을 수는 없는 일이다. 그래서 나는 이명박 후보가 당선되던 날 괴로운 심정으로 술을 마셨고, 그러자 왈칵 눈물이 쏟아졌다. 나는 내 동료 시민들에게 실망했었다.

박근혜 후보는 여러모로 미심쩍은 데가 많았다. 인혁당 사건에 대한 발언이나 정수장학회에 대한 태도 따위를 보면 박정희 시대의 과오를 부인하는 심리가 강해 보였다. 하지만 그런 문제들은 그에게는 단지 박정희 '시대'의 문제가 아니라 '아버지' 시대의 문제이기도 하다. 그런 처지에서 말끔한 태도를 갖는 일은 결코 쉽지 않다. 정책의 면에서도 복지정책 수용이 시대 분위기에 빠르게 적응한 것인지 선거 승리를 위해서 수용하는 척하며 거짓말을 한 것인지 알기 어려웠다. 지금 와서 보면 거짓말이었음이 확인되지만 후보 당시에 그가 거짓말을 한다고 단정하기는 어려웠다. 그래서 나는 그를 선택하지 않았지만, 다른 사람도 선택하지 말아야 할 사람이라고 하기는 쉽지 않았다.

마지막으로 2012년 대선에서 비록 결과는 민주파의 패배였지만 열심히 마음을 모아서 애썼던 승부에서의 패배다. 이명박 시기에는 패배

• 얘기가 나온 김에 사면에 관련된 이야기를 좀더 하고 싶다. 최근에 이석기 의원이 국가보안법과 내란음모죄 혐의로 구속되었다. 그러자 새누리당은 이석기가 의원이 될 수 있었던 것은 노무현정부의 2003년 광복절 특별사면 덕분이었다며, 노무현정부와 이석기 의원의 내란음모죄가 연관이 있다는 식의 발언을 남발했다. 그런 새누리당 의원들에게 선거법 위반으로 피선거권이 제약된 이명박을 사면 복권한 김대중 정부의 2000년 광복절 특사는 어떻게 평가할지 묻고 싶다. 그 사면이 없었다면 이명박 서울시장도 없었고, 이명박 대통령도 없었을 것이다. 새누리당 의원들에게는 사면도 나에게 좋으면 로맨스이고 남에게 좋으면 불륜인 듯하다.

를 미리 기정사실화하는 분위기가 있었다. 나는 이 분위기가 참을 수 없었다. 박근혜 당선에는 멘붕을 느끼고 이명박 당선에는 멘붕을 경험하지 않은 사람들은 아마도 이길 수 있다고 생각한 승부에서 기대가 좌절될 때는 멘붕을 느끼지만, 질 수밖에 없는(또는 이길 가능성이 없어 보이는) 승부에서 예상대로 패배할 때 멘붕을 느끼지는 않는 것이 아니냐고 말할 것이다. 타당한 이야기다. 하지만 그런 자세가 더 심각한 문제라는 것이 내 생각이다. 질 것으로 예상되고, 그래서 이기려 노력하지 않으며, 그래서 질 것이라는 예상이 다시 강해지는 악순환은 처참한 패배를 낳는다. 우리는 관찰자 시점에서 사태가 불리하다고 판단할 수는 있지만 참여자 시점에서 불리하다는 이유로 스스로를 무장해제해서는 안 된다. 지는 것이 명백할 때조차도 더 잘 질 수 있다. 어떤 경우에도 행위자의 몫은 남아 있기 때문이다. 그리고 대개 행위자의 몫을 다하면 두 가지 보너스가 주어진다. 하나는 패배하더라도 그 입장에 선 사람들 사이의 유대감이 제고되고 그 세력의 존재감이 뚜렷해지는 것이고, 다른 하나는 어쨌든 자기 몫의 행위를 한 사람이 갖는 자부심이 부양된다는 것이다.

이 글에서는 나는 두번째 이유를 전반부에 쓰고, 세번째 이유를 후반부에 썼다. 그 초점은 정동영-문국현 후보단일화였지만, 최대한 노력을 기울이는 일환으로 이 문제를 다룬 것이었다. 물론 두 사람의 후보단일화는 실패했다. 그후 정동영씨의 정치적 운명도 그렇지만, 문국현씨의 그것도 초라한 것이 되었다.

2008년

1월 이명박 인수위 영어몰입 교육 추진안 논란
2월 숭례문 화재
이명박정부 출범
3월 뉴라이트 역사 교과서 문제
4월 제18대 총선
미국산 쇠고기 수입 협정 체결
촛불집회 시작
7월 금강산 관광객 피격 사건
9월 미국발 금융위기(서브프라임 모기지 사태)
10월 서울시 국제중학교 지정 논란
11월 오바마 제44대 미국 대통령 당선
12월 대기업 방송산업 소유 규제 완화
이명박정부 4대강 정비사업 추진안 발표

광우병에 대한 진실 혹은 거짓말

미국산 쇠고기 수입과 광우병에 대한 논란이 일파만파로 번지고 있다. 이를 둘러싼 의혹들을 딸과 아빠의 가상대화 형식으로 쉽게 풀어보았다.

딸 아빠, 미국산 쇠고기를 먹으면 인간 광우병에 걸릴 위험이 있다며…… 게다가 광우병에는 약도 없다며?

아빠 그렇다고 하는데 미국산 쇠고기가 인간 광우병을 유발하는지는 아직 분명하게 밝혀지지 않았단다.

딸 그런데 왜 미국산 쇠고기 수입을 반대하는 거지?

아빠 90년대 중반에 유럽, 특히 영국에서 인간 광우병 환자가 많이 발생했는데, 그후 인간 광우병을 유발하는 원인이 쇠고기로 상품화되지 않은 잔여 부위들을 다른 소의 사료로 사용한 때문인 것으로 추정되었지. 그후 유럽에서는 이런 사료가 금지되었단다. 하지만 미국에서는 이런 사료를 금지하지 않고 소의 내장 같은 걸 닭이나 돼지에게 먹이고 닭과 돼지의 잔여 부위들을 다시 소에게 사료로 먹인단다. 언론에서 말하는 교차감염의 위험이 늘 있는 거지.

딸 인간 광우병 위험은 추정일 뿐이네? 그럼 인간 광우병에 대한 학교 친구들 이야기가 정부나 몇몇 신문의 말대로 괴담인 거야?

아빠 추정일 뿐이라…… 그렇게 말할 수도 있지. 하지만 우리가 과학적이라고 하는 지식은 대부분 추정일 뿐이란다. 과학의 세계에서 완전히 입증된 사실은 오히려 희소하지. 추정 또는 가설이 상당한 근거가 있고, 그것을 반박할 결정적인 근거가 없다면 그 가설은 지식으로 통용된단다. 만일 우리가 입증된 사실에 근거해서만 의사 결정을 해야 한다면 결정을 내릴 수 있는 일은 거의 없을 거야. 게다가 인간 광우병처럼 결과가 인류에게 치명적이라면 사소한 의혹조차 추정이라는 이유로 무시할 수는 없지. 비근한 예로 지구온난화를 생각해보렴. 20여 년 전만 해도 지구온난화는 입증된 사실이 아니라 논란이 있는 추정이었어. 하지만 그것이 함축하고 있는 결과가 너무 엄청났기 때문에, 이런 추정만으로도 오존층 파괴 물질을 규제하기 위해 1987년에 몬트리올 의정서라는 국제적 협약이 맺어졌고, 그것이 이산화탄소를 규제하는 추가적인 국제협정으로 이어졌단다.

딸 그렇구나. 하지만 어떤 신문 보니까 광우병에 걸릴 확률은 담배를 피우다가 암에 걸릴 확률이나 자동차 사고 위험에 비하면 무시해도 좋을 정도라고 하던데…… 아빠처럼 담배 피우는 사람이 광우병 위험 어쩌고 하는 건 우스운 거 아니야?

아빠 일리가 없지는 않은데, 인간 광우병은 잠복기가 워낙 길어서 현재의 확률만 가지고 확률 운운하는 건 확률을 남용하는 거지. 그리고 아빠가 담배를 끊어야겠지만, 아빠가 담배를 피우는 것하고 인간 광우병 위험에 처하는 것은 전혀 다른 문제야. 담배 피우는 사람은 이제 그것이 어떤 위험을 가지는지 알고 있고, 담뱃갑에도 경고문이 붙어 있잖니?

딸 그 말을 들으니 앞으로 미국산 쇠고기에도 포장에 '이 고기를 드시면 불치의 인간 광우병에 걸릴 위험이 있습니다' 이런 문구가 들어가야 한다는 생각이 드네.

아빠 그렇게라도 되면 좋겠다. 아무튼 담배 같은 건 내가 스스로 감수한 위험이고 내가 끊으면 피할 수 있지만, 인간 광우병은 내가 스스로 감수한 거라고 할 수는 없잖아? 이런 차이는 요즘 미국 소가 인간 광우병을 야기한다는 건 괴담일 뿐이라고 하는 중앙일보도 예전에는 신문에 기사로 썼었지(중앙일보 2001년 2월 12일자).

딸 그렇네…… 게다가 스스로 감수하지 않은 것일 뿐 아니라 피할 수도 없는 것 같아. TV 보니까 쇠고기의 쓰임새가 워낙 넓어서 우리가 먹는 알약 껍질이나 조미료에도 쓰이고, 내가 좋아하는 라면의 수프에도 들어간다더라고. 생리대에도 들어가고 말이야. 그러니 학교 급식이나 군대의 급식만 문제인 게 아닌가봐. 하지만 말이야, 아빠. 그런데도 왜 우리 정부가 30개월 넘은 미국산 쇠고기에다 광우병 위험 물질까지 수입하겠다고 하는 거지?

아빠 한미 FTA를 체결하려고 하는데, 미국에서 선결 조건으로 자국산 쇠고기 수출을 허용하라고 요청하니까 그런 거지.

딸 한미 FTA가 이런 위험을 감수할 만큼 필요한 일이야?

아빠 그렇다고 생각하는 사람들이 현 정부에는 다수이고, 우리 사회 전반에도 꽤 있단다. 그런 사람들은 아둔한 자기 확신에 빠진 사람이거나 한미 FTA를 통해서 자기가 이익을 얻을 수 있다고 생각하는 사람들이지. 생각해보렴, 한미 FTA를 하면 누가 이익을 볼지. 아마도 미국에 수출하는 기업이겠지. 이런 기업들이 대부분 대기업이고 이들이 우리 사회에서 가지는 힘은 매우 크단다. 이에 비해 손해를 볼 사람들, 아빠가 보기엔 이런 사람들이 다수인데, 이들은 그렇게 힘있는 사람들이 아니지. 그리고 한미 FTA는 광우병 문제를 훨씬 뛰어넘는 엄청난 변화, 아마도 다수에게는 아주 고통스런 변화를 가져올 것 같아.

딸 하지만 미국산 쇠고기 수입은 많은 사람들이 반대하잖아. 나는 못 나갔지만, 지난 주말에 친구들이 나한테 광화문에서 모이자는 문자를 많이 보냈어. 신문에 보니 광화문 촛불시위에 모인 사람들이 2만 명이래. 이명박 대통령을 탄핵하자는 인터넷 서명에 참여한 사람도 100만 명이 넘고. 이렇게 국민들이 반대하면 정부가 미국산 쇠고기 수입을 철회하지 않을까?

아빠 아마 그러기 어려울 거야. 엄청난 이익을 본 미국이 절대로 협상을 물리려 하지 않을 거고, 협상을 타결하고 나서 곧장 번복한다면 그 정부는 국제사회에서 웃음거리가 되겠지. 더구나 그렇게 된다면 정부는 자신들이 무능하다는 것을 국민에게 그리고 다른 나라에 공개적으로 인정하는 꼴이 된단다. 임기를 막 시작한 정부가 곧장 레임덕에 빠질 일을 하려고 하지는 않겠지.

딸 어떻게 그럴 수가 있지? 국가와 정부는 국민을 위해 존재하는 건

데, 다수 국민이 반대할 일을 하고, 그 일에 대한 국민의 반대가 이토록 공공연히 표현되고 있는데도 그걸 깔아뭉개려 할 수 있지?

아빠 안타깝지만 광화문에 2만이 아니라 100만 명쯤 모이지 않는 한, 정부는 수입을 강행할 거고, 다음달엔 통관을 마친 미국산 쇠고기가 정육점에 깔릴 것 같구나.

딸 너무해. 이건 배신 아니야? 정부가 국민을 배신한 거 아니야?

아빠 ……그렇구나. 어른으로서 할말이 없구나. 그래도 아빠는 너희 세대 청소년들이 인터넷에서 토론을 주도하고 또 광화문 촛불시위에 나서는 걸 보면서 희망을 갖는단다. 그리고 이 기회에 너희 세대가 국가와 정부의 본성에 대해 생각해보길 바란다.

딸 그게 무슨 이야기야?

아빠 아빠 세대의 사람들이 젊었을 때 정말로 충격적이었던 일은 광주민주화운동에서 보듯이 국가가 자신의 국민을 총으로 쏴 죽였다는 사실이었다. 그건 정말로 큰 상처였지. 그리고 아빠 세대는 그런 폭압적인 국가를 민주화하는 것이 정말로 중요한 일이라고 생각하게 되었어. 하지만 아빠 세대가 애써온 민주화가 많이 모자랐는지, 이번엔 세계화 속에서 정부가 국민을 배신하는 일이 생기는구나. 이 상처와 고통을 너희 세대가 잘 새겼으면 좋겠다. 그리고 국가와 정부의 본성이나 민주주의에 대해 깊이 생각하기를 바란다. 정부가 소수의 특권층을 위해서 다수 국민을 배신하지 않는 것은 다수 국민이 양떼처럼 지배당하지 않으려는 단호한 의지를 가질 때만, 다수 국민이 사태를 분별할 수 있는 지혜를 가질 때만 가능한 일이기 때문이란다.

딸 아빠 세대에 그런 일이 있었는지 잘 몰랐어요. 하지만 알겠어요.

무섭고 화나는 일이지만 이번 일을 친구들과 열심히 이야기해보고 우리가 할 수 있는 일을 찾아볼게요.

창비주간논평, 2008. 5. 7.

돌아보기

2007년 말에 쓴 칼럼에서 대선에 패배할 때 하더라도 해야 할 노력을 다해보자고 발언했다. 그런 내 생각은 앞에 이미 적었다. 다들 그렇게 심하지 않았는데, 아무튼 2008년 초 몇 달간 나는 멘붕 상태로 지낸 것 같다. 그래서 칼럼을 비롯해 거의 글을 쓰지 않고 지냈다.

2008년 초 대통령직 인수위원회는 자주 논란에 휩싸였다. 당선인 신분이었던 이명박이 대불공단의 전봇대가 문제라고 하자, 비 오는 날엔 전기공사를 하지 않는 법인데도 한전 직원들은 그 전봇대 두 개를 철거했다. 이명박 시대를 상징하는 사건이었다. 이뿐 아니라 교양 없는 인수위원장의 영어 몰입교육 관련 발언이나 장관 후보자들의 너절한 인생 이력과 각종 탈법과 불법이 사람들을 피곤하게 했다.

그러다가 4월이 되자 이명박정부는 특정위험물질SRM, Specified Risk Material을 제외한(이 경우에도 뼈는 포함한) 30개월 이상의 쇠고기도 수입할 수 있게 하며, 30개월 미만의 경우에는 편도와 소장을 제외한 모든 SRM을 포함한 쇠고기를 수입할 수 있게 하는 협정을 미국과 체결했다. 협정문이 공개되기 직전 〈PD수첩〉이 인간 광우병의 위험을 보도했고, 정부가 협정문을 공개한 5월 2일부터 청계광장에서 촛불집회가 본격적으로 시작되었다.

비상한 사건이라는 느낌이 들었다. 4월에 중고생들이 이명박정부의 0교시 수업 허용 등에 반발해서 100여 명 수준으로 시작된 모임이 한미 쇠고기 협상을 계기로 5월 2일 몇 백 명으로 불어나더니 집회 규모는 매일매일 눈덩이처럼 불어나기 시작했다. 이 글을 창비주간논평으로 내보낸 것이 5월 7일인데, 이때면 벌써 모든 언론이 청계광장과 시청 앞 광장의 촛불집회 보도에 대한 기사를 쏟아내게 된다.

2008년 한 해 동안 내가 쓴 칼럼은 연말에 쓴 교육정책에 대한 칼럼 하나를 제외하면 모두 촛불집회에 관련된 것이었고, 이 글은 그 가운데 첫번째 칼럼이다. 딸과의 대화 방식으로 진행하고 싶었다. 오래전에 그레고리 베이트슨이 쓴 『마음의 생태학』을 감명깊게 읽은 적이 있다. 그 책의 첫 장이 「메타로그: 왜 사물은 뒤죽박죽되나요?」인데, 전체가 베이트슨과 딸의 대화로 되어 있다. 그 양식을 따라 해보고 싶었다. 지금 보니 그 당시 논쟁이 되던 몇 가지 문제들에 대해서 쉽게 풀어낸 면은 있지만, 지나치게 교술적으로 쓰인 인상이다. 뭐랄까, 말 많은 꼰대 아버지가 지나치게 착한 딸에게 뭐든 다 가르쳐주겠다고 나선 분위기랄까? 하지만 어쩌랴. 그것도 내가 쓴 글이고 어딘가 세상으로 흘러가버린 것을……

'촛불' 든 여학생들의 배후는?

미국산 쇠고기가 전면 개방되자 사람들이 촛불을 들고 청계광장에 모여들었다. 이 집회에 여학생이 인상적으로 많았다는 사실이 사람들에게 놀라움을 주었다. 그러자 우파 언론, 그리고 이명박정부는 입을 맞춘 듯이 여학생들에게 '배후'가 있다고 떠들기 시작했다. 지난 수십 년 동안 정적을 제거하고 이견을 제압하는 수단으로 '배후'라는 말을 애용해 온 분들이 이 말을 꺼내는 것은 조금도 낯설지 않다. 이런 분들께 중요한 것은 '배후'가 진짜로 무엇이냐도 아니다. '배후'가 있다는 생각과 배후가 있다 '카더라'는 소문이 필요할 뿐이다. 그러니 우리가 대신 그 배후가 정말로 무엇인지 찾아볼 필요가 있다.

문제가 된 것이 여학생들이니 이들의 세대적 특성에 주목하는 것이 순서일 것이다. 이들은 대개 1990년대 이후에 출생했다. 하지만 90년대 이후에 출생한 이들을 하나의 독특한 세대로 규정한 역사적 경험이 존재한다고 하기 어렵다. 중요한 사건으로 외환위기가 있지만, 그것은 이들이 실감하기엔 너무 어린 시절에 생긴 일이다. 내 보기에 더 중요한 것은 이들의 부모가 누구냐는 것이다. 이들의 부모는 세칭 386이다. 그래서 나는 지금 우리가 보고 있는 현상이 386이 아니라 386의 자녀가 처음 정치적 장면에 출연한 것이라고 생각한다.

촛불시위에 참여한 한 청소년은 인터뷰에서 20대의 정치적 무관심에 대해 불만을 나타내며 걱정까지 했다. 이 학생의 말에 나의 가설을 겹치면 세대적 분할선의 양상을 그릴 수 있다. 지금의 보수적인 20대의 부모는 40대 중반 이상, 대학을 다녔다면 70년대 학번, 50년대생들이다. 386에 빗대면 475세대라고나 할까? 이들은 현재 한국의 주류인 동시에 보수적인 세대다. 그리고 이들의 자녀인 20대는 보수적이다. 이에 비해 386은 현실 속에서 많이 타협하고 좌절했다고 해도 이들보다 진보적인 성향을 가지고 있다. 그리고 그들의 자녀인 지금의 10대는 475세대의 자녀인 20대보다 진보적이다. '조직'이나 '조종세력'이 아니라 세대교체가 변화된 양육 철학과 관행을 통해 격세적으로 한 번 더 반복되는 것이다. 요컨대 조용히 진행되고 축적된 사회 변화가 여학생들의 배후인 셈이다.

하지만 왜 청소년 일반 혹은 학생이 아니라 여학생이 새로운 현상의 중심에 있는지를 설명하자면 좀더 생각해야 할 것들이 있다. 우선 관찰자의 착시 가능성을 생각할 수 있다. 공적 장면에 남성이 출연하는 것을 당연시하는 성차별적 시선은 여학생의 출연을 의외로 받아들이고 그만큼 더 과대평가할 수 있다. 하지만 이 착시 가능성에도 불구하고 쇠고기 같은 먹을거리 문제가 그것에 더 예민한 감수성을 가진 여학생을 더 많이 불러모았을 가능성 또한 많다. 그리고 거기서 한 걸음 더 나아가 새로운 변화와 연대의 잠재력이 여학생에게 더 많이 축적되었을 가능성을 배제할 수 없다.

이와 관련해서 중요한 것이 자녀수 감소다. 자녀수의 감소는 딸과 아들에게 두루 교육투자를 증대시켰다. 이로써 여학생들의 능력은 매우 크게 신장되어 학업 면에서도 남학생을 앞지르기 시작했다. 지금 청소년 세대에서 남녀의 분할선은 공사의 분할선과 대략이라도 일치하는 점이 없다. 여학생들이 공적 장면에 진출하는 데서 지적·교양적 장벽이 전혀 존재하지 않기 때문이다. 더구나 이들은 남학생들보다 훨씬 소통 지향적이다. 남학생들이 입시 경쟁의 소외를 '게임'에 몰두하며 피시방을 전전하며 사사화私事化하고 있을 때, 딸들은 교양과 소통을 향해 한 걸음 더 나아간 것 같다. 그래서 그들은 자신들의 부모보다 더 맑은 눈과 목소리로 말할 수 있게 되었고, 부모들은 자신들의 정화되고 고양된 순수태인 자녀에게 놀라고 있는 것이다.

한겨레, 2008. 5. 12.

돌아보기

내가 촛불항쟁이라고 부른 현상을 격발한 중심 집단이 중고교 여학생이라는 사실이 사회적 주목을 받았다. 한겨레에 정기적으로 칼럼을 쓰던 시기가 아닌데 이 글을 쓰게 된 계기는 관련 기사를 쓰고 있던 한겨레 기자와 나누게 된 통화였던 것으로 기억한다. 기자의 이런저런 질문에 대한 내 답변에 대해 아예 그런 이야기를 모아서 원고를 하나 쓰는 것이 어떠냐는 제안을 했던 것이다.

이 글에는 사실 매우 과감한 세 가지 가설이 제기되고 있다. 첫째, 우리 사회에서 테마화된 386(지금은 486)세대 못지않게 중요한 의미를 가진 세대가 475(지금은 575)세대다. 이 세대는 대학교육의 수익률이 가장 높은 시대에 대학을 다녔으며 비평준화 세대도 많이 포진해 있어서 매우 학벌주의적이고, 학생운동이 대중성을 가지지 못해서 대체로 보수적이며, 이명박정부 시기도 그렇지만 지금도 우리 사회 엘리트 집단의 주축이다.

둘째, 우리 사회에서 자녀에 대한 정신적 장악력이 높아진 첫 세대는 475세대다(같은 선상에서 386세대도 자녀에 대한 장악력이 높으며, 어떤 의미에서 475세대보다 더 강할 수 있다). 따라서 이 세대 이후부터 부모와 자녀 간의 이데올로기적 동조 현상이 강화된다. 그렇게 보면 2008년 당시 20대 중반 이상에서 처음으로 나타나기 시작한(우리 사회에서 청년층에서 상당한 보수 성향이 나타난 것은 이명박정부 집권기에 처음 나타난 현상이다) 보수 성향의 뿌리에는 475세대가 있고, 10대와 20대 초반의 상대적 진보성 뒤에는 386세대가 있을 가능성이 크다. 마지막으로 젊은 세대 안에서 사회적 진보성의 잠재력은 남성보다 여성 안에 더 높게 축적되어 있다.

사회 현상을 세대론으로 설명하는 것은 언제나 한계를 지닌다. 세대를 특정 연령대에서 분할하려 하면 언제나 무리가 생기는 것이다. 예컨대 우리의 경우 베이비부머는 1954~63년 출생자인데, 1964년도 출생인구가 많은 편이었다. 결국 범주화는 그것이 주는 인지적 이점과 단점을 견주어 '결정하는' 것인데, 이 결정이 세대론의 경우에는 언제나 이견을 유발하기 충분할 정도의 논란을 내포한다. 또한 세대는 결국 경험의 공유를 핵심으로 하는데, 무엇이 그런 경험이냐도 논란거리며, 경험의 지평은 계급이나 성별 같은 다른 요인에 의해서도 분할된다. 더구나 386이든 475든 대학의 경험이 중요하게 설정되어 있다. 그런데 386의 경우 대략 고졸 인구 가운데 평균 35% 정도가 대학에 진학했다. 이에 비해 475는 대략 평균 18% 수준이다. 그런 집단이 전체 인구집단에 대해서 어느 정도나 영향력을 가졌는지는 매우 의심스럽다. 그 점에서도 설명의 한계에 부딪히게 된다.

하지만 세대론이 계속해서 논의되는 것은 그것에 어떤 설명력이 있다는 주장이 사람들에게 직관적 설득력을 가지기 때문이다. 대체로 사회적 현상은 범주를 엄격하게 적용하고 상세한 분석을 거듭하면 직관의 수준에서 뚜렷했던 실감이 옅어지는 경우가 많다. 결국 이 경우 문제는 세대라는 구별을 작동시켜서 얻을 수 있는 인지적 이점이 어느 정도냐 하는 것인데, 시도해볼 만한 충분한 이점이 있다는 것이 내 판단이다.

예컨대 이미 지적했듯이 대학생의 비중이 지금에 비해 훨씬 적은 시대에서 대학생이 세대 구분에 있어 중심적 영향을 가질 수 있는가 하는 문제만 해도 그렇다. 비중은 적었지만 지금과 달리 이들은 사회적 엘리트로 성장했다. 그러므로 대학의 영향이 작다고 할 수 없다. 그리고 일반적인 수준에서 보더라도 우리 사회처럼 변동의 속도가 빠른 사회에서는 생활감각의 수준에서 세대 간 차이가 매우 크기 때문에 사회를 설명할 때 세대를 염두에 두어야 할 이유는 뚜렷하다.

아무튼 지금 와서 볼 때, 이 글에서 제시한 세 가지 가설이 틀렸다는 생각은 별로 들지 않는다. 두번째 가설은 간접적 증거조차 끌어올 만한 것이 별로 없지만, 첫번째 가설과 세번째 가설에는 간접적 증거가 약간은 존재한다. 우선 475세대론을 생각해보자. 18대 대선에서 50대의 82%가 박근혜 후보를 지지했다. 이 50대가 대체로 베이비부머와 일치하기 때문에 나도 지난해 한겨레에 쓴 칼럼(「50대의 초라해진 정치적 커밍아웃」)에서 이들을 베이비부머로 지칭했다. 하지만 베이비부머에 속하는 80년대 학번 세대를 50대에서 제외하고 내가 475세대라고 부른(지금은 575세대인) 집단에 대한 통계만을 뽑아보면(현재로서는 그렇게 조사한 경우가 없어서 알 수 없지만), 박근혜 지지는 훨씬 상승할 것이라 생각한다.

사회적 진보성이 남성보다 여성에게 더 많이 축적되어 있을 거란 가설은 역으로 남성들이 진보적 가치의 수용에서 지체된 집단일 것이라는 주장도 함축한다. 최근에 문제가 된 '일간베스트저장소'의 광주민주화 운동에 대한 폄훼와 여성에 대한 혐오의 양상은 그런 점을 방증한다. 이 사이트 활동자 대부분이 젊은 남성들이고, 이들의 여성 혐오가 가부장제적 가치로부터 여성들이 이탈해간 것에 대한 성차별적 반응이라는 점에서 그렇다.

그럼에도 불구하고 이 칼럼은 사회적인 후속 반응을 별로 불러일으키지 못했던 것 같다. 촛불집회 당시에, 그리고 그 집회가 점점 더 커다랗게 성장하던 시기에 그 집단 내부에 존재할 수 있는 분할선을 지적하는 것이 가진 정서적 불편함과 앞서 지적한 세대론적 설명의 내재적 한계가 후속 커뮤니케이션을 야기하기 어렵게 한 것 같다.

위험성에 '도전하는' 이명박 대통령

"마음에 안 들면 적게 사 먹으면 된다" "어느 나라가 자기 국민에게 해로운 고기를 사다 먹이겠느냐"고 말하던 이명박 대통령이 지난 7일에는 "쇠고기 개방으로 국민 건강에 위협을 가하는 일이 있다면 즉각 수입을 중지할 것이고 대책을 마련하게 될 것"이라고 말했다. 대통령의 이 말, 그리고 그것을 좀더 구체화한 농림수산식품부 장관의 말이 우리 국민의 광우병 예방과 관련해서든 미국과의 관계에서든 모두 실효성 없는 말이라는 것은 이미 언론을 통해 충분히 비판받았다. 내게 더 관심이 가는 것은 대통령의 말이 정말 실효성이 있느냐는 것보다 그런 말을 하는 대통령의 사고방식이다.

앞서 인용한 대통령의 세번째 말은 언뜻 보기엔 정부가 어떤 변명을 늘어놓아도 국민의 항의가 거세지만 가자 오만과 독선에서 벗어나 대책

비슷한 것이라도 내놓으려 한 말로 보인다. 하지만 잘 들여다보면 인용된 세 번의 말 모두 같은 생각이 상황에 따라 때로는 푸념, 때로는 호소, 때로는 짜증으로 표현된 것에 지나지 않는다. 심중의 말을 재구성하면 이렇다. "미국 쇠고기는 아무 문제없다. 그거 먹고 인간 광우병에 걸릴 확률이 얼마나 된다고 겁을 내나. 무시해도 좋은 확률도 겁나는 사람은 먹지 말라고 그래라(푸념). 내가 명색이 대통령인데, 제 나라 국민들 밥상에 위험한 고기를 올리겠나(호소). 정히 무섭다면, 문제가 생기면 수입 중단하면 되지 않나. 하지만 그럴 일 없을 거다(짜증)."

이런 얘기에 대해 혹자는 대통령을 비난하기 위해서 말꼬리를 잡고 있다고 할지 모르겠다. 그렇지 않다. 나는 이대통령을 상황에 따라 이 말 저 말 둘러대는 사람이 아니라 내적으로 일관성 있는 사람으로 대접하고 있는 거다.

문제는 오히려 그가 일관성 없는 사람이 아니라 일관성 있는 사람이라는 점에 있거니와, 그의 일관성은 높은 수준의 위험감수적risk-taking 성향 또는 위험추구적 성향이라고 할 수 있다. 사실 위험, 그러니까 미래에 일어날 수 있는 부정적 사건의 확률을 항상 대면하지 않으려 할 수는 없다. 예컨대 자동차 사고 위험 때문에 운전을 하지 않을 수는 없다. 하지만 매우 높은 위험이나 확률은 낮다고 하더라도 그것의 결과가 극히 치명적인 위험조차 함부로 감수하는 것은 비합리적이다. 그런데 이명박 대통령의 위험에 대한 지각은 매우 안이하고 자신의 표현대로 하면 도전적이다.

유감스럽게도 이명박 대통령이 그런 성향을 가진 것은 생애사적으로 고착된 것이며, 그 혼자만의 것도 아니다. 주지하다시피 지난 몇 십 년간 우리 사회의 발전은 고도로 위험감수적인 과정이었다. 그리고 그런 과정은 멀게는 와우아파트에서 가깝게는 성수대교와 삼풍백화점 붕괴, 그리고 숭례문 화재를 유발하는 것이었으며, 숱한 산업재해와 대책 없는 재난·재해로 얼룩진 것이었다. 우리가 곧잘 자부심의 원천으로 삼는 고도로 위험감수적인 경제성장은 희생자와 낙오자의 관점에서 보면 참을 수 없는 고통을 양산하는 것이기도 하다.

걱정스러운 것은 이명박 대통령이 이런 국민적 습속을 같은 사회 성원으로서 그저 공유하고 있는 정도가 아니라는 점이다. 그는 지난 몇 십 년간 모험적이고 위험추구적인 기업 활동 속에서 승승장구했고 대통령에까지 이른 사람이다. 다시 말해 그는 자신의 그런 성향에 따른 행동에 대해 언제나 성공으로 보답을 받았던 사람이다. 그런 의미에서 그는 고도로 위험감수적이었던 우리 사회 발전 방식의 총아이고 화신이다. 광우병에 걸린 소의 뇌에 특정위험물질SRM이 다량 축적되어 있다면, 이대통령의 뇌에는 이제 많은 사람들이 떨쳐버려야 한다고 생각하는 국민적 위험추구 성향이 고도로 농축되어 있다고 한다면 지나친 말일까?

그러고 보면 촛불집회에 그토록 청소년이 많은 이유도 일부 이해할 수 있다. 그들이야말로 그토록 험악했던 위험감수적 발전을 통해 마침내 좀더 안전해진 나라에서 성장한 세대이기 때문이다. 그리고 우리의 새로운 발전은 이들이 가진 안전에 대한 감수성으로 시작해야 할 것이다. 이대통령이 아니라 촛불 든 청소년들이 우리의 미래이고, 미래여야 한다.

경향신문, 2008. 5. 17.

돌아보기

경향신문이 촛불집회와 관련해 릴레이 기고를 받았고, 그 가운데 하나로 쓰인 글이다. 촛불집회 그리고 미국산 쇠고기 수입의 여러 측면 가운데 한 가지 생각해볼 만한 점을 짚어보는 것이 내 글의 과제였다. 그래서 미국산 쇠고기 수입의 핵심 쟁점인 검역주권 문제 자체보다 그와 연관된 문제를 다루었다.

실제로 검역주권을 유지하면 모든 논란과 피곤한 선택, 곤경을 단번에 피할 수 있다. 그런데 정부가 그렇게 하지 않은 것이 중심 문제이긴 하다. 하지만 일단 정부가 그런 짓을 저지르고 나면 사회 내부에서 논란이 심각해지는데, 그 이유는 정치적 대립선 때문이지만, 그보다는 위험에 대한 인지와 평가가 성별, 연령, 계층에 따라 크게 다른 것이 더 중요한 이유가 된다.

이명박 대통령 세대와 현재의 청소년 세대는 위험 인지의 면에서 완전히 다르다는 것에 긴 설명은 필요하지 않다. 내 세대의 경우 일부는 미국산 쇠고기 문제에 대해서 거리낌이 전혀 없는 사람도 있고, 매우 꼼꼼하게 조심하는 사람들도 섞여 있다. 육체적 힘을 숭배하고 고기와 술을 좋아하는 남성 육체노동자 집단도 대체로 미국산 쇠고기 문제에 대한 감수성이 낮다. 이에 비해 아이들에게 먹을 것을 마련해줘야 하는 주부들, 특히 젊은 주부들의 감수성은 매우 예민하다.

이 글은 그런 점을 우리의 사회 변동 속도가 유발한 세대 간 분할의 관점에서 다루었는데, 이런 논의로부터 좀더 일반적 의미를 이끌어낼 수 있다. 위험에 대한 사회적 논의는 통상 위험이 실제로 어느 정도의 확률로 존재하는가에 집중되는 때가 많다. 논란이 일어날 경우 그 원천은 위험 산정Risk Assessment에서의 이견이 되는 것이다. 하지만 이미 말했듯이 위험 인지와 평가가 사회적으로 분할되어 있다면, 위험 산정의 정확성 자체가 그렇게 중요한 것은 아니다. 더 중요한 것, 혹은 조금이라도 논란을 약화시킬 수 있는 것은 위험 인지와 평가 자체의 위험에 대한 성찰적 태도다. 다시 말해 논의에 참여하는 사람들이 자신의 위험 인지와 평가에 이미 위험이 수반되고 있다는 점을 이해하고 그것에 대해 민감성을 갖는 것이 중요한 것이다.

6월의 광장을 딛고 나아가는 2008년 촛불항쟁 :촛불항쟁에 대한 중간 고찰

사회는 종종 자신에게 어떤 변화가 일어났는지, 자신이 무엇을 할 수 있는 존재가 되었는지 모를 때가 있다. 그래서 사회는 종종 스스로에게 놀란다. 이제는 '촛불문화제'가 아니라 '2008년 촛불항쟁'이라고 불러야 마땅할 이 사건도 그런 것에 속한다. 촛불을 들고 거리를 행진하는 사람들은 모두 이 역사적 사건의 참여자인 동시에 관찰자인데, 그들은 모두 자신의 소박한 행동이 장엄한 촛불 물결과 동일한 실체라는 사실에 경탄한다.

지난 한 달 동안 거듭해서 스스로를 초월하며 발전해온 2008년 촛불항쟁의 성격을 한마디로 요약하기는 매우 어렵다. 그래도 정리해 말하자면 현재의 상황은 후진기어를 넣고 역진하는 '불도저'를 시민들이 촛불을 밝혀 막아선 것이라 할 수 있다. 민주적 정부 아래서는 민주화가 밥 먹여주냐는 냉소가 흘렀다. 하지만 마치 사장이 구내식당에 납품될 쇠고기를 수의 계약하듯이 미국에 간 대통령이 미국산 쇠고기를 전면 개방했을 때, 시민들은 민주화의 역진이 밥상 자체를 위협한다는 것을 명료하게 알게 되었다. 더불어 미국산 쇠고기 개방은 영어 몰입교육에서부터 4·15 교육규제 철폐, '고소영·강부자' 내각, 대운하 추진 같은 선행 사건들 그리고 수돗물과 건강보험을 비롯한 각종 민영화 같은 다가올 사건들의 의미 또한 또렷하게 해줬다. 시민들로서는 적어도 역진 불가능한 지점을 지정해줄 필요를 느꼈고, 대의민주주의가 작동하지 않음이 분명해졌기 때문에 스스로 촛불을 들 수밖에 없었다.

생각해보면 87년체제를 통해서 시민들은 대의제가 작동 불능이나 오작동 상태일 때마다 그리고 87년 민주화의 성과가 무화될 위기에 처할 때마다 직접민주주의적 행동을 개시했다. 1996년 겨울 노동법 파동 때 그랬고, 2000년 총선연대의 활동이 그랬고, 2004년 노무현 대통령 탄핵반대 시위가 그랬다. 그런 의미에서 지금의 촛불항쟁은 87년체제를 통해서 반복되어온 시민의 직접민주주의적 개입과 궤를 같이한다. 하지만 촛불항쟁은 반복을 상회하는 혁신과 변화의 징후들을 가지고 있다. 이를 살펴보기 위해서 사태의 추이를 되짚어보자.

4월 17일 한미 쇠고기 협상이 타결되었을 때만 해도 협상의 의미는 불명료했다. 하지만 송기호, 박상표, 우석균 같은 전문가들에 의해서 사회적 계몽이 시작되었다. 축산 포드주의에 기반을 둔 쇠고기산업의 이윤추구가 얼마나 추악한지, 정부가 얼마나 몽매한 협상을 했는지, 미국산 쇠고기 수입 후 인간 광우병을 피하려는 시도가 얼마나 지독한 강박증적인 주의력을 요구하며 궁극적으로 실패할 수밖에 없는지가 속속 드러났다. 그때 이미 쇠고기 문제는 논쟁의 국면을 지났다. 이어진 수많은 TV토론은 이명박정부를 수호하려고 나선 인물들의 논리가 얼마나 가관인가를 보여주는 구경거리였을 뿐이며, 정부 관계자나 그들을 옹호하는 학자들은 시간이 갈수록 몇 년 전 황우석 박사가 갔던 길을 뒤따르고 있을 뿐이었다.

인상적인 동시에 새로운 현상은 이런 과정을 통해서 드러난 계몽의 확산 속도와 조직화의 힘이었다. 지식인과 전문가, 비판적인 언론매체, 인터넷 카페와 블로그 그리고 사람들의 손에 들린 휴대전화와 디지털 카메라의 협력 아래 진행된 이런 사회적 계몽은 의학과 국제법, 국제경제학을 넘나들며 관료적 레드 테이프와 보수언론의 담론 조작, 사이비 전문가들의 요설을 남김없이 격파했다. MBC 신경민 앵커의 말처럼 "대한민국에서 제대로 된 시민 되기가 쉽지 않"았지만 사람들은 그 일을 능히 해냈다.

계몽 과정의 양식과 속도만이 새로운 것이 아니고 행동의 차원에서도 새로움은 나타난다. 사실이 하나씩 규명될 때마다 사람들의 분노는 커져갔지만 언제나 그렇듯이 행동이 중요하다. 이 행동이라는 핵심적 계기를 마련한 것은 촛불을 들고 거리에 나선 여학생들이었다. 정치로부터 가장 먼 거리에 있다고 추정된 존재가 정치의 전면에 불쑥 출현한 것이다. 이전에 쓴 글에서 나는 이들이 지닌 세대론적 함의를 지적한 적이 있는데 그런 세대론적 함의보다 더 중요한 것은 이들이 시청 앞 광장에서 보인 모습이다.

그들은 참 스스럼없고 재기발랄한 표어들을 들고 나섰는데, 그중엔 "미친 소, 너나 먹어"라는 당돌하고도 엄중한 표어도 있었다. 나는 이 표어가 촛불항쟁의 새로운 한 차원을 드러내준다고 생각한다. 무엇보다 이 표어에는 주인의 목소리가 울려퍼지고 있기 때문이다. 올해는 의미심장하게도 남한 정부 수립 60주년이 되는 해다. 여러 면에서 생채기진 분단국가의 수립이었지만, 어쨌거나 정부 수립은 식민지 아래서 살아온 민중이 국가 시민으로 거듭난 경험이었다. 하지만 뒤이은 전쟁과 독재정권으로 인해 사람들은 국가에 대해 피해자 심리를 가지게 되었다. 거의 원초적이라고 할 만한 이 피해자 심리가 이들에겐 전혀 없다. 그들은 진정으로 주인으로서 말하고 있거니와 이것이야말로 촛불항쟁이 보여준 최고의 새로움이다.

그런 의미에서 촛불항쟁을 '국민 MT'라고 부른 역사학자 한홍구는 정곡을 찌른 것 같다. 계속되는 집회 속에서 주인임을 자각할 필요조차 없이 이미 주인으로 발언하는 청소년들에 의해서 사람들은 주인 됨의 몸짓과 언어를 습득하는 동시에 주인이 되어 있음을 체험했기 때문이다. 그런 의미에서 촛불항쟁은 비유가 아니라 말 그대로 국가공동체의 멤버십 트레이닝이라 할 수 있다. 한겨레 기획위원 홍세화가 몇 년 전부터 끈기 있게 외쳐온 대한민국 헌법 제1조가 지금 집회 현장에서 노래로 울려퍼지고 있다. 하지만 지금의 노래는 질적 비약의 측면을 가지고 있다. 홍세화의 말은 주장이고 요청이었지만 지금 불리고 있는 〈대한민국 헌법 제1조〉는 확증된 사실의 선포이고 주인의 자유로운 읊조림이다. 87년 헌법이 추상적으로 기재한 헌법 제1조가 비로소 사람들의 육체와 목소리에 현존하게 된 것이고,체제의 지향점이 마침내 자기완성에 이른 것이라고 할 수 있다. 그러니 촛불항쟁이 6·10항쟁 21주년과 접속한 것은 자신과의 조우인 동시에 나선형의 상승, 새로운 출발점이라고 할 수 있다.

너무도 인상적인 이런 주인 됨의 양태, 주권자의 모습을 추적하는 것은 즐거운 일이다. 살수차를 혼자 막고 서서 "경찰이 시민들에게 물대포를 쏘면 안 되잖아요"라고 말하는 여고생, "아닌 것은 아니다"라는 표어를 들고 경찰 앞에 서 있는 한 노인, 불법 시위를 운운하는 경찰의 선무 방송에 대해 "너희가 불법이다"라고 말하는 시위 군중은 실정법을 압도하는 법 정초적 발언, 주권자의 목소리다.

촛불항쟁에 흐르고 있는 주인 됨을 당연시하는 태도는 항쟁의 양상을 완전히 바꾸었다. 이 태도가 권위주의적 정부의 폭력에 대한 모든 공포를 깨끗이 소멸시켰기 때문이다. 전경이 사람들을 체포하면 그것을 '닭장차 투어'쯤으로 여기는 것, 바리케이드 쳐진 전경버스 위에 전경이 보이면 "노래해"를 외치고 물대포에 '온수'를 요청하는 것 뒤에는 전경 대다수가 양심에 반하는 행동을 하고 있다는 이해심과 그들을 측은히 여기는 주인의 마음이 자리잡고 있다. 국가의 권위주의적 폭력은 이제 사실적으로 발생한다고 해도 규범적으로는 가능성의 경계 저편으로 내몰린 셈이다. 유모차에 아이를 태우고 나선 주부들의 모습, 아이들을 목말 태우고 행진하는 아빠들의 모습은 그 명백한 증거다. 그들의 태도는 아이의 목숨까지 담보한 위험한 투쟁에 임한 자의 모습이 아니라 모든 공포가 소멸한 광장에서 역사적 순간을 자녀와 함께하려는 이들의 모습이다.

공포가 사라진 곳에서 풍자의 자기표현적 시학이 만개하는 것은 당연한 일이다. 시위 현장과 인터넷을 채우고 있는 시민들의 말은 수사학 사전 하나를 채우고도 남을 만해서 시민 전체의 카피라이터화, 시인화,

'진중권화'라고 해도 과언이 아닐 정도이다. 더러는 "명박아 미국에서 얼마 받고 알바하니" 같은 거친 조롱도 있지만, 판소리의 전통에 닿아 있는 멋진 것도 있다. "이름은 명박, 별명은 땅박, 관상은 쥐박…… 생각은 천박, 정신은 떨박, 철학은 척박, 언행은 경박…… 인심은 야박, 의리는 깜박…… 공무원은 타박, 기관장은 압박, 서민은 핍박…… 경제는 쪽박, 전망은 희박…… 운하는 강박, 정치는 도박, 정책은 엇박, 변명은 또박, 구속은 임박, 탄핵은 촉박."

풍자의 시학 속에서 새벽을 넘기곤 하는 집회 현장이 난장의 형태를 띠는 것은 또한 당연하다. 더러는 서고, 더러는 앉고, 더러는 노래하고, 더러는 술 마시고, 더러는 구호를 외친다. 한쪽에서는 중고생 밴드가 사람들과 어울려 크라잉넛의 〈말 달리자〉를 노래하고, 다른 한쪽에서는 전경버스를 두들기거나 '영차영차' 밀고 있다. 그 안에는 사회적 투쟁에서 흔히 발견되는 심각함 대신 유쾌함이 흐른다. 해방 과정 자체가 해방적이어서 혁명과 축제가 직접적으로 동일시되는 것 같은 느낌에 사로잡히게 된다.

확실히 전경버스와 시위 대중이 맞닿는 경계면에는 어떤 과잉이 있다. 거기에서는 밧줄도 등장했고 몽둥이도 등장했다. 하지만 이 몽둥이 옆에는 현장 채증을 시도하는 경찰 카메라에 물총을 쏘는 재기발랄함이 공존하고 있다. 사실 전경버스 몇 대를 끌어낸다고 청와대에 이를 수 있다고 생각하는 사람들은 없다. 더러 다혈질인 사람들에게 이런 장면은 답답하고 울화가 치미는 일일 것이다. 하지만 내게는 전경차를 끌어내려는 사람들이 시골장터의 차력사처럼도 보였다. 그것은 시위에 활력과 초점을 부여하는 이벤트 같은 것이다. 이 말은 밧줄로 전경버스를 끌어내려고 하고 전경버스에 기어오르는 사람들의 행동이 시늉일 뿐이라는 것이 아니다. 전경들을 뚫고 청와대로 가겠다는 의지가 없다면 그것은 진정으로 표현적이지도 않고 몰입을 이끌 수도 없을 것이며, 그렇기 때문에 그 안에는 희망과 우려, 분노와 자제의 긴장이 어린다. 그럼에도 두드러지는 것은 시위대의 폭력이 아니라 겁먹은 전경들의 폭력이며, 시위대에 흐르고 있는 분위기는 "될 때까지 모이자"는 단호한 느긋함이다.

"될 때까지 모이자." 이 말이야말로 모든 사람들의 상상(특히 이명박 정부 사람들의 상상)을 뛰어넘는 항쟁의 지속성의 원천이다. 지금까지 얼마나 많은 사람이 항쟁에 참여했는지 모르겠다. 하지만 모두들 내가 안 가면 다른 사람이 갈 것을 믿고 있고, 시간이 있으면 시청 앞에 나가고 있다. 그래서 전경들은 피로에 찌들어갈지언정 릴레이하고 있는 항쟁의 참여자들에게는 피로감이 없다. 그래서 지치지도 지칠 수도 없는 시민들은 긴 시간을 지나 6·10과 만났고, 6·10을 넘어서 나아가고 있는 것이다.

이 항쟁의 공간은 정부와 시민 사이의 협상 공간이 아니다. 시민들은 지금 주권자로서 명령하고 있기 때문이다. 협상은 미국하고만 가능하며 그것도 재협상의 형태로만 가능할 뿐인데도, 여전히 대통령은 국민의 염장을 지르는 말을 하거나 "자율규제" "인적 쇄신" "유류세 환급" 같은 동문서답을 거듭하고 있다. "땅 파지 말고 귀를 파라"는 표어가 나오지 않을 수 없는 상황이다. 하지만 정부는 이런 상황에서도 몰래 대운하 사업을 추진했으며, MB맨들은 언론사를 장악하고 공기업 사장 자리를 차지하기 위해 여념이 없었다. 국가라는 여물통을 차지하고 관직과 공직이라는 사료에 코를 처박고 있는 30개월 넘은 소들의 꼴이 아닌가? 이런 식으로는 '명박산성'을 세워봐야 촛불이 꺼지기는커녕 더 높은 '시민산성'이 세워질 뿐이다.

지난 대선을 경유하며 87년체제와 민주화의 시효 만료를 선언하는 사람들이 꽤 있었다. 한편에는 민주화가 끝나고 선진화가 시작되었다는 우파적 판본이, 다른 한편에는 87년체제가 신자유주의적 97년체제로 전환되었다는 좌파적 판본이 있었다. 하지만 현재의 촛불항쟁은 그런 주장들을 기각하고 있다. 87년체제의 극복과 민주화 프로젝트는 끝나지 않았으며, 오직 민주화에 뒤이은 감수성의 혁신에 힘입어 자신의 힘으로 자신을 넘어서고 있는 것이다.

이렇게 스스로를 초월해가는 촛불항쟁이 어디서 멈출지 아무도 모른다. 하지만 이명박정부가 바리케이드 친 전경버스와 컨테이너 박스 뒤에 웅크리고 앉아 시민들이 지치기를 기다리고 있는 시점을 지날 것은 분명하다. 그럼에도 언젠가는 이 국민적 원탁이 접히고 일상의 시간이 되돌아올 것이다. 사회는 다시 이해관계의 선을 따라 분열과 갈등을 반복할지도 모른다. 하지만 거리에 선 모든 이들과 그들을 인터넷 TV 중계로 바라본 이들 모두의 기억이 존속할 것이며 이야기가 이어질 것이다. 인터넷 주부 카페가 주도한 조중동에 대한 광고 투쟁 같은 다양한 투쟁 방식들도 남을 것이다. 잘 작동하지 않은 대의제를 개선하려는 작업도 이어질 것이다. 항쟁을 통해 확인된 공공성에 대한 합의도 남을 것이다.

그렇게 일상을 정지시켰던 이 비일상의 시간은 되돌아올 일상의 경계를 재확정할 것이다. 가능한 것과 불가능한 것의 금을 다시 그을 것이다. 요컨대 우리 사회는 항쟁 이후에 전혀 다른 사회가 되어 있을 것이다. 그래서 촛불항쟁에 참여한 모든 이들에게 고대 아테네의 민주적 지도자 페리클레스가 했던, 펠로폰네소스 전쟁 전몰자 추도 연설의 한 구절을 바친다. “앞으로의 시대는 우리에게 놀랄 것입니다. 마치 오늘의 시대가 지금 우리에게 놀라워하듯이……”

창비주간논평, 2008. 6. 11.

돌아보기

5월 중순부터는 매일 촛불집회에 나가다시피 했다. 어떤 때는 친구와, 어떤 때는 식구들과 나갔다. 혼자서도 나갔다. 나가보면 오랜만에 만나는 반가운 이들도 많았다. 걷고 또 걷고 노래하고 또 노래했다. 다음날 수업해야 한다는 사실과 40대의 체력에 쫓겨 새벽 2시 이전에는 집으로 돌아왔다. 분당에 살 때여서 택시비도 무던히 썼다. 나와 반대로 용돈은 적지만 체력은 좋은 대학생들이 집회에서 밤을 넘기고 새벽 햇살과 더불어 전철을 타고 집으로 가는 모습을 보며 그들이 부러웠다.

이 글은 6월 10일, 그러니까 촛불집회의 참가자 숫자가 최대였던 날, 광화문 앞에서부터 서울역까지 촛불이 거대한 강인 양 넘실거렸던 날, 집회에서 돌아와 새벽에 썼다. 글을 쓰면서 나는 '명박산성'에 대해서는 전혀 언급하지 않기로 마음먹었다. 혁명과 축제가 직접적으로 하나가 된 6월 10일, 사건과 기억이 하나가 된 6월 10일만을 노래하고 싶었기 때문이다. 글은 당일 오후에 창비주간논평으로 배포되었다. 하나의 글을 이렇게 사건과 동고동락하며 써본 적은 없었던 것 같다. 기쁜 사건에 대해 기쁘게 글을 써서 기뻤다.

촛불이 갈 길

6월 10일에 이어 7월 5일에도 다시 한번 거리는 헤아릴 수 없이 많은 촛불로 넘실거렸다. 하지만 두 집회 사이에는 의미 있는 차이가 존재한다. 6월 10일에 사람들은 청와대를 향해 서 있었다. 하지만 7월 5일 사람들은 냉담하게 청와대를 등지고 앉아 집회를 진행했다. 사람들은 더이상 불법 주차된 전경차를 견인하려 하지조차 않았다. 그리고 촛불이 이미 승리했음을 선포했다.

그렇다. 촛불은 이미 승리했다. 촛불이 켜지던 첫날에 교복 입은 여중생들이 "미친 소, 너나 먹어"라고 단호하게 외치던 그때 이미 승리했고, 72시간 릴레이 투쟁을 벌여나갔을 때 이미 승리했으며, 6월 10일 거대한 촛불의 강을 이루고 스티로폼 계단을 쌓아 밤샘토론 끝에 명박산성에 올라 깃발을 흔들었을 때 이미 승리했고, 국민토성을 쌓아 명박산성을 비웃고, 형형색색의 비옷을 입고 아리랑을 부르며 아침을 맞는 기차놀이를 할 때 승리했다. 그리고 지난 주말 평화롭게 행진하고 토론하고 노래 부르고 놀았을 때 우리는 이미 승리한 것이다. 촛불항쟁을 관통하는 쇠고기, 대운하, 건강보험, 교육, 수돗물, 공영방송 같은 이슈들은 하나같이 생명을 중심축으로 선회한다. 촛불은 이 생명의 정치를 공생의 정치로 고양했으며, 그 과정에서 우리는 동고동락하는 기쁨을 얻었다. 그러니 이미 승리한 것이다.

아직 구체적 성과도 얻지 못했는데 벌써 승리를 말하는 것이 공허하다고, 그것은 한낱 상징적 승리에 지나지 않는다고 말하는 사람도 있을 것이다. 그렇지 않다. 촛불은 이명박정부의 행보를 다 막지는 못했지만, 그들을 당황하게 하고 대운하나 민영화 같은 잘못된 중요 정책에 제동을 걸었다는 점에서 이미 구체적 성과를 내고 있다. 뿐만 아니라 상징적 승리 자체가 현실적 승리 못지않게 중요한 의미를 지닌다.

촛불이 보여준 상상력과 자기표현의 분출, 끈기 있고 진지한 토론과 성찰, 온라인과 오프라인을 실시간으로 통합하고 활용하는 능력, 실천적 자기통제력, 유희와 항쟁을 결합하는 여유는 5공 시절 허문도식 언론 통제 그리고 강경대와 김귀정을 때려죽인 공안정국에 대한 낡은 추억 주변을 맴돌고 있는 정부를 한참 능가했다. 이런 지적·도덕적 승리가 명백했기에, 당혹한 대통령은 립서비스일망정 사과하지 않을 수 없었다. 물론 그는 '빼저린 반성' 며칠 뒤 시민의 뼈를 분지르고, 7월 5일의 촛농이 굳지도 않은 6일부터 시청광장을 폐쇄했다. 하지만 그것이야말로 스스로 상징적 패배를 가속화하는 일이었고, 그럼으로써 이명박 대통령은 우리 마음의 상징적 좌표 안에서는 하야했다.

하지만 이런 상징적 하야 뒤에도 이명박 대통령은 상징적 토대를 잃었기에 벌거벗은 모습으로 드러날망정 여전히 막강한 제도적 권력을 가지고 있고, 그것을 끊임없이 휘두를 것이다. 촛불은 이런 상징과 실재의 괴리를 견뎌야 한다. '이미…… 그러나 아직'이라는 역설의 시간에 드리운 어둠을 쫓아내기 위해 계속 타올라야 한다. 그러지 않으면 이명박 정부의 물리적·제도적 폭력에 더해 촛불이 얻어낸 도덕적이고 상징적인 승리마저 침식할 여지를 줄 수 있다. 그것을 막고 한 걸음 더 전진하기 위해서 지난 두 달 동안 이루어졌던 촛불의 발전 경향을 의식화하고 더 진화시켜야 할 때다.

무엇보다 촛불은 이제 지구전으로 나아가야 한다. 시민적 의제를 중심에 둔 현 상황에 전쟁의 메타포를 사용해야 하는 것이 유감스럽다. 하지만 그런 메타포를 떠올리게 한 것은 촛불이 아니다. 그것은 '내전' 운운하는 질 나쁜 한 소설가에 의해, 그리고 산성을 쌓고 농성 체제를 구축했던 이명박 대통령의 행보에 의해 유도된 것이다.

지난 두 달 동안 집회 참가자가 많으면 웅크리고, 적으면 진격하고, 맞불집회와 정보사HID를 동원하여 소요를 일으키려 할 뿐 아니라 촛불이 잦아드는 기미만 보여도 몽둥이를 꺼내든 이명박 대통령의 모습은 이미 촛불에 대항하는 지구전을 계획하고 있음을 보여준다. 따라서 촛불은 이제 '그렇게까지 외쳐도 이렇게까지 벽창호일 수 있는가' 하는 울화에서 벗어나 지구전에 임하는 마음을 갖추어야 한다. 전방위적 탄압과 고립화 시도로 인해 촛불이 일보 혹은 이보 뒤로 밀리는 때가 올지라도 그것을 이겨내기 위해서 평상심을 가져야 하며 이를 위해 촛불의 사회운동화와 제도화를 이룩해나갈 필요가 있다.

이런 방향은 지난 두 달 동안의 촛불항쟁 속에서 이미 조금씩 모습을 갖추어왔던 것이다. 촛불은 조중동 같은 수구언론의 영향력을 약화시키려는 사회운동을 조직했으며, 그들의 거친 반응에서 보듯이 이미 상당한 성과를 거두었다. 이런 활동을 더 조직적으로 '질기게' 이어나가야 하며, 이제 미국산 쇠고기 불매운동을 비롯하여 급식 감시운동으로 확산해가야 한다.

더불어 촛불이 의제화한 교육, 의료, 공공서비스, 언론 문제 등에서 사회적 퇴행을 저지하는 운동을 조직해야 한다. 예컨대 7월 30일 서울시 교육감 선거에서 우리는 0교시 수업을 없애는 성과를 얻을 수 있고, 그럼으로써 처음 촛불을 들고 거리에 나선 여학생들에게 보답할 수 있다. 그렇게 미국산 쇠고기 전면 개방이 불러모은 의제들 하나하나에 충실하게 된다면, 더디더라도 마침내 쇠고기 재협상에 이르게 될 것이며 시민들에게 폭력을 지시한 자, 행사한 자 그리고 그것을 도운 자 들을 깨끗이 심판하는 날을 맞을 수 있다.

이런 사회운동화와 더불어 그것을 잘 수행하기 위해서도 제도화가 필요하다. 촛불은 집회를 행복한 공간으로 만들어왔지만 그렇다고 해서 피로마저 씻어낼 수는 없다. 또한 근본적으로 탈중심화된 의사결정 구조를 가진 촛불은 사람들로부터 창의력과 참여를 끊임없이 이끌어냈지만, 다른 한편 타자의 참여에 대한 예측 불가능성으로 인해 은근한 불안을 자아낸다. 지금까지의 촛불항쟁 동안 전환점에서마다 촛불의 미래에 대한 논의가 촉발됐던 것은 바로 이 때문이다. 이런 불안과 피로를 없는 척하지 말고 받아들이자. 갈 길이 짧지 않으니 '가다 못 가면 쉬었다' 가면 되고, '아픈 다리 서로 기대며' 가면 된다. 이를 위해서 집회를 주말로 정례화하고 한 달에 한 번 집중집회를 하는 식으로 그리고 주중에는 토론을 조직하는 방식으로 제도화하는 것이 가능할 것이다. 이런 집회 방식의 변화와 관리를 위해서는 광우병 국민대책회의보다 좀더 높은 수위의 연대기구, 이를테면 '촛불회의' 같은 것이 필요할 수도 있다.

이런 제도화 속에서 나는 토론의 조직화가 매우 중요하다고 생각한다. 토론 속에서 발전해온 촛불이 더 심화되어야 하기 때문이다. 촛불은 쇠고기 사태에서 출발해 곧장 다른 의제들을 흡수해 5대 의제로 발전했다. 공생을 향한 이런 촛불의 학습과 진화는 그 귀결점으로 이명박 정부와 조중동이 생각하는 것과는 전혀 다른 방향의 한국사회를 함축하고 있다. 그것이 어떤 것인지 스스로 밝힘으로써 대안을 조직화해가야 한다.

이를 위해서는 5대 의제라는 자기 한정을 넘어설 필요가 있다. 지난 두 달 동안 촛불은 비정규직 문제를 비롯한 노동 문제를 정면으로 감당하지 않았고, 항쟁의 한가운데 있었던 6·15를 스쳐지나갔으며, 쇠고기 문제의 뿌리인 한미 FTA 문제 또한 다루려 하지 않았다. 그런 우회에 쟁점을 집약하고 우리를 최대화하려는 신중함이 서려 있기는 하다. 하지만 이제 그런 신중한 한정을 떨쳐야 한다. 집회에서는 폭력을 완벽하게 자제해야 하지만 사유와 성찰은 거칠 것 없이 개방해야 하며, 그것을 토론에 회부해야 한다. 토론이 깊이를 더할수록 대안은 모습을 갖추어 나갈 것이다.

이런 촛불의 진화는 또한 촛불 든 이들의 진화이기도 할 것이다. 토론 속에서 우리는 전문가인 시민, 정치가인 시민이 될 것이며 내적 변화마저 이룩할 수 있다. 생각해보면 지난 대선과 총선은 우리 내면의 저열한 열정과 속물성이 뛰쳐나왔던 과정이었다. 그렇지 않았다면 전과와 거짓말로 얼룩진 사람이 대통령이 되지 않았을 것이고 뉴타운에 현혹되어 더 나은 후보들을 줄줄이 낙선시키지도 않았을 것이다. 그 우리 안의 속물 됨을 촛불로 정화해야 한다. 나도 그랬지만 많은 사람이 집회중에 자신이 든 촛불을 응시할 때마다 마음의 평화를 느꼈을 것이다. 이 평정한 마음으로 정진하면, 세상을 밝히며 안으로도 스며드는 조용하고 따뜻한 이 촛불 같은 사회, '촛불 세상'을 만들 수 있을 것이다.

창비주간논평, 2008. 7. 9.

돌아보기

촛불집회 같은 예외적 상황은 언젠가 끝난다. 그렇다. 황동규가 노래했듯이 "내 사랑도 어디쯤에선 반드시 그칠 것을 믿는다. 다만 그때 내 기다림의 자세를 생각하는 것뿐이다". 그 점을 촛불집회에 참석한 모든 이들이 또한 알고 있었다. 하지만 어디쯤에서 끝낼 것인가. 혼자만의 일이 아닌데, 누가 모두의 마음의 행로를 알아 끝내자 말할 수 있겠는가. 어려운 짐을 천주교정의구현전국사제단(이하 '사제단')이 졌다. 2008년 6월 30일부터 7월 6일까지 사제단 주최로 서울광장에서 시국미사가 열렸다. 평화롭게 진행된 마지막 미사를 사제단은 '국민승리 선언'으로 끝냈다. 사제단의 선언은 나서서 미사를 종결함으로써 다른 이들의 끝냄을 이끌어내는 몸짓이었다. 물론 마음의 길을 다 가지 않은 이들이 남아서 꽤 오랫동안 촛불을 이어갔지만 말이다. 나도 사제단과 같은 마음으로 사태를 정리하는 글을 썼다.

그렇게 촛불이 잦아들듯이 종결된 촛불집회의 의미에 대해서 집회중 그리고 그후에도 많은 논란이 있었다. 2008년 봄에서 여름까지 황홀하게 빛난 촛불의 의미는 무엇이었을까?

사건의 의미를 서술하는 것은 참여자이기보다는 관찰자, 민중이기보다는 지식인이 된다. 이 두 범주가 겹칠 수 있지만 서술하는 자리는 관찰자이고 지식인의 자리인 것이 보통이다. 그런데 촛불은 흥미롭게도 지식인들에게 그렇게 환영받지 못했다. 기존의 정치세력들도 내심 그렇게 촛불집회를 반가워하지 않았다.

후자의 심정은 쉽게 이해가 간다. 당시 한나라당이나 이명박정부는 한편으로는 당혹과 두려움 속에서 다른 한편으로는 어떻게든 촛불의 의미를 격하하고 가능하면 진압하려는 태도를 보였다. 당연한 일이었다. 하지만 야당인 민주당에게도 촛불은 두렵기까지 한 것은 아니어도 당혹스럽기는 마찬가지였다.

민주당의 전신인 열린우리당과 노무현정부는 쇠고기 수입 개방의 한 원인이 된 한미 FTA를 추진했었다. 그들이 야기한 혼란스럽고 지지층을 배반한 정책, 그리고 무력한 대선 패배를 촛불을 든 시민들은 잘 알고 있었고, 그래서 그들의 집회 참여조차 그렇게 반가워하지 않았다. 민주당 국회의원들은 집회 단상에조차 올라갈 수 없었고, 집회 현장을 어슬렁거릴 수 있을 뿐이었다. 촛불집회가 강력해 보였던 이명박정부를 그토록 조기에 흔들어놓음으로써 그들에게 새로운 정치적 기회를 마련해주었지만, 촛불집회 속에서 그들은 엄청난 민중적 에너지에 당황하며 그것이 자신들을 날려버릴 힘인지 자신들에게 기회를 줄 힘인지 확신조차 못한 듯이 보였다.

진보정당들도 촛불집회에 대해서 마음 깊은 곳에서는 불편한 심정이었다. 한나라당의 집권을 통해 그들은 상당 기간 보수의 헤게모니가 관철될 것이라는 전망을 가졌다. 그런 판단이 아니었다면, 총선을 앞두고 분당함으로써 총선 패배를 자초하는 일 따위를 하기는 어려웠을 것이다. 그런 그들에게 촛불집회는 놀라움 자체였을 것이다. 그들의 정치적 운산雲散은 가볍게 무너졌다. 진보신당은 촛불집회 초기부터 열정적으로 참여하기 시작했고 그 덕에 당원이 느는 성과도 있었다. 하지만 민주당이 우리나라 정당사에서 오랫동안 누려왔던 반대의 독점이라는 프리미엄을 박탈하는 것을 중요한 과제로 설정한 진보정당들에게 촛불집회는 그들을 반MB연합의 초라한 하위 파트너로 밀어넣을 위험한 경향으로도 보였던 것이다.

정당과 달리 특별히 이해득실을 따질 필요가 없는 지식인들은 평소 자신이 품어왔던 이론적 확신과 사건을 대조한다. 그리고 사건 앞에서 이론을 내려놓고 그것을 새로운 이론의 출발점으로 삼기도 한다. 하지만 이론에 입각해 사건을 폄훼하는 일도 허다한데, 촛불집회도 그런 취급을 많이 받았다. 민주주의의 중심에 정당정치를 놓은 원로 정치학자는 촛불집회를 제도적 민주주의를 위한 구원투수쯤으로 격하했다. 어떤 좌파 이론가는 촛불집회를 "쾌락의 평등주의"로 묘사했다. 촛불집회를 중산층운동으로 규정하기도 했다. 이론을 뛰어넘는 사건이었던 촛불은 그렇게 대단한 의미를 갖지 않은 것으로 축소 해석되었다. 사건에의 충실성을 새로운 진리의 출발점으로 천명하는 바디우의 책이 그토록 각광받으며 번역되는 좌파 문화가 존재하는 사회에서 촛불집회라는 사건에 대한 충실성을 선포하는 이는 그토록 드물었다.

이런 격하된 해석이 널리 퍼짐에 따라 촛불집회에 참여했던 이들조차 사건의 의미에 대해 회의적 태도를 취하는 경향이 퍼졌다. 확실히 가시적 성과는 별로 없어 보였다. 대통령이 사과하긴 했다. 진심과 거리가 먼 사과임은 분명했지만 그래도 그 사과의 시늉일망정 그것을 작게 생각할 일은 아니다. 그러나 그것이 사람들의 마음을 잘 달랠 수준은 아니었다. 미국산 쇠고기 수입이 중단된 것도 아니었다. 수입 조건이 조금 더 엄격해졌지만, 그것이 제대로 지켜질 가능성, 미래에도 확고히 존속할 가능성 모두가 의심스러웠다. 이런 점 때문에 그렇게 많은 이가 참여했는데 너무 초라한 성과를 얻은 것이 아니냐는 의견이 분분했다. 한마디로 해서 촛불집회는 멋지긴 했지만 별것 아니었다는 것이다.

확실히 촛불집회는 뚜렷한 성과가 별로 없었고 그로 인한 실망감이 널리 퍼져 있다. 하지만 촛불의 의미를 따지기 위해서는 우리 근대사에서 대중이 공적 무대로 뚜렷이 몸을 드러낸 다른 사례와 대조해볼 필요가 있다. 4·19처럼 국가를 굴복시키는 가시적 성과를 낸 성공한 혁명도 있다. 그것이 별문제 없이 혁명으로 불리는 이유는 그 성과 덕분이기도 하다. 하지만 그것은 뒤이은 5·16쿠데타로 인해 좌절된 혁명이기도 하다. 광주항쟁을 생각해보라. 최정운 교수가 절대공동체의 경험으로 명명한 5월 21일부터 27일까지의 민중자치라는 빛나는 경험은 8일에 그쳤다. 하지만 누구도 그것을 광주항쟁 또는 광주민주화운동이라고 부르기를 주저하지 않는다. 그 빛나는 경험의 비극적 종결이 87년 6월항쟁으로 가는 긴 장정의 출발점이었기 때문이다. 그런 의미에서 광주는 성공한 실패였다. 6월항쟁은 군사정권을 굴복시켰고 우리가 살아가는 체제를 만들어냈다. 하지만 그것은 분명히 타협성을 가진 절반의 성공이었다. 촛불집회는 어떤가? 그것의 의미와 성과의 면에서 어떻게 이해되어야 할까?

나는 촛불집회의 의미와 성과는 커다란 것이었다고 생각한다. 첫째, 그것은 민주적 법치국가의 주인으로서 그리고 주인의 풍모로서 대중이 선명하게 모습을 드러낸 사건이었다. 여기서 초점은 우리가 그렇다는 것을 알기 위해서는 우리가 그러함이 드러나야 한다는 점에 있다. 그래서 나는 지금도 6월 11일자 칼럼의 첫번째 진술이 의미 있다고 생각한다. "사회는 종종 자신에게 어떤 변화가 일어났는지, 자신이 무엇을 할 수 있는 존재가 되었는지 모를 때가 있다. 그래서 사회는 종종 스스로에게 놀란다." 우리는 촛불집회 이전에 우리 자신이 그토록 당당하고 재기발랄한지 몰랐고, 우리 내부에 깊은 연대감과 우애의 싹이 자라나 있는 줄 몰랐던 것이다.

둘째, 이명박정부의 행로에 실제로 미친 영향도 적지 않다. 사람들은 이명박정부가 얼마나 강한 정부였는지 쉽게 잊어버렸다. 이명박정부는 대선에서 중간층으로까지 보수파의 헤게모니를 관철시키며 역대 최대의 표차로 손쉽게 집권했고, 총선에서는 압도적인 다수로 의회를 장악한 정권이었다. 제1야당은 전 정부의 실책으로 대중의 신뢰를 잃었고, 진보정당들은 분열했다. 한마디로 지리멸렬했다. 하지만 지금 누구도 이명박정부가 대중의 지지를 받으며 힘있게 자신의 정책을 밀고 나간 정부로 기억하지 않는데, 그것은 전적으로 촛불집회의 힘 때문이었다.

물론 이미 말했듯이 미국산 쇠고기 수입 개방 조건을 만족스럽게 바꾸지는 못했다. 4대강 사업이 국토를 참절하는 일을 막지도 못했다. 하지만 이명박정부의 민영화 일정을 흔들어놓았고, 민영화 추진에 대한 여론의 향배를 조심스럽게 생각하게 만들었다. 많은 민영화 기획들이 약화되고 좌절되었다. 지금 인천공항이 민영화되지 않은 것, KTX가 어쨌든 아직 민영화되지 않은 것에 대해 우리가 누구에게 고마워할 수 있는가? 4대강의 녹조가 흉한 몰골이긴 해도 자칫하면 우리는 낙동강과 한강이 조령터널을 통해 연결되는 참상을 맞을 수도 있었다. 우리가 수행한 촛불집회가 해낸 일이 상당하다는 것을 인정해야 한다.

촛불이 이명박정부에 미친 영향은 부정적인 방향도 있다. 촛불집회 이후 이명박정부는 민간인 사찰, 국정원 친정 체제의 강화, 방송 장악 등에 더 박차를 가했다. 남북관계에서도 퇴행적이고 반동적인 방향을 취했는데, 촛불집회가 야기한 보수파의 위기 속에서 수구적이고 냉전적인 분파들의 발언권이 강화돼갔기 때문이다. 하지만 그것이 촛불집회 탓은 아니다. 이 점에 대해서는 「4·29 재보선은 촛불의 승리」(창비주간논평 2009년 5월 6일자)에서도 말했듯이 "남의 발뒤꿈치에 밟혀봐야 자신이 뱀인지 아닌지 알 수 있다"는 니체의 말을 적용할 수 있다. 이명박정부는 촛불에 밟혀 뱀이 된 것이 아니다. 촛불이 무언가를 밟았는데, 그것이 뱀이었을 뿐이다.

셋째, 촛불집회는 야권에게도 커다란 변화를 불러일으켰다. 촛불집회를 계기로 대중은 비교적 일관된 투표 결집의 노력을 보였고, 그것이 스스로 빠져든 낙담과 침체에서 허우적대던 야당들을 건져냈다. 더불어 그들에게 연합정치를 받아들이고 그것에 진력하도록 밀어붙였다. 지난 총선과 대선의 실패는 촛불 대중의 노력을 정치적으로 실현하는 데 있어서 야당들이 보인 능력 부족으로 평가해야 한다. 촛불은 그런 부족한 능력에 대해서도 48%의 지지로 응답해준 것이라고 할 수 있다. 그래서 이런 이유 때문에 나는 그때 그렇게 명명했던 그대로 지금도 촛불집회가 '2008년 촛불항쟁'이라고 불려야 마땅하다고 생각한다. 그것은 적어도 '절반의 성공'을 거둔 항쟁이었다.

패권 이후의 미국과 한반도적 실천

미국발 금융위기로 전 세계가 심각한 고통을 겪고 있다. 아이슬란드에 이어 우크라이나, 헝가리, 벨라루스, 파키스탄이 IMF에 구제금융을 요청했다. 이외에도 남아메리카와 동유럽의 몇몇 나라가 금융 고위험국으로 논의되고 있으며, 이런 위험국가 안에는 연일 주가와 환율이 롤러코스터를 타고 있는 우리나라도 들어가 있는 상태다. 그리고 이런 금융위기가 이제는 실물위기로 이전되고 있다. 워런 버핏의 말처럼 미국의 금융산업은 아프가니스탄이나 이라크에 미국이 퍼부었던 폭탄에 진배없는 금융 대량살상무기였던 셈이다.

위기가 닥치자 '다른 대안은 없다TINA'던 신자유주의적 지구화의 열렬한 주창자들은 갑자기 말이 없어져버렸다. 그저 첨단의 노래를 부르고자 하는 프랜시스 후쿠야마만이 이전에 자신이 축성했던 미국 모델의 몰락을 주장하고 나섰을 뿐이다. 그에 의하면 미국 모델은 월가의 몰락뿐 아니라 관타나모나 아부그라이브 수용소에서 보듯이 정치적·이념적으로 파산했다. 사태는 그저 미국이 지금까지 주장해온 모델의 위기라고 생각하는 후쿠야마의 진단보다 더 심층적인 것일지도 모르겠다. 우리가 지금 목도하고 있는 것은 세계 자본주의 체제가 '패권 이후'의 시대로 접어든 장면일 수 있기 때문이다.

세계 자본주의 체제의 역사가 패권 경쟁과 교체의 역사였던 점에 비추어볼 때, 세계는 새로운 패권 경쟁으로 들어가는 것일까, 아니면 경쟁도 교체도 아닌 패권 이후의 시대로 들어가는 것일까? 그렇다면 그것은 어떤 새로운 질서를 함축하고 있는 것일까? 현재로서는 미국이 국제정치에서 다자간 협상으로 돌아올 것이라는 것, 순항할지 확실치 않긴 하지만 G20회의 소집에서 보듯이 국제적 금융질서가 과두적 집단지도 체제로 이행할 가능성이 크다는 것 이상의 구체적 예상이 쉽지 않다. 아니 지금은 예측보다는 새로운 질서를 더 민주적이고 평등한 것으로 만들기 위한 실천적 개입이 요청되는 시대라고 해야 할 것이다.

위기 속에서 미국은 오바마를 새 대통령으로 선택했다. 흑인 혼혈 대통령의 탄생이 가지는 문화적 의미는 작지 않다. 뿐만 아니라 그에 대한 기대가 미국을 넘어 세계인들 사이에서 형성되고 있다. 그가 미국 내부 문제를 소폭 개선하는 데 그칠지, 아니면 도금 시대Gilded Age를 끝내고 미국을 새롭게 혁신한 프랭클린 루스벨트 수준의 변화를 낳을지 알 수 없다. 국제적인 수준에서 보더라도 내리막길에서 가속 페달을 밟는 것이나 다름없었던 부시식의 국제정치나 파산한 워싱턴 컨센서스로부터 급진적으로 탈피할 수 있을지도 확언하기는 어렵다. 아마도 그가 자신에게 주어진 과제를 제대로 해결하고자 한다면 자신이 생각해온 방향대로 가더라도 스스로 생각한 것보다 더 멀리까지 나아가야 할 것이다.

세계체제 내에서 미국의 역할 조정이라는 면에서도 오바마의 선택은 중요하지만, 이미 가시화된 그의 한반도 정책이 우리 사회에 미칠 영향은 적지 않을 것이다. 물론 이미 지난 10월 북한의 테러지원국 해제에서 보듯이 북핵 문제 해결과 북미관계 개선의 방향에 관한 한 워싱턴에는 합의가 형성되어 있다. 하지만 그 합의된 방향으로 마지못해 끌려가느냐 아니면 적극적으로 나아가느냐는 사뭇 다른 결과를 가져올 수 있다. 오바마의 전향적인 자세는 한반도에 새로운 시운으로 다가올 것이다.

혹자는 보수적인 남한 정권과 진보적인 미국 정권 사이의 어긋남으로 인해 김영삼-클린턴 시기의 모습을 반복하지 않을까 우려한다. 하지만 그런 시기에 대한 학습이 이미 미국 민주당 정부와 북한 정권에 축적되어 있기 때문에 북미 간 교섭이 급물살을 탈 가능성은 있을망정 이전과 동일한 패턴에 이를 가능성은 낮아 보인다. 오히려 요청되는 것은 이명박정부가 스스로 주장해온 실용에 부합하는 모습을 보이며 현재의 상황을 빨리 학습하는 것이다.

하지만 현재로서는 그런 기대가 참 허망해 보인다. 촛불집회 이후에 이명박 대통령이 보인 모습은 국가의 공적 자산을 털어서라도 자신의 지지층 결집도를 높이려는 것이었고, 현재의 금융위기조차 후안무치할 정도로 자신의 지지층에 서비스할 기회로 활용하고 있기 때문이다. 세계적인 주택시장 거품의 붕괴 속에서도 거품을 서서히 가라앉히는 정책은커녕 국가를 통째로 '현대건설'로 개조하려는 듯한 최근 정책들은 무능력과 학습거부 의지의 결합으로밖에 보이지 않는다. 이런 자세라면 한반도의 평화를 진작할 시운에 역행하는 행보를 보일 가능성이 너무 크다.

그렇기 때문에 이명박정부에 대한 기대를 아예 접고 진보개혁세력들이 자신을 쇄신하고 결집하려는 극진한 노력이 절실한 상황이다. 극진한 노력의 강조는 이런 경우 늘 하는 말 이상의 염원과 각오가 담겨 있다. 이명박정부의 위험한 역진과 공격적 신자유주의를 대중이 촛불을 들어 막고자 나선 일은 우리 사회의 축적된 역량을 스스로 입증한 자랑스러운 일이었다. 하지만 그와 더불어 이명박정부가 휘청이는 모습을 보이자 스스로를 혁신하려는 비상한 의지를 다져야 할 진보개혁세력의 자기 혁신 노력이 느슨해진 면이 있었기 때문이다. 민주당이나 진보신당으로부터 눈에 띄는 참신한 구상과 변화의 기운이 발견되지 않고 있고, 최근 환경운동연합의 불투명한 회계 처리에서 보듯이 그간 신뢰받던 시민단체들마저 안일한 관행에 빠져 있음이 드러났다. 게다가 대중이 지금 경제위기와 어려운 살림살이 속에서도 희망을 일구지 못한다면, 그것은 이제 더 기대할 것이 없는 이명박정부 때문이 아니라 매몰찬 자기 개혁에 입각한 새로운 비전을 마련하지 못하고 있는 진보개혁세력 때문이라고 할 수 있다. 패권 이후 시대를 더 살 만한 세상으로 개조하기 위해 어떤 구상과 자세로 참여할지, 그것을 한반도적 수준에서 어떤 실천으로 구현할지를 두고 스스로를 채찍질하고 분발해야 할 때다.

『창작과비평』 2008년 겨울호.

돌아보기

『창작과비평』 머리글은 창비 편집위원들이 돌아가면서 쓴다. 필자가 명시되긴 하지만, 머리글 주제 구상 단계부터 함께 상의하고 쓰인 초고에 대해 코멘트를 받아 정리해서 쓰는 글이니 공동의 창작물이라 해도 과언이 아니다. 그래서 개인적인 칼럼집에 그것을 싣는 것이 적합한 일인지 고민했는데, 싣는 쪽으로 마음을 정했다. 그 이유는 2003년에서 2012년 사이에 내가 쓴 칼럼들이 어떤 생각의 흐름 속에 있는지 보여주는 것이 필요한데, 『창작과비평』 머리글을 싣는 것이 그런 생각의 흐름을 파악하는 데 더 도움이 될 것 같아서였다.

2008년 금융위기는 구 사회주의의 몰락 속에서 밝게 빛나던 미국 헤게모니가 석양의 화려함 같은 것이었음을 말해주었다. 1970년대부터 시작된 미국 헤게모니의 약화는 이미 2000년대 들어서면서 실추의 단계로 진입했다. 9·11 사태는 미국이 인류의 상당수에게 증오의 대상이 되었다는 것, 그리고 그렇게 증오를 품은 자들의 대담함과 능력이 만만치 않다는 것을 보여주었다. 그리고 9·11에 대한 미국인들의 반응—자국의 경계 강화와 아프간과 이라크 침공—은 그들이 사태를 직시하고 올바른 방향으로 나아갈 정치적 능력이 없다는 것을 입증했다. 그리고 마침내 금융위기는, 마치 다른 국가들이 따라야 할 모델인 것처럼 제시해온 미국의 경제 모델과 이데올로기가 사실은 그들 자신마저 약탈적으로 구성해온 방식임을 드러냈다.

이런 위기 속에서 미국인들은 최초의 흑인 대통령을 선출했다. 미국 사회가 그리 쉽게 주저앉지 않고 스스로 문제를 어느 정도 수습하는 능력이 있음을 보여준 일이었다. 그래서 이 글을 쓰던 당시 오바마 대통령이 어느 정도 문제를 해결할지에 대해 유보적인 태도를 보였다. 하지만 재선까지 성공한 현재 시점에서 보면, 그가 미국을 새로운 방향으로 이끌 것이라 기대하기는 어려워 보인다. 부시가 내리막길에 선 미국에 가속 페달을 밟은 데 비해, 오바마는 브레이크를 밟은 정도의 차이만 있는 것 같다. 물론 이것만 해도 작은 차이는 아니다.

오바마의 한반도 정책에 대해서 이 글에서는 기대감을 피력하고 있다. 상황이 유동적인 시기였기도 했고, 그렇게 되기를 바라는 소망도 있었기 때문이다. 하지만 '전략적 인내'에 입각한 오바마 정부의 대북정책은 별다른 성과를 낸 것이 없었으며, 오히려 두 가지 사실만을 뚜렷하게 만들었다. 하나는 중국의 부상을 견제하기 위해서 한미일 군사동맹을 강화하려는 미국 입장에서는 북핵이 전략적으로 유리한 것이어서 그 부분에서 현상 변화를 꾀하는 대담한 정책을 펼 이유가 별로 없다는 것이다. 다른 하나는 이런 이유 때문에도 한반도 평화를 위한 가장 중요한 행위자는 여전히 남한이라는 것이다.

3불정책을 옹호함

낡은 성장주의 그리고 미국발 금융위기와 더불어 낡아버린 신자유주의의 결합이 이명박정부의 성격이라는 것은 이제 대중적 상식이다. 안팎에서 닥쳐오는 경제위기 속에서 이명박정부는 아주 '실용적으로' 이 두 가지 정책 레퍼토리를 구사하고 있다. 시장에 대한 국가개입 요청에 대해서는 터무니없는 분양가와 과잉공급의 주체인 건설사를 구제하거나 한반도 대운하 사업을 살짝 수정한 4대강 사업 같은 성장주의로 대응하고, 경기부양 요구에 대해서는 부자에 대한 감세 같은 신자유주의로 대응한다. 엄중한 경제위기에 대한 이명박정부의 이런 정책적 동문서답을 관류하는 핵심은 아주 좁게 설정된 지지층과 더불어 '상황이 어떻든 챙길 건 다 챙기겠다'는 탐욕에 다름 아니다.

이런 후안무치에 대한 사회적 저항의 조직화를 막기 위해 이명박정부는 사정기관들을 동원하고, 숱한 정책연구기관장과 방송사 사장에 더해 정치와 무관한 문화·예술 관련 공공기관장들마저 내쫓고 있다. 그리고 방송에 대한 통제를 항구화하기 위해 지상파 방송 사업에 재벌과 보수신문사가 진출할 길을 열고자 하고 있다. 속내가 빤한 정치 산술과 이권 추구가 판을 치고 있는 셈이다.

그런 중에 이른바 국가 백년대계라는 교육에 대해서도 정부와 여러 관변단체들이 손발을 맞추어 판을 새로 짜겠다며 덤비고 있는데, 이에 대한 공세에는 다른 정책 영역에서의 이권 추구를 한층 넘어서는 야심이 도사리고 있다. 오랫동안 평등주의적 기조 아래 운영된 교육 영역을 위계적인 체제로 재편하려 하고 있기 때문이다. 내가 보기에 이 재편에서 핵심이 되는 것은 국제중학교 설립과 3불정책 폐지다.

뉴라이트의 역사관과 다르다는 이유로 근현대사 교과서를 막무가내로 강제 수정하려 드는 작태나 4·19혁명을 데모로 격하하는 경악스러운 역사인식을 좌시할 수는 없지만, 굳이 경중을 두어 말한다면 이런 문제는 국제중학교 허용이나 교육 3불정책 폐지 시도에 비하면 덜 중요하다. 그리고 '반국가교육척결국민연합'이라는 해괴한 명칭의 단체가 서울의 전교조 교사 명단을 공개함으로써 일으키고 있는 논란 또한 숨은 의도가 있든 없든 간에 그 핵심 효과는 이런 더 중요한 문제에 대한 전교조의 저항을 약화시키는 데 있다고 생각된다.

국제중학교와 3불정책이 매우 중요한 문제인 만큼 이런저런 토론들이 조직되기도 했다. 그때마다 논의의 중심에 등장하는 것은 사교육비 문제였다. 하지만 국제중학교 설립과 3불정책 폐지가 중심 문제인 이유는 사교육비 증대 때문이 아니다. 사태를 사교육비 증감의 견지에서만 조명한다면, 우리 사회 성원들은 문제의 심각성에 오히려 둔감해질 것이다. 사교육비는 지난 몇 십 년간 꾸준히 증가해왔다. 사교육비 증가를 막는 데 적극적인 정치세력이 집권한 시기에도 그랬고, 사교육비 증가를 막겠다는 입시개혁이 도리어 사교육비를 증대시킨 경우도 많았다. 그렇기 때문에 우리 사회의 많은 사람들은 어떤 정책이 사교육비를 증가시키느냐 억제하느냐 하는 논란에 냉소적이 되거나 무관심해졌다.

국제중학교 설립과 3불정책 폐지의 요점은 사교육비 증대보다는 교육을 통한 계급 재생산의 특권적 경로가 완성된다는 점에 있다. 국제중학교는 예전 특목고가 그랬듯이 계속해서 팽창해나갈 것이다. 생각해보라. 서울에 국제중학교가 두 곳이나 생겼는데, 부산과 광주와 대구 같은 도시들에 그것을 금지해야 할 어떤 이유가 있겠는가? 2010년에 있을 지방선거와 교육감 선거에서 국제중학교 설립은 핵심 의제로 떠오를 가능성이 크다. 그렇게 되면 진보적인 정당들조차 이 문제를 비껴가 선거에서 승리하기는 쉽지 않을 것이다. 이런 과정을 통해서 국제중학교는 전국적으로 확립된 진학 경로로 발전해갈 것이다. 그리고 특목고와 연결되는 하나의 통로를 형성해나갈 것이다.

이런 통로를 다시 명문대학들과 연결하기 위해서는 3불정책 폐지가 요청된다. 물론 그러기 위해서 굳이 3불정책의 공식적인 폐지가 요구되는가에 대해서 의문이 제기될 수 있다. 특목고의 팽창으로 인해 평준화가 해체된 것이나 다름없는 상황에서 대학들은 사실상 고교등급제를 시도하고 있다. 연·고대가 수능 성적만으로 정시의 50%를 뽑는 전형을 채택한 데서 보듯이, 본고사 금지 또한 그렇게 중요한 의제가 아니다. 본고사 폐지는 대학이 언제나 쓸 수 있는 카드 한 장을 손에 넣는 것일 뿐이다. 지뢰밭이나 다름없는 기여입학제 문제도 현재 국면에서는 논의의 장을 형성하는 것 이상은 어렵다. 이런 상황에서 3불정책 폐지는 편법적 관행을 법적 상태로 전환하는 데 지나지 않을 것이다.

하지만 한국사립대학총장협의회나 한국대학교육협의회가 끈기 있게 이런 주장을 해온 것에서 보듯이, 이런 전환은 그 자체로 중요한 일이다. 이 전환이 없다면 2009년 고려대 수시 2-2 일반전형에서처럼 대학은 계속해서 '케이^{k}'값과 '알파$^{\alpha}$'값을 가지고 '장난'을 쳐야 하고, 그만큼 많은 지원자들에게 분노와 원한 감정을 심는 동시에 그 자신은 권위의 실추를 경험해야 한다. 이렇게 되면 특권은 조잡한 협잡의 산물로 의심받게 된다. 그래서는 특권이 제 값어치를 하기 어렵다. 특권은 항상 그것을 정당한 성취로 전환하는 마법을 필요로 하며, 그 일차적 과제는 위법의 낙인을 벗고 합법성을 획득하는 일이다.

그렇기 때문에 허울만 남았다고 해서, 그저 상징적 이름으로만 남았다고 해서 3불정책을 손쉽게 보수층과 상류층에 넘겨주어서는 안 된다. 실제를 빼앗긴 것보다 이름을 넘겨주는 것이 더 큰 것을 양보하는 것이다. 더구나 이름이 남았을 뿐이라면 더욱 그 이름을 지켜야 하며, 그것이 이름에 걸맞은 실제를 회복할 디딤돌을 잃지 않는 길이다. 뿐만 아니라 3불은 우리 사회가 스스로 그어왔던 선이다. 이 선 이외에 우리 사회가 지금까지 교육 제도에 대해 합의한 것이 무엇이 있었는가? 그 선이 자주 침범되었다고 해서 우리가 그 선을 지워야 하는가? 아무런 다른 합의선이 형성되지도 않았을 뿐 아니라 그 선을 지우는 것이 수상한 협잡과 사회적 배제로 얼룩진 특권의 경로를 매끈하게 다듬는 데 봉사하는 것인데 말이다.

물론 3불정책을 고수하는 것으로는 전혀 충분치 않다. 애먼 전봇대를 뽑으며 시작한 정권이 3불정책을 전봇대마냥 뚝딱 뽑고자 덤빌 수 있는 것은 그것이 대지에 뿌리를 내린 나무가 못 되었기 때문이다. 3불을 지켜야 하지만 그것을 지키기 위해서는 그것이 더 넓게 뿌리내리게 해야 한다는 것, 그리고 그 뿌리는 더 나은 교육적 비전과 그것을 제도화하려는 실천임을 마음에 새기고 그것에 진력하자.

창비주간논평, 2008. 12. 10.

돌아보기

국제중학교 문제와 3불정책 문제를 엮어서 문제 제기를 했다. 두 가지 문제를 잇는 고리로, 유치원에서 대학에 이르는 과정 안에 특권적 교육재화의 연쇄를 일관되게 구축하려는 우리 사회 상류층의 욕망을 제시하고 있다. 이미 특목고를 통해서 구축된 고교 단계의 특권적 교육재화를 그것과 잘 연계된 중학교로 확장하려는 것에서 국제중이라는 발상이, 그리고 특목고 출신의 명문대 진출 경로를 더 평탄하고 합법적인 것으로 만들기 위한 것이 3불정책의 철폐 추구로 나타난 것이다.

3불정책은 앞서 관련된 칼럼에서 지적했듯이 이제 더이상 작동하지 않는다. 이 칼럼은 언제나 더 나은 교육정책을 실행할 권력이 형성될 때를 위해서 그 이름을 쉽게 내버리지 말 것을 역설하고 있지만 그런 노력이 필요한 국면도 지난 것 같다. 이제는 3불정책이라는 표현은 더이상 대중매체나 교육정책의 주제어로 등장하지 않는다.

이에 비해 국제중 문제는 작년에 크게 문제가 되었다. 영훈 국제중 입시에서 삼성 이건희 회장의 손자가 '사회적 배려 대상자'(일명 '사배자') 전형으로 합격한 것이 확인되어 논란이 된 것이다. 상류층을 위한 특권적 학교가 만들어진 것에서 더 나아가 최상류층에게는 특권적 입학 경로까지 마련된 것이다. 서울시 교육위원의 폭로로 알려진 이 사건은 검찰수사가 진행되자 현직 교감이 자살하는 일까지 벌어졌다.

이 사건을 보면서 세 가지 생각이 떠올랐다. 첫째, 이건희가家가 우리 사회에 끼치는 패악질이 진저리쳐지는 수준이 되었다는 것이다. 이건희가의 손이 닿는 곳에서는 어디서나 사회적 파괴가 일어나고 있는 셈이다. 이건희의 손자는 학교를 자퇴하고 훌쩍 상하이로 유학을 떠났다. 자녀를 어떻게 저렇게 키우나 하는 생각이 들기도 했지만, 이건희가는 자신이 야기한 사회적 파괴에 대해 아무런 책임도 지지 않고 쏙 빠져나간 것이다.

둘째, 국제중 설립의 사회적 맥락이다. 맨 처음 설립된 국제중은 1998년 설립된 부산 국제중학교다. 이어서 2006년에 청심 국제중학교가 설립되었다. 설립 명분은 조기유학 수요를 국내에 흡수하고 귀국 학생들의 국내 적응을 돕겠다는 것이었다. 기존의 외국인학교는 부모 중 적어도 한 사람은 외국인일 것 또는 학생의 해외체재가 3년 이상일 것을 자격 기준으로 한다. 이런 제한을 피하기 위해 국제중 설립이 시도된 것이다. 외곽에서 시작된 국제중은 마침내 2009년에는 서울에서도 개교했다. 대원 국제중과 영훈 국제중이 그것이다. 그런 설립 과정은 교육의 기회균등이라는 헌법적 이념과 대중의 평등주의적 열망을 회피하기 위한 숱한 변명과 호도와 은폐의 과정이다.

생각해보라. 조기유학 자체가 특권적 교육재화를 추구하는 행동에서 시작된 것이다. 비록 그것이 중산층으로까지 확산되었지만, 중산층의 모방을 유발한 것은 상류층이다. 이렇게 특권적 교육재화를 추구하는 것이 확산되자 문제가 야기된다. '기러기 가족' 문제도 생기고, 교육비의 국외유출 문제도 생긴다. 그러자 이제 다시 한번 그런 문제를 해결하기 위해서 특권적 교육재화를 창출하자는 제안이 등장한다. 그것이 국제중의 설립 요구다. 특권의 추구가 야기하는 문제도 특권으로 해결하려는 것인데, 문제의 시발점이 무엇이었는지 잊어버린 대중은 그것을 정말로 문제 해결적인 것으로 여기게 되는 것이다.

처음엔 저항이 적은 외곽에서 시작된다. 청심 국제중은 논란이 많았지만 저항이 적은 경기도 가평을 택함으로써 설립될 수 있었다. 하지만 그것이 허가되고 시간이 지나면서 왜 경기도에 가능한 것이 서울엔 불가능하냐고 이의를 제기한다. 그렇게 해서 국제중이 서울에 설립된 것이다.

2011년 9월엔 영국과 캐나다 재단이 운영하는 두 곳의 국제중학교가 제주도에서 개교했다. 노스런던컬리지에잇스쿨 제주와 브랭섬홀아시아가 그것이다. 이런 학교는 제주를 국제자유도시로 개발한다는 맥락 속에서 설립된다. 하지만 그것이 서울로 들어오는 것은 시간문제다.

마지막으로 2009년 서울에 국제중 설립이 허가된 맥락을 생각해볼 필요가 있다. 촛불집회가 잦아들 무렵인 2008년 7월 말에 서울시 교육감 선거가 있었고, 보수후보 공정택 대 진보후보 주경복으로 선거 구도가 형성되었다. 이 선거 결과는 우리 사회 보수성의 뿌리가 무엇인지를 잘 드러내줬다. 강남 3구의 집중적인 공정택 후보 투표에서 보듯이 우리 사회 보수파는 지역적, 종교적, 계층적, 그리고 문화적 응집력을 가지고 있다. 그리고 교육 문제는 이런 보수파의 문화적 헤게모니가 크게 관철되는 영역이라는 것도 드러났다.

그럼에도 불구하고 이 선거가 민주파의 패배를 예정하고 있었는가

하면 꼭 그런 것은 아니다. 민주파가 교육 문제에서 제대로 된 정책적 대안을 못 가지고 있다는 것, 전교조가 나이스NEIS 투쟁과 교원평가 반대 투쟁으로 대중적 신망을 잃은 것, 그리고 정세적으로는 교육감 선거에서 대중의 믿음을 얻을 만큼 좋은 후보를 만들어내지 못한 것이 작용했다고 봐야 한다.

이 선거에서 당선된 공정택 교육감이 얼마나 우스운 인간인지는 그를 비호하고 싶었던 이명박정부조차, 또 그토록 정권의 지시에 충실했던 검찰조차 그를 기소하지 않을 수 없었다는 것에서 잘 드러난다. 공정택은 2009년 10월 대법원 확정 판결로 교육감 직위를 상실했다. 하지만 짧은 재임 기간에도 그는 지금 논의한 국제중을 서울에 허가하고 떠났다. 그리고 지금도 그 후과를 떠안고 있다. 이런 경과가 말해주는 바는 분명하다. 민주파는 그때 그 교육감 선거를 놓치지 말았어야 했던 것이다. 이 사례는 작은 싸움 하나하나에서 진력해 조금이라도 개혁의 전선을 앞으로 밀고 나가는 것이 얼마나 중요한지 다시 한번 말해준다.

2009년

1월	미네르바 구속
	용산 참사
3월	박연차 로비의혹 수사
4월	북한 장거리 로켓 발사
	4·29 재보선
	노무현 전 대통령 검찰 소환
5월	노무현 전 대통령 서거
	전교조 창립 20주년
6월	사교육비 경감 대책 발표
	쌍용차 정리해고 사태
7월	서울시 자율형 사립고 허가
	미디어법 통과
8월	김대중 전 대통령 서거
10월	특목고 폐지론 논란
11월	서울 명문대 세종시 이전 논란

스스로 다스림의 한 해를 시작하며

2009년은 잔인하게 시작되었다. 시민 5명과 경찰 1명이 불에 타 죽는 참사가 벌어졌다. 한국사회가 웬만큼 발전과 진보를 이뤘다고 자족하려 할 때마다 우리의 뒷덜미를 잡는 야만적 사건이 일어나곤 했지만, 용산 참사는 여느 사건과 다르게 느껴진다. 민주주의의 진전으로 국가 공권력에 의해 시민이 죽임을 당하는 일만큼은 없으리라고 생각해왔기 때문이다. 민주화의 기초가 억압적 국가기구의 민주화에 있음을 생각할 때, 이는 민주주의의 근간이 흔들리고 있음을 보여준 징표가 아닐 수 없다.

건설자본 중심의 재개발 방식이 가진 제도적 폭력 그리고 그 과정에서 야기되는 철거민에 대한 용역업체의 적나라한 물리적 폭력은 어제오늘의 일이 아니다. 부유층은 물론 중간 계층까지 부동산 개발 열풍에 휩쓸리는 바람에 철거민들의 고통은 의당 받아야 할 사회적 관심을 받지 못했을 뿐이다. 하지만 이번 사건에는 그 이상인 면이 있다. 참사가 일어난 용산 제4지구 재개발지역은 올해 2월에 착공이 예정된 곳이었다. 그전에 철거를 마무리하지 못하면 용역업체는 시공사인 삼성물산에 용역비를 모두 토해내야 할 처지였다. 이 때문에 철거가 무리하게 강행되었고 주민의 저항 역시 그만큼 격렬할 수밖에 없었는데, 문제는 저항하는 철거민을 진압하는 데 경찰이 적극 나섰다는 것이다. 토지와 도시공간이라는 공유자산을 사적 이윤 창출의 근원으로 전환하는 건설자본의 이익 추구는 그런 공유자산을 팔아넘기는 국가권력 없이는 불가능하다. 그리고 용산 참사는 자본과 국가권력이 결탁의 정도를 넘어 한몸이 되었음을 보여주는 사례다.

생각해보면 이명박정부가 벌인 일들은 모두 사회적 공유자산을 팔아치우는 짓과 관련된 것들이다. 땅 위의 수직공간 전부를 사유화할 수 있게 해준 제2롯데월드 건설허가가 용산 재개발 사업과 곧바로 연결되는 사례라면, 몇몇 수출 중심 대기업의 이익에 편향된 한미 FTA 체결의 연장선상에서 나온 미국산 쇠고기 수입 개방은 국민의 건강을 상업적 이익에 종속시킨 것이었다. 4대강 정비사업으로 포장지만 바꾼 대운하 사업 또한 하천과 그 인근 지역 전체를 이윤의 대상으로 편입시키려는 시도이며, 공유자산인 주파수 대역을 상업화하려는 방송 민영화 역시 그러하다.

이전에는 상품이 아니었고 상품이 될 수 있을 거라고 생각지 못했던 공공재를 시장으로 쓸어넣는 시장만능주의는 이데올로기적으로 야경국가를 지향한다. 하지만 감세를 지향하는 이 야경국가는 철권을 휘두르는 경찰국가로 쉽게 이행될 수 있다. 사회적 공론과의 연계가 끊어져

도구화된 '법치'가 유일한 정당화 원리로 주장되는 경찰국가로의 이행이 최근 경찰과 검찰 그리고 법원의 행동에서처럼 잘 드러난 적은 없다. 제5공화국 이전으로 후퇴한 듯한 기득권층의 행태에서 그들이 공공재 약탈과 공직 사냥에 본격적으로 나서면서 최소한의 공적 감수성마저 내팽개쳤음을 목격하게 된다. 최근 고려대의 입시 논란이나 보수언론의 논조를 보면 기득권층에 어떤 후안무치의 분위기마저 흐르고 있음이 느껴진다.

이런 유례없이 공격적인 시장화는 오래전 폴라니K. Polanyi가 말했던 '사회의 자기보호운동'을 촉발했다. 양상은 다르지만 촛불항쟁에서 방송 파업 그리고 용산 철거민들의 투쟁에 이르기까지 우리 사회 성원들은 사회의 자기보호운동에 나섰다. 금융 부문에서 실물 부문으로 번져간 경제위기는 저임금과 실업의 위기에 내몰린 대중 그리고 아예 취직조차 못해 고통을 겪는 청년들을 그 운동 속으로 불러들일 것이다.

이 운동은 촛불항쟁처럼 승화된 형태가 될 수도 있지만 그렇지 않을 수도 있다. 거기엔 낡은 가치나 작은 기득권에 대한 집착이 섞여 있을 수도 있고, 때로는 상처 입은 자들의 분노가 여과 없이 표출되기도 할 것이다. 기득권층은 그런 점을 집요하게 부각함으로써 운동의 정당성을 침식하려 들 것이다. 이에 대해 우리는 한편으로 그것이 과도한 시장화라는 가해행위에 대한 반응으로 출현한 것임을 분명히 하면서, 다른 한편으로는 저항 속에서도 부단한 자기정화 노력을 거듭해야 함을 잊지 말아야 할 것이다.

그런 노력이 필요한 이유는 그럴 때에만 사회의 자기보호운동이 지혜롭게 그 목표에 도달할 수 있으며, 자기통치를 지향하는 민주주의의 실현으로 나아갈 수 있기 때문이다. 이미 대한민국의 통치, 그러니까 '나라 다스리기'는 고장난 것이나 다름없는 상태다. 하지만 다음 선거를 기다려 이를 정정하기에는 상황이 엄중하다. 고장이 파괴를 부름으로써 많은 것들이 회복하기 어려울 정도에 이를 가능성이 크기 때문이다. 모두가 자기통치, 곧 '스스로 다스림'의 길에 나서야 할 때다. 다스림이란 무엇인가? 정성스레 보살피고 관리하는 것이고, 잘못된 것을 바로잡는 것이며, 다친 것을 낫게 하는 것이다. 우리는 스스로 분노와 아픔과 배고픔을 다스려야 한다. 또한 그렇게 우리들의 사회, 경제, 정부를 스스로 살피고 헤아려 다스려야 한다.

이 다스림의 길은 못난 정부와의 파국적인 대결의 길이 아니다. 지난 대선에서 우리 사회는 민주정부 10년 동안 이룩한 민주주의의 미흡함에 실망하여 도리어 민주주의로부터 뒷걸음쳤다. 지금 그런 실수를 만회하기 위해 파국적 대결의 길에 나선다면, 그것은 또다른 방식으로 민주주의로부터 뒷걸음치는 것이 될 위험이 있다. 하나의 잘못이 유도하는 다른 잘못의 가능성을 벗어나는 것이 바로 제대로 된 다스림의 길이거니와, 절실한 것은 유례없는 시민 참여의 활성화다. "시민사회가 다양한 분야에서 국가 거버넌스의 일부를 담당할 만한 책임성과 전문성을 함양하면서, 정당·사회단체·노동조합·종교계 들이 연대하여 입법부의 활성화, 사법부의 독립, 언론의 건전성 등을 확보할 범국민적 합의를 이끌어내야 한다."• 오바마 정부의 출범으로 북미관계 개선의 전망이 밝은 이때, 시운에 역행하는 이명박정부로 인해 교착을 넘어 대결의 위험마

• 백낙청 「거버넌스에 대하여」, 창비주간논평, 2008. 12. 30.

저 어른거리는 남북관계를 회복하기 위한 노력 또한 이런 다스림의 중요한 영역이다. 걱정 없이 꽃게철을 맞이할 수 있게 하는 것은 스스로 다스리고자 하는 우리의 의지와 노력의 극진함임을 마음에 새기자.

『창작과비평』 2009년 봄호.

돌아보기

이 글에서 인용하기도 한 창비주간논평 2009년 신년 칼럼(2008년 12월 30일자)에서 백낙청 교수는 이명박정부가 촛불항쟁을 경유하며 헤게모니적 지배의 가능성을 상실했기 때문에 적나라한 폭력적 지배로 나갈 가능성을 지적하며, 그렇게 해서 망가질 우리 사회를 지키기 위해서 시민들이 전체 사회의 거버넌스를 감당하고자 나설 필요성을 제기했다. 2009년 1월 20일에 벌어진 용산 참사는 백낙청 교수가 예견한 것보다 훨씬 빨리 그리고 훨씬 가혹한 방식으로 이명박정부의 폭정이 시작되었음을 보여주었다.

이 글에서는 용산 참사에서 발견되는 폴라니적 투쟁이 이후 우리 사회 투쟁의 중심 범주가 될 가능성을 예견하며, 그런 투쟁의 역량이 자기 정화를 통해서 강화될 필요성을 제기했다. 하지만 이명박정부의 폭정이 향한 방향은 촛불항쟁에 대한 복수에 더 기울어져 있었다. 무엇이든 목표를 찾으려 서성이는 복수심은 촛불항쟁 뒤에 노무현 대통령이 있다는 편집증에 접맥되었고, 그 귀결은 파국적인 것이었다. 그리고 2010년이 되면 이명박정부는 천안함 사건을 계기로 강권적 지배의 근거를 냉전적 적대에서 찾음으로써 분단체제의 논리 속에 안착했다.

4·29 재보선은 촛불의 승리

한국사회에서 살아가는 일은 숨가쁜 데가 있다. 연이어 생기고 겹쳐서 터지는 일들이 너무 많다. 지난주는 특히 그랬다. TV로 4·29 재보선 결과를 밤늦게 시청했는데, 다음날 아침에는 전직 대통령이 검찰에 소환되는 모습이 생중계되었다. 그다음엔 노동절과 촛불항쟁 1주년을 기념하는 노동자와 시민 들이 수백 명이나 체포되었고, 그것에 항의하는 기자회견 참여자들마저 체포됐다. 세 가지 사건은 서로 무관하지 않다. 재보선 결과와 촛불항쟁 1주년을 기념하는 시민들이 이명박정부에 대한 저항을 보여준다면, 노무현 전 대통령 소환과 촛불집회 참여자 체포는 그런 저항에 현정부가 어떻게 대응하는가를 보여준다.

후자는 해석이 그리 까다롭지 않다. 검경에 의존하는 강경통치를 지속하겠다는 현정부의 태도는 예견된 것이었고, 적어도 당분간은 별로 달라지지 않을 것이다. 지난해 석 달이나 지속된 촛불항쟁을 겪고도 아무것도 학습하지 못한 터인데 재보선 결과를 보고 무언가를 배우리라 기대하는 것은 정부에 대한 과대평가다. 오히려 더 강경하게 나가지 않기 때문에 정부의 통치가 흔들린다는 식의 상황인식이 청와대의 주된 기류가 될 가능성이 크다.

이에 비해 재보선 결과나 촛불항쟁 1주년에 대한 해석은 그리 쉽지 않다. 특히 재보선 결과가 그렇다. 투표소 안의 개인은 자신의 행위에 얼마나 진지한 의미를 부여하는지와 상관없이 숱한 인연들, 공적 인간으로서의 정치의식과 사적 이해관계가 아주 복잡하게 뒤얽힌 결정을 하게 되는데, 이 결정을 정밀하게 해부하는 것은 어려운 일이다. 선거 분석이란 이 결정들의 집합이 보여주는 희미한 흐름에 의미를 부여하는 일이고, 그만큼 논쟁적일 수밖에 없다. 좀 성급하다 해도 논쟁을 마다하지 않고 투표 결과를 해석하자면 이번 재보선은 촛불의 승리로 보인다. 왜 그런지 생각해보자.

모두 알다시피 민주당의 경우 수도권의 부평을 국회의원 선거와 시흥시장 선거에서 승리했지만, 무투표 당선 지역을 제외하고 사실상 호남 전 지역에서 패배한 것으로 나타났다. 경주에서는 친박진영의 무소속 후보가, 울산에서는 진보신당이 승리했다. 그 결과 한나라당은 참패했다.

이미 많은 언론이 지적했듯이 이번 선거에서는 당연히 예상되던 반MB 전선이 흐트러져 있었다. 민주당은 정동영씨의 출마로 내분 상태였고, 한나라당은 친이명박 계열과 친박근혜 계열 간의 계파 투쟁중이었으며, 진보진영은 민주노동당과 진보신당으로 분열되어 있었다. 그렇기 때문에 판세 예측은 아주 어려운 상황이었다.

하지만 결국에는 반MB 전선이 실재했음을 입증하는 것으로 나타났는데, 이는 유권자들의 전략적인 투표행위의 결과로 보인다. 한나라당 후보가 당선될 가능성이 전무한 호남에서는 민주당 지지를 유보하는 자유로운 선택과 지역주의적 투표행위가 결합된 양상이 드러났다. 그리고 그 밖의 지역에서는 한나라당 후보가 아닌 당선 가능한 후보로 표가 결집하는 현상이 나타났다. 요컨대 MB가 아니라면 어디로든 향할 수 있다는 것이며, 그 방향으로 적극적 투표행위와 일정한 표의 결집이 나타났다고 할 수 있다.

나는 이런 광범위한 반MB 정서와 정부정책에 대한 견제 심리가 촛불의 힘에 의해서 형성된 것이라고 생각한다. 혹자는 촛불 때문이라기보다 이명박정부의 실책 때문이라고 할 것이다. 하지만 니체가 어딘가에서 적었듯이 누군가가 뱀인지 알 수 있는 것은 그가 다른 사람의 뒤꿈치에 밟혔을 때이다. 촛불항쟁의 뒤꿈치에 밟혔을 때 이명박정부는 그 혐오스러운 본색을 드러냈고, 그것이 반MB 정서를 강화했다고 할 수 있다. 뿐만 아니라 촛불은 대중의 공적 시민으로서의 자의식을 강화했고 그것이 4·29 재보선에서 적극적 투표행위를 이끌었을 것이다. 촛불이 시청 앞 광장에서는 꺼졌을지라도 많은 사람들의 마음속에서 꺼진 것은 아니었던 셈이다.

하지만 촛불의 힘이 그렇게 살아 있다는 것이 역설적으로 정당의 혁신을 더디게 할 위험도 있는 듯하다. 민주당이 수도권의 승리에 한껏 고무되어 있고, 진보신당이 원내 진출을 자축하는 데서 그런 가능성이 비치고 있다. 들여다보면 이번 선거에서 각 정당들의 모습은 구태 자체였다고 할 수 있다. 민주당의 경우 정동영씨의 출마로 빚어진 내홍은 그렇다 하더라도 부평을에 한미 FTA 추진단장이었던 홍영표 후보를 공천함으로써 반MB 연대 분위기에 찬물을 끼얹었다. 그래서 부평을에서 승리했다고는 하지만 그 공이 민주당의 것이라고 하기 어렵다. 울산 북구에서 민주노동당과 진보신당이 선거 직전에 다행히 단일화를 이루기는 했어도 그 과정에서 보여준 모습은 결코 높은 점수를 줄 만한 것이 아니었다.

그런데도 민주당과 진보신당이 승리를 자축하는 데 그친다면, 언제고 다음 선거에서 시민들은 냉담과 냉소로 답해줄 것이다. 그런 기미는 최근 여론조사(4월 30일 리얼미터)에서 이미 어느 정도 나타났다. 선거 후에 한나라당 지지율은 대폭 하락했다. 하지만 민주당 지지율은 겨우 2.5% 상승했을 뿐이고 진보신당의 지지율도 고작 1.1% 상승에 그쳤다. 이들 정당이 시민들에 의해 전략적으로 선택된 것이지 그 자체로서 지지를 이끌어낼 만한 혁신은 없었기 때문이다.

4·29 재보선에 나타난 시민들의 마음을 제대로 받아안기 위해서는 민주당과 진보정당들이 반MB 전선을 더욱 확대하고 발전시켜야 한다. 이번 선거에서는 선거연합조차 제대로 수행했다고 하기 어렵지만, 다음 선거에서 시민들의 흔쾌한 지지를 얻기 위해서는 선거연합에 앞서 정책연합을 발전시켜야 한다. 당장 금산분리 완화법, 미디어 관련법, 한미 FTA 국회 비준 등에서 민주당과 진보정당들이 정책적으로 공조하면서 선명 야당의 면모를 보여주는 것이 절실하다.

민주당과 진보정당들의 성찰과 혁신이 절실한 이유는 4·29 재보선의 성과를 조용히 이끌어낸 촛불시민들이 지금 엄혹한 탄압에 직면해 있기 때문이기도 하다. 이명박정부가 지난해 촛불항쟁에서 얻은 유일한 '교훈'은 강력한 초동진압과 원천봉쇄 그리고 나중에 위헌 판결을 받든 말든 현행 집시법과 교통방해죄를 적용해 집회에 참여한 시민들을 괴롭히는 것만이 제2의 촛불항쟁을 막을 수 있다는 인식이다. 정부가 탄압의 폭력성 수위를 높이는 가운데 촛불시민들은 평화롭고 축제적인 집회를 열지도 못하고, 그렇다고 민주화 이전의 가두투쟁으로 되돌아가지도 못하는 상황이다. 우리 현대사에서 잘 드러났듯이 좁은 정치적 공간 속에서도 창의적으로 항쟁의 돌파구를 찾아온 시민들의 역량에도 불구하고 당분간 갑갑한 상황이 계속될 공산이 크다. 시민들에게 희망을 주기 위해서는 민주당과 진보정당들의 노력이 간절하다.

끝으로 이번 선거가 여러모로 희망을 주는 것이었음에도 아쉬운 점 한 가지를 지적하고 싶다. 재보궐과 함께 치러진 두 곳의 교육감 선거에서 진보개혁진영이 맥없이 주저앉았다. 경기 교육감 선거의 승리를 이어가는 추진력을 전혀 발휘하지 못한 것이다. 사실 국회의원 한 석은 정치적 의미는 크지만 이명박정부 아래 대중의 실익을 생각하면 교육감의 가치에 한참 못 미친다. 교육감 선거는 정당 공천이 배제되기 때문에 시민운동의 역량이 매우 중요한 장이다. 내년 지방선거에서는 정당들이 교육감 선거까지 챙길 역량을 발휘하기 어려울 것이며, 또한 시민운동이 지방선거에서 큰 힘을 발휘하기도 어렵다. 경기 교육감 선거 승리의 중요한 계기가 경기지역 시민단체들이 일찌감치 나선 데 있다는 점을 생각하면 교육감 선거에 시민운동이 촛불시민들과 함께 역량을 모아낼 방안을 고민하는 것이 필요한 시점이다.

창비주간논평, 2009. 5. 6.

돌아보기

4·29 재보선은 촛불집회가 끝나고 이명박정부가 촛불시민들에 대한 탄압을 강화하고 난 뒤에 있었던 첫번째 재보궐 선거였다. 이 선거는 촛불시민들이 대중집회로부터 선거 참여로 방향을 잡아나갔으며, 정치적 다수를 이룩하기 위해 일관된 투표행위와 결집을 통해서 야권연대를 요구하기 시작했음을 보여준 선거였다. 이 선거로 인해 야당들은 침체로부터 빠르게 벗어남과 동시에 야권연대를 거부할 수 없는 대중의 요구로 수용하기 시작했다. 그런 과정 속에서 이 글은 매우 이르게 그런 촛불시민들의 행동이 야당의 혁신을 약화시킬 위험을 지적하고 있다. 야당들은 이 우려를 피해나가지 못했다. 6·2 지방선거를 경유하며 야권은 너무 쉽게 정권 교체의 자신감을 갖게 되었는데, 그것이 2012년에 일을 그르친 중요한 요인의 하나가 되었다.

사탐,
미친 거 아냐?

요즘 대학생들에게 과제를 내면 많은 학생들이 인터넷의 여러 자료들을 '복사하고 붙여서' 리포트를 만든다. 그런 리포트라도 주제에 맞게 잘 편집된 것이라면 좋은 점수를 주지만, 그런 경우는 드물고 복사된 것들끼리 이가 맞지 않아 어색한 경우가 대부분이다.

국가정책에서도 이런 경우가 제법 있다. 관료들은 선진국의 제도를 복사해서 붙이길 좋아하지만 그렇게 한 것이 우리 맥락과 따로 놀고 서로 충돌하는 것이다. 그 가운데 하나가 대학수학능력시험과 제7차 교육과정의 조합일 것이다. 전자는 미국의 대학입학자격시험SAT을, 후자는 영국의 국가교육과정을 상당 부분 복사해온 것인데, 둘의 조합이 기형적인 결과를 낳았다.

7차 교육과정과 수능시험이 결합 효과를 뚜렷이 드러낸 것은 2005년 수능부터인데, 그때부터 수능시험의 과목구조는 엄청나게 복잡해졌다. 겉보기에 수능은 6개 영역으로 간단해 보이지만 선택교과로 구성되는 사회탐구, 과학탐구, 직업탐구, 그리고 제2외국어 영역을 들여다보면 그렇지 않다. 이 네 영역의 과목 수는 무려 44개나 된다.

그렇게 된 이유는 7차 교육과정에 따라 고교 교과과정이 1학년까지의 국민 공통 기본 교육과정과 2,3학년의 선택 교육과정으로 나뉘고, 수능은 선택 교육과정만을 대상으로 하기 때문이다. 선택 교육과정은 대학에 진학해서 전공하려는 분야와 연계된 것으로 파악되는데, 실제로 그렇게 운영되기보다는 여러 가지 문제만 야기한다.

우선 고교생들의 수업 선택의 폭이 넓어진 것 같지만, 빛 좋은 개살구일 뿐이다. 대부분의 고등학교는 그렇게 다양한 교과목을 개설할 수 없기 때문에 학생들은 교과과정상 가능한 것이 아니라 자기가 다니는 고등학교에서 개설한 것 가운데서 선택할 뿐이며, 그 선택조차 대개 적성이 아니라 입시 전략에 따라 한다.

그래도 전체 고등학생들의 선택폭은 넓어진 셈이지만, 그들이 진학한 대학에서 보자면 무엇을 알고 무엇을 모르는지 알 수가 없는 학생들이 들어오게 된다. 내가 가르치는 사회학과 학생들이 공부한 사탐을 예로 들면 이렇다. 어떤 학생은 세계사는 공부했지만 한국근현대사는 공부하지 않았고, 어떤 학생은 그 반대다. 그래서 프랑스 대혁명이 몇 년에 발생했는지 알지만 한국전쟁이 몇 년에 발생했는지는 모르는 학생과 그 반대인 학생이 함께 신입생으로 들어온다. 교수들에게는 학제간 연구를 권하는 사회가 고등학생들에게는 좁게 칸막이 쳐진 지식을 편향적으로 학습할 것을 권하는 셈이다.

선택교과와 대학 전공 사이의 연계도 이해가 가지 않는 점이 많다. 예컨대 사탐 교과는 법과 사회, 정치, 경제, 사회문화, 국사, 한국근현대사, 세계사, 한국지리, 세계지리, 경제지리, 윤리로 구성되는데, 금세 의문이 생긴다. 왜 지리학은 그렇게 잘게 쪼개져 있고, 왜 심리학이나 신문방송학은 없을까?

설명할 수 있는 길은 사범대의 사회교육과가 법, 정치, 경제, 사회문화를 손에 쥐자 역사교육과와 지리교육과가 그만큼의 지분을 확보하기 위해 관련 과목을 셋 만들어 챙기고 거기에 윤리교육과가 한 과목을 차지해서 사탐 과목이 만들어졌다고 보는 것 말고는 별로 없어 보인다. 중등 교과과정이 일반 학부 교수들의 무관심 속에서 사범대 교수들과 역시 사대 출신이 많은 교과부 관료의 전유물이 됨으로써, 그토록 대학 입시가 중요한 나라에서 그 시험 제도가 현대 학문체계와 동떨어지고 중핵 교과과정을 형성하지도 못한 채 기형적으로 잘게 쪼개져버린 것이다. 그러니 청소년들 말투를 빌리면 이렇게 말해도 될 것이다. "사탐, 미친 거 아냐?"

한겨레, 2009. 05. 19.

돌아보기

이미 말했듯이 비교적 나는 교육을 주제로 한 칼럼을 많이 썼다. 그럴 때 사회학적인 접근이 대개 그렇듯이 제도적 개혁에 대한 논의를 펼친 경우가 많다. 하지만 그런 개혁은 실현이 쉽지 않다. 제도 변화는 사회 집단들의 이익 재분배를 야기하기 때문에 갈등을 불러일으킬 소지가 큰 법이다. 그리고 실현된다고 해도 구체적인 생활 현장에서는 변화를 실감하기 어렵거나 나쁜 효과가 동시에 발생하는 경우도 많다. 그래서 좀 더 구체적인 문제에 착목한 개혁을 시도하고 싶은 생각이 들 때가 있다. 예컨대 2006년 12월 6일에 쓴 「교과서 채택 비리를 넘어 공공문화의 강화로」(본문 180쪽 참조) 같은 것도 그런 동기를 담고 있다. 교육제도를 크게 바꾸진 못해도 더 좋은 교과서, 더 환경친화적이고 비리에서 자유로운 교과서를 만들어보자는 것이다.

이 글도 같은 선상에 있으며, 이번에는 고교 사회과 교과과정과 수능 사회탐구 영역의 구조에 대해 문제 제기를 했다. 사회학과 교수의 입장에서 보면 우리나라 고등학생들이 사회 교과목을 배우는 방식은 정말 수용하기 어렵다. 사회 과목은 고교를 통틀어 한 과목으로 가르쳐도 되며, 굳이 나눈다면 역사와 사회 정도로만 나누면 된다. 그리고 고교생들이 알아야 할 주제를 중심으로 통합교과적으로 가르쳐도 아무 문제가 없다. 예컨대 산업혁명을 가르칠 필요가 있다면, 역사학·사회학·정치학·경제학·지리학이 모두 협력한 형태로 텍스트를 구성하고 가르쳐도 아무 문제가 없다. 하지만 그렇게 되지 않는다. 교과목은 잘게 쪼개져 있고 학생들은 학교가 선택한 교과 속에서 작은 선택지만을 가지며, 그 결과 파편적이면서도 대학의 개론서를 좀 쉽게 풀어놓은 것 같은 교재로 사회과학적 지식을 배우면서 시험 문제만 풀다가 대학에 오는 것이다.

하지만 이런 사탐 같은 국지적인 문제를 개혁하려고 해도 국지적이기 때문에 오히려 강력한 이해관계를 가지고 잘 조직된 집단과 대립해야 한다. 그것이 제대로 되려면 그저 시험 문제나 교과서를 바꾸는 것에 그치지 않고 사범대 개혁과 교사자격증 개혁도 요구하기 때문이다. 하지만 교육개혁이라는 걸 정말로 제대로 하고 싶다면, 초등학교가 아니라 대학개혁으로부터 출발해야 하며, 사범대의 혁신 같은 것은 장기적으로 초중고 모두를 바꾸는 교육개혁의 전략적 핵심지점이다. 하지만 이런 문제를 이야기하는 교육부 관료 혹은 교육부 장관은 없다. 사범대 출신이 주축인 교육부는 이런 이해관계의 외부에 있지 않기 때문이다.

차제에 학부모교육운동에 대해서도 한마디 하고 싶다. 실제로 수능 교과목을 규정하는 데 있어서 학부모교육운동은 일정한 영향력을 행사하는데, 그런 영향력의 경로는 '학습 부담 경감' 아니면 '사교육비 감축'이라는 슬로건이다. 이 가운데 후자는 어쨌거나 상당한 타당성을 가진 주장이다. 이에 비해 전자는 그렇지 않다. 학습 부담은 단지 절대적 양의 문제가 아니기 때문이다. 배워도 의미 있게 느껴지지 않는 것들이 부과될 때 우리는 그것을 짐으로 여기게 되는 것이다. 그러므로 단지 교과과정을 줄이거나 과목 수를 줄이는 것이 능사가 아니다. 그런 주장을 거듭하면 결국 국영수 같은 도구 교과목의 비중만 커지게 된다. 교과과정이 줄어도 시험에 의한 선발이 작동하는 한, 부담은 줄지 않는다. 배울 내용이 줄면 시험 문제만 까탈스러워지기 때문이다. 그러니 당당하게 이런 것을 가르쳐달라, 이렇게 가르쳐달라, 학생들에게 왜 그것을 배워야 하는지 그 의미를 더 잘 알려주기 바란다, 통합교과를 통해 다면적인 사고력을 키워달라, 이런 요구를 하면 좋겠다.

태양은 묘지 위에 붉게 타오르고……

시인 신동엽은 자신이 꿈꾸는 정치적 유토피아를 이렇게 노래한 바 있다. "황톳빛 노을 물든 석양, 대통령이라고 하는 직함을 가진 신사가 자전거 꽁무니에 막걸리 병을 싣고 삼십 리 시골길 시인의 집을 놀러가더란다." 시민들 위에 있기보다 그 옆에 선 친구이기를 원했던 노무현 대통령은 퇴임 후에야 비로소 신동엽이 꿈꾼 풍경 속으로 걸어들어갔다. 그는 봉하마을 점방에서 담배를 피우고, 손녀를 손수레에 실어 자전거로 끌고, 동네 사람들과 농사를 짓고, 방문한 사람들과 환담을 나누었다. 그는 출발점으로 되돌아가 새로운 삶의 주기를 시작하고자 했고, 공동체를 만들고 생업을 일구는 '완전히 다른' 정치를 시작하고자 했던 것 같다. 하지만 그의 새로운 실험은 싹도 내밀기 전에 짓밟혔고, 더불어 그가 구현한 신동엽의 풍경도 너무도 짧게 스러져버렸다.

생각해보면 그는 사자의 '용맹함'을 갖춘 지도자였다. 그 용맹함은 원칙을 심지로 활활 타오르는 것이어서 그를 사랑하는 자들을 뜨거운 열정으로 이끄는 힘을 가졌지만, 그를 미워하는 자들에게는 진정으로 두려운 것이었다. 그는 취임사에서 "반칙과 특권이 용납되는 시대는 이제 끝나야 합니다. 정의가 패배하고 기회주의자가 득세하는 굴절된 풍토는 청산되어야 합니다"라고 말함으로써 이 땅에서 반칙을 일삼고 특권 위에 올라타 있는 기회주의자들의 간담을 서늘하게 했다.

하지만 그는 반칙과 특권 없는 새 시대를 여는 만형이 되기에는 여우의 '교활함'이 모자랐던 것 같다. 예컨대 그는 스스로 그렇게 열렬히 소망했던 정치개혁과 언론개혁을 위해서는 오히려 경제개혁과 분배개혁을 통한 세력연합의 공고화라는 에움길을 잰걸음으로 걸어가야 함을 미처 생각지 못했고, 지방분권과 균형발전을 위해 기울인 지극한 노력이 도리어 부동산 거품이 되어 되돌아올 수 있음을 통찰하지 못했고, 검찰을 개혁하기 전에 그들에게 먼저 자율성을 주는 것이 얼마나 위험한지에 대해서도 깊이 생각하지 않았던 것 같다. 그는 반칙을 없애기 위해서 반칙을 저지를 생각이 없었으니 그만큼 정치적 운산運算은 더 깊고 지혜로운 것이어야 했지만 거기에 이르지는 못했다.

그로 인해 하이에나 같은 수구세력들의 집요한 공격을 받으며 이리저리 떠밀리고 상처를 입었고, 퇴임 후에는 친구와 동지와 가족이 물어뜯기는 것을 봐야 했다. 그 자신이 도덕의 기준을 높이고자 했기에 그것이 작은 허물이라 할 수 없지만, 현정부의 공격은 덫과 같은 것이어서 거기에 저항하는 것이 도리어 피붙이와 동지와 친구를 사지로 내몰게 만드는 표독한 것이었다. 달리 무엇을 할 수 있었을까? 그는 부엉이바

위에서 몸을 던져 하이에나들에게 마지막 살 한 점까지 낱낱이 뜯기는 것만은 거부했고, 그렇게 사자의 존엄함을 지켰다.

그리고 그가 떠난 자리에서 우리는 깨닫게 된다. 용맹한 사자의 마음속이 한없이 여리고 따뜻했다는 것을, 매일 타협하고 포기하고 염치없이 살고 있지만 그래도 우리가 그리되고 싶은 염결성을 그가 보여주었다는 것을, 한동안 잊었지만 우리가 그로 인해 그리고 그와 더불어 꿈꾸었던 바가 있었다는 것을, 그리고 그의 패배가 우리의 패배임에도 불구하고 부당하게 상처받고 있는 그를 수수방관했다는 것을…… 그토록 길고 열렬한 추모행렬에 흐르는 서러움과 자책과 분노의 감정이란 그런 깨달음 외에 무엇이겠는가?

하지만 나는 그 깨달음에 보태야 할 것이 하나 더 있다고 생각한다. 노무현 대통령의 한계는 실은 우리의 한계였다는 점이 그것이다. 용맹함에 있어 우리는 그보다 못했고, 그의 지략을 보충하기에 우리의 능력과 균형감각이 모자랐던 것이다. 이제 우리는 그의 용맹함을 우리 것으로 하되 모자랐던 여우의 교활함을 갖추어야 한다. 그를 죽음으로 몬 수구세력들은 반칙에 거리낌이 없고 집요하고 억센 턱과 이빨을 가졌다. 더 많은 돈과 권력과 네트워크를 가지고 있다. 그런 그들을 딛고 넘어서서 사람 사는 세상을 만들기 위해서 우리는 여우인 사자, 사자인 여우가 되어야 한다. 그의 묘지 위에 태양은 붉게 타오를 것이다. 허나 한낮의 찌는 더위는 우리의 시련으로 남아 있다. 서러움을 버리고 용맹함에 교활함을 더해 나아가야 한다.

경향신문, 2009. 5. 31.

돌아보기

노무현 대통령의 서거 일주일 뒤에 쓴 글이다. 경향신문에서 이 시기에 여러 사람이 쓴 추도의 글을 릴레이로 게재했는데, 나에게도 한 편 써달라는 요청이 왔던 것으로 기억한다. 이 글을 읽은 사람들 가운데 마키아벨리의 『군주론』을 읽은 사람이라면 내가 노무현 대통령을 묘사하기 위해서 마키아벨리가 도입한 비유를 교묘하게 변주하고 있다는 것을 눈치챘을 것이다. 어떤 이는 "『군주론』을 어설프게 읽었군, 엉터리야"라고 생각했을 수도 있다.

마키아벨리는 이렇게 말한다. "싸움에는 두 가지 방도가 있다는 것을 알 필요가 있다. 그 하나는 법률에 의한 것이고, 다른 하나는 힘에 의거한 것이다. 첫째 방도는 인간에게 합당한 것이고, 둘째 방도는 짐승에게 합당한 것이다. 그러나 전자로는 종종 불충분하기 때문에 후자를 사용할 줄 알아야 한다." 여기서 보듯이 마키아벨리는 군주가 반인반수가 되어야 한다고 말하고 있다. 그리고 짐승의 영역에서 "여우와 사자의 기질을 모방해야 한다. 왜냐하면 사자는 함정에 빠지기 쉽고 여우는 늑대를 물리칠 수 없기 때문이다"라고 말한다.

이런 마키아벨리의 말과 견주어보면, 노무현 대통령을 사자였지만 여우이지는 못했던 지도자로 묘사한 것은 우선 그 이전에 자리잡고 있는 반인반수의 비유를 생략함으로써 짐승의 비유를 격상한 것이고, 다음으로 일상적으로 유포되어 있는 사자에 대한 긍정적 이미지를 끌어왔다고 할 수 있다. 그렇게 해서 노무현 대통령은 사자의 용맹함을 가진 지도자였다고 거침없이 말할 수 있었다.

하지만 마키아벨리의 비유법으로 돌아가면, 사자는 함정에 빠지는 우둔함과 여우가 물리칠 수 없는 늑대를 혼내줄 수 있는 사나움을 동시에 가진 존재다. 그렇게 보면 금세 우리는 노무현 대통령이 마키아벨리가 말한 사자에 미치지 못했음을 알 수 있다. 그 점을 옹호하기 위해서 나는 그가 하이에나'떼'에 둘러싸인 사자였다고 옹호했다. 아무튼 나는 그때 노무현 대통령을 옹호하고 싶었다. 그래서 갈기가 찬란하고 포효 소리가 우렁찼지만 하이에나떼에 몰려 절벽에 몸을 던진 사자로 그리고 싶었다.

그 이후의 일은 상세히 늘어놓고 싶지 않다. 친노 그룹 정치인들의 조기 부활이나 문재인 의원이 대선 후보가 된 일, "노운지" 같은 말로 철없는 애들에게 조롱당하고 NLL 논란으로 애들만도 못한 너절한 인간들에게 다시금 모욕당한 일이 마음속에 불러오는 온갖 심상에 대해서는 달리 말할 기회가 있을 것이다.

그래도 한 가지, 그의 죽음과 그 뒤의 일이 나 같은 사람에게도 교훈으로 던져주는 것을 적자면 이렇다. 그의 죽음은 외려 죽지 말아야 한다고 말해준다. 죽음과 한없이 가까운 치욕일지라도 견뎌야 한다. 싸우기를 그쳐서는 안 된다.

전교조 20주년에 부쳐

지난 5월 28일은 전교조 창립 20돌이었다. 노무현 대통령의 서거로 인해 전교조 20돌 기념행사는 세간의 주목을 받기 어려웠다. 전교조 자신들도 국민적 추모에 동참하느라 행사는 조촐히 치른 듯하다. 뉴스를 찾아보니 기념행사 중 5월 23일의 '시민·학생·학부모·교사 결의대회'에서 모금한 돈을 용산 참사 유가족들에게 투쟁기금과 장학금으로 전달했다고 한다. 마음이 훈훈해졌는데, 전교조 뉴스를 보고 마음이 훈훈해진 게 참 오랜만이라는 착잡한 생각도 함께 들었다.

생각해보면, 전교조야말로 80년대 민주화 투쟁의 적자였다. 엄혹했던 86년 5월 10일에 교육민주화를 선언하면서 시작된 전교조 운동은 1989년 창립 직후 불법화되어 소속 교사 1527명이 파면·해임되었으며, 10년 만에 합법화되었고, 합법화 후 촌지거부운동 등을 펼쳤고 사립학교법 개정 투쟁으로 나아갔다. 그때까지만 해도 전교조는 교육민주화의 주역이었다. 하지만 16대 국회에서 이루지 못한 사립학교법 개정이 17대 국회에서 이루어질 즈음인 2005년, 전교조는 이미 교원평가제 반대 투쟁으로 대중의 지지를 잃어가고 있었다.

교원평가제에 대한 전교조의 주장이 틀린 것만은 아니다. 근무성적평정제가 있는데 거기에 교원평가제를 더한다니 볼멘소리가 나올 만하거니와, 정부의 주장처럼 교원평가제가 공교육의 질을 제고할지도 확실치 않다. 오히려 교원평가제는 암암리에 교육의 질이 낮은 이유를 교원에게 전가하는 이데올로기적 효과를 가진 면이 크다.

하지만 시민들은 전교조보다는 정부의 손을 들어주었는데, 그것이 전교조 일각에서 생각하듯이 전교조의 생각은 잘 전달되지 않은 채 시민들이 정부의 선동에 넘어가서 그런 것은 아니었다. 시민들은 교원평가제가 학부모와 학생에 대해 교사가 가진 결코 적지 않은 권력을 견제할 수 있고, 웰빙족이 되어버린 상당수 교사들에게 경각심을 줄 수 있으며, 공교육의 질을 일거에 향상시킬 수 있는 만병통치약은 아니더라도 도움은 분명히 되는 제도라고 생각했다.

전교조가 학부모와 학생들의 지지 속에서만 참교육을 실현할 수 있음을 잊지 않았다면 교원평가제를 수용하는 동시에 교원평가제의 구체적 방식을 놓고 투쟁과 협상을 진행시켜야 했다. 올해 초 정진후 전교조 위원장은 근무성적평정제를 폐지하고 승진 제도를 전면 개혁하는 논의 구조 속에서 교원평가제를 다루자는 제안을 했지만, 진작 했어야 할 제안을 하는 데 여러 해를 허비한데다가 제기 방식도 여전히 수세적이어서 큰 반향을 얻지 못했다.

교원평가제 전면 실시가 내년으로 예고된 마당에 좀더 전향적이고 사회적 연대를 이끌어내는 제안이 필요해 보인다. 예컨대 구체적 실행안 마련을 위해 전교조와 교과부 외에 시민단체 대표를 포함하는 협의기구와 공청회 조직화를 제안하는 것이 그런 것이다. 그렇게 된다면 근무성적평정제가 가진 억압성과 관료성도 새롭게 문제 제기될 것이며, 시민단체 대표를 심판 삼아 좀더 합리적인 제도를 만들 수도 있을 것이다.

전교조 안에는 촛불항쟁과 노무현 전 대통령 추모 열기로 인해 강화된 반MB 전선에 의탁해 초·중등교육법의 교원평가제 관련 개정을 막고 내년 교육감 선거에서 승리하고자 하는 흐름이 있는 것 같다. 하지만 작년 서울시 교육감과 올해 충남 교육감 선거 결과에서 보듯이 반MB 전선이 교육 문제에도 그대로 적용되기는 결코 쉽지 않다. 오히려 김상곤 경기도 교육감 당선에 전교조가 나서지 않은 것이 도움이 되었음을 상기해야 한다. 지금 요청되는 것은 교원평가제를 수용하는 담대함을 보이는 동시에 새로운 교육개혁 의제를 도전적으로 제기하는 전교조다. 그렇지 않고 반MB 전선 뒤에 웅크린다면 그 전선마저 약화시키게 될 것이다.

한겨레, 2009. 6. 9.

돌아보기

이 글을 쓰는 지금 전교조는 법외 노조로 내몰렸다. 창립 24주년 만에 최대 위기에 봉착한 셈이다. 이번 사안에서 잘못은 전교조를 그렇게 법외 노조로 내몰려는 박근혜정부에 있다. 그래서 나는 최근 한겨레에 그런 논조의 칼럼을 쓰기도 했다.• 박근혜정부의 이번 시도는 단지 전교조에 한정되는 문제도 아니다. 거기엔 시민사회 내에서 민주적이고 진보적인 섹터들을 파괴하겠다는 의도가 깔려 있다. 그런 만큼 전교조가 잘 투쟁하는 것이 매우 중요한 상황이다.

하지만 투쟁의 성공은 그 조직이 평소에 대중에게 어느 정도 신망과 지지를 받고 있느냐에 달려 있는 경우가 많다. 그런 면에서 그동안 전교조가 대중이 납득할 만한 정책만을 취했는가 되돌아볼 점들이 많다. 이 글에서 다룬 교원평가제도 그랬지만, 그 이전 2003년 나이스(교육행정정보시스템) 반대 투쟁도 대중의 지지를 얻지 못하기는 마찬가지였다.

관련해서 늘 아쉽게 생각하는 것 가운데 하나는, 지난 10여 년간 기간제 교사가 크게 확대되는 등 교단 전반의 비정규직화가 깊숙이 진행

• 「추악한 정부와 전교조의 딜레마」, 한겨레, 2013. 10. 16.

되었지만 전교조가 그런 문제에 적극적으로 나섰다는 이야기를 별로 듣지 못했다는 점이다. 이번 법외 노조화만 해도 직격탄은 기간제 교사가 받게 될 것이다. 법외 노조화에 이은 정부의 다음 공격은 수순대로 현재 휴직중인 전교조 노조 전임자 77명의 휴직 허가를 취소하고 30일 이내에 복직하도록 조치한 것이다. 진보적인 교육감들은 이런 조치에 저항하겠지만 그 저항이 얼마나 가능할지는 알 수 없다. 그리고 교육감이 진보적이지 않다면 전임자의 복귀와 더불어 그들 대신 일하던 기간제 교사들이 하루아침에 일자리를 잃게 될 것이다. 전교조는 이런 기간제 교사들을 어떻게 보호할지, 그들에 대해 조직이 해줄 수 있는 것이 무엇인지에 대해 이미 입장을 표명했어야 했다. 이런 연대감과 배려만이 조직의 가치를 입증하기 때문이다. 글을 쓰면서 그런 입장이 더 늦지 않게 나오기를 기다릴 뿐이다.

너는 엄마가 없니?

몇 년 전 봉준호 감독은 정치적 독재의 그늘 속에서 진행된 경제적 근대화가 지방 소도시를 쓸어가는 순간을 〈살인의 추억〉을 통해 묘사했다. 뒤이어 그는 〈살인의 추억〉의 용의자 박현규(박해일 분)가 떠나간 터널과 박두만(송강호 분)이 마지막 장면에서 들여다보던 논두렁 배수로의 깊은 어둠으로부터 귀환한 〈괴물〉을 그려냈다. 그리고 〈마더〉에서 봉준호는 이미 근대화의 물결이 쓸고 간 어떤 소도시로 우리를 데려간다. 하지만 그곳이 정확히 어딘지는 밝혀지지 않는다. 그 도시는 여고생이 휴대전화 세팅을 조작하고 디지털 사진을 인화하는 사진관이 있는 정보화된 곳이지만 억새밭과 고물상이 곁에 있고 '야매 침술사'의 한약방과 달동네와 골프장이 이웃하고 있는, 어쩌면 현재 남한 사회의 축소판이라고 해도 좋을 그런 곳이다.

〈살인의 추억〉에서부터 〈마더〉에 이르는 동안 그 안에 재현된 가족과 경찰로 대변되는 국가의 모습에는 의미심장한 변화들이 나타난다. 〈살인의 추억〉의 경찰은 그저 두들겨패서 자백을 얻으려 한다. 〈괴물〉의 경찰은 최신식으로 무장했지만 헛발질만 한다. 그리고 〈마더〉의 경찰은 격무를 호소하며 적당히 일할 뿐이다. 투박하지만 그래도 범인에 접근해 가는 박두만의 열정은 〈마더〉의 제문(윤제문 분)에 오면 완전히 사라지고 경찰의 일을 떠맡는 것은 억울한 아들을 구하려는 엄마 자신이 된다. 봉준호의 영화 속에서 국가는 무능하다가(〈살인의 추억〉) 포악해지고(〈괴물〉) 그리고 마침내 냉담해진다(〈마더〉).

더 흥미로운 것은 이런 국가의 변화에 조응하는 가족의 변화인데, 적어도 세 가지 변화를 지적할 수 있다. 우선 아버지가 위축되다가 이윽고 소거된다. 〈살인의 추억〉의 박두만은 그래도 가족을 먹여살리며 아버지로서 최소한의 품위를 유지한다. 하지만 〈괴물〉의 박강두(송강호 분)는 아버지라고 하기에도 미안한데다가 괴물로부터 딸을 보호하는 데 끝내 실패한다. 하지만 〈마더〉에 이르면 그 아버지는 사라지고 엄마가 그 자리를 대신한다.

다음으로 〈괴물〉에서는 강두가 괴물에 의해 죽은 딸 현서(고아성 분)를 대신해 고아 소년 세진을 입양함으로써 가까스로 가족을 복원한다. 그러나 〈마더〉에서 가족은 마침내 해체된다. 몸을 팔아 치매 노인을 부양하던 여고생 문아정은 피살되고 엄마가 없던 정신지체아 종팔이는 감옥에 갇히며, 가까스로 가족을 유지하던 엄마(김혜자 분)마저 자신의 역할을 내던진다. 끝으로 〈괴물〉의 강두와 세진 사이에는 정상성이 유지되지만 〈마더〉의 모자간에는 희미한 광기의 분위기가 흐르며, 그와 조응되게도 〈괴물〉의 가족은 외부로부터의 적인 괴물에 의해 위협받지만, 〈마더〉에서 가족은 스스로 붕괴한다.

비록 매개되고 변형된 형태지만 이런 변화 속에 어른거리는 것은 전체로서의 우리 사회의 변천에 다름 아니다. 그것이 고통의 심화로 나타난다면, 그것은 우리 사회가 그만큼 병들어가고 있기 때문이다. 사회의 위기, 특히 정치의 위기는 통상 부권의 실추로 나타난다. 〈살인의 추억〉에서 〈괴물〉로 이행하면서 아버지의 모습은 극히 위축된다. 그러나 〈마더〉에서는 그 아버지마저 사라진다. 정치가 붕괴한 것이다. 그때 정치보다 근원적인 '정치적인 것the political'이 모습을 드러내거니와, 그것은 모성에 의해 표상된다. 봉준호는 정치가 붕괴한 폐허에 엄마를 소환하지만 그 엄마는 더이상 정치를 복원할 사회적 통일성의 원천이 되지 못한다. 엄마의 넋 나간 춤사위, 그것이 내게는 정치와 사회가 돌이킬 수 없이 파괴되어가는 이명박 시대의 상징으로 보인다.

한겨레, 2009. 6. 30.

돌아보기

봉준호 감독의 최근 영화 〈설국열차〉는 〈마더〉 같은 영화가 추적하고 더듬던 사회적 징후를 유발하는 사회 시스템을 하나의 모형으로 구체화해서 무대에 올리고 있다. 그렇게 하자 어떤 비관주의와 무정부주의가 두드러졌다. 이와 관련해 전체 디테일과 무관하게 인상적인 것 몇 가지를 지적하고 싶다.

우선 설국열차 자체의 기원에 대한 이야기다. 각 나라의 정부들은 지구온난화 문제를 해결하기 위해 CW-7이라는 기후 조절 물질을 살포했으나 물질의 부작용으로 지구에는 새로운 빙하기가 찾아오고, 빙하기를 피할 수 있는 유일한 방책은 설국열차에 올라타는 것이었다. 지구온난화를 피하기 위해 과학적 지식과 정치적 결정이 결합된 것이 오히려 재앙을 불러온 것이다. 인간은 스스로의 미성숙으로 인해 고통에 빠져든 것으로 파악된다. 여기에 이 영화의 첫번째 비관주의가 있다.

한편으로 설국열차는 이 재앙의 가능성을 두려워한 자이지만, 동시에 자신의 괴벽스런 환상 때문에 폐쇄적인 회로로 세계를 주파하고자 한 윌포드(에드 해리스 분)에 의해 마련된 것으로 설정된다. 새로운 빙하기에 인간이 의탁할 수 있는 마지막 방주는 이렇게 새로운 노아 윌포드의 폐쇄 시스템과 무한궤도(동시에 무의미한 궤도)를 향한 개인적 망상에 뿌리를 둔다. 하지만 생각해보면 바로 이 폐쇄 시스템이야말로 빙하기의 더 밑에 있는 근원인 온난화의 원인이다. 이런 점을 염두에 두면 섭리도 없고 재앙을 넘어선 신·자연과 인간의 화해도 없다는 점에서도 〈설국열차〉의 비관주의는 도저하다.

설국열차의 폐쇄적 시스템에서 흥미로운 것은 이 체제가 기능적으로 조화로운 전체가 아니라 꼬리칸이라는 아무 기능도 하지 않는 '잉여'를 포함한다는 점이다. 잉여가 인구에 회자되는 시대, 착취당할 자유에 대해서 말하는 시대에 바퀴벌레로 만든 식량을 먹으며 열차에 붙어 있는 집단의 존재는 시대의 분위기를 영화 속으로 끌어들인다. 그리고 이 꼬리칸 사람들이 봉기할 때, 관객들은 동일시의 감정 속에서 성공을 기대한다.

하지만 영화적으로 보면 꼬리칸 사람들의 봉기 그리고 엔진실로 향한 진격은 우리 모두에게 설국열차의 시스템적 정교함과 아름다움 그리고 기묘한 환락을 양가감정 속에서 바라보게 하는 과정일 뿐이다. 또한 이 봉기가 성공한 것처럼 보일 때 놀랍게도 꼬리칸은 사실은 기능적 전체의 나사못이었음이 드러난다. 꼬리칸에서 이따금 선발되던 어리고 마른 소년들은 수상한 성적 향유의 약탈 대상이 아니라 열차의 기계부로 들어가 열차 시스템을 수선·보수하는 존재임이 입증되고, 꼬리칸의 봉기마저 열차 전체의 문화와 시스템을 유지하기 위해 설계된 반란임이 드러난다. 윌포드와 커티스(크리스 에번스 분)의 대화에서 〈매트릭스 리로디드〉의 아키텍터(매트릭스 설계자)와 네오(키아누 리브스 분)가 나누는 대화를 떠올리는 것은 너무나 자연스러운데, 〈설국열차〉의 꼬리칸이든 〈매트릭스〉의 자이언이든 '잉여'의 반란이 시스템 버그의 수정 과정으로 재흡수된다는 점에서 비관주의는 극에 달한다. 즉 시스템은 자기 오류를 정정하는 피드백 경로를 미리 갖추며, 반란은 그렇기 때문에 시스템에 봉사한다는 것이다.

봉준호 감독은 이 갑갑한 비관주의에서 벗어나고 싶었던 것일까? 아니면 〈매트릭스〉와의 과도한 근접을 피하고자 했던 것일까? 그는 남궁민수(송강호 분)와 요나(고아성 분)를 통해서 시스템 내부에서 봉기하는 것이 아니라 시스템 자체에 대해 봉기하는 기획을 보여준다. 요컨대 기차를 정복하는 것이 아니라 기차를 탈선시키는 것이다.

여기엔 어떤 무정부주의적 성향이 엿보인다. 기차를 넘어뜨리는 것에는 어떤 합리적 기획도 없기 때문이다. 그런 결정을 뒷받침하는 것은 몇 가지 불완전한 정보뿐이다. 그렇다면 즉각 질문이 떠오른다. CW-7을 살포한 결정과 열차를 전복하는 결정은 어떤 차이가 있는가? 우리가 보게 되는 것은 아마도 더 신중했을 결정(CW-7 살포)과 그보다 훨씬 덜 신중한 결정(남궁민수의 열차 파괴) 가운데 자연환경이 우호적이었던 것은 후자였다는 것, 재앙과 구원의 갈래는 지극히 우연적일 뿐이라는 사실을 발견하게 되는 것이다. 요나가 만난, 영화의 마지막에 등장하는 북극곰이 노아의 무지개처럼 희망의 징표가 되지 못하는 것은 그래서일 것이다.

자율형 사립고의
정치경제적 함수

지난주에 자율형 사립고가 서울에 13곳이 허가되어 올해부터 4천 명 이상의 학생이 자율형 사립고에 진학할 수 있게 되었다. 고등법원에서도 선거법 유죄판결을 받은 공정택 교육감이 이런 결정을 할 자격이 있나 싶지만, 이 문제에 관한 한 공교육감이 아니라 '고교 다양화 300 프로젝트'를 내건 이명박정부가 주도하고 있다고 해야 할 것이다. 자율형 사립고가 서울에 이어 지방 곳곳에 생겨나면 기존 특목고와 자립형 사립고만으로도 이미 반송장이나 다름없던 고교 평준화는 사망진단서를 발부받게 될 것이고 더불어 고교 입시도 더욱 치열해질 것이다.

교육과학기술부 관료는 아마 내신성적이 일정 수준 이상인 학생들 가운데서 추첨으로 선발하니 고교 입시 경쟁 같은 건 없다고 할 것이다. 하지만 자율형 사립고가 입시에서 높은 성취를 보일 가능성은 크다. 실제로 국민 공통 교육과정에 따른 교과 이수 단위의 50% 이상을 충족해야 한다고 규정한 '자율형 사립고등학교의 지정 및 운영에 관한 규칙' 제4조는 자율형 사립고가 입시 명문으로 성장할 길을 활짝 열어놓았다. 국민 공통 교육과정은 고등학교 1학년까지만이고 2,3학년은 심화선택 과정으로서 이미 교장의 재량이 상당한데, 공통 교육과정마저 51%만 운영하면 되니 이쯤 되면 입시교육에 전념할 것을 '권고하는' 셈이다. 아마도 외고들마저 각종 교과과정상의 제한을 피하려 자율형 사립고로 전환을 시도할 가능성이 크며, 그렇게 될 때 추첨제 같은 것이 존속할 가능성은 별로 없다.

결국 긴 우회로를 거쳐 과거 명문고 체제로 복귀하게 되는 셈인데, 그것이 단순한 복귀는 아니다. 명백히 더 나빠진 복귀다. 과거 명문고 체제도 과도한 입시교육과 사교육으로 평준화 체제를 불러들였지만 그래도 그때는 지금보다 대학 진학률이 많이 낮았고 사교육도 강성하지 않았다. 그래서 가난한 집 자녀가 서울대도 가고 서울대 총장도 될 길이 제법 열려 있었다. 하지만 지금은 전혀 그렇지 않다. 계층화는 심화되었고, 입시 경쟁은 격화되었고, 사교육은 강력해졌다.

또한 과거의 명문고는 공립학교 중심이었다. 서슬 퍼런 박정희 시절에 사립학교라고 해서 평준화 제도 도입에 저항할 수 있었겠는가마는 그래도 명문고들이 공립이었던 것이 평준화 도입의 어려움을 많이 줄여준 면이 있다. 하지만 이제는 일부 특목고를 제외하면 명문고의 자리를 차지하게 된 것은 사립학교들이다. 고교 교육 체제에 대한 우리 사회의 합의가 지금과 다른 방향으로 나아간다 해도, 예컨대 평준화를 다시 지향한다고 해도 정부로부터 재정지원을 받지 않는 명문 사립고를 무슨

수로 건드리겠는가? "자율형 사립고등학교는 5년 이내로 지정·운영하되, 시·도 교육규칙으로 정하는 바에 따라 5년의 범위에서 연장할 수 있다"고 한 초중등교육법 시행령 105조의 3의 ⑤가 지정 취소의 근거 조항이 될 가능성은 거의 없다.

그리고 정부 지원을 받지 않는 것과 연동되어 자율형 사립고는 과거의 명문고와 달리 다른 학교보다 더 비싼 등록금을 받게 된다. 아마도 일반 고등학교의 3배쯤 될 것이다. 입시교육이라는 면에서 그렇겠지만 아무튼 더 나은 교육을 받고 싶으면 돈을 더 내라는 것인데, 학부모의 부담도 일단 공식 학교로 들어오면 공교육 재정에 포함된다. 결국 전체 교육재정 가운데 정부 부담은 늘리지 않고 학부모의 부담을 늘리는 길을 찾은 것이다. 그래도 자녀를 일단 자율형 사립고에 보낸 부모들의 경우 등록금은 늘망정 사교육비는 줄어들 것이다. 그런 조삼모사를 두고 이명박정부는 사교육비 절반 공약을 지키려고 노력했고 일정한 성과를 거두었다고 우길는지 모르겠다.

한겨레, 2009. 7. 21.

돌아보기

이명박정부가 추진한 교육정책 가운데 가장 뚜렷한 것은 자율형 사립고(이하 '자사고') 설립이다. '고교 다양화 300 프로젝트' 가운데 가장 중심이 되는 것이 이 자사고 설립인데, 그것에 대한 구상에는 보수파가 교육문제를 바라보는 사고방식이 잘 드러나 있다. 자사고는 다음과 같은 몇 가지 발상법을 결합해서 구상된 것이다. 첫째, 현재 고교 입시 경쟁은 좋은 고등학교가 적기 때문이다. 그러니 좋은 고등학교를 늘리면 된다. 그러면 중산층의 불만이 달래진다. 둘째, 좋은 고등학교는 좋은 학생들이 진학한 학교이고, 좋은 입시 성적을 내는 학교이다. 셋째, 그런 학교를 만들기 위해서 국가가 돈을 쓸 필요는 없다. 더 좋은 재화를 구입할 비용은 수익자가 내면 된다. 넷째, 수익자 부담이 관철되면 절약된 교육예산을 저소득층 지원에 사용함으로써 하층의 불만을 달랠 수 있다.

이명박정부는 자사고 100곳의 개교를 목표로 했다. 하지만 2013년 현재 운영되고 있는 자사고는 전국적으로 49개교이다(지난 몇 해 동안 지정이 취소된 학교도 셋 있다). 그것들이 어떻게 위의 발상들을 구현하는지 보자. 먼저, 국가 예산 없이 좋은 고등학교를 늘리기 위한 방안으로는 그런 학교의 등록금을 일반고보다 3배까지 받을 수 있게 했다. 그리고 학교 법인들이 이런 등록금을 노리고 무분별하게 자율고를 지원하는 것을 막기 위해서 일정 비율 이상의 법인 전입금을 요구했다. 더 좋은 학생이란 더 많은 등록금을 낼 의욕을 가진 상위 계층의 성적 우수자이며, 좋은 학교란 그런 학생들이 모인 곳이고, 그런 아이들이 좋은 입시 성적을 내는 곳이다. 그런 학생을 모을 수 있게 자사고에 우선선발권을 주고, 좋은 입시 성적을 위해서는 더 전략적으로 입시교육에 몰두할 수 있도록 각종 교과과정상의 자율성을 준다.

이런 산술법이 야기한 결과는 어떤 것인가? 전체적인 귀결은 이전에 있었던 비평준화로의 더 나쁜 복귀로 나타난다. 하지만 좀더 들여다보면 상황은 복잡하고 행로는 지그재그다. 똑같이 자사고라고 불리지만 대단히 우수한 재정 여건을 가진 자립형 사립고였다가 자율형 사립고로 명칭을 변경한 학교들은 학생도 전국단위에서 모집한다. 그렇기 때문에 자사고 내부에 처음부터 상당한 차이가 존재한다. 전체를 통틀어 보더라도 자사고 내부에서 재단의 역량, 지리적 조건, 학교의 노력 등이 작동해서 내부 분화가 활발하게 이루어지고 있는 과정에 있다. 법적으로 규정된 법인 전입금을 내지 않은 사례도 상당수 나타나고 있으며, 학생 모집에서 미달 사태가 발생하는 사례도 상당히 많다. 이미 지정 취소된 학교가 셋 있고, 교육감이 지정 취소했지만 법원에서 무효 판결을 받은 경우도 있다.

입시 결과는 2013년 입시부터 나오기 시작했다. 그렇게 훌륭한 편은 아니다. 하지만 절반가량의 자사고 입시 결과는 2014년 입시에서 처음 나오게 될 것이다. 현재로서는 학생 선발 효과를 고려하면 학교 효과의 면에서 괄목할 만한 성과가 나올 것 같지는 않다.

자사고의 규모가 확정되는 과정과 내부 분화가 일어나는 방식은 그렇게 매끄럽지 않을 것이다. 처음부터 이명박정부가 설정한 100곳도 과학적 조사 없이 발표한 단순한 슬로건이었다. 지정 취소된 3곳을 포함해 52곳이 지정된 맥락도 법인들의 교육시장에 대한 주먹구구식 판단과 교육부와 교육청의 정책적 고려 사이에서 대충 결정된 것이다. 그렇기 때문에 그 규모와 분화는 그것을 규정하는 진짜 요인인 우리 사회 계층적 분할선의 변동을 좇아 힘겹게 조정되어나갈 것이다. 그 과정에서 특별히 우수한 자사고가 아닌 한, 혁신학교와의 경쟁도 힘겹게 수행해야 할 것이다.

미디어 악법의 민주화를 위해

미디어 악법 날치기 시도를 할 때, 대략 염두에 둔 것일 게다. 엄정한 법안 심사는 물론이고 의결절차조차 지키지 않았다 해도 미디어 악법을 기정사실로 만드는 행정절차를 밀어붙이는 동안 북태평양 고기압이 한반도를 덮칠 것이라는 사실을. 야당이 거리에 나가 미디어 악법 원천무효를 외치며 싸우더라도 사람들은 바다와 계곡으로 떠나고 없을 것이다. 그때 서민정책 몇 가지를 공표한다. 아직도 대통령에 대한 전근대적 심성에는 짜내서 활용할 바가 있다. 그러니 되도록이면 그런 정책을 MB의 자애심에서 나온 것으로 포장하자. 용산 참사나 쌍용자동차 사태를 MB의 이미지와 분리하자. 이런 이미지 분리의 정점으로 광복절을 맞아 대통령의 권한인 사면을 활용하자. 그렇게 하면 서민을 '낚는' 것은 일도 아닐 것이며, 이를 통해 미디어법 날치기 국면에서 벗어나는 것이다. 그러면 여론의 동향에 민감한 헌재도 한결 편하게 정부가 원하는 결정에 이끌릴 것이다.

이런 초보적 정치공학이 진행됨에 따라 그것의 새로운 이익들이 발견되고 있다. 이미 상당히 장악된 방송매체와 조중동이 합세해서 열심히 서민정책을 떠들어대면, 비판적인 언론들은 MB의 서민정책이 내실 있는 것인지, 정말로 서민들에게 도움이 되는 것인지 따지게 된다. 하지만 그렇게 나쁜 일만도 아니다. 어쨌든 그 과정에서 신문 지면에서조차 미디어 악법은 뒷면으로 밀려날 것이니 말이다.

조중동으로서도 좋은 일이다. 신문 앞면에서는 정부의 서민정책을 중계하고, 뒷면에서 그런 것들이 너무 포퓰리즘적인 것 아니냐고 비판(?)하면 된다. 이 비판의 부수적 이익은 상당하다. 조중동과 정부의 협력이 잘 이루어지기 위해서도 오히려 필요한 최소한의 거리라는 외양을 얻을 수 있기 때문이다. 그동안 미디어법 통과를 위해 공조하느라 둘이 한 몸뚱이나 다름없음을 노출해왔는데, 그건 사실 좀 위험하다. 정부 기관지가 되는 것은 의미 있는 언론기관인 척하는 것을 어렵게 해 영향력을 더 급격히 떨어뜨릴 것이기 때문이다.

조중동의 비판은 MB에게도 도움이 된다. MB는 언필칭 친서민 행보를 중도실용 노선으로의 복귀라고 선전하지만, 그것이 그렇게 보이려면 이념적인 보수신문의 비판이 일정한 도움이 된다. 보수신문의 비판조차 받지 않는다면 중도실용이라고 불리기 어려울 것이기 때문이다. MB정권은 조중동의 비판을 자신이 중도실용임을 보여주는 증거로 삼는 동시에 그 비판을 중도실용적이려는 노력을 제약하는 사회적 요인으로 제시할 것이다. 그렇게 해서 진정으로 원한 중도실용이라는 외양에 이를 수 있다.

이런 식으로 상황이 흘러가도록 방치해서는 안 된다. 미디어법이라는 의제의 중심성을 유지해야 한다. 아직 게임이 끝나지 않았을 뿐 아니라 그냥 넘길 성질의 일이 아니기 때문이다. 복잡한 사회에서 국민주권이 여론과 그 여론으로부터 형성되는 집합적 의지 형성이 아니라면 도대체 어디서 숨쉬고 있겠는가? 여론이 건강하고 활력 있게 작동하지 않는다면, 주권은 오직 간헐적 투표의 순간으로 퇴행할 뿐이며, 그 투표 행위조차 쇠락하게 마련이다. 그 여론의 건강을 규정하는 것이 미디어 체제의 민주성이며, 따라서 미디어법은 국민주권적 사안이다. 그러므로 미디어 악법의 재민주화를 위해 헌재에 다수 시민들의 의지를 알릴 모든 방안을 모색해야 한다. 정당과 시민운동이 결합해 집회도 하고, 모두들 서명도 하고, 인터넷에 열심히 글도 써야 한다. 헌재가 어처구니없는 결정을 내릴 수도 있다. 그럴 때도 끝내 어떤 비용을 치르더라도 그것을 민주적으로 다시 고쳐놓겠다는 의지를 분명하게 표명해야 한다.

한겨레, 2009. 8. 11.

돌아보기

2004년 9월 23일자 칼럼(「조선일보, '스탠스'를 잃다」)에서 나는 '조선일보의 몰락'을 호기롭게 주장했다. 하지만 그렇게 사태가 진행되지는 않았다. 내 주장이 근거 없는 것은 아니었다. 확실히 몰락의 조짐은 있었으며 그것을 야기하는 힘은 정치적인 것이기보다 인터넷으로만 뉴스를 소비하는 세대의 출현, 그리고 그런 관습의 전체 세대로의 확산이라는 단순한 요인이었다. 이제는 인터넷만이 아니다. 스마트폰은 더 강력하게 종이신문을 위협한다. 요즘은 지하철에서 신문을 보는 사람을 찾기 어렵다. 대부분의 사람들이 스마트폰을 들여다보고 있다. 물론 그렇다고 해도 신문사가 망하는 것은 아니다. 하지만 우리 사회의 인터넷 문화에서 종이신문들이 인터넷으로 서비스한 뉴스에 충분한 과금을 하기란 매우 어렵다.

하지만 조선일보를 비롯한 보수신문들은 이명박정부 집권을 활로로 삼았다. 이명박정부는 보수신문에게 종합편성채널이라는 당근을 흔들어 정부를 비호하는 보도를 이끌어냈다. 그리고 보수신문은 살아남기 위해서 그 당근을 물기 위해 뛰었다. 결국 미디어법이 개악되고 종편으로 네 곳의 방송사가 선정되었다. 네 곳이나 선정된 것에 모두 놀랐다.

보수신문조차도 놀랐다. 현재의 광고시장 규모를 생각하면 종편이 네 개나 방송시장 안에 안착하기란 쉽지 않아 보이기 때문이다. 그래서 밖으로 내놓고 표현할 수는 없었지만 보수신문들조차 보수신문을 위해서 종편을 허가한 것이 아니라 오로지 자신을 위해서 종편을 허가했을 뿐인 이명박정부의 행태에 부글부글 끓어했다.

실제로 개국 초기에 종편은 정말로 힘겨운 시기를 겪었다. 그 꼴을 보고 민주파 시민들은 독초를 산삼인 양 삼킨 악당 보듯이 하며 달콤한 기분을 느끼는 경우가 많았다. 하지만 2012년에 들어서면서 종편은 시사프로그램에서 살 길을 찾기 시작했다. 공중파들이 이명박정부의 방송장악에 대항해 파업을 벌이며 파행을 겪을 때 이들은 총선과 대선을 중심 테마로 해서 훨씬 저열한 발언을 자극적으로 쏟아놓는 시사 프로그램을 쏟아냈는데, 그것이 보수적인 시청자들에게 먹히기 시작했다.

이렇게 해서 무슨 일이 생긴 것일까? 한국음식의 비극 가운데 하나는 은미한 맛을 만들어내지 못한다는 것이다. 쉽게 사람들 입맛을 잡기 위해서 음식이 매워졌는데, 매워지면 짠맛이 희미해져 소금을 더 넣게 된다. 맵고 짠 음식은 괴롭다. 그래서 단맛을 추가한다. 그런 맛은 무겁다. 그래서 신맛이 더해진다. 길거리나 값싼 음식점에서 파는 음식은 그래서 맵고 짜고 달고 시어졌다. 종편의 시사 프로그램이 한 일이 바로 이런 일인 듯싶다. 정보를 깊이 이해하게 해주고 쟁점을 선명하게 하며, 논쟁 대상자마저 설득하려는 논리를 가다듬는 장이 아니라 시사노점상들을 차려놓은 꼴이 되었다. 그렇게 해서 시청자들의 입맛을 버려놓은 것이다.

하지만 이런 정크푸드 덕에 종편의 수익성이 크게 개선된 것도 아니다. 매년 총선과 대선을 하는 것도 아니니 값싸게 제작할 수 있는 시사 프로그램으로 버티는 것이 쉬운 일도 아니다. JTBC를 제외하면 존속 가능성은 여전히 확실치 않다. 이들이 곧 재송신 허가 심사를 앞두고 있다. 박근혜정부가 이 든든한 원군 가운데 일부와 척을 지는 일을 하기는 어려울 것이다. 종편의 안정적 재생산을 위해 일부를 걷어내기도 힘들 것이다. 종편과 보수신문에게 어려운 시간이 지속될 가능성이 큰 것이다.

결국 모두에게 좋지 않은 일이 발생한 것이다. 이미 지적했듯이 보도 영역에서 우리 사회는 종편으로 인해 악화가 양화를 구축하는 일을 보았다. 우리 모두는 나쁜 보도와 시사 프로그램 속에서 잘못된 여론형성 메커니즘으로 이끌려가고 있는 것이다. 그렇다고 보수언론에게 좋은 사태도 아니다. 그들은 여전히 숨막히는 경쟁 상황에 놓여 있다. 끝으로 보수정권에게도 장기적으로는 좋을 것이 없다. 보수신문과 종편의 재생산이 정권의 영향 아래 있기 때문이다. 이렇게 되면 보수신문은 자신의 진정한 기능, 그러니까 보수정권에게 보수파 전체의 이익을 위해서 어떻게 상황을 파악해야 하고 무엇을 자제해야 하는지 가르쳐주기 어렵게 되는 것이다.

김대중: 이승만, 김일성, 박정희를 넘어선

김대중 전 대통령이 우리 곁을 떠났다. 너무 많은 찬미와 너무 많은 증오의 대상이던 그가 떠났다. 그래서인지 그를 보내는 안타까움에도 불구하고 애도의 분위기는 차분하고 찬미도 증오도 누어진 모습이다. 하지만 그는 우리에게 어떤 존재였는가? 그 이름이 뜻하는 바는 무엇인가? 얼룩이 없는 것은 아니지만 누구도 그를 한국 민주화의 상징으로 받아들이는 데 주저하지 않을 것이다. 그렇다면 그 민주화가 무엇을 뜻하는지, 그것이 우리 삶 전반과 여타 의제들에 어떤 영향을 미치는지 돌아보는 것이 그의 의미를 밝히는 길일 것이다.

이 점을 생각할 하나의 틀을 정치학자 박명림으로부터 빌려오고 싶다. 그는 작년에 발표한 「박정희와 김일성: 한국적 근대화의 두 가지 길」이라는 흥미로운 논문에서, 1945년 이후 한반도 주민의 삶을 규정한 핵심 의제를 국가건설·산업화·민주화로 규정하고, 이런 의제들이 각각 '이승만 대 김일성' '박정희 대 김일성' '박정희 대 김대중'이라는 세 가지 대립구도의 조합에 의해 대표될 수 있다고 파악했다. 우리가 지금 김대중이라는 존재의 의미를 생각한다면, 위 세 가지 의제와 역사적 대립구도 속에 그가 어떤 위치를 차지하는지 이해할 필요가 있다.

먼저 생각할 점은 국가건설·산업화·민주화의 관계, 그리고 이 세 가지 의제를 둘러싼 역사적 대립구도의 상대적 위상에 대한 것이다. 내가 보기에 '박정희 대 김대중'의 구도는 다른 두 가지 대립구도와 병렬적인 것이 아니다. 국가건설과 관련해서 이승만과 김일성은 각각 대안적인 길을 추구했다. 산업화와 관련해서도 박정희와 김일성은 각각 대안적인 경로를 선택했다. 그런 의미에서 이 두 가지 대립은 둘 가운데 무엇을 선택하는지, 그것과 관련된 역사적 귀결의 문제다.

하지만 박정희와 김대중은 서로 대안적인 길을 추구한 것이라고 할 수 없다. 민주주의 부정과 민주주의 실현이라는 대립이 있을 뿐이며, 이 역사적 대결에는 승패가 있는 것이 아니라 어떤 경우에도 실현되어야 할 가치의 문제가 도사리고 있을 뿐이다.

의제들의 관계 면에서도 민주화는 다른 위상을 가지고 있다. 국가수립이 어떤 국가수립이어야 하고, 산업화가 어떤 산업화여야 하는가를 내재적 가치에 입각해서 규정하고 향도할 수 있는 것이 민주화이기 때문이다. 그렇기 때문에 역사의 천사가 수호자를 자임할 쪽은 민주화라는 과제를 떠메고 간 김대중이며, 이는 4·19혁명과 6·10항쟁 그리고 촛불항쟁으로 대변되는 국민적 의지와 일치하는 길이었다.

오늘날 우리 사회가 박정희로부터 얼마나 멀리 나아갔는지는 논란거리다. 용산 참사, 미디어법 날치기, 쌍용차 사태를 비롯한 숱한 사례에서 MB정부가 보인 행태나, 공론장을 횡행하는 '좌빨'이라는 단어에서 드러나듯이 그 거리는 지극히 가까워 보이기조차 한다. 어려운 살림살이가 낳은 퇴행적 심리의 여파로 박정희에 대한 숭배 또한 여전하다. 하지만 박정희의 업적은 김대중 앞에서 두 가지 이유에서 빛이 바랜다.

박정희의 산업화 업적은 그 자신의 지도력의 몫을 분명히 가진다. 하지만 그것은 두 가지 요인에 크게 빚지고 있다. 하나는 역사적 경로의존성이다. 박정희가 주도한 남한의 산업화가 성공적일 수 있었고 또 북조선에 대해 우위를 가졌던 이유는, 그에게 하나의 조건으로 주어진 미국 헤게모니 체제로의 편입에 기댄 바가 크기 때문이다. 더구나 남한은 미국 헤게모니 체제하의 여러 나라 가운데서도 냉전의 최전선이라는 위치 때문에 상당한 수혜를 입을 수 있었다.

다른 하나는 박정희 체제가 밑으로부터의 도전과 민주화 요구에 시달렸다는 점이다. 박정희 자신에게는 그것이 매우 고통스러웠겠지만 결과의 관점에서 본다면 이러한 강력한 도전이야말로 박정희 체제가 더 나은 통치를 지향하도록 압박하는 요인이었으며, 체제의 결정적 실수를 방지하고 교정하는 효과를 가졌다.

이 두 가지 요인과 관련해서 김대중은 중대한 역할을 했다. 그는 박정희 체제가 김일성 체제에 대해 우위를 가질 수 있게 한 바로 그 민주화와 아래에서부터의 도전의 대변자이자 주역이었다. 하나의 체제로서 박정희 체제가 가진 생명력은 바로 김대중에게 크게 빚진 것이다. 다른 한편 김대중의 민주화에 대한 요구는 이승만, 김일성, 박정희 모두를 제약한 역사적 경로의존성을 넘어서는 것이었다. 이승만, 김일성, 박정희는 어떤 의미에서 역사적 조건에 순응했다. 하지만 김대중이 추구한 민주화와 인권은 역사적 조건의 속박을 극복하는 보편적 이상에 의해 인도되는 것이었다.

이 보편적 이상의 힘은 심대한 것이다. 그 이상, 그리고 그 이상에 접근하려는 노력 때문에 우리가 덜 부끄러운 나라에 살게 된 것이다. 오늘날 우파들은 입만 떼면 북조선을 인권과 민주주의가 없는 미개 국가라고 조롱한다. 그렇게 상대를 비난할 수 있는 것은 우파들이 자신을 인권과 민주주의가 있는 나라에 귀속시킬 수 있기 때문인데, 김대중이 없었다면 그들은 북조선을 조롱할 수조차 없었을 것이다.

김대중은 그렇게 우리의 현재를 만든 사람이거니와, 미래에 대해서도 중요한 함의를 가지고 있다. 세 가지 의제와 김대중의 관계를 다시 한번 생각해보자. 김대중은 민주화라는 의제를 떠메고 갔다. 그가 없었다면 남한은 극우반공 국가로 끝났을 수도 있었다. 김대중은 극단적인 반공극우 사회에서 조봉암보다 조금 더 오른쪽에 정치적 위치를 설정했고 엄청난 탄압 속에서도 그 자리를 완강히 고수함으로써 남한을 민주공화국으로 이끌었다. 그 민주공화국은 여전히 보수적이긴 하다. 하지만 민주화는 종결될 수 없는, 지속적으로 확장되어야 할 과제이며 김대중은 더 많은 민주화와 더 깊은 민주화로 가는 문을 열었다.

산업화와 관련해서 김대중은 냉전하의 산업화가 체제의 동맥경화로 이어지는 것을 막음으로써 결과적으로 산업화의 성공에 기여했다. 뿐만 아니라 그는 냉전하의 산업화라는 모델이 종결된 다음, 지구화된 개방경제하에서 경제발전의 지속을 실험한 첫 대통령이기도 했다. 이와 관련해 많은 논란이 있다. 우리가 직면하고 있는 양극화의 위기는 김대중

대통령과 뒤이은 노무현 대통령 집권기의 유산이기도 하기 때문이다. 하지만 그는 비상한 위기의 시기에 더 나쁠 수 있는 것을 덜 나쁘게 하기 위해서 진력했으며, 개방과 지속가능한 발전을 조화시켜야 하는 과제를 좁게 열린 길 속에서 추구했다. 여전히 좁은 길인 이 과제에 대해 정교한 정치적·정책적 대안을 마련하는 것이 김대중이 우리에게 부탁하는 바일 것이다.

국가건설이라는 의제 또한 김대중과 무관하지 않다. 해방 후 국가건설기에 그는 중요한 역할을 맡을 연배가 아니었다. 하지만 이승만과 김일성의 대결구도는 분단체제라는 질곡을 남겼고, 이는 국가건설을 종결되지 않은 과제로 만들었다. 그는 정치인으로 입문한 이래 이 문제에 대해 줄곧 이승만, 김일성, 박정희와는 다른 대안을 추구했다. 그리고 집권기에는 분단체제의 질곡을 넘어서기 위해 커다란 걸음을 내디뎠다. 그 성과가 지금은 후퇴한 면이 많지만, 그의 구상은 여전히 한반도에 더 나은 정치공동체를 건설할 유일하게 가능한 길의 지도로 우리 앞에 남아 있다.

그런 그가 우리 곁을 떠났다. 이승만, 김일성, 박정희 모두를 넘어서는 면모를 지닌 그가 떠났다. 그의 떠나감이 장엄한 일몰로만 느껴지지 않는 것은 우리의 현재가 그가 성취한 지점에서 후퇴한 곳에 있기 때문이다. 향년 85세의 서거가 조금은 때이르게 다가오는 것도 그 때문이며, 그의 유지遺志가 우리가 향할 별빛을 가리키는 것이 아니라 민주대연합이라는 구체적 지침이 된 것도 그 때문일 것이다. 그는 민주당이 통합의 중심에 설 것과 진보개혁진영의 최대 분파로서 양보의 자세를 가질 것을 주문했다. 그는 생전에 자신이 적게 했던 그 양보를 민주당에 부탁했는데, 그렇게 함으로써 자신이 고수했던 정치적 위치보다 조금 더 진보적인 곳까지 우리 사회가 나아가길 당부한 것이다.

창비주간논평, 2009. 8. 26.

돌아보기

노무현 대통령의 서거, 그리고 그의 장례식에 참석한 김대중 대통령, 그리고 다시 이어서 김대중 대통령의 서거. 2009년은 때이른 두 죽음, 자살과 노환이라지만 사실은 타살에 가까운 죽음, 더러운 압박 앞에 맞서는 의지의 형식으로서의 죽음과 그것에 연해 늙은 육신이 꺾이는 죽음을 목도하는 슬픔이 가득한 해였다.

창비주간논평에서 주제의 무게를 고려해 내게 지면의 자유를 많이 허용해주었다. 그래서 칼럼으로서는 꽤 길게 김대중 대통령의 업적을 평가하는 내 나름의 추도사를 쓸 수 있었다.

김대중 대통령에 대한 평가를 충실하고 새롭게 하는 것은 우리 사회의 방향감각을 일깨우는 중요한 작업이라는 것이 내 생각이다. 그는 이 글 첫머리에서 말했듯이 너무 찬미되고 너무 비난받았다. 내 글은 찬미에 속한다. 너무 찬미하고 있는 지금까지의 평가에 비해서 내 글은 너무너무 찬미하는 글이라고 할 수 있다. 내 찬미는 김대중 대통령을 찬미하는 사람들이 보기에도 당혹스러울 정도일 면도 있을 것이다. 하지만 나는 이 글에서 말한 것을 지금도 양보할 생각이 없다. 그리고 나의 찬미는 사실상 우리 민중에 대한 찬미라고 생각한다. 김대중 대통령은 어떤 위치를 고수함으로써 그 민중의 에너지에 응집력을 부여했다는 것이 내 생각이다.

윤리적 소비자-시민의 시대를 위해

햄버거 패티를 굽거나, 떡볶이집의 가족 종사자로 일하거나, 파견근로자로 계단을 청소하거나, 카센터에서 엔진오일을 갈거나, 학습지 교사로 아파트를 돌아다닐 때, 혹은 보육원 보조교사로 일하거나 보험 외판을 위해서 거리를 헤맬 때 당신은 고단하다. 수도권 외곽에서 광역버스를 타고 서울로 출근하는 당신, 신도림 전철역에서 환승의 물결에 실려 있는 당신은 고되다. 하지만 이따금 혹은 빈번하게 굴욕감을 느끼게 되는 노동의 세계로부터 벌어들인 돈을 들고 시장과 백화점과 인터넷 쇼핑몰에 있을 때 당신은 주인이다. 화폐 소지자이고 소비자인 한에서 당신은 왕이고 주권자다.

하지만 소비자로서 당신의 권능은 너무 강한 것이어서 기업들은 당신을 고분고분한 존재로 만들기 위해 모든 일을 해왔다. 거대한 산업이 되어버린 광고가 그렇고, 고객관리 기법이 그러하다. 신용카드를 매개로 해서 당신을 분석할 개인정보를 빼내기도 한다. 그리하여 당신은 광고에 유혹되고, 포인트와 마일리지에 엮이고, 쿠폰과 할인가와 바겐세일과 1+1과 경품에 자기도 모르는 새 낚이곤 한다. 정치적 주권이 기표소 안의 짧은 순간으로 축소되듯이, 소비자 주권 또한 상품이 부르는 세이렌의 노래에 이끌려 너무 쉽게 난파하고 있는 것이다.

하지만 당신이 주권자의 자리를 되찾을 기회를 이미 모두 잃어버린 것은 아니다. 만약 당신을 유혹하는 모든 미끼가 상품 가격에 포함되어 있다는 것을 잊지 않고 소비의 순간에 신중해지기만 한다면, 그리고 거기서 한 걸음 더 나아가 이웃과 힘을 합쳐 소비를 정치적 행위로 승화시키기만 한다면, 당신은 원하는 소비에 이를 수 있을 뿐 아니라 원하는 세상에 살 수도 있다. 그것은 소비자에서 '소비자+시민'으로 이행하는 길이다. 거기에 더해 '더 나은 세상'을 위해 소비를 조직한다면, 우리는 '윤리적 소비자-시민'으로까지 나아갈 수 있다. 그것은 생소한 존재가 아니다. 의식적으로 유기농 제품과 공정무역 제품과 로컬푸드를 소비할 때, 동물복지에 입각한 축산물 제품을 구매할 때, 당신은 이미 윤리적 소비자-시민이다.

윤리적 소비자-시민의 힘은 의외로 강하다. 지난해 우리 사회를 밝힌 촛불에서 보듯이 윤리적 소비자-시민의 결집은 국가정책의 중심에까지 파고드는 힘을 가지고 있거니와, 생산과 소비의 연결고리에 대한 통찰력이 깊을수록 윤리적 소비자-시민의 개입 능력은 커진다. 그것의 좋은 예가 촛불항쟁의 적자라고 할 수 있는 '언소주'(언론소비자주권국민캠페인)이다. 무가지를 살포하며 공론장을 오염시키고 분파적 이익을 탐닉해온 한국의 보수신문들은 광고를 주수입원으로 만듦으로써 신문 소비자의 압력으로부터 면제되어왔다. 절독운동을 무력화하는 이런 상황을 촛불시민과 언소주는 2차 불매운동, 즉 조중동이 아니라 조중동 광고주에 대한 소비자운동으로 대응하기 시작했다. 이 운동이 얼마나 정확하게 문제의 핵심에 파고드는 것인가는 캠페인 초기의 즉각적인 효력과 그것에 대해 조중동이 내보인 히스테리적인 반응을 통해서 알 수 있다.

윤리적 소비자-시민의 '위험함' 때문에 이명박정부는 언소주 회원 24명을 기소했고, 올봄에는 1심에서 일부 유죄판결이 내려졌다. 1심 판결 취지에 따라 조정된 언소주운동은 저강도의 형태를 띠고 있다. 하지만 이 운동의 통찰력과 활동 레퍼토리는 이미 윤리적 소비자-시민 행동의 자산이 되었으며, 정치환경이 달라진다면 방대한 힘을 발휘할 것이 이미 예정되어 있다고 할 수 있다. 생산과 노동자-시민의 영역에서 패배가 잦은 이 시대에 윤리적 소비자-시민은 저항과 변혁의 새로운 준거점이 될 것이다.

한겨레, 2009. 9. 1.

돌아보기

정한아의 시 한 편을 옮겨 적고 싶다.

나를 믿지 마, 벗들, 나의 변심은 대체로
요일 메뉴처럼 한정되어 있고
주말 결혼식 뷔페처럼 목구멍을 넘기기 힘들지만, 나는

동네 사람들 말을 믿고 동네 사람들은
동네 사람들 말을 믿고 동네 사람들은
프랜차이즈를 선호하지 대량 소독된 냅킨처럼
잘 개어진 3%의 불신은 우리가 감당할 몫

친구, 그걸 적립해도 여기선 사용할 수 없어
지배인은 가장 비싼 요리를 추천하고 있군, 그렇다면

아주 조금 할인해주실 오늘의 요리는 무엇입니까?

아니, 아니야, 나처럼 나를 불신하는 벗들, 지나치게
번쩍이는 합리적인 가격의 식기와 샹들리에와 따그락거리는 사기
소리가 나는 마음에 들지 않아, 허나
동네 사람들 아니면 누굴 믿는단 말인가 어딜 가도
맛이 한결같아 수상하지만

대량 재배된 슈퍼옥수수와 대량 도축된 돼지고기에
공정무역 커피로 입가심을 하면 우리는
조금 괜찮은 대량 슈퍼사람 같지
않나 기부라도 한 것 같지
않나 내가 진짜 식당 얘길 하는 것
같나

살금살금 이를 쑤시며 문을 나설 때 우리 몸엔
이 집만의 비밀 특제 양념 냄새가 배지 달큰쌉싸름매콤하고 새콤짭조름한,
말하자면
모든 것을 뒤섞은 맛을 뛰어넘는 모든 것을
뒤섞은 맛을 뒤섞은 한결같은
이 집에서 우리는
매립지처럼 식욕이 왕성해, 헌데

왜 찜찜한 표정인가 이마에 빨간 딱지 붙은 기분인가 제대로 저당잡혔나

벗들, 우리는
허기와 무관한 우리의 식욕을 믿을 수 있나 조련된 금수의 자세로 죄 똑같이
개성적인
무개성의 식사를 즐길 준비가 됐나 이미 즐기고 있나

나를 의심하지 마, 벗들, 나는
동네 사람들을 믿지만 가끔 동네 사람들 말은 수상하고 동네 사람들은
동네 사람들 말을 믿지만 가끔 동네 사람들도 동네 사람들 말이 수상하고 동
네 사람들은
당분간 프랜차이즈를 선호하지만

동네 사람들도 불신을 적립할 줄 알아 아무도
현금으로 돌려주지도 소멸되지도 않는 포인트는 가끔
다른 용도로 쓰이지 어마어마하게 다른 용도로
용도를 초과하는 동네 사람들은 자기도 모르게 어떤 서두를 쓰기 시작한다:

진짜 식단이 필요해 모든
별들은 폭발하며 태어난다 그걸
내파라고 불러야 하나 외파라고 불러야 하나 최초의
힘은 어디에서 왔을까
아름다움은 협잡에 대해서는 늘 볼세비키다

– 정한아, 「프랜차이즈의 예외적 효과에 관하여」

잘 쓴 시다. 내 칼럼보다 훨씬 멋지고 날렵하다. 시는 역시 굉장하다. 랩의 리듬이 실린 글을 읽다보면 머릿속에서 멜로디와 리듬마저 흥얼흥얼 맴돈다. 인식의 깊이도 놀라운 수준이다. "대량 재배된 슈퍼옥수수와 대량 도축된 돼지고기에/공정무역 커피로 입가심을 하면 우리는/조금 괜찮은 대량 슈퍼사람 같지/않나 기부라도 한 것 같지/ 않나 내가 진짜 식당 얘길 하는 것/같나" 같은 연을 읽으면 우리 자신의 허위의식을 들킨 느낌에 얼굴이 화끈거리기조차 하다.

단지 우리의 허위의식을 조롱하는 것에 그치지 않는다. 머리를 한 대 때리는 것 같은 반전, 이웃들에 대한 새로운 믿음의 출현도 있다. "동네 사람들 말을 믿지만 가끔 동네 사람들도 동네 사람들 말이 수상하고 동네 사람들은/당분간 프랜차이즈를 선호하지만//동네 사람들도 불신을 적립할 줄 알아 아무도/현금으로 돌려주지도 소멸되지도 않는 포인트는 가끔/다른 용도로 쓰이지 어마어마하게 다른 용도로." 소멸되지 않는 포인트로 적립되는 동네 사람들의 불신은 그 포인트의 용도를 초과하는 무엇으로 나아간다. 끝에서 두번째 연은 그렇게 세미콜론으로 끝난다. 이 작은 흔적 같은 접속사에 이어 내파 혹은 외파하는 힘들에 대한 기대가 동네 사람들이 쓴 '어떤 서두'로 기록된다.

그런데 윤리적 소비자의 탄생 순간에 대한 이 멋진 시 앞에서도 사회학자는 회의적인 태도로 고개를 조금 갸웃하지 않을 수 없다. "아름다움은 협잡에 대해서는 늘 볼셰비키다"라는 마지막 구절에서 보듯이 이 시는 불만의 적립이 혁명적 분출로 이어지는 과정에서 시가 전위의 역할을 하는 러시아 혁명의 모델을 함축한다. 놀라울 정도로 뛰어난 시적 감수성이 낡은 혁명적 감수성과 접맥되어 있는 것이다. 내 생각은 불만의 포인트를 적립하기보다 계속해서 활용하는 어떤 전략이 필요하다는 쪽이다.

이 전략을 생각하면 이 시의 가장 아름다운 면에 대해서도 약간의 이의를 제기할 필요가 있다. 이 시에는 랩의 운율이 스며 있다. 그런데 랩은 세계를 서정적인 선율로 흡수할 수 없는 음악의 궁지로부터 출현한 것이다. 랩은 산문화된 세계를 음악이 감당하는 형식이다. 그런데 그것을 시의 영역으로 옮겨오면 그때 시는 여전히 음악을 보유한다. 그렇기 때문에 시의 능력을 세계의 산문성을 감당하는 데 사용하기보다 내재율을 유지하는 데 사용하게 된다. 윤리적 소비자의 운동을 생각하려면 세계의 산문성에 더 다가가야 할 것이다.

우리는 단지 프랜차이즈 식당에 직면해 있는 것은 아니다. 내가 칼럼에서 '언소주'와 관련해 지적했듯이 그것은 정치적 투쟁과 연결되기도 한다. 또 이런 경우도 있다. 우리는 우면산터널을 비롯한 각종 사회간접자본SOC 사업에서 지방정부와 시민들이 최소수입보장MRG 때문에 매커리 같은 기업에 약탈당하는 것에 분노한다. 그런데 사실은 그런 매커리의 사업 컨소시엄에는 국민연금이나 사학연금이 포함되어 있다. 우리가 적립한 돈이 우리를 약탈하는 이런 기묘한 구조가 우리의 삶 한복판에 들어와 있는 것이다. 그러므로 윤리적 소비자는 윤리적 저축 그리고 윤리적 투자의 문제까지 다룰 수 있어야 한다. 세계 복잡성과 시인 정한아는 싸운다. 그 싸움이 감당해야 할 복잡성은 이 아름다운 시가 성취한 것보다 더 큰 것 같다.

조중동을 봐선 안 될 또 한 가지 이유

조중동에 반감이 많은 내 또래의 친구들 가운데서도 그런 신문을 보는 이가 적지 않다. 상품권 받고 1년 무료구독한 후에 1년만 봐주면 되니 퍽 싼 신문이라는 것이 그 일차적인 이유라고 말한다. 그렇게 신문을 보면 대략 10만 원이면 2년을 볼 수 있다는 거다. 그렇게 말하는 친구들은 조중동을 본다고 해서 그것의 영향에 굴복하는 것은 아니라고 주장한다. 하지만 알코올중독자가 술을 끊기 위해서 먼저 필요한 것이 자신이 술에 대한 통제 능력을 가지고 있지 못함을 인정하는 것이듯, 조중동을 보지 않고 살기를 결단하는 것은 아침 시간에 넘겨보는 조중동 기사 하나하나의 영향력을 모두 통제할 수 없다는 것을 인정하는 것에서 출발해야 한다는 것이 내 생각이다.

이 점을 나는 요즘 체험을 통해 실감했다. 얼마 전부터 우리집 앞에 중앙일보가 던져져 있었다. 새로운 일도 아니고 굳이 보급소에 전화해서 항의하지 않아도 때가 되어 구독을 권유하러 보급소 직원이 찾아오면 그때 물리쳐도 된다고 생각하고 중앙일보를 그냥 들춰보았다. 정치기사의 선택과 배열, 표제어 구성, 해괴한 논리의 칼럼들에서 느낀 체험의 대강은 혐오감과 불쾌감이었다. 하지만 그런 혐오를 느낄 틈새도 없이 파고드는 섹션도 있었다. 대표적인 것이 월요일마다 본지에 끼워져 있는 '프리미엄 교육 섹션, My Study'이다.

거기에 연재되는 것으로 예컨대 '특목고 멘토&멘티' 같은 것이 있다. 내용은 특목고 입시로 고민하는 중학생에게 명문 외고 재학생이 조언을 해주는 것이다. 특정 학생의 상세한 성적표까지 예시하며 분석하는 학습 컨설팅도 실려 있다. '공부 1등 따라잡기' 같은 연재기사는 각 학교의 전교 1등들이 커다란 사진과 함께 등장해 자신의 공부법을 설파한다. 수시 입시 원서접수 기간 직전에는 수시 컨설팅을 어떻게 받는 것이 효율적인지, 어떤 컨설턴트가 믿을 만한지를 기사로 실었다. 중간제목을 몇 개 옮겨보면 이렇다. "성적·목표대학 분석 뒤 상담에 임하라" "적성고사 등 수치화하기 어려운 변수 많다" "입시 컨설팅과 학습 컨설팅을 구분하라" "부모가 아닌 학생이 직접 상담을 받아라" 따위의 간결하고 핵심을 찌르는 행동강령들이다. 한겨레의 '함께하는 교육'이 한 바닥의 학습 자료를 제공하는 데 비해 중앙일보의 '마이 스터디'는 무엇을 해야 하는지, 어느 학원을 찾아가고 누구에게 자문을 구해야 하는지, 어느 대학에서 어떤 경시대회를 치르는지를 알려주며, 그럼으로써 수험생을 둔 부모들의 눈길을 단번에 낚아챈다.

거리감을 두고 보면 '마이 스터디' 섹션 뒤의 음험한 거래가 엿보인다. 마치 조중동에 새 아파트 분석기사와 분양광고가 함께하는 것처럼, 입시전문학원 강사들이 그 섹션에 입시 컨설팅 칼럼을 쓰고 입시학원들이 그 섹션의 광고를 떠맡고 있다. 이쯤 되면 중앙일보가 우리 사회의 입시산업과 이해관계를 달리한다고 보기 어렵다.

문제는 입시산업과 보수신문의 사이좋은 상호 재생산을 눈치챘다고 해도, 속살거리며 다가와 왜곡된 입시 경쟁을 폼나는 생활양식으로 고양해 보여주고 행동의 팁으로 정돈해주는 기사들의 매혹을 거부하기 어렵다는 점에 있다. 어떤 의미에서 보수신문의 헤게모니적 힘은 정치기사에서보다 이런 영역에서 더 매끄럽게 관철된다고 할 수 있다. 이런 상황을 타개할 근본적 힘은 대중적 설득력을 갖춘 대안적 교육 체제의 구체화에서 나올 것이다. 하지만 그것을 위해서도 우선은 보수신문이 유도하는 현체제에 대한 적응 강박에서 빠져나와야 한다. 그것이 아예 보수신문을 들춰보지도 말아야 할 또하나의 이유다.

한겨레, 2009. 9. 22.

돌아보기

조중동 같은 보수신문에 대한 가장 좋은 대응전략은 아예 보지 않는 것이라고 말하면, 언제나 신문은 비판적으로 읽는 것이 더 낫고 "적을 알고 나를 알면 백전백패"라는 말을 하는 이들이 많다. 이런 이들은 자신의 능력을 과대평가하는 것이다. 세계에 대한 우리의 이해는 오늘날 기본적으로 대중매체에 의존한다. 세계 내에서 일어나는 일 가운데 우리의 인지에 도달하는 것은 대중매체의 선별을 통과한 것뿐이다. 어떤 대중매체가 우리에게 어떤 사실을 전달하지 않았다는 것을 우리는 또다른 대중매체를 통해서만 알 수 있을 뿐이다. 우리는 세계 내에서 일어나는 사건 전체에 대해 충분히 비판적일 수 있는 전문가가 아니다. 아마도 모든 분야에서 그런 일을 해낼 수 있는 것은 신뿐일 것이다. 그러므로 우리는 대중매체가 선별한 사건에 대한 대중매체 자신의 해석에서 쉽게 벗어날 수 없다.

물론 우리는 대중매체가 선별하지 않은 사건이 존재하고 또 대중매체가 의도적으로 기만할 수 있고 의도치 않은 오보를 낼 수도 있다는 것을 안다. 하지만 그런 비판적 태도를 보도에서 접할 때마다 유지하는 방법은 과도한 집중 상태를 지속적으로 유지하는 일이다. 장담컨대 신문

방송학과 교수도 계속 그렇게 살 수는 없다. 그는 신문이나 방송의 왜곡 가능성에 대해 잘 훈련되어 있지만, 그 훈련된 감수성이 잘 발휘되는 것은 특정 주제에 대해 논문을 쓸 때이지, 대중매체에 접하는 모든 순간은 아니다. 그러므로 『햄릿』의 호레이쇼가 죽은 왕의 유령에 대한 소식에 대해서 한 말이 우리 모두에게 유효하다. "나는 그렇게 들었고, 그것을 어느 정도는 믿을 수밖에 없다."

이런 이유 때문에 우리는 보수신문을 읽으며 자신이 유지할 수 있는 비판적 검사 능력을 과신하기보다 읽지 않는 편을 택하는 것이 낫다. 이 칼럼에서 지적했듯이 정치면을 읽을 땐 조중동의 보도 방식에 대해 경계심을 가질 수 있다. 하지만 신간 소개를 읽을 때도 그런 경계심을 유지할 수는 없다.

KBS 뉴스를 볼 때 유지하던 경계심을 뉴스가 끝난 후 시작된 KBS 드라마에서도 유지하기는 쉽지 않다. 마찬가지로 신문의 섹션이 교육이나 재테크로 넘어갈 때 경계심을 이어가긴 어렵다. 그러나 우리가 체제에 순응적이며 다른 대안을 무시하고 우리 사회의 경제적 질서 혹은 계층 구조에 무비판적으로 투항하는 생활양식을 수용하는 것이 정치기사를 통해서만은 아니다.

그러므로 조선일보의 이런 기사 못 봤냐고 누군가 물으면 쿨하게 그런 기사를 아직 뒤적이시냐는 썰렁한 표정을 지어주는 게 필요하다. 커뮤니케이션에서 중요한 것은 후속 커뮤니케이션이고, 커뮤니케이션이 직면하는 최대의 장애는 후속 커뮤니케이션의 중단이다. 시쳇말로 악플보다 무플이 더 두려운 것이 커뮤니케이션의 본질이다. 그러므로 보수언론과 싸우는 가장 강력한 방식은 그것에 반대하는 것이 아니라 그것을 보지 않는 것, 그것에 아예 관심이 없어지는 것, 그것을 보는 사람이 촌스럽게 보이는 취향을 갖는 것이다.

민주화 이후의 권위주의

내가 입대를 했던 때가 1988년이었는데, 87년 민주화 이행 후 군대에도 민주화 바람이 조금씩 불던 때였다. 대표적인 것이 기합이나 체벌이 엄격히 금지되고 얼차려가 도입된 것이었다. 오래전 일이라 전후 맥락까지 또렷이 기억나지는 않지만, 그 시절에 본 인상적인 풍경이 하나 있다. 전방부대의 한 내무반에 좋지 못한 일이 발생했고, 그래서 상병들이 일병과 이병을 저녁식사 후에 집합시켰다. 상병들은 일병과 이병들의 웃통을 벗게 했다. 초겨울의 꽤 쌀쌀한 날씨였는데, 상병은 물 한 사발을 들고 일병과 이병들 앞을 오가며 그들의 벗은 몸에 손가락으로 물을 퉁겼다. 찬 밤바람 속에서 몸에 묻은 물이 피부의 체온을 빼앗아 증발할 때 밀려오는 한기는 보는 사람마저 오싹하게 했다. 하지만 더 오싹한 것은 상병의 말이었다. "군대도 민주화되었다며…… 그래서 때리면 안 된다며……" 그 장면이 오래 머리에 남았던 것은, 민주화는 새로운 법과 규정을 도입하지만 권위주의적 관행과 습벽은 새로운 법과 규정 속에서도 기생할 수 있다는 것, 민주화가 권위주의를 추방하지 못하고 그것을 변형하는 데 그칠 수 있다는 것을 보여주었기 때문인 것 같다.

이명박정부는 그때 그 상병의 모습을 닮았다. 법과 규정을 위반하는 것이 아니라 법을 경유하여 권위주의적 통치를 수행하기 때문이다. 이명박정부 아래서 사람들은 예전처럼 보안사나 국정원 공안분실에 끌려가서 고문당하지 않는다. 그런 뜻에서 이명박정부는 법의 테두리 안에서 통치한다. 대신 이명박정부는 의당 법을 감싸고 있어야 할 상식과 규범과 여론으로부터 법을 빼내어 그것을 잘 벼린 단검으로 만들었다. 법이나 규정의 적용 대상과 적용 방식의 극단적 선택성으로 인해 법과 규정 자체가 기괴해진 것이다.

이명박정부가 사법처리한 촛불집회 참여자가 1649명이다. 불법시위단체로 통보된 단체가 1840여 곳이며, 이들에 대해 손해배상 소송이 진행되고 있다. 〈PD수첩〉에 대해 집요한 수사와 기소가 이뤄졌고, 신태섭 교수는 해임되었고, 박원순 변호사에 대해서는 정부에 의해 명예훼손 소송이 청구됐다. 진중권 교수는 강의를 박탈당했고, 윤도현씨나 김제동씨는 맡고 있던 텔레비전 프로그램을 잃었다. 시국선언에 참여한 교수들이 국가의 학술지원사업에서 은밀히 배제되고 있다는 소문도 무성하다. 이 모든 것이 법과 규정 외부에 있지 않다. 중앙대나 KBS는 자신이 가진 권한을 규정의 범위 안에서 행사한 것일 뿐이며, 이 점은 검찰이나 민사소송을 제기한 정부도 마찬가지다.

하지만 검찰이나 민사소송을 제기한 정부의 모습을 보면, 이들이 정말로 대상자들의 유죄를 확신하거나 배상을 받을 수 있다고 생각하기 때문에 그렇게 하는 것 같지 않다. 의도한 바는 오히려 재판의 결과가 아니라 대상자들을 재판 과정 속으로 밀어넣는 것 자체로 보인다. 그렇게 함으로써 조서를 쓰게 하고, 주변 사람들과 대책을 논의하게 하고, 재판에 참석하게 하는 것이다. 그들의 삶 안에 법적 과정이 개입해들어가게 함으로써 그들의 시간을 소모하고 경제적 압박에 처하게 하는 것이 목적인 셈이다. 재판의 결과는 아무래도 좋으며, 항소의 목적도 다만 재판을 연장하는 수단일 뿐이다. 법적 과정은 과오에 대한 징벌의 형태를 취하지만 실제 효과는 정부에 대한 도전의 예방조처로 전환된 것이다. 그렇게 해서 엄격한 법과 추한 관행 사이의 오래된 분리가 극복되는데, 그 극복의 자리에서 만나게 되는 것은 법에 의해 제어된 관행이 아니라 추악한 관행에 의해 정복당해 추해진 법과 규정들이다.

한겨레, 2009. 10. 13.

돌아보기

조르조 아감벤은 현대 정치철학의 중심부로 예외상태 개념을 재진입시켰다. 예외상태는 우리의 경험과도 깊은 관련이 있다. 박정희와 전두환 시기 헌법에는 법을 정지시키는 예외상태를 창출할 수 있는 규정들이 있었다. 전자에게는 '긴급조치'가, 후자에게는 '비상조치'가 그것이다. 박정희는 여러 번 긴급조치를 발동했고, 전두환의 경우 87년 6월항쟁에 직면해서 비상조치권을 발동하려 했지만 한국 군부를 통제할 수 있다는 확신이 없었고 미국의 반대가 강력해서 좌절한 것으로 알려져 있다.

하지만 87년 개정헌법은 이런 종류의 권한을 대통령으로부터 박탈했다. 대통령의 명령은 법을 정지시킬 수 없고, 다만 "중대한 교전 상태"에서 "국회의 집회가 불가능한 때" 법률과 같은 효력을 가진 명령을 내릴 수 있다. 이조차 국회에 보고해서 승인을 얻지 못하면 즉시 효력을 상실한다. 비상사태에 직면해 계엄을 선포할 수 있지만, 이 또한 국회에 즉시 보고해야 하고, 재적 의원 과반수의 찬성을 얻지 못하면 즉각 효력을 상실한다.

따라서 이런 헌법 아래 선거 경쟁에 의한 정부 교체가 정상화되면, 대통령의 자의적 권력행사와 예외상태를 상궤로 전환하는 통치형태의 관철은 극히 어려워진다. 하지만 권력은 법을 정지시키지 않고도 그것이 목표로 하는바, 즉 정적에 대한 억압을 실현할 수 있다. 그것이 내가 이 글에서 민주화 이후의 권위주의라고 명명한 것이다.

이명박정부는 합법적 과정 자체를 교묘하게 왜곡하는 방법을 찾았다. 정치적 반대자를 법적 과정 속으로 밀어넣음으로써 법절차 자체를 징벌 과정으로 만들어버리는 것이 그것이다. 이 글에서 다룬 사례들도 그런 것에 속하지만 가장 전형적이고 대표적인 사례는 2009년 초 '미네르바'라는 필명으로 정부의 경제정책을 조롱한 박대성씨를 체포하고 구속기소한 사건이다. 체포에서 판결에 이르는 2년의 법적 과정의 결과는 무죄 선고였다. 하지만 처음부터 유죄 선고가 목표도 아니었기 때문에 검찰은 기소에 실패한 것이 아니었다. 정치적 반대자를 괴롭히고 그의 활동을 방해하겠다는 목적을 훌륭하게 달성한 것이다. 이것은 카프카의 『소송』에서 K가 처한 상황만큼 불가해한 상황은 아니지만 구속 상태는 아니었던 K보다 괴로운 상황이었다.

박근혜정부에서도 상황은 달라지지 않았다. 아니 악화된 면이 많다. 이명박정부 시기엔 그래도 음지에 있던 국정원이 이제 백주에 설쳐대고 있다. 박대성씨에게 적용된 전기통신기본법처럼 지금도 내란음모죄, 더 나아가 여적죄마저 끄집어낸다. 그리고 이 경우에도 최종판결은 관심 밖의 일이다. 전교조가 법외 노조가 되었고, 시키는 대로 규약을 고친 공무원 노조는 여전히 노조 설립 신고를 마치지 못했을 뿐 아니라 압수수색을 당하고 있다. 이명박에 이어 박근혜도 예외상태를 선포하지 않는다. 법 자체를 외설적인 것으로 만들어버리고 있는 것이다.

특목고 폐지를 요구하자

처음에는 놀랐다. 일제고사를 강행한 이명박정부가 이렇게 대담한 친서민 정책을 내민 것에. 하지만 곧 현실적 힘들이 작동하기 시작했다. 특목고 교장들이 모이고 보수신문들이 맹공을 가하는 한편, 정책 주도권을 놓지 않으려는 교육과학기술부가 연말까지 안을 내겠다고 나서고 대통령이 "수월성 교육을 포기할 수는 없다"고 한마디하자 특목고 폐지안은 곧 수면 아래로 가라앉았다. 하지만 그렇게 놔둘 일이 아니다.

현재 고교는 이미 더이상 평준화 체제가 아니다. 현재 특목고와 자사고 그리고 국제고의 한 해 모집인원은 만 명에 육박하며, 이런 수치는 평준화 이전 세칭 일류고의 모집인원과 거의 같다. 그리고 이 수치가 학령인구에서 차지하는 비중은 평준화 이전의 1.3%보다 더 많은 1.5%에 이르렀다. 그리고 지금 우리 사회는 평준화를 도입해야 했던 그 시절보다 더 심한 입시 경쟁 속에 있다.

혹자는 상황이 이러하니 특목고를 자율고나 특성화고가 아니라 일반고로 전환함으로써 평준화를 복원해야 한다고 말한다. 하지만 조금이라도 나은 변화를 도모하자면 불가능한 것을 목청 높여 외치는 것은 도움이 되지 않는다. 특목고 폐지안을 여당과 정부가 접으려는 것에서 보듯이 특목고의 학생－학부모－졸업생은 이미 거대한 카르텔을 형성하고 있다. 이런 집단의 기득권을 소멸시키는 특목고의 일반고 전환은 이 정부에서는 전혀 가능하지 않거니와, 어떤 종류의 정부에게도 쉬운 일이 아니다. 설령 다음 정부가 매우 민주적인 정부가 된다고 해도 어느 정도의 교육개혁을 이룰지 알 수 없고, 상당한 수준의 개혁을 이룬다 해도 효과가 발생하려면 앞으로 5,6년이 걸릴 것이다. 해마다 더 나빠지고 있는 고교 입시 상황을 손놓고 견딜 일이 아니다.

그런 점에서 나는 진보개혁진영이 여당에서 내놓은 '특목고의 특성화고나 자율고로의 전환'을 지지하고 칭찬해야 하며, 적극 추진을 요구해야 한다고 생각한다. 아이들을 살리는 일이 우선 급하기 때문이다. 아마도 특목고 폐지안을 제대로 실행하면 여당과 정부의 지지율이 상승할 것이며, 내년 지방선거에도 큰 도움이 될 것이다. 그렇다 하더라도 지지할 것은 지지하고 요구할 것은 요구해야 한다.

원론으로야 특성화고로의 전환이 옳지만 현실적으로는 쉽지 않을 것이고, 자율고로의 전환이 가능하겠지만 거기에도 몇 가지 걸림돌이 있다. 현재 특목고가 누리고 있는 교육청의 지원금과 학생선발권의 유지 여부, 그리고 자율고 법인의 재단 전입금 기준이 그것이다. 제도적 타협이 어디서 이루어질지는 예단할 수 없지만, 학생선발권을 제외하면 기존 특목고에 상당한 양보를 해도 상관없다는 것이 내 생각이다. 하지만 그보다 중요한 것은 정책 의제를 살려나가며 그것에 민주적 요구를 투입하는 것 자체다.

예상컨대 특목고의 자율고 전환이 이루어지면 우리 사회가 얻는 것은 기껏해야 지금보다 더 늘어난 일류고와 이류고의 체제일지 모르겠다. 하지만 우리가 지금 어떤 선택지를 가지고 있는지 생각해보라. 현행 체제는 아주 적은 수의 일류고와 다수 이류고의 체제다. 지금 도입되고 있는 자율고는 그 체제를 일류고(기존 특목고와 국제고와 자사고)와 이류고(자율고), 그리고 일반고(삼류고) 체제로 재편할 가능성이 크다. 현재와 같은 특목고의 우수 학생 독식과 입시 횡포를 구조적으로 저지하는 문제는 긴급하며, 이명박정부 아래서 획득할 수 있는 최대치 역시 고려해야 한다. 그런 점에서 상당한 규모로 불어나고 내부적으로는 균등해진 일류고(자율고)와 일반고 체제가 현재의 체제보다는 한결 낫다고 할 수 있다. 최대강령주의를 버리고 집요한 민주적 요구를 해야 할 때다.

한겨레, 2009. 11. 3.

돌아보기

이명박정부의 가장 중요한 교육정책은 자율형 사립고였다. 이는 2009년부터 지정되기 시작해서 2010년부터 개교를 했다. 취임 초부터 추진되던 자사고 지정이 처음 이루어진 것은 2009년 8월 말이다. 그런데 이명박정부가 친서민 정책으로 돌아서면서 2009년 10월 초에는 정두언 의원이 총대를 메고 외고 폐지론을 제기했다. 당연히 한나라당 내부에서도 반대가 많았고, 교육부는 검토해보겠다는 원론적 입장을 천명했다. 강한 추진력이 붙지 않았다. 그러다가 이 칼럼에서 지적하듯이 대통령이 정리하는 발언을 하자 외고 폐지론의 폐지가 이루어지는 상황이었다. 일이 이렇게 진행된 것에는 한나라당발 외고 폐지론에 우리 사회 민주파들이 느닷없어하며 실현 가능성을 회의적으로 보고 냉소적인 태도를 취한 것도 일조했다는 것이 내 판단이다.

좀더 일반적으로 봤을 때 이 문제는 내가 추진함직한 정책을 정치적 경쟁자가 들고나올 때 어떤 스탠스를 취해야 하는가 하는 문제와 관련된다. 이런 상대의 행보는 일종의 인지부조화cognitive dissonance 상황을 야기한다. 그리고 우리는 그로부터 빠져나오기 위해 대개 평가절하, 회의, 냉소의 태도를 보인다. 이런 태도는 일상적인 상황이나 개인적인 문제에서도 그렇게 공정하거나 합리적인 것이 아니며, 정치 영역에서는 더더욱 그렇다. 아니 그것은 대의를 저버리는 것이다. 내가 어떤 정책을 추구하는 것은 그것을 상대가 추구하지 않기 때문이 아니라 내가 그것을 추구하고 싶기 때문이며 그렇게 하는 것이 공공선에 부합한다는 판단 때문이어야 한다. 정치는 순수하게 전략적 행위의 영역이 아니며 그렇게 생각하는 사람은 헛똑똑이일 뿐이다. 그러므로 민주파가 특목고 폐지를 원하는데, 상대 정당 전체가 아니라 한 분파만이라도 그것을 추진한다면, 그것은 자신이 추구하는 정책을 실현할 매우 좋은 기회일 수 있다고 판단하고 적극적인 자세를 가지는 것이 마땅한 것이다.

내가 칼럼을 쓸 때는 상황이 이미 어렵게 돌아가는 분위기였는데, 그런 상황 전개와 관련해서 한 가지 더 지적하고 싶은 것은 중등교육의 서열화에 대해 우리 사회 상류층 사이에서 매우 폭넓은 합의가 존재한다는 점이다. 이 칼럼에서 다룬 사례에서 보듯이 여당의 일부 분파가 그 틀을 깨려 하거나 거기까지는 못 가더라도 약화시키려 할 때도 있었다. 하지만 논의가 내부에서 진전되면 대체로 그런 시도는 무산된다. 이명박 대통령의 발언은 상류층 내부의 논의가 정돈된 상황을 비준하는 것이라고 할 수 있다.

이런 사례로 두 가지 정도를 더 들 수 있다. 특목고도 있고 국제고도 있는데 거기에 자사고가 49개나 운영되어 계층과 성적이 상위권인 학생들을 대량으로 빨아들이면 일반고의 실추가 심각한 수준에 이르게 된다. 이 문제가 가시화되자 2013년 여름 교육부는 '일반고 교육역량 강화 방안'을 발표하며 자사고의 학생선발권 박탈 계획을 발표했다. 하지만 10월이 되자 계획은 백지화되었다.

또하나는 박근혜 대통령과 관련된 것인데, 내 보기엔 더 흥미롭다. 지난해 영훈 중학교 입시 비리로 검찰수사가 이루어지고 그 과정에서 현직 교감이 자살하는 사태마저 벌어지자, 박대통령은 7월 23일 국무회의에서 "입시 비리처럼 중대한 사회 문제를 일으킨 국제중에 대해선 지위를 박탈하는 제도가 마련돼야 한다"고 발언했다. 며칠 뒤 문용린 서울시 교육감은 "버스가 사고를 냈는데 버스에 결함이 있으면 버스를 폐기처분하고, 운전사가 미숙했다면 운전사를 갈면 된다"고 하며 대통령이 제안한 국제중 지정 취소를 거절했다.

문용린 교육감의 발언은 사실 언론들이 주목해서 부각시키지 않았지만(보수신문들은 당연히 부각시키지 않으려 했을 것이다), 박근혜정부의 속성에 비추어보면 묵고하기 어려운 '항명'이었다. 그런데도 아무런 징벌이 없었다. 오히려 박근혜 대통령 쪽에서 마치 자신 편에서 아무 말도 한 적이 없었던 듯이 조용히 넘어가버렸다.

왜 그런 것일까? 채동욱, 진념, 윤석열 같은 사람들의 '항명'을 박근혜정부가 다뤄온 방식을 생각하면 매우 이례적이라고 할 수 있다. 물론 사건의 성격과 수위가 다르긴 하지만, 그것만으로 설명하기 어렵다. 내 보기에 이 해프닝은, 애초에 박대통령이 본인의 뚜렷한 정치적 고려와 정책적 방향 설정 없이 영훈중 사건에 대한 인지상정의 심정으로 발언했고, 나중에 문제를 둘러싼 상류층의 문화적 합의의 압력에 조용히 굴복한 것으로 파악할 때만 설명이 된다. 그래서 나는 이런 상층 엘리트 합의를 깨기 위해서는 정권 교체보다 더 견고한 노력이 필요하다고 생각한다.

진보-보수의 담합과 경쟁의 이중구조

지난주 대입수학능력시험이 끝났다. 우리 사회가 '경쟁사회'라고 하지만 수능시험만큼 경쟁적인 것이 또 있을까? 전국의 거의 모든 고등학생들이 한날한시에 시험을 치르고, 한 문제 더 맞고 틀리고에 따라 갈 수 있는 대학들이 거침없이 바뀐다. 그러니 신종플루 탓에 여느 해보다 더 긴장된 시간을 보낸 수험생들과 더불어 우리 사회의 논쟁의 핵심축 가운데 하나인 시장 혹은 경쟁 메커니즘 문제에 대해 생각해보는 것도 의미 있을 법하다.

우리 사회의 한쪽에는 경쟁 메커니즘만이 생산성과 효율성을 증대시킬 수 있는 방안이라고 생각하는 사람들이 있다. 이들은 경쟁이 별로 없는 사회 영역이 눈에 띄면 어디에나 경쟁을 도입해야 한다고 역설한다. 물론 스스로를 그런 경쟁 속에 집어넣으려는 생각은 없으니, 그런 의미에선 이들은 위선적이거나 악당이다. 다른 편에는 경쟁이 도입되는 경우에 어디서나 신자유주의의 냄새를 맡으며 단연코 투쟁할 것을 주창하는 사람들이 있다. 그들은 위선적이지 않고 도덕적인 경우도 많지만, 왜 경쟁 도입이 대중에게 설득력을 갖는지 잘 이해하지 못한다는 점에서 아둔하다.

사태를 제대로 이해하기 위해서는, 정치적 성향과도 연계되어 있을 경쟁 애호나 경쟁 혐오 같은 성향과 거리를 둘 필요가 있다. 이 성향이 정보 수집을 왜곡함으로써 도처에서 경쟁의 과잉이나 과소만 보이게 하기 때문이다. 필자가 보기에 우리 사회의 핵심 문제는 경쟁의 과잉이나 과소가 아니라 과잉과 과소의 병존 또는 경쟁의 이중구조에 있다.

재벌기업은 과소경쟁 속에 있지만 중소기업은 과잉경쟁 속에 있고, 대학교수는 과소경쟁 속에서 살지만 시간강사는 과잉경쟁 속에 있다. 공무원이나 공사의 직원들은 과소경쟁 속에 살지만 공무원 임용고시 준비생은 과잉경쟁 속에 있으며, 자동차 회사의 정규직은 과소경쟁 속에 있지만 비정규직은 과잉경쟁 속에 있다. 교사는 과소경쟁 속에 있지만 기간제 교사나 교원 임용고시 준비생은 과잉경쟁 속에 있다. 이런 대조가 무척이나 길게 열거될 수 있음을 우리 사회 성원들은 잘 알고 있다.

더 고약한 것은 경쟁 과소가 과잉보상과 과잉권력에, 그리고 경쟁 과잉이 과소보상과 과소권력에 연계되어 있으며 전자의 과잉보상은 상당 정도 과잉경쟁 영역에 대한 약탈에 근거한다는 점이다. 수능시험을 치르는 학생들을 비롯하여 각종 고시나 취업에서 경쟁이 극심한 것은 경쟁의 이중구조 또는 과잉경쟁-과소경쟁의 공존 사이의 약탈적 관계 때문이다. 과소경쟁 영역으로 진입하기 위한 2차적 경쟁이 일어나는 것이다. 이 2차적 경쟁은 가족의 미래를 건 투자이기에 더 치열할 수밖에 없다.

이런 경쟁의 이중구조 속에서 과잉경쟁 속에 있는 다수 대중은 어떤 생각을 할까? 당연히 과소경쟁 영역의 진입장벽이 낮아져야 하고 과소경쟁 영역 자체에 경쟁 메커니즘이 들어와야 한다고 생각하게 된다. 그럴 때 자신이 과소경쟁 영역의 지대 추구자들에 의해서 덜 착취당할 수 있다고 생각하며, 시장에서 더 값싸고 질 좋은 재화와 서비스를 구매할 수 있다고 생각하기 때문이다.

이런 진입장벽의 완화와 경쟁 메커니즘의 도입이라는 대중의 요구에 대해 상류층 혹은 보수세력들은 늘 자신을 제외한 그 아래 부분에 대해 경쟁 도입을 주장하는 동시에 자신의 영역은 자율과 자유의 이름으로 보호하고자 한다. 다른 한편 진보진영은 공공성이나 반反신자유주의를 내걸고 경쟁 메커니즘의 도입을 한사코 반대한다. 하지만 대중은 그 둘 사이에서 보이지 않는 유착을 감지하고 있다.

지난 10여 년에 걸친 비정규직화를 생각해보라. 기업주들은 노동자들의 비효율성을 말하며 경쟁과 시장 메커니즘 도입을 주장했다. 그렇게 함으로써 자신들에 대한 개혁 의제를 비껴가는 동시에 도전집단을 개혁 대상으로 몰아넣었다. 이런 공격에 대해 조직된 노동자들은 경쟁과 시장 기제의 도입에 대한 반대를 반신자유주의라는 명분 속에 결집했고, 그 결과 조직된 노동자를 우회하는 비정규직화가 폭증했다. 이 패턴은 대기업과 대기업의 조직노동자들 사이에 한정되지 않고 사회의 여러 영역에서 유사한 패턴으로 반복되었다. 이런 패턴을 거치며 과잉경쟁에 내몰린 사람들의 시선에 들어오는 것은 보수와 진보 간의 유착에 다름 아니다.

우리 사회에서 정말 필요한 것은 경쟁에 의한 효율성이나 반신자유주의가 아니라, 전체 사회의 경쟁 강도를 완화하는 동시에 경쟁의 이중구조를 혁파하는 공정한 경쟁규칙을 도입할 정치적 전망을 여는 것이다. 전자가 사회적 연대감에 기초한 것이라면, 후자는 공정과 정의에 연결된 것이다. 연대와 공정이 내적으로 연결된 정치적 전망에 의해서만 반신자유주의와 경쟁지상주의의 맹목적 대립이라는 협곡을 벗어날 수 있으며, 어디에 경쟁을 도입하고 어떤 경쟁을 완화해야 하는지를 가리는 지혜로움에 이를 수 있을 것이다. 그렇게 된다면 수능시험도 덜 고통스러워질 것이고 수능과는 전혀 다른 선발 방식을 구상할 수도 있을 것이다.

창비주간논평, 2009. 11. 18.

돌아보기

경쟁의 이중구조가 있게 되면, 그것은 과소경쟁 영역에 진입하려는 2차적 경쟁을 강화한다. 그리고 이런 사회에서는 경쟁지상주의와 반신자유주의 사이의 담론적 대립이 고질적으로 계속된다. 그리고 잘 이야기되지 않는 것은 그런 대립 속에 어떤 담합의 구조가 작동한다는 점이다.

경쟁이 좋기만 한 것도 나쁘기만 한 것도 아니라면 그것을 적정화optimalization할 수도 있을 것이다. 적정 상태를 미리 가정할 수는 없다. 하지만 그것을 찾아가는 어떤 동적 과정은 가능하다. 우리의 삶에서 진정으로 이상적인 것은 적정성일지도 모른다. 예컨대 우리가 적빈 상태에 있다면 거기서 벗어나기 위해서 전력을 다해야 한다. 하지만 그것을 훌쩍 벗어나는 끝없는 부를 향한 열망으로 넘어간다면 우리는 항유 없는 노동, 일종의 폭주에 이를 것이다. 최저생계비는 있을지언정 최고생계비란 없기 때문이다. 결국 우리가 도달해야 하는 것은 적빈과 부 사이의 청빈(청빈이 곧 청부이다)이고, 최저생계비와 최고생계비 사이의 최적생계비이다. 적정성은 정신적 도야 없이는 불가능하고 지속적으로 균형을 잡는 노력 속에서 이따금씩 도달할 수 있다. 이 적정성이야말로 우리 시대의 유토피아일지 모른다.

세종시가 교육과학도시가 된다는데

세종시 관련 뉴스를 보고 있는데, 문득 소싯적에 라디오에서 흘러나오면 따라 불렀던 서유석의 〈아름다운 사람〉이란 노래가 떠올랐다. 국정을 수행하는 대통령의 모습이 "장난감을 받고서 그것을 바라보고 얼싸안고 기어이 부숴버리는, 내일이면 벌써 그를 준 사람조차 잊어버리는 아이처럼" 보였나보다. 사랑하는 여자가 그렇게 행동하면 안타까운 정도겠지만, 나라 살림을 장난감 다루듯이 하는 대통령의 모습은 참 위태해 보인다. 아무튼 그런 대통령이 총리를 불도저 운전수 삼아 내닫기 시작했으니 세종시가 온전한 행정복합도시가 되기는 틀린 듯하다. 그런데도 말 바꾸고, 밀어붙이고, 항의하는 사람들을 괴롭히는 대통령의 악덕을 욕하는 일이 이제는 지겹기만 하다. 차라리 어떻게 하면 세종시가 교육과학도시로서 성공할 수 있는지 말해주고 싶다.

며칠 지나면 또 어떻게 바뀔지 모르지만, 신문에 보도된 바에 따르면 정부가 세종시에 서울대·카이스트·고려대의 분교를 유치하는 방안을 모색하고 있다고 한다. 이럴 경우 어떤 반대가 나올지 자명하다. 이미 대학 정원이 대학 진학생을 초과해서 지방대학들이 고사 위기에 빠졌는데, 명문대학들의 정원을 팽창시키는 정책은 설득력이 없기 때문이다. 게다가 세종시에 명문대 분교를 유치하기 위해서는 여러 가지 특혜가 필요할 텐데, 그런 데 사용될 재원을 절약하면 우리나라 고등교육의 발전에 제대로 기여할 방안에 쓸 수 있을 것이다.

논란을 회피하기 위해서는 세종시에 서울대를 비롯한 전국 국립대학의 대학원을 옮겨와서 통합하면 된다. 하나로 통합하면 경쟁이 없어 게을러질 게 걱정이면 국립대학들이 컨소시엄을 만들어 서너 개로 통합해 경쟁하게 하면 된다. 그리고 그렇게 만들어진 대학원을 국립대학들이 함께 관리하면 된다. 그런다면 세종시는 전국의 교수들이 출강하고 전국의 대학생들이 진학하는 교육의 중심지가 될 것이다.

이렇게 되면 우선 대학 정원이 과잉인 상태에서 명문대학 몇 개의 정원을 팽창시킨다는 비판을 피할 수 있다. 게다가 교육과학도시의 목표는 당연히 연구개발이니 학부가 아니라 대학원을 집중하는 것이 목적에 부합한다. 서울대 대학원을 떼어오니 수도권 집중을 완화하는 효과도 있다. 집산된 대학원들의 연구개발이 성과를 내면 서울의 사립 명문대학들이나 대학원을 운영할 만한 지방 사립대학들도 시너지를 추구하기 위해서 세종시로 찾아올 가능성이 많다. 당연히 기업들도 대학과의 공동 작업을 위해 기업 연구소부터 시작해서 조금씩 모여들 것이다. 그러면 당연히 세종시 안에 괜찮은 일자리도 늘어갈 것이다.

나는 괜찮은 방안이라고 생각하지만 반대가 있을 것이다. 아마 지방 국립대들은 새로운 기회가 될 테니 별로 반대하지 않겠지만 서울대는 격렬하게 반대할 것이다. 멀리 출장할 일도 생기고 가까이 손발로 부리던 대학원생이 없어지니 국립대 교수들 가운데도 반대하는 사람들이 많을 것이다. 통합된 대학원의 거버넌스가 까다로운 문제이긴 하다. 하지만 무엇보다 나는 이 정부라면 반대를 뚫고 해낼 수 있다고 생각한다. 탈법과 위법이 번연해도 4대강 사업을 시작하는 정부인데 이쯤의 저항을 뚫지 못할 것이라 생각되지 않는다. 용산 참사에 대해서 300일이 되도록 모르쇠로 버티는 후안무치함도 반대하려는 교수들의 기를 꺾어놓을 것이다. 지금 중앙대 독일연구소에 하듯이 연구비를 가지고 괴롭히는 방법도 있고 또 연구비를 듬뿍 안겨주며 달래는 방법도 있다. 전직 서울대 총장인 총리가 서울대에 특혜를 주려고 나서기보다 기득권에 집착하는 서울대를 설득하는 것은 모양새도 좋아 대중의 지지도 얻을 것이다.

한겨레, 2009. 11. 24.

돌아보기

세종시는 노무현정부로부터 이명박정부를 거쳐 현재에 이르기까지 계속해서 사회갈등을 야기했다. 많은 이들이 기억하듯이 세종시의 출발점은 노무현 대통령의 행정수도 공약이다. 노무현 대통령은 당선되자 행정수도 공약을 추진했다. 하지만 2004년 10월 헌법재판소가 내린, "서울이 수도"라는 것은 관습헌법이어서 수도 이전을 위해서 법률 제정이 아니라 헌법 개정이 필요하다는 해괴한 판결에 의해 추진이 봉쇄되었다. 그로 인해 노무현정부는 행정부처 일부를 이전하는 행정복합도시를 건설하는 쪽으로 방향을 전환했고, 2006년 겨울 명칭을 세종시로 확정했다(하지만 최근까지도 세종시는 조롱이 섞인 '행복도시'로 불렸다).

행정수도만은 못하지만 세종시만으로도 지역개발과 그에 따른 사회적 이익이 조직되었기 때문에 그것을 아예 없는 일로 하기는 쉽지 않다. 그렇기 때문에 임기 초부터 세종시 건설을 재검토할 것을 주장해온 이명박정부 내에서도 세종시 건립은 법적 기반 아래 계속 진행되었다. 이 문제가 본격적인 문제가 된 때는 이 글을 쓰던 시기를 지나 2010년 1월 이명박정부가 마침내 행정부처 이전을 백지화하는 세종시 수정안을 들고나오면서다.

애초 세종시를 추진했던 민주당의 반발은 당연한 것이었다. 하지만 거기에 더해 당시 한나라당 내부에서 박근혜 의원과 친박계열이 반발했다. 야당만의 반발이라면 어떻게 해볼 수 있지만 여당 내부에서도 반발이 있었기 때문에 세종시 수정안은 폐기되었다. 이때 박의원의 스탠스는 신뢰와 원칙을 자신의 브랜드로 할 수 있는 토대가 되었고, 2012년 대선 승리의 한 토대가 되었다. 한나라당 내에서 논란이 한창일 때, 국민들에게 인상적으로 남은 것 가운데 하나는 당시 한나라당 대표였던 정몽준 의원과 박근혜 의원 사이에 주고받은 미생지신尾生之信 고사다. 하지만 박대통령이 2013년 들어 복지 공약을 아예 들어서 팽개칠 때는 미생지신이 어디로 갔는지 알 수 없었다.

이 글은 세종시 수정안이 나오기 전, 세종시 이전에 대한 중앙부처 공무원들의 반발을 누르고 세종시 개발을 활성화할 방안이 논의될 때 거론된 서울의 명문대 분교의 세종시 이전 논란을 다룬 것이다. 그런 논의를 보면서 기가 차기도 했지만, 내 보기에 세종시로의 이전이 이왕 이루어지게 되었다면, 그것을 정말 혁신의 소중한 기회로 삼아보는 논의를 하고 싶었다. 우스운 이야기일지 모르지만 만일 내가 교육부 장관이라면 세종시에 전국 국립대학들의 대학원(물론 원하는 대학과 학과와 전공을 중심으로)을 모으는 기획을 해보고 싶다. 해볼 만한 논의라고 생각한다. 하지만 글을 쓰면서 이미 내 제안이 아무런 사회적 반향 없이 끝날 것임을 알고 있었다. 이 글에 냉소적인 분위기가 흐르는 것은 그런 이유 때문이다.

이 글을 쓰고 꽤 시간이 흐른 뒤에 노무현정부 시절에 매우 흥미로운 기획이 존재했다는 것을 알게 되었다. 노무현정부가 행정수도에서 세종시로 방향을 전환하던 시절 충북대 교수들이 학교 혁신 방안으로 세종시에 충북대가 진출하는 문제를 진지하게 고민했었다. 그들이 그런 고민을 한 중요한 계기는 충주대와의 통합으로 인해 청주에 인접한 세종시가 대학을 유치할 경우 충북대가 맞이할 수도 있는 위기를 오히려 전향적인 기획으로 극복해보려 한 것이다. 이들은 충북대가 세종시로 진출할 수 있는 명분을 충남대와의 대학 통합에서 찾았다. 대전－청주－세종시의 삼각 연구벨트를 형성하여, 세종시에 통합대학 제1캠퍼스를, 대전에 제2캠퍼스를, 그리고 청주에 제3캠퍼스를 두는 방안을 모색한 것이다. 그렇게 되면 학생수 4만 5천 명 규모에 교수만 2천 명이 넘는 대규모 대학이 중부권에 탄생하게 되는 것이다. 거기에 카이스트가 연계된다면, 서울대학교를 능가하고 수도권 중심의 대학 체제를 크게 약화시키며 중부 이하 대학들을 연계하는 허브 대학이 될 수 있는 것이다.

하지만 이 대담한 계획은 두 가지 이유에서 실패했다. 하나는 그런 체제로의 이행을 이끌 두 대학 전체 교수들의 의지 부족이었다. 다수 교수들은 '살던 대로 살고 싶었던' 것이다. 다른 한 요인은 이런 계획을 실천하기 위한 파트너로 이들이 교육부를 찾았다는 것이다. 교육부 장관과 대통령을 찾았어야 할 일을 말이다. 망자계치亡子計齒에 지나지 않는 일이지만, 나는 이 이야기를 들었을 때, 그들이 얼마나 위대한 일을 기획했는지에 대한 자각이 부족했음이 안타까웠다. 그리고 몽상처럼, 이런 엄청난 기획을 노무현 대통령이 알았다면 그의 돈키호테적 기질은 한미 FTA 같은 로시난테에 올라타지 않고 바로 여기에 올라탔을 수도 있지 않았을까 하는 생각도 해봤다.

우리 안의 이명박?

대상에서 악을 발견하는 시선 자체가 악을 품고 있을 수 있다. 그렇기 때문에 이명박 대통령에 대한 비판을 비판자 자신에게 되돌려야 할 필요가 있다. 비록 선거규칙이 중요한 매개로 작용하긴 해도 이대통령을 선출한 것은 집합체로서 대한민국 시민들이며, 그가 표상하는 가치관으로부터 우리 사회 성원들이 그렇게 멀리 떨어진 것은 아니기 때문이다. 자주 언급되듯이 내 아파트값이 치솟고 내 아이가 명문대에 입학하기를 바라는 심리가 이대통령의 당선과 연결되어 있음을 부인할 수 없다.

하지만 그런 자기비판의 몸짓이 '우리 안의 이명박을 몰아내자'거나, 이명박의 대운하보다 더 도도하게 흐르는 '우리 안의 대운하'부터 막아야 한다는 주장에 이를 때, 거기서 우리는 자기비판의 과잉을 발견하게 된다. 이명박 대통령에 대한 '열렬한 성토'가 자기비판을 회피하려는 은

폐된 시도라는 혐의에서 자유롭지 않듯이, 자기비판의 과잉 또한 비판 대상에게 면죄부를 부여할 위험을 가지고 있기 때문이다. 이명박 대통령보다 크게 나을 것 없는 우리 자신의 속물성을 지적하며 그것을 선결 과제로 내세우는 '발본적' 비판은 나쁜 것과 덜 나쁜 것을 분별하는 '지상의 척도'를 세우기 어렵게 하고, 사회적 투쟁의지를 죄의식으로 물들인다. 그럼으로써 사람들이란 자신의 비판 행위와 공적 발언의 일치를 지향하며 투쟁 속에서 스스로를 정화하는 존재라는 것, 다시 말해 자신을 앞으로 내던지는 방식으로 성찰이라는 과제를 이행하기도 하는 존재라는 점을 무시하게 된다.

균형감을 가지려면 가치관의 일신과 존재 전회 또는 메타노이아Metanoia, 회개를 고창하는 것보다는 사람들의 가치관과 선호가 사회적 기회구조와 연동된다는 것을 강조할 필요가 있다. 나는 많은 우리 사회 성원들이 속물적이기보다는 범속하다고 생각한다. 그들은 성인의 도를 따를 만한 의지와 능력이 모자라더라도 제도적인 기회가 열린다면 자신 안에 있는 속물적 성향보다는 더 생태적이고 더 평등한 삶에 대한 지향을 발현할 가능성을 가지고 있다.

그러므로 사람들이 입시 경쟁과 아파트 투기 혹은 연줄과 후견관계에 경사되는 것은 제약된 기회와 기형적인 제도의 산물이지 그 반대는 아니라고 봐야 할 것이다. 그런 왜곡된 제도와 좁은 기회구조 속에서 형성되는 성공과 패배의 누적이 그들의 선호와 가치관을 일그러뜨려왔지만, 그것에 맞서는 대안적 가치관과 선호를 남김없이 갈아없앨 정도는 아니다. 그렇기 때문에 입시 경쟁에 제 아이를 내몬 부모조차도 그런 전체 과정을 분노와 탄식과 안타까움 속에서 바라보게 된다. 요컨대 우리 사회의 생활 세계는 강한 내적 긴장 상태에 있는 것이지 속물화의 높은 파고에 붕괴해버린 것은 아니다.

따라서 자학의 위험까지 내포한 자기비판의 엄격함보다 더 중요한 것은 이웃과의 화해된 삶을 향한 제도적 수로를 여는 것이다. 그것을 위해서 해야 할 일은 이명박정부에 대한 비판에서부터 풀뿌리 사회운동에 이르기까지 폭넓게 펼쳐져 있다. 그런 과제의 목록을 작성해본다면, 면밀하게 고안된 제도적 대안들이 얼마나 많이 필요한지 느끼게 되며 그런 과제에 비해 우리의 역량과 노력이 한참 모자란 것을 알게 된다. 하지만 그런 대안들이 구체성을 가질 때마다 사회적 선호와 가치관도 변화할 것이며, 그만큼 혁신의 역량도 불어날 것을 확신할 수 있다. 그것을 위해 가장 효과적인 지점은 역시 정치적 대안의 조직화다. 그러므로 선거연합에 대해 논의하고 민주당과 진보진영의 혁신에 대한 사회적 압력을 증대시키는 것이 바로 우리 안의 이명박을 몰아내는 방법이라고 말할 수 있다.

한겨레, 2009. 12. 15.

돌아보기

때로 사회적 평판과 무관하게 스스로 되돌아보아 잘 썼다고 생각되는 글이 있다. 나는 이 글이 그렇다고 생각한다. "우리 안의 이명박" "우리 안의 대운하" 또는 "우리 자신의 속물성"에 대한 비판적 지식인들의 발언이 널리 회자되었는데, 그런 비판의 과잉과 자학성에 논쟁적 브레이크가 꼭 필요했던 시점이었다고 판단되기 때문이다.

이 글은 우리 사회 성원들이 속물적이기보다는 범속하다는 것을 논증하기 위해서 겉보기에 다소 어려운 이론적 도식을 활용하고 있다. 그것은 기회구조와 선호의 상호작용이라는 개념이다.

통상 자유주의적 선거이론은 선거를 선호에 따른 선택으로 보며 선거 결과를 선호 집계preference aggregation로 파악한다. 그렇게 본다면 이명박 대통령이 당선된 것은 우리 사회의 지배적 선호 또는 다수 선호가 관철된 것이다. 그리고 이명박 대통령의 정책과 그의 가치관은 이런 다수 선호와 공명하는 것으로 나타난다. "우리 안의 이명박"에 잠복된 논거는 이런 것이다. 그 이명박이 속물적이라면 우리 또한 속물적인 것으로 파악될 것이다.

하지만 선호가 기회구조의 상관물이라면 선호 집계에만 정당성을 부여할 수 없다. 기회가 선호를 바꾸는 고전적인 예는 '신포도' 우화다. 여우는 포도를 선호했지만, 그것이 먹을 수 없는 높이에 있어서 좌절하게 되자 그것을 신포도라고 생각하기로 마음먹는다. 그는 자신이 먹고 싶었던 포도를 포기하면서 그것에 대한 선호도 바꾼 것이다.

이는 예컨대 우리 사회 입시 경쟁이 이런 제약된 기회의 산물일 가능성을 시사한다. 만일 명문대에 진학하지 않은 아이들에게도 괜찮은 직장과 미래의 가능성이 제도적으로 열린다면, 그때도 우리가 그럴 것인가 생각해봐야 한다. 이런 식으로 생각할 수도 있다. 롤스식으로 말해서 자신이 어느 정도 소득을 가질지, 자신의 건강이 어느 정도 유지될지 알 수 없는 상태, 즉 무지의 베일을 쓴 상태에서 정책을 선택한다면, 과연 우리가 무상의료를 택할지 아니면 유상의료를 택할지 물어볼 수 있다. 만일 '우리 안의 이명박'이 특정한 기회구조의 산물이 아니라면, 다시 말해 특정 맥락과 조건 속에서만 유지되고 상황과 기회구조가 달라지면 바뀌는 성질의 것이 아니라면, 무상급식을 둘러싼 논쟁에서 가난한 집 아이들에게 눈칫밥 먹어서는 안 된다는 여론이 어떻게 더 강할 수 있었겠는가.

2010년

1월 세종시 수정안 발표
3월 천안함 침몰 사건
4월 전교조 명단 공개 논란
5월 107명 진보신당 지지선언
6월 6·2 지방선거
9월 북한 김정은 후계구도 공식화
10월 한-EU FTA 타결
11월 북한 연평도 포격

'집합적 평상심'의 해가 되길 바라며

이명박정권 첫해가 촛불로 대변되는 항쟁의 해였다면, 두번째 해는 정치적 죽음의 해였다. 용산 참사로 시작된 정치적 죽음에는 유명을 달리한 두 전직 대통령과 쌍용자동차 가족들의 죽음이 포함될 수 있을 것이다. 전자가 많은 사람을 불러모으고 열정과 재기 넘치는 아름다운 체험을 빚어냈다면, 후자는 우리 사회 성원들을 깊은 애도와 우울로 몰아넣었다. 지난해 대중이 소설 『엄마를 부탁해』, 영화 〈마더〉 〈해운대〉 같은 작품들에 이끌린 것도 이와 무관하지 않을 것이다. 한 해 사이에 집합적 열광이 집합적 우울로 교체된 셈이다. 이런 교체는 촛불항쟁을 통해 분출된 심층적인 정치에 대해, 그런 정치의 숨구멍을 틀어막으려는 공안통치가 조금씩 힘의 우위를 점하는 과정이었다.

그렇다면 2010년은 어떤 해가 될까, 아니 어떤 해가 되어야 할까? 나는 올해가 집합적 열광과 우울을 넘어서는 '집합적 평상심'의 해가 되기를 기대한다. 사실 올해는 지난 100년간 험난했던 근대사의 중요한 고비들이 여럿 겹쳐 다가오는 해다. 이미 자주 언급되었듯이 한일병합 100돌이며 한국전쟁 60돌이고 4·19혁명 50돌이며 광주항쟁 30돌, 남북정상회담 10돌의 해다. 굽이쳤던 역사 과정을 어떻게 인식하고 그것에서 어떤 교훈을 얻을 것인지에 대한 사회적 논의가 한 해 내내 계속될 것이며 그런 논의가 심각한 해석의 갈등으로 이어질 가능성이 크다. 해석의 갈등은 현재 우리 사회 여러 집단 사이의 갈등과 깊이 연계된 동시에 우리 사회를 어디로 이끌지와 관련된 매우 정치적인 사안이 될 것이다.

짐작건대 이명박정권이나 그를 에워싸고 있는 보수진영은 식민지나 독재의 고통스런 대가를 경제성장의 단선 구도 안에서 지워버리고자 할 것이며, 한국전쟁 60돌을 역사 해석의 중심에 놓으려 할 것이다. 그렇게 해서 민주주의의 주체인 국민 자체를 형성하고 주권을 회복하려 한 '국민의' 투쟁사와 그 '국민에 의해' 이루어진 '국민을 위한' 정치를 지향했던 민주화의 장정을 역사의 뒤안길로 밀쳐내고자 할 것이다. 이런 해석의 갈등 속에서 한반도 주민의 경험을 온전히 복원하는 동시에 미래를 이끌 올바른 역사적 감각을 획득하기 위해서는 모두가 도반의 마음으로 수행해야 할 것이거니와, 함께하는 평상심 없이는 그 일을 제대로 이루기 어렵다.

평상심은 지방선거라는 정치 일정 때문에도 중요하다. 이명박정권은 날치기 통과된 4대강 예산으로 상반기에 대규모 경기부양을 시도할 가능성이 크며, 지금까지의 행태로 보아 그 후유증쯤은 아랑곳하지 않을 것이다. 남북정상회담 또한 내치의 방편으로 동원될 가능성이 적지 않다. 이들은 공안과 결합된 이 두 가지 통치술로 지방선거를 돌파하려 할 것이고, 그렇게 함으로써 자신들의 역사 해석을 실행을 통해 강요하고자 할 것이다. 이런 도전에 대응하려면 나의 평상심으로 너의 평상심을 지켜주고 너의 평상심에 기대 나의 평상심을 지키는 연대감이 요구된다. 열광과 애도는 공동체를 형성하는 강력한 힘이긴 하지만 거기서 지혜로운 정치적 방안이 자연적으로 풀려나오지는 않는다. 그런 힘을 제어하는 동시에 천천히 연소시켜내는 신중함과 기꺼이 함께 머리를 모으는 자세만이 대안적인 정치연합과 정책연합을 창출할 수 있다. 2010년은 우리 모두 정치적으로 유효하기 위한 길을 끝까지 놓지 않는 끈기 있는 집합적 평상심의 해가 되어야 할 것이다. 남한 사회의 더 깊은 민주화가 한반도 주민 모두의 더 나은 삶을 향한 유일한 경로임을 잊지 말자.

한겨레, 2010. 1. 5.

돌아보기

노무현정부에서도 감정적인 파고의 높낮이는 작지 않았다. 하지만 이명박정부에서는 그 느낌이 격랑의 수준이었다. 2008년이 촛불항쟁의 해였다면, 2009년은 죽음의 해였다. 그래서 2010년을 맞이할 때는 '평상심을 가져야 한다'는 결심 같은 것이 필요하다고 느껴졌다. '집합적 평상심'을 말한 것은 이런 다짐의 필요성이 나에게만 있는 것은 아닐 것이라는 느낌 때문이었다.

그런데 이 글을 쓴 이래로 평상심을 가져야 한다는 생각은 그치질 않는다. 때로 슬픔이나 분노를 피할 길도 없고 기운을 내 거리에 나서 함께 싸우는 열정의 시간을 마다할 수도 없지만, 평상심을 지키는 것이 점점 더 필요해지고 있는 것이다. 물론 그것에 이르기 힘들다. 지금 말하는 평상심은 평상시의 마음이 아니라 비상한 때도 평상시에나 가짐직한 마음을 애써 이룩하는, 거의 정신적인 성취라 할 만한 평상심이기 때문이다. 그런데 바로 그 평상심이야말로 제대로 슬퍼하고 제대로 분노하고 제대로 힘을 내 싸우는 토대가 되는 것이다. 그 평상심을 지켜야 할 시간이 길고 길어져 적어도 박근혜정부가 끝날 때까지 그럴 것이라는 생각이 든다.

민주적 법치국가의 퇴락

촛불항쟁 속에서 사람들은 헌법 제1조를 노래했다. 대한민국의 역사 속에서 시민들은 여러 번 국가의 폭압에 도전했지만, 이렇게 자신들을 법의 저자의 자리에 놓은 것은 처음 있는 일이었다. 민주화 과정을 통해 민주적 법치국가의 이념이 시민들의 자의식 속에 아로새겨졌고, 촛불항쟁 속에서 사람들은 그것을 함께 공언하고 확증하는 경험을 가졌다. 아이러니한 것은 대한민국이 건국 후 60년이 걸려 도달한 이 민주적 법치국가의 이념이 자기 확증에 이른 그 순간 부인되었다는 점이다.

이명박정부가 내세운 법치란 바로 법의 저자인 시민들을 법의 단순한 수신자로 강등하려는 것이며, 그런 의미에서 민주적 법치국가로부터의 퇴행이라고 할 수 있다. 법치국가는 민주적 법치국가처럼 법 형성과 적용의 맥락을 시민들의 민주적 의지와 대조하지 않는다. 그렇기 때문에 예컨대 집시법과 도로교통법이 언론과 집회의 자유라는 헌법적 권리를 주장하는 시민을 탄압하는 수단으로 활용된 것이다.

더 심각한 것은 이명박정부가 민주적 법치국가를 법치국가로 후퇴시키는 것에 그치지 않았다는 점이다. 이명박정부는 법치가 함축하는 법 집행자의 자기 제한조차 받아들일 수 없는 정부였고, 그렇기 때문에 법치를 법을 이용한 지배로 한 단계 더 퇴행시켰다. 충성과 승진의 노골적인 교환 속에서 정권의 잘 벼린 칼이 되어버린 경찰과 검찰은 효성 비자금 사건이나 장자연 사건 또는 한상률·안원구 사건 같은 것은 마지못해 수사하는 시늉을 하고 촛불시민, 〈PD수첩〉, 철거민, 전직 대통령, 그리고 전교조 교사들에 대해서는 가혹한 수사를 전개했다. 용산 참사나 노무현 전 대통령의 서거도 검경의 이런 행태를 바꾸지 못했다.

계속되는 검찰의 기소는 유죄판결을 목표로 하는 것도 아니라는 점에서 완전히 새로운 행태다. 무죄판결에도 부끄럼을 느끼지 않을 정도로 직업윤리를 상실한 검찰이 목표로 하는 것은 정권에 부담이 되는 시민이나 언론인 또는 정치인 혹은 시민운동가를 소송 속으로 몰아넣고 그렇게 함으로써 그들의 행동을 제약하고 오명을 씌우는 것 자체다. 소송 자체를 징벌화한 것이다.

그런 무리한 기소가 계속해서 무죄판결에 직면하고 있다. 사실 우리의 사법부는 민주화 이후 독립성을 획득하긴 했지만 공정한 판결로 사회적 신뢰를 받아오던 집단은 아니다. 신영철 대법관 문제나 헌법재판소의 언론관련법 관련 결정은 그런 점을 보여주는 가까운 예다. 그런 사법부에 의해 무죄판결이 계속된 것은 검찰이 얼마나 무리한 기소를 해왔는지를 말해준다. 그런데도 한나라당과 보수언론과 관련 단체들 그리고 놀랍게도 대한변협까지 가세해 오래된 색깔론을 들먹이며 법원을 위협하고 있다.

사법부를 굴복시키려는 보수층의 궐기가 굴복은 몰라도 일정한 순치 효과를 낼 수 있으며, 그렇게 조장된 논란을 빌미로 검찰은 항소의 근거를 마련할 것이다. 그것이 정권에 항의하는 사람들의 발을 최대한 오랫동안 묶어놓을 강력한 수단이기 때문이다. 그렇게 되면 법원이 2심이나 3심에서도 계속 무죄판결을 내놓을지도 불확실할뿐더러 길어진 소송 과정은 소기의 효과를 발휘할 것이다.

민주적 법치국가가 이렇게 법을 이용한 통치로 퇴락하는 것을 막기 위한 강력하고 효율적인 수단은 선거다. 지금 논의되는 야권의 선거연합이 중요한 것은 그것이 법을 자유의 보장 수단으로 만드는 민주적 법치국가의 회복이라는 시대적 과제와 연결되어 있기 때문이다. 그러므로 야당들이 기득권과 기회주의 또는 과도한 명분 속에서 내부 협상에 실패한다면, 그들은 이 커다란 퇴행을 방임한 책임에 직면할 것이다.

한겨레, 2010. 1. 26.

돌아보기

이 글은 「민주화 이후의 권위주의」(2009년 10월 13일자)에 이어지는 글이다. 이전 글에서 이명박정부의 통치 방식이 민주화 속으로 권위주의를 삼투하는 방식이라는 것, 또한 그것이 법의 외설화를 야기한다는 것을 지적한 데 비해, 이번 글에서는 그런 통치 방식 속에서 어떤 사회적 성과가 파괴되고 있는지를 명료히 하고자 했다.

이 글이 제시하는 도식은 파괴의 순차적 과정으로 되어 있다. 그것을 역순으로, 그러니까 사회발전의 논리에 입각해서 서술한다면 이럴 것이다. 먼저 법 없는 지배가 존재한다. 이 상태에서 법은 최강자의 권력과 의지 자체다. 하지만 이런 지배는 사회발전 속에서 법에 의한 지배, 즉 법치로 이동한다. 법치가 작동하면 권력자의 권력행사는 제약된다. 하지만 두 가지 이익이 발생한다. 하나는 지배의 예측 가능성과 합리성을 높여 피지배자의 동의를 이끌어내기 쉬워진다는 것이다. 피지배자에게는 언제나 법 없는 지배보다 법치가 더 이익이기 때문이다. 권력자가 모든 결정에 대해서 책임을 져야 할 부담에서 벗어나게 된다는 것이 다른 하나다.

이런 법치국가는 인민이 혁명을 통해서 국가를 정복하게 되면 민주적 법치국가로 변형된다. 이제 법은 인민 자신에 의해 제정된다. 인민은 법의 설립자이자 수신자가 되는 것이다.

우리 사회에서 민주적 법치국가는 6월항쟁을 통한 민주화 이행의 산물이다. 이 민주적 법치국가의 원리와 정신이 이명박정부에 의해서 파괴되기 시작한 것이다. 그것은 두 방향으로 이루어졌다. 하나는 민주적 법치국가의 법치국가로의 퇴행이며, 다른 하나는 법 자체의 외설화였다.

사회복지국가는 이 민주적 법치국가 위에서 수립된다. 국민을 위한 정부는 국민에 의한 정부를 토대로 해야 한다. 그렇지 않고 국민을 위한 정부가 국민에 의한 정부를 우회하거나 혹은 파괴한다면, 그 국민을 위한 정부는 국민을 양떼처럼 우리에 가두고 풀을 먹이는 정부일 뿐이다. 그럴 때 복지는 국가시민의 권리가 아니라 정부의 시혜라는 모욕적 형태로 주어지게 된다. 이것이 민주를 외면하거나 파괴하면서 '민생'에 목소리를 높이는 정부를 의심해야 하는 이유다.

남보원
유감

설 연휴에 작은딸과 함께 앉아 몇 년 만에 〈개그콘서트〉를 보았다. 소문으로만 전해 듣던 '나를 술푸게 하는 세상' '솔로천국 커플지옥' '남보원'(남성인권보장위원회), 봉숭아학당의 '동혁이 형아'가 실제로 어떤지 실감할 수 있었다. 함께 보던 작은딸이 투덜거렸다. 아빠가 보면서 잘 웃지 않으니 자기도 잘 안 웃게 돼서 같이 보는 게 더 재미없다는 거였다. 사실 잘 웃게 되지를 않았다. 잘 만들어진 코너도 있었지만, 몇몇 코너는 육체적 학대가 심해 좀 편치 않았다. 잘 만들어진 코너도 편하게 웃을 수 없는 데가 있었다. 내게는 '남보원'이 특히 그랬다. 〈개그콘서트〉를 본 날이 밸런타인데이였는데, 이런 날 남자들이 겪는 괴로움을 풍자한 대사도 운율감 있게 잘 구성되었고 남자들에게는 어느 정도 공감도 불러일으킬 만했지만 메시지가 구성되는 방식에는 고개가 갸우뚱해졌다.

〈개그콘서트〉를 통틀어 현역 정치인으로 분장한 개그맨이 나오는 경우는 '남보원'의 강기갑 의원밖에 없고, 진보정당 10년의 성과로 스타 정치인이 생겨나 그런 정치인이 개그 프로그램에서 비중 있는 배역에 활용될 정도로 대중적 친밀감을 얻은 것은 의미 있는 일이라는 것을 여러 사람이 지적했다. 그 점은 나도 십분 동의한다. 확실히 이렇게 일상적으로 대중의 사랑을 받고 있으니 보수언론이 의회 내의 투쟁 사진 한두 장을 활용해 '공중부양' 운운하며 과격한 이미지를 덧씌우기는 어려울 듯싶다.

하지만 '남보원'의 이데올로기적 지향에는 퇴영적이거나 최소한 모호한 면이 있다. 북을 두드리며 사무직 노동자 분위기를 내는 최효종, 붉은 머리띠와 조끼를 입고 민주노총 조합원의 이미지를 풍기는 황현희, 그리고 강기갑 의원으로 분한 박성호로 구성되는 남보원은 노동해방의 정치를 성정치의 프레임에 이식해 넣은 것이라고 할 수 있다. 그런데 이렇게 프레임이 전환될 때 그들이 위치하고 있는 곳은 여전히 사회 곳곳에서 억압당하고 있는 여성을 옹호하는 위치가 아니라 남성을 방어하는 자리다.

물론 남성의 자리에서 방어해야 할 것이 있을 수 있다. 여성의 권익이 신장되는 시대에 어떤 여성들은 여성해방의 성과와 전통적인 성역할 분화에서 얻을 수 있는 이익 모두를 약삭빠르게 챙기려 할 것이다. 그런 여성들 앞에서 어리숙한 남성들이 느끼는 당혹감을 공개적으로 표명하는 것이 사회적 해방을 위해 일부 필요한 측면이 있다. 그리고 개그 프로그램이 그런 경험들을 저녁 시간의 한바탕 웃음을 위해 동원하는 일이 그럴듯할 수 있다.

하지만 남녀의 데이트나 부부의 갈등 상황에서 나타나는 국지적인 남성차별 현상을 지적하기 위해 노동운동의 몸짓과 구호가 동원됨으로써 오히려 해체되고 조롱당하는 것은 계급정치가 아닐까? "민주화되고 살림살이 좀 나아지셨습니까?"라는 민노당의 대표적인 구호가 '남보원' 안에서 여성들에게 징징대는 옹졸한 구호로 변질되고, "(여자친구 집에) 한우세트 보냈더니 (우리집에는) 비누세트 돌려주냐"며 주목을 불끈 쥐고 외치는 모습 속에서 노동운동의 전통적인 근육질 남성주의는 인권 뒤에 숨어 줄어드는 특권을 지키려는 치졸한 남성주의로 전환되고 있다.

'남보원'이 진보정치와 대중 사이의 친밀성을 반영하고 그렇게 함으로써 그 친밀성을 강화하는 것은 맞다. 하지만 그 속에서 더불어 폭로되는 것은 진보정치의 상투성, 여성운동과 노동운동의 오래된 불화, 그리고 진보정치가 여성을 비롯한 모든 억압받는 자들과 함께하기는커녕 어떤 특권과 은밀히 연계되어 있다는 대중적 이미지다. 그러니 '남보원'을 보며 진보진영의 사람들이 즐겁게 웃고 지나갈 수만은 없을 것이다.

한겨레, 2010. 2. 16.

돌아보기

2010년 정세에서 진보정당은 대중적 신뢰를 상당 정도 회복했다. 촛불 집회 단상에 올라서서 대중의 지지 속에서 발언할 수 있는 몇 안 되는 국회의원이 강기갑 의원이었던 것을 생각하면 확실히 '남보원'은 진보정당에 대한 대중의 우호감을 표현한다.

하지만 여기 지적했듯이 그 속에서 노동운동과 진보정치는 조롱 대상이었으며, 그들의 무능은 특히 젠더에 대한 둔감성에서 두드러진다. 이 글에서는 강조하지 않았지만 개그맨들은 놀라울 정도로 정확하게 한국 진보운동의 상황을 짚어내고 있다고 할 수 있다. 그리고 그런 문제는 여전히 극복되지 않고 있다. 이런 노동운동과 여성운동, 노동정치와 성정치의 균열은 우리 사회 진보의 중요한 걸림돌 가운데 하나다.

수도권 중심주의

세종시 논란 속에서 사회적 관심의 초점은 한나라당 내 계파 간 투쟁에 집중되었다. 하지만 어떻게 매듭지어지든 그것은 수도권 중심주의라는 새로운 지역주의의 발흥과 관련해 조망할 필요가 있다. 남한 사회는 지난 수십 년 동안의 경제발전 패턴의 귀결로 수도권 중심의 거대 도시국가 형태로 진화해왔다. 인구, 정치, 경제, 교육, 문화, 예술 등 모든 면에서 수도권은 나머지 모든 지역의 합을 압도하고 있으며, 이제는 무역의존도 90%가 넘는 경제구조가 형성하는 사회적 부 대부분이 수도권에 축적되고 있다. 수도권 인구의 자기 재생산이 강화됨에 따라 지방은 수도권 주민과 연결된 고향에서 한낱 배후지로 전락해갔으며, 더불어 수도권의 자립화 경향도 커져왔다고 할 수 있다. 이런 수도권이 노무현정부의 지역균형발전 정책을 기화로 자신의 이익을 자각한 지역주의로 전환되기 시작한 것으로 보인다.

노무현정부 시절이나 지금이나 세종시를 둘러싼 논란의 핵심에 있는 것은 우리 사회가 가진 부와 권력의 지역적 재분배 문제라고 할 수 있다. 이 재분배의 양상은 명료한 형태는 아니라 하더라도 수도권의 많은 사람들 머릿속에 감지 가능한 형태로 표상되고 있다. 실제로 세종시로 정부 부처가 이동할 경우 그것이 수도권 주민들에게 어떻게 비칠지 생각해보라. 중앙부처 공무원들이 이동하고 관련 기업들도 점차 따라가기 시작할 텐데, 여전히 각종 사회적 권력과 인프라에서 절대우위를 점하고 있는 수도권에서 벗어나 세종시로 이동하는 것은 불안감과 소외감을 부채질할 것이다.

예컨대 지금 중학교에 다니는 자녀를 데리고 세종시로 이동해야 하는 공무원을 생각해보라. 장기적으로는 세종시에 다양한 사회적 인프라가 구축되겠지만, 그에게는 별 도움이 되지 않을 것이다. 세종시로의 이동이 현행법대로 이루어진다면 수도권 부동산 가격 또한 떨어질 것이다. 그런 부동산 가격 하락은 장기적으로 수도권을 더 살 만한 곳으로 바꿀 수 있겠지만, 부동산을 많이 보유한 부유층에만 타격을 주는 것은 아니다. 가계의 부가 대부분 부동산에 파묻혀 있기에 단기적으로는 수도권 주민 상당수에게 고통을 안겨줄 것이다. 빚을 얻어 집을 산 사람, 상가에 투자한 사람, 상가에 권리금을 내고 들어간 자영업자 등 많은 이들이 불안정해질 것이다.

그런 의미에서 노무현정부의 세종시 정책은 단기적 이익과 장기적 이익의 괴리를 조정하는 정교함, 다시 말해 '이행의 골짜기'를 덜 고통스럽게 통과하게 해줄 비전을 갖추지 못한 것이었다고 할 수 있다. 이런 비전 부재의 대가 가운데 하나가 수도권의 수호자로 자처한 이명박 대통령의 집권이었다. 그는 수도권 중심주의의 첫번째 대통령이라고 할 수 있으며, 집권 뒤에도 변함없이 수도권 중심주의를 관철하고자 하고 있다. 이런 견지에서 본다면 현재 이대통령의 국정수행 지지율 상승과 박근혜 의원의 지지율 하락도 일부는 설명될 수 있을 것이다.

조금이라도 거리를 두고 관찰한다면, 단기적인 이익의 재분배가 야기하는 불안을 달랠 보완조처가 없는 노무현정부의 균형발전 전략이나 지속 불가능한 발전 패턴을 고수함으로써 단기적인 정치적 이익을 챙기려는 이명박정부의 행보 모두 심각한 문제를 가지고 있다는 것을 알 수 있다. 그렇지만 확실히 더 나쁜 쪽은 이명박정부라고 할 수 있다. 왜냐하면 이명박정부는 위험하기 그지없는 수도권 중심주의라는 괴물을 계속해서 불러내고 있기 때문이다. 그것은 지금까지의 어떤 지역주의보다 더 강력해서 활성화될수록 수도권 바깥을 인적 드문 황무지로 만들고, 그 내부를 푸시맨에게 의존해야 문이 닫히는 출근길 지하철로 만들 것이다.

한겨레, 2010. 3. 9.

돌아보기

세종시 논란 속에서 이명박 대통령은 수도권의 이기주의를 동원했다. 이 글은 그런 인지적 동원의 위험에 대해 지적하고자 했다. 하지만 수도권 중심주의가 형성되지는 못했다. 한편으로는, 이명박정부의 세종시 수정안 자체가 무산되었기 때문이다. 그것이 성공했다면 수도권은 괴물 같은 중심성을 우리 사회에서 확고히 했을 것이다. 다른 한편으로는, 수도권 이기주의 동원의 중심에 있는 부동산 가격 하락 문제의 구도가 바뀌었기 때문이다. 가격 하락의 중심 요인이 세종시 같은 요인보다 경제위기, 저성장, 청년층 빈곤과 인구 감소로 인한 주택 수요 감소, 가계부채, 하우스푸어 문제 같은 더 거시적이고 거의 해결 전망이 없다시피 한 문제라는 것이 점점 더 가시화된 것이다. 택지개발에서 재건축을 거쳐 지난 30여 년간 계속된 아파트값 상승 속에서 형성된 우리의 모든 삶의 패턴이 붕괴하는 시점에 이른 것이다.

이 분기점에서 우리는 어떤 집에서 살 것인지에 대한 새로운 결정의 기회를 가진다. 그 결과가 어떤 것인지 알기는 어렵다. 가계, 기업, 정부의 상호작용이 어떤 결과를 낳을지 알 수 없다. 가계와 기업은 상이한 전략과 경제력을 가진 복수의 행위자들이며, 정부는 유권자로서의 가계와 끊임없이 로비를 펼치는 건설자본 사이에서 지그재그 행로를 보일 것이다. 분명한 것은 이런 이행의 귀결이 무엇이든 그 과정은 자본주의의 가장 끔찍한 속성을 보여주는 명제, 그것도 한국 자본주의에서는 더욱 극적으로 드러나는 명제가 관철될 것이라는 점이다. "바보는 죽는다."

더 나은 모두스 비벤디를 위해

안상수 한나라당 원내대표의 '좌파 주지' 발언으로 온 나라가 시끄럽다. 안대표는 이번 논란 이전에도 놀라운 상상력을 발휘해 좌파교육과 성폭력 사범의 상관관계를 거론한 분이니 그가 '좌파 주지' 발언을 했다는 것에는 별로 의심이 가지 않는다. 그렇다면 중요한 것은 그 말이 논란거리가 되는 이유일 것이다.

많은 사람들이 안대표 발언의 부적절성을 지적하며 비판했는데, 그 이유는 그의 말이 은연중에 '빨갱이'라는 단어를 연상시키기 때문이다. 안대표의 마음속에 들어가본 것은 아니지만 그의 흉중에서 처음 떠오른 표현이 '좌파 주지'가 아니라 '빨갱이 주지'가 아니었을까 싶은데, 그것이 지나친 상상일까? '좌빨'이라는 표현이 인터넷 게시판의 댓글에 그토록 횡행하는 것을 보면 그리 무리한 추정은 아닌 것 같다. 만일 그렇다면 왜 정작 언표된 것은 '빨갱이 주지'가 아니고 '좌파 주지'였을까? 검열이 작용하고 있기 때문일 것이다. 우리 사회 성원들 사이에는 공인이라면 빨갱이라는 말만은 결코 사용해서는 안 된다는 '모두스 비벤디'가 존재하며, 이 모두스 비벤디가 빨갱이를 좌파로 변형한 힘일 것이다.

그렇게 본다면 좌파라는 말은, 민주화에 힘입어 공론장에서 빨갱이라는 말을 쓰는 것이 금지된 사회에서 여전히 빨갱이라는 말을 연상시키기 위해서 선택되는 어휘라고 할 수 있다. 특히 보수인사가 그 단어를 택할 때는 그런 것 같다. 현정부 아래서 이런저런 보수인사들이 '좌파 적출'이라는 표현을 썼는데, 이 난폭한 외과수술적 비유 밑에는 좌파를 부패한 장기 혹은 암덩어리쯤으로 간주하는 사고, 어떤 성향의 인구집단을 정치체로부터 영구적으로 추방하려는 내전적 상상력이 작동하고 있다. 그런 상상력의 뿌리에서 우리가 만나게 되는 것이 '빨갱이'라는 단어 그리고 그것과 연관된 피비린내 나는 역사적 체험이 아니고 무엇이겠는가?

확실히 분단체제를 살아가는 우리의 사고 안에서는 좌파/우파라는 근대정치의 근본 범주가 정치 프로그램과 이념의 정렬을 묘사하는 중립적 의미를 갖지 못하고 반공투사/빨갱이의 구분을 겨우 억압하고 대치하는 구분법 구실을 하고 있다. 그렇기 때문에 좌파/우파의 구분법으로부터 그것과 경합하며 쓰이고 있는 보수/진보의 구분법으로 이행할 필요가 있다. 보수/진보의 구분법은 더이상 역사적 과거로 소급하지 않으면서 우리 사회에 존재하는 사회적 균열선에 대응하는 정치적 정렬 방식을 묘사할 수 있기 때문이다. 실제로 몇몇 여론조사에서 밝혀졌듯이 좌파와는 달리 진보라는 표현에 대해 우리 국민은 별 거부감 없이 그것을 하나의 정치적 프로그램과 이념으로 수용하고 있다.

따라서 보수/진보라는 구분법을 모두스 비벤디로 삼을 때, 내전과 투쟁이 아니라 국민적 정치공간에서의 정상적 경쟁이 정치적 사유의 패러다임이 될 것이다. 아마도 그러기 위해서는 몹시도 보수편향적인 사회라서 극우가 보수의 자리를 차지하는 사태에 대한 분노를 접고 그것을 우리의 역사적 현실로서 수용해야 할지 모르겠다. 그 경우 '좌빨'이라는 표현 혹은 여전히 빨갱이를 연상시키기 위해서 사용되는 '좌파'라는 말을 공론장에서 추방하려면 '꼴보수'라는 표현 또한 함께 폐기하는 것이 옳을 것이다.

에르네스트 르낭은 『민족이란 무엇인가』에서 프랑스인들이 하나의 민족이 되려면 성 바르톨로메오 축일의 대학살을 잊어야 한다고 말했다. 우리도 우리의 일부를 외부로 추방하는 정치를 종식하고 내부화하려면 더이상 상기시키지 말아야 할 것이 있으며, 그런 의지에 힘입은 모두스 비벤디가 필요한 것이다.

한겨레, 2010. 3. 30.

돌아보기

모두스 비벤디Modus Vivendi라는 말을 일간신문 칼럼의 중심 개념으로 삼는 것은 좀 부담스러운 일이다. 의미를 잘 설명할 지면 여유가 없는 상태에서 사용부터 하게 되기 때문이다. 이 말은 직역하면 '삶의 방식'쯤 되는데, 보통은 '잠정협정'으로 번역된다. 두 번역을 이어주는 의미 전환은 이 말이 갈등하거나 이견을 가진 사람들 사이에서 쓰이기 때문이다. 그래서 이 말은 다른 생각과 가치를 가진 사람들이 함께 살아가는 방식을 뜻한다. 그러니 공존 방식, 또는 공생 방식이라고 번역해도 좋을 것이다.

이 공존의 핵심에는 서로가 이견을 해소하지 않은 상태에서 서로가 이견 있음에 동의하는 것이 놓여 있다. 물론 우리는 이견을 해소할 수 있다. 진정으로 하나가 될 수도 있다. 하지만 그 가능성을 실현하는 것에는 노력 또는 작업이 필요하다. 시간 소모적인 활동이 요청된다. 그런데 우리는 그 합의를 향한 시간 속에서도 살아야 하고 공존할 수 있어야 한다. 사회생활은 어떤 의미에서 온전히 확립된 협정과 합의에 도달하는 것이 아니라 계속해서 모두스 비벤디를 발명하는 과정일 수도 있다. 합의를 적극적으로 지향한다고 해도 그렇다. 그것이 없으면 합의에 도달하는 과정을 이끌고 갈 수 없다.

2010년에 이미 우리 사회는 이명박정부 집권의 효과로 진영 분화가 강화되어갔다. 보수파와 진보개혁파 사이에 서로에 대한 경멸이 일상화되고 있었다. 그 이유는 87년 민주화 이행에 깃들어 있었고 그후 사회과정 속에서 우여곡절을 거치며 가다듬어온 모두스 비벤디를 이명박정부가 파괴했기 때문이다.

민주화란 적대와 투쟁을 경쟁으로 전환하는 것이다. 선거는 경쟁이다. 그리고 이 경쟁의 결과에 승복하는 것이다. 물론 경쟁규칙에 복종할 때도 우리는 서로를 싫어하거나 의심하거나 경멸할 수 있다. 하지만 경쟁하는 타자를 향해서 우리는 기본적인 존중의 태도를 보여야 하며, 그것을 학습하기조차 해야 한다. 그것이 모두스 비벤디다. 그리고 그것의 첫걸음은 공론장에서 모욕과 경멸 또는 정죄의 언어를 사용하지 않는 것이다.

우리의 근현대사에 조금이라도 관심을 가진 이들은 모두 알듯이, 한반도 정치질서는 해방과 더불어 시작된 내전 그리고 그 내전에 매개된 세계적 내전(시민전쟁)을 통해 형성되었으며, 그 내전은 아직 종식되지 않았다. 이런 사회에서 모두스 비벤디는 더욱 진지한 문제다. 이것이 없으면 정치의 내전화가 일어날 위험이 항존하는 사회이기 때문이다. 그런 측면에서 민주화의 의미도 규정해볼 수 있다. 우리에게 민주화란 모두스 비벤디를 창출하는 과정이었다. 그것은 남한 내부의 정치적 지향과 정당 분화를 남북관계에 무관한 근대적 분화 과정으로 인지하기로 수용하는 과정이기도 한 것이다.

하지만 지금 우리는 박근혜정부가 이명박정부보다 훨씬 더 강력하게 모두스 비벤디를 파괴하고 있는 현장을 보고 있다. '좌빨'보다 더 내전의 분위기를 풍기는 '종북'이라는 말이 정치의 키워드가 되었다. 박근혜 정부는 그들이 죽음으로 내몬 전직 대통령이 수행한 합헌적인 통일지향적 정치행위마저 종북의 시도로 몰았고, 통합진보당의 일부 분파를 내란음모죄로 기소하고 통합진보당의 해산을 청구하기도 했다. 물론 이런 정치의 내전화를 위한 시도가 작동할 수 있게 한 빌미를 제공한 것은 같은 정치 모델을 가진 통합진보당의 일부 분파이긴 했다. 지금 우리의 과제는 모두스 비벤디 자체를 소멸시키는 정치의 내전화를 방어하는 일인 것 같다.

대학 등록금 문제를 어떻게 풀 것인가

사립대 기준이지만, 대학 등록금 연간 천만 원 시대에 돌입했다. 더불어 OECD 국가 가운데 미국 다음으로 학비가 비싼 나라가 되었다. 사실 교육비에 대한 사람들의 불만은 터질 듯이 부풀어 있다. 한때 교육비 문제는 대학 입시를 위한 사교육비에 집중되어 있었다. 그러던 것이 점차 중학교를 거쳐 초등학교로까지 사교육비 부담이 커져갔고, 대학생들의 각종 취업준비를 위한 사교육비도 크게 팽창해갔다. 그러더니 마침내 대학 등록금마저 견디기 어려운 수준이 된 것이다. 아들 있는 집은 그래도 한 사람을 군대 보내서 등록금 부담을 분산시켜보지만, 딸 둘이 대학을 다니면 그마저도 어렵다고 투덜대는 경우도 주변에 꽤 있다. MB정부 각료나 그 자녀는 군대를 가지 않은 경우가 많지만, 서민층의 대학생 아들에게 군 입대는 효도의 일환인 경우가 많다.

대학 등록금이 치솟자 그 대책으로 정부는 '취업 후 상환 학자금 대출 제도'를 내놓았다. 애초에 공약했던(어쩐 일인지 다들 그렇게 알고 있는데 MB정부는 그런 공약 한 적 없다고 손사래를 치고 있는) '반값 등록금'에 비하면 정말 언 발에 오줌 누는 격의 대책이다. 대출자격이 까다롭고, 대출금리는 복리로 계산되며, 그 금리 자체도 낮지 않다. 게다가 기존의 차상위계층 장학 제도와 소득분위별 이자 지원도 폐지되어 국민의 입장에서 보면 조삼모사에 가까운 제도다.

이렇게 되고 보니 이 제도는 등록금 부담을 줄여주는 것이라기보다 학부모가 지던 등록금 부담을 학생 자신에게로 옮겨놓는 매개장치가 되어버렸다. 물론 이 매개장치가 아무 일도 하지 않는 것은 아니다. 그것은 한편으로는 모처럼 사회적 불만이 모아져 형성된 사회적 의제를 대출금 상환시기까지 미뤄둘 수 있게 해주고, 다른 한편으로는 부모 자식 간에 정말 나누기 어려운 대화를 피할 수 있게 해주었다. 취업 후 학자금 상환제는 결국 당의정에 지나지 않는 것인데, 이런 비유적 표현이 이보다 잘 어울리는 경우가 별로 없을 것이다.

사정이 이렇게 된 것은 등록금 문제가 제기되었을 때, 그것에 대한 사회적 논의가 충분히 이루어지지 않기 때문이기도 한 것 같다. 등록금 문제 뒤에 있는 진짜 문제는 대학생을 교육하기 위해서 요구되는 교육비 문제라는 것이 내 생각이다. 등록금 문제가 한창 시끄러울 때 이기수 고려대 총장은 "우리나라처럼 등록금이 싼 데가 없다"는 발언으로 물의를 일으킨 적이 있다. 대학 총장의 발언으로는 정말 어처구니없고, 교육비를 피교육자가 전적으로 부담해온 우리 사회의 특성이 그대로 반영된 발언이지만, '등록금'을 '교육비'로 바꾸어본다면 시사하는 바가 있다.

연간 등록금 천만 원이 온전히 대학생 교육비로만 쓰이는 것은 아니지만, 전액 교육비로 돌린다고 해도 사실 그것이 국제적인 수준에서 볼 때 높은 편은 아니다. 선진국 수준이 되려면 대학생 1인당 교육비가 최소한 연간 2천만 원은 되어야 할 것이다. 우리 사회에서는 대학생 교육비가 거의 전적으로 등록금에 의존하지만 그 액수가 질 좋은 고등교육에 필요한 수준에는 못 미치기 때문에, 등록금은 학부모의 등골을 빼는 수준인데도 대학교육의 질은 나쁜 것이다.

좋은 고등교육을 위해서는 교육비를 올려야 하고, 대학생과 학부모를 위해서는 등록금을 낮추어야 한다. 다시 말해 가계의 부담을 줄이고 총교육비는 늘려야 하는데, 이를 위해서는 누군가 그 차액을 부담해야 한다. 새로운 부담의 주체는 현재 우리 교육 체제에서 혜택을 누리고 있지만 그것에 상응하는 부담을 지지 않고 있는 쪽이 되어야 할 것인데, 필자는 그것이 대기업이라고 생각한다.

대기업은 대학교육은 물론이고 취업을 위해 사교육조차 마다하지 않는, 이른바 '스펙'이 가장 우수한 인재를 저렴하게 고용하고 있다. 그런데도 그것에 상응하는 기여를 전혀 하지 않는다. 오히려 수시로 대학교육의 질이 낮다고 불평을 터뜨림으로써 자신이 얻은 혜택을 은폐하며, 더 나아가 시장에서의 우월한 지위를 이용해 해당 기업의 직무훈련을 통해서 형성되어야 할 능력까지 대졸자에게 요구하고 있다. 그러면서 고작 그들이 하는 일은 기업 소유주의 이름을 건 건물을 지어주고 생색을 내는 것이거나 그도 아니면 아예 대학을 인수해 기업처럼 바꾸는 짓을 벌일 뿐이다.

문제를 제대로 해결하기 위해서는 대기업이 의당 자신들이 받은 혜택에 상응하는 기여를 하게 만드는 제도와 방안을 고안해야 하거니와, 이를 위해 대기업의 기여를 늘리는 방향으로 교육세를 새롭게 디자인하는 것에서부터 대기업들이 자발적으로 대학교육 발전을 위한 기금을 형성하는 것에 이르기까지 다양한 방법이 모색될 수 있을 것이다. 구체적 제도와 방안이 어떻게 마련되든 그런 방향으로 사회적 논의의 가닥이 잡힐 때 총교육비는 올리지만 등록금을 낮출 수 있을 것이고, 우수한 박사들이 최악의 비정규직인 시간강사 처지에서 벗어날 수 있으며, 오늘의 대학생이 내일의 신용불량자가 되는 대출 제도를 피할 수 있고, 대학교육의 질은 상승할 것이며, 더불어 기업과 사회의 생산성을 끌어올릴 수 있을 것이다.

창비주간논평, 2010. 4. 7.

돌아보기

이 글을 쓸 때나 지금이나 대학교수가 대학 등록금 문제에 대해서 무엇인가 말하는 것은 악플을 유발하기 쉽다. 그래도 대학교수들이 자신의 경제적 토대인 등록금 문제 앞에서 입 닥치고 뒤로 물러나 숨죽이고 있는 것이 싫었다. 그래서 등록금 문제와 관련해 잘 논의되지 않는 문제를 제기하는 형태로 글을 썼다. 그 핵심은 등록금에 묶여 있는 사고를 교육비로 전환하자는 것이었다. 이 글에서는 구체적 수치를 제시하지 않았는데, 대학생 1인당 교육비는 우리의 경우 6천 달러 정도다. 이에 비해 OECD 평균은 만 달러를 조금 상회한다. 좋은 대학교육을 위해서 등록금을 깎든 말든 더 많은 교육비의 투자가 필요한데, 그 교육비를 지출할 가장 유력하고 정당한 후보는 누구인가에 대해 이 글은 대기업 집단을 지목하고 있다. 여전히 타당한 주장이라고 생각한다.

다른 한편 이 글에서 미처 논의하지 못한 문제는 대학교육 비용에 대한 사회적 결정과 시스템이라는 원칙의 문제다. 대학 등록금에 대한 문제의식은 우리 사회 전반에 만연한 수익자 부담 원칙과 관련이 있다.

한 사회가 고등교육 이수자를 필요로 한다면, 그 비용을 누가 지출할 것인가 하는 문제가 남는다. 이 문제에 대해 우리 사회는 수익자 부담 원칙에 입각해 답한다. 수익을 얻을 사람, 즉 고등교육 이수자가 지불하면 된다는 것이다. 하지만 문제는 달리 파악될 수도 있다. 한 사회가 고등교육 이수자를 일정 규모 필요로 한다면, 사회가 그 비용을 낼 수 있다. 수익은 당연히 사회가 더 많이 환수할 수 있다.

전자의 시스템에 따르면 대학 등록금이 부담스러울 때 우리가 할 수 있는 일은 투덜거리거나 정치적 압력 행사의 길을 찾는 것이다. 후자의 시스템에 의하면 사람들이 더 많이 세금을 내서 교육시키는 것이다. 고등교육 이수자가 사회가 치른 비용에 입각해 이룬 학습 성과에서 얻은 이익은 어떻게 할 것인가? 고등교육 이수자가 그것을 기반으로 얻는 소득에 대해 누진적으로 세금을 걷음으로써 그 수익을 사회가 환수하면 된다. 단지 대학 측에 등록금을 내리라는 압박을 강화하는 식으로 해결될 문제가 아니라 어떤 시스템으로 갈 것인가의 문제인 것이다.

이것은 추상적인 문제가 아니다. 현재 우리는 이미 하나의 시스템을 작동시키고 있기 때문이다. 수익자 부담 원칙에 입각해 대중이 투덜거리고 정치적 압력을 행사한 결과 이명박정부는 국가장학금 제도와 대출제도를 마련했는데, 후자는 이 글에서도 언급했듯이 조건이 그렇게 좋지 않으며, 문제를 이월하고 철저하게 수익자 부담 원칙에 입각한다.

이에 비해 전자는 소득이 적은 집단에 대한 잔여적 복지 형태를 취한다. 그렇지만 그조차도 수혜자에게 고통스러운 형태를 취한다. 장학금을 받기 위해서는 B+ 이상의 성적이 요구되며, 국가근로장학금처럼 일정 수준의 노동과 교환된다. 현재 저소득층 대학생들은 당장의 생계나 학비의 어려움 때문에 '알바'를 하고 있기 때문에 좋은 성적을 거두기 어렵다. 그들에게 필요한 것은 우선 장학금을 지급하는 것이다. 그래야 그들이 알바로부터 탈출하고(적어도 알바 시간을 줄이고) 학업에 전념해 성적을 올릴 수 있는 것이다. 현재의 제도 설계는 상당수 학생이 악순환에서 벗어날 방법을 가로막고 있다.

이런 상황은 국가의 소득과 재산 파악 시스템의 부실과 결합해 오히려 중상층 이상의 학생이 국가장학금을 더 쉽게 획득하게 만들고 있다. 국가가 소득을 파악하지 못하거나 소득은 적지만 재산이 많은 유복한 가정의 대학생들이 좋은 성적을 받아 국가장학금 수혜자가 되는 일이 적지 않은 것이다.

현재 국가장학금에 투입된 예산은 2013년 현재 대략 2조 7천억 정도이다. 반값 등록금을 위해 필요한 예산이 5조임을 생각하면, 수익자 부담 원칙과 결합된 정부의 인색함이 보편적 복지와 그것에 입각한 사회적 연대의 확산을 가로막고 있는 것이다. 그렇다고 그들이 부작용 없이 그들이 설정한 정책 목표를 잘 달성하는 것도 아니면서 말이다. 교육부는 국가장학금과 대학생 대출 제도를 대학 구조조정의 지렛대로도 활용하게 되는데, 이 문제는 2011년 10월 5일자 칼럼(「대학 등록금, 교과부 관료, 그리고 대학개혁」)에서 다뤘다.

삼성과 북한, 이건희와 김정일

『한겨레 21』 이번 호 광고에 이런 문구가 실렸다.

> 이 나라의 국기엔 별이 있습니다. 암만 봐도 왕국인데 공화국이라고 우깁니다. 권력을 2대째 세습했고 3대째 세습을 준비합니다. 그런데 3대가 영 신통치 않아서 골치가 아픕니다. 최근 석연치 않은 이유로 왕이 모습을 감췄다 나타났습니다. 나라가 아예 한가족입니다. 왕이 '친애하는 어버이'입니다. 조직을 싫어합니다. 조직하면 호적에서 파버릴 기세입니다. 사상교육을 좋아합니다. '열렬한 신념'으로 충성하랍니다. 이 나라는 어디일까요? 북한? 삼성? 몰라 몰라.

삼성을 북한에 날카롭게 빗댄 글인데, 사실 삼성과 북한을 그것을 운영하는 가문으로 좁혀 보면 유사점은 더욱 선명해진다. 3대에 이르는 세습 드라마에 등장하는 주역들의 생애사가 특히 그렇다. 이병철은 1910년생이고 김일성은 1912년생이다. 둘 다 한일병합의 시기에 태어나 각기 기업가의 길과 혁명가의 길을 걸었다. 두 창업자가 투신한 분야가 달랐기에 두 가문의 행로가 많이 달랐지만, 두 영역 모두 모험적인 동시에 치밀한 운신의 능력이 있어야 성공할 수 있는 분야라는 점에서 공통된 바가 있다.

둘은 모두 해방이 가져다준 엄청난 기회를 기민하게 포착했고 사회적 자원의 거대한 찬탈에 힘입어 엄청난 성공을 거뒀다. 물론 성공의 크기 면에서 이병철을 김일성에 견주긴 어렵다. 하지만 이들이 지향한 방향은 유사하다. 김일성이 조기에 정치적 독점에 이르렀다면, 이병철은 더 길고 어려운 경제적 독점의 길로 나아갔다.

이병철과 김일성의 유업은 각기 1942년 동갑내기인 이건희와 김정일에게 세습됐다. 선대의 카리스마를 조금은 분유한 상태로 출발했지만, 2세들의 능력은 전대에 못 미쳤다. 그렇기 때문에 그 부족분을 유훈으로 보충했다. 김정일의 유훈통치와 피고용인이 근대적 권리주체임을 부인하는 이건희의 무노조주의가 그런 것이다.

확실히 2세 시기의 성취에서는 이병철의 가문이 앞선다. 하지만 이 성취의 차이는 선대의 성취의 차이만큼이나 세계사적인 냉전과 남한과 북한이 각기 선택한 발전 경로라는 역운과 연결된다.

그 2세들은 지금 상속에 부심하고 있다. 한쪽에 3남에게 왕국을 전하려는 장남이 있고, 다른 한쪽에 장남에게 물려주려는 3남이 대칭적으로 있는 것은 그저 우연일 것이다. 중요한 것은 3세의 능력이 2세의 능력보다 훨씬 더 의심받고 있다는 점이다. 그렇기 때문에 3세들은 가신이나 친위세력에 둘러싸여 군림하지만 통치할 능력 없는 군주가 될 가능성이 크다.

그리고 이보다 더 중요한 점은 상속이 그것을 둘러싼 사회에 안겨주는 부담도 더욱 커졌다는 것이다. 북한의 경우 통제된 이행의 필요성으로 인해 사태가 간단치 않긴 해도 아무튼 세습 체제로 인해 개방과 사회적 개혁이 지연됨으로써 주민의 고통은 나날이 격심해지고 있다. 남한의 경우 김용철 변호사가 폭로했듯이 삼성에 의해 국가기구가 광범위한 부패의 사슬 속에 깊이 끌려들어가고 있다.

생각해보면 근현대사를 통해 남북한 모두 찬탈의 시대를 경유했고 이제 상속의 시대로 이행하고 있다. 이 상속에의 열정은 재벌에서 촌부에 이르기까지 일반적이며, 유난한 교육 경쟁도 이것과 무관하지 않다. 그래도 그것이 참을 수 있는 경계 안에 있을 때 사회는 뿌리로부터 썩어들어가지 않는다. 이병철 가문이 문어처럼 남한 사회를 칭칭 감고 모든 부면에 빨판을 들이대는 것을 막지 못한다면, 남한은 활력과 정의감을 상실한 퇴영적인 사회가 될 것이다.

한겨레, 2010. 4. 20.

돌아보기

내가 삼성에 대해서 직접 거론한 것은 이 칼럼 외에 앞에 수록된 「삼성이 얼마나 세기에」(한겨레, 2005년 5월 5일자)와 「남한에 '김정일'이 너무 많다」(미간 칼럼, 2007년 6월 27일)가 있다. 미간 칼럼은 주제가 좀더 폭넓은 것이지만, 여기서 함께 거론하려는 것은 출간에 이르지 못하는 칼럼은 왜 그렇게 되는지 살피고 싶어서다.

많은 이들이 1995년에 있었던, 이른바 삼성에버랜드 전환사채 저가 배정 사건을 기억할 것이다. 사건의 본질은 단돈 16억 원의 상속세만을 납부하고 삼성이라는 거대 기업 집단을 이재용씨가 상속받은 사건이다. 이런 불법 상속에 대해 2000년 6월 법학교수 44명이 이건희 회장을 비롯한 삼성그룹 관계자 33명을 특정경제범죄가중처벌법의 '업무상 배임죄' 혐의로 고발했다. 이 소송은 10년이나 질질 끈 뒤 대법원에 의해서 무죄판결을 받게 된다.

또 많은 이들이 2005년 7월 문화방송MBC 이상호 기자가 국가안전기획부의 도청 내용을 담은 90여 분짜리 테이프를 입수하여 삼성그룹과 정치권·검찰 사이의 관계를 폭로한, 이른바 삼성 X파일 사건을 기억할 것이다. 이 사건으로 이른바 '떡검' 가운데 처벌받은 사람들은 없다. 이

학수 부회장이나 홍석현 중앙일보 사장도 처벌받지 않았다. 그 대신 중대한 공익성 때문에 그 내용을 보도한 이들이 불법도청을 보도했다는 이유로 피해를 입었다.

2007년 10월 김용철 변호사가 폭로한 삼성 비자금 사건도 많은 이들의 머릿속에 생생히 남아 있다. 김용철 변호사의 폭로에 힘입어 삼성 특검에 의한 수사와 기소 그리고 재판이 이루어졌다. 하지만 조준웅 특검에 의한 수사가 축소 수사이고 은폐 수사의 혐의마저 짙다는 것은 언론에 수차례 보도된 바 있다. 그의 자녀가 삼성에 특채되었다는 사실은 말해주는 바가 있다.

아무튼 그런 축소로 일관된 특검 수사에 의해서도 이건희 회장은 3년 징역·5년 집행유예와 벌금형을 받았다. 그러나 이런 형벌조차 2010년 이명박 대통령에 의한 이건희 회장 단독 사면으로 없던 일이 되었다. 평창 동계올림픽 유치를 위해서라는 어처구니없는 이유로 말이다.

이건희 일가에 얽힌 몇 개의 굵직한 사건들만 해도 이렇게 한국사회를 들었다 놓았다 한다. 그것이 의미하는 바를 요약하자면 이럴 것이다. 이건희 일가는 엄청난 국민적 투자와 생산의 결과물인 삼성계열 기업들을 불법적 혹은 탈법적으로 소유하고 증여하고 상속하고자 했다는 것, 그것을 위해 전방위적인 로비, 아니 아예 국가 자체의 매수를 시도했다는 것, 그런 행위의 결과로 겨우 이루어진 낮은 수위의 사법적 심판 역시 방대한 권력 자원을 동원해 무력화시켰다는 것, 그 과정에서 전체 사회의 제도적·도덕적 근간이 사정없이 파괴됐다는 것, 이건희 일가는 그렇게 전체 사회 근간의 파괴를 무릅쓰고라도 원하는 것을 얻고자 했으며 원하는 것을 이룰 만큼의 권력을 가졌다는 것, 추악하게도 그런 권력의 작동을 막을 힘이 우리 사회에 없었다는 것이다.

김용철 변호사는 삼성 비자금 폭로 이후에 『삼성을 생각한다』(사회평론, 2010년)를 출간했는데, 내용에 비하면 이 온건한 제목이 오히려 우리들 모두에게 진정으로 무거운 제목이다. 한국사회 성원이기 때문에 한국사회의 행로에 의해서 영향을 받을 수밖에 없는 모든 사람들은 삼성을 진지한 사유의 대상으로 삼아야 한다.

아무튼 이런 일련의 사건들 사이사이에 내가 쓴 칼럼들이 끼어 있다. 첫번째 칼럼은 삼성 X파일 사건이 터지기 몇 달 전에 있었던 사건과 관련된다. 이건희 회장은 고려대로부터 명예철학박사 학위를 받기 위해 고려대를 방문했는데, 수백 명의 고대생이 학위 수여 반대 시위를 벌였고 그 결과 수여식이 무산되었다. 이 사건은 사회적 흥미를 끌 만한 요소들을 많이 가지고 있다. 대학과 재벌의 관계, 기부와 명예학위의 관계, 노동을 탄압하는 기업주에 대한 명예박사 학위 수여 문제 같은 쟁점이 들어 있을 뿐 아니라 격렬한 시위가 벌어졌기 때문에 언론매체가 '좋아할' '그림'이 가득한 사건이기도 했다.

하지만 사건에 이어지는 보도 경향은 우려할 만한 수준이었다. 예컨대 중앙일보는 고대 학생회 중심의 시위가 고대 재학생들과 동문들에 의해 심각한 비난을 받고 있다고 전하며 시위에 대한 부정적 이미지를 확산했다. 이 사건으로 사의를 표명한 고대 대외협력처장 이두희 교수는 심지어 "고려대 100년 역사에 오점을 남긴 것 같다"고 말했다.

이와 관련한 내 첫번째 칼럼은 내가 쓴 칼럼 가운데 가장 성공적인 편이었고, 지금도 검색하면 다른 칼럼보다 더 쉽게 검색되고 블로거들이 퍼나르는 빈도도 매우 높아 보인다. 그렇게 된 이유는 세 가지로 보인다.

우선 약간의 '행운'이 있었다. 칼럼을 한 달에 한 번 정도 한겨레에 게재할 때인데, 마침 내가 칼럼을 써야 하는 주초에 이건희 회장의 명예박사 수여식 사건이 벌어졌고 그것이 언론을 도배하다시피 한 상황이었다. 내 칼럼은 타이밍의 관점에서 매우 적절했다.

둘째, 삼성이 배후에 작동했을 것으로 추정되는 보수언론의 보도 기조가 확산되는 시점이라서 그것에 이의를 제기하는 의견, 예컨대 이두희 교수의 발언과 달리 고려대 100년 역사에 남을 오점을 막은 것이 학생이라고 봐야 한다는 주장을 제출해야 할 상황이었는데, 그것에 내 칼럼이 명백히 기여했기 때문이다.

마지막으로 이 사건은 좀더 심층적 의미를 생각할 필요를 촉구했다. 내가 보기에 이건희 회장의 명예박사 수여식 파동은 우리 사회에서 삼성이 경제권력은 물론이고 정치권력을 매수할 뿐 아니라 사회문화적 권력까지 손에 넣고 있다는 것을 보여주는 징후적 사건이었다.

두번째 칼럼은 첫번째 칼럼의 문제의식과 연결된 것이다. 삼성이 우리 사회의 근간을 해치면서까지 관철하고자 하는 것은 상속이다. 그런데 재벌가의 상속 문제는 언제나 가십거리처럼 다루어지지만, 정말로 우리 사회에서 진지하게 다뤄지지는 않는다. 상속 문제에 대해서 깊이 생각할 필요가 있다는 것이 내 판단이었다.

그렇게 판단하는 이유는 상속 문제에 대해서 우리 사회 전반이 매우 관대한 태도를 가지고 있으며, 그런 관대함의 배후에 자리한 상속에 대한 지향에 재벌가를 넘어서 사회 전반에 특유의 문화가 작동하고 있어서다. 그리고 그 배후에는 우리 사회의 근대화 경로와 방식이 작동하고 있는 것 같다.

모두가 알다시피 우리의 근대화는 식민지화와 전쟁을 경유해서 이루어졌다. 그 폭력적인 근대화 과정으로 인해 우리 사회 성원들은 매우 생존주의적 경향을 가지고 있으며, 사회적 유대는 가족이라는 좁은 영역에 갇혀버렸다. 그로 인해 가족은 삶의 근본 가치로 승격되었고, 명예와 권위 등 사회적으로 바람직한 가치가 안정화되지 않은 사회에서 부와 권력의 상속은 개인이 자신의 좁은 생애사를 넘어서 업적을 축적하는 가장 강력한 경로가 되었다고 할 수 있다. 더구나 경제성장률이 둔화되고 사회적 기회가 좁아짐에 따라 가족의 미래가 불안해지자 상속은 거의 열정의 수준으로 강화되고 있다고 할 수 있다. 그리고 이 점에서는 재벌과 노동자가 다르지 않고 국가 관료와 자영업자가 다르지 않다. 이런 문화적 상사성相似性이 상속에 대한 관대함을 낳고 있는 것이다.

나는 두번째 칼럼에서 이런 상속의 열정이 남북한마저 가로지른다는 것, 그리고 그런 문화적 병리가 친북/반북의 이데올로기적 분할선을 넘어서는 문화적 보수성의 뿌리라는 것, 김정일을 가장 미워하는 남한 보수파가 얼마나 김정일과 유사한 가치관에 물들어 있는가를 지적하고 싶었다. 하지만 유감스럽게도 이 칼럼은 적절한 발표 기회를 가지지 못한 채 책상 서랍 속에 처박혔다.

세번째 칼럼은 발표되지 못한 두번째 칼럼에 내포된 충동이 발현된 것이라고 할 수 있다. 그것의 계기는 김정일의 사망 그리고 김정은으로의 3대 세습이었다. 3대 세습은 우리 사회에서 북한 사회의 병리성을 보여주는 근거로 사용되었다. 나 역시 3대 세습은 비판받아 마땅한 일이라는 것에 십분 동의한다. 하지만 3대 세습을 비판하는 우리 사회 보수파들이 자기 눈앞에서 벌어지는 삼성의 3대 세습 같은 것에는 아예 고

개를 돌리는 것을 꼬집고 싶었다. 북한의 3대 세습이 남의 눈의 티 정도로 작은 것은 아니지만 그렇다고 삼성의 3대 세습이 제 눈의 들보가 아닌 것도 아니기 때문이다.

그러나 이 칼럼은 나 스스로는 하나의 글로서는 잘 구성되었다고 판단하지만, 사회적 맥락 속에서 보자면 실패한 글이었다. 그 이유는 두 가지다. 하나는 이 글의 경우 「삼성이 얼마나 세기에」와 달리 중요한 사건과 연계되지 않았다. 삼성처럼 강력한 집단을 비판하기 위해서는 삼성의 약점이 드러나는 순간을 활용할 필요가 있다. 그렇지 않을 경우 삼성에 대한 비판은 대개 후속 커뮤니케이션을 자극하기 어렵다. 더 정확히는 삼성에 의한 후속 커뮤니케이션 단속 작업을 극복할 정도의 반향을 가지기 어려우며 그 결과 비판이 고립된다. 이 글도 그랬던 것 같다. 나로서는 의견의 흐름이 어떤 식으로 형성되고 약화되고 소멸되는가 하는 사회적 법칙에 대한 감각을 일구는 데 도움이 된 글이었지만 글 자체는 그런 성찰에 입각하지 못했다.

다른 한편 이 글은 실제로 삼성의 가혹한 보복을 자극했는데, 그 대상은 내가 아니라 한겨레였다. 한겨레는 이 칼럼이 게재되고 열흘 뒤부터 대한민국-체코 수교 20주년과 한겨레 창간 22주년을 기념하는 야나체크 오케스트라 내한공연을 세 차례 예정하고 있었다. 그리고 이 행사에 삼성은 후원사였다. 그런데 삼성은 내가 쓴 칼럼을 이유로 이 행사에 대한 후원을 취소했다. 후원금이 얼마였는지 정확히 모르지만 수억대였던 것으로 알고 있다. 내 칼럼에 한겨레로서는 꽤 비싼 원고료를 지급한 셈이다.

사실 나는 내 원고가 한겨레 편집자들이 보기에 매우 부담스러운 글일 가능성을 염두에 두었다. 그랬기 때문에 의도적으로 『한겨레21』의 신문광고 문구를 인용했다. 한겨레에 실릴 원고를 한겨레 기자들이 한 말로 시작함으로써 내 원고에 대한 수정 요구를 어렵게 하려 한 것이다.

하지만 그렇다고 내 원고를 받아준다는 보장은 없었다. 그래서 이렇게 비싼 원고료를 지급하고 내 칼럼을 게재한 한겨레에 이 기회를 빌려 감사드린다. 그리고 신중하지 못한 방식으로 삼성을 비판해서 한겨레에 누를 끼친 것에 대해 미안한 감정임을 밝혀둔다. 나에게 그런 사실을 전혀 내색도 하지 않아서 실제로 나는 그런 일이 있었던 것을 몇 년 뒤에 우연히 알게 되었는데, 그런 한겨레의 품위 있는 태도에 대해서도 감사하게 생각한다.

더불어 나는 이 과정을 통해서 삼성이 언론환경을 어떻게 관리, 통제하려고 하는지 알 것 같았다. 형법 이론에서 범죄 통제의 효과를 높이려면 형벌은 비례적이고 신속하며 확실해야 한다. 이것은 사적 복수의 세계에서도 마찬가지다. 실제로 복수하지 않는 사람이나 조직에 대해서 사람들은 쉽게 도전한다. 그러므로 상대가 나에게 협조하게 하려면 먼저 그에게 선의를 베풀어야 하지만 그 선의를 배반한 상대에 대해서는 응징하는 것이 필요하다. 삼성은 한겨레에 대해 가능한 복수의 수단을 빨리 찾아서 신속하고 확실하고 비례적으로(물론 내가 보기엔 과도한 복수이지만) 보복한 셈이었다. 나로서는 삼성에 대해서 좀더 잘 알게 된 것이 득이라면 득이었다.

9·11, 금강산댐, 천안함

트라우마를 겪은 사람들은 그것을 정신적으로 반복하는 경향이 있다. 고통스러운 사건인 트라우마를 정신적으로 반복하는 것은 그 자체로 고통이기 때문에 이런 경향은 매우 역설적으로 보인다. 하지만 사람들이 그런 모습을 보이는 이유는 고통이 해석되지 않는 상태가 고통만큼이나 견디기 힘들기 때문이다. 그렇기에 트라우마를 정신적으로 반복하는 것은 사건의 의미에 도달하려는 힘겨운 노력의 일환이라고 할 수 있다. 천안함의 침몰도 그런 트라우마적 사건이다. 그래서 달포가 넘도록 우리 사회가 거기에 그렇게 집착하는 것이고 모두들 그 사건의 의미를 파악하기 위해 두런거리고 있는 것이다.

의미를 획득하기 위해서는 그것을 조명해줄 어떤 준거 내지 참조점이 필요한 법이다. 천안함 침몰의 의미를 조명해줄 수 있는 것으로 내게 떠오른 것 가운데 하나는 9·11테러다. 2001년 9월 11일 납치된 미국 여객기에 의해 세계 최강국인 미국의 심장부에 있는 무역센터가 단숨에 무너졌다. 그후 미국은 지금도 끝나지 않은 두 개의 전쟁에 이끌려들어갔으며, 자국 시민의 인권과 시민권 또한 약화되는 대가를 치렀다.

만일 천안함 침몰이 북한의 버블제트 어뢰 공격에 의한 것이라면 스펙터클의 면에서는 9·11테러에 많이 못 미친다 하더라도 대담함이나 치밀함에서는 그것에 웃도는 바가 있는 것 같다. 왜냐하면 천안함 사건은 9·11테러처럼 무방비 상태에서 일어난 일이 아니라, 한미합동군사훈련 중에, 그것도 세계 최고의 레이더 시스템AN/SPY-1D을 갖추어 최대 200개의 목표를 동시에 탐지·추적할 수 있고 그중 24개의 목표를 동시에 공격할 수 있다는 이지스함이 세 대나 떠 있는 가운데 일어난 일이기 때문이다. 그런 상황에서도 대잠수함 작전 능력을 가진 초계함을 침몰시키고 유유히 사라지는 군사적 능력을 북한이 보유하고 있다면, 남한의 모든 전함과 항구는 언제라도 파괴될 위험에 놓여 있는 셈이다. 이런 위기 상황이라면 정부는 4대강 사업 따위에 엄청난 예산을 투여할 게 아니라 국방 강화에 총력을 기울여야 할 것이다.

또다른 하나는 금강산댐 소동이다. 1986년 가을 전두환정권은 북한이 짓는 금강산댐(임남댐)의 저수량을 200억 톤으로 부풀려 국민을 겁박했다. 그 댐의 물을 한꺼번에 방류하면 63빌딩의 40층까지 물이 차오를 정도여서 서울 시민 대부분이 수장된다는 것이었다. 그때도 지금처럼 KBS와 조중동은 똘똘 뭉쳐 북한을 성토했고, 전국적으로 반공집회가 조직되었으며, 대응 댐을 짓기 위한 성금 모금 캠페인도 벌어졌다. 그렇게 해서 코흘리개 아이들의 돈까지 긁어모은 639억 원 정도의 성금이 소위 '평화의 댐' 건설에 투입되었다. 하지만 금강산댐 소동으로 남북 대결 국면을 조성하고 그 기세를 타고 이듬해 호헌 선언에 나섰던 전두환정권은 6월 민주화운동에 무릎을 꿇었다. 그리고 1993년에는 금강산댐의 저수량이 최대로 잡아도 50억 톤 정도임이 공식적으로 밝혀졌으며, 짓다 말다 하던 댐은 소동이 벌어진 지 20여 년이 지나서 노무현 정부에 이르러 겨우 완공되었다.

46명의 아까운 목숨을 앗아간 천안함 사건은 9·11테러가 테러의 역사에서 그랬듯이 세계 해전사를 새로 쓴 사건일까, 아니면 금강산댐의 경우처럼 헛소동에 지나지 않는 것일까? 만일 전자라면 정부의 우왕좌왕하는 위기대처 방식을 비판해야 할 것이며, 후자라면 정부의 위기 제조를 준엄하게 비판해야 할 것이다. 과연 어느 쪽일까? 오컴의 면도날이 필요한 지점으로 보인다. 너무 많은 조건을 충족해야 하는 설명을 피하도록 하자.

한겨레, 2010. 5. 11.

돌아보기

2010년의 가장 큰 사건은 천안함 침몰이고, 두번째는 지방선거일 것이다. 두 사건은 몇 개월의 시차를 두지만, 국방부 조사와 발표 그리고 그것에 근거한 이명박 대통령의 5·24조치의 발표로 인해 하나로 엮였다. 이 두 사건이 연루된 상태에서 2010년 지방선거는 여당의 패배로 끝났다. 두 가지 판단이 대중들에게 있었다고 본다. 하나는 천안함 사건을 북한이 저질렀다는 정부 발표에는 합리적 의심을 제기할 만한 것이 너무 많다. 그래서 그냥 신뢰하기 어려웠던 것이다. 다른 하나는 천안함 사건을 북한이 저질렀다는 정부 발표를 믿는다고 하더라도 지방선거는 그것과 별개의 정치적 일정이라는 것이다. 이 두 가지 판단 모두 매우 합리적이다. 그리고 대중의 역량을 가볍게 보기 어렵다는 것을 말해준다.

이 문제는 그후 언론매체를 장악한 정부와 여당의 일방적인 생떼와 고함 속에서 합리적 논의로부터 벗어났다. 조용환 헌법재판관 후보자 청문회는 이런 생떼가 어디까지 이를 수 있는지 보여준 예다(동시에 정치적 의미가 깊은 자리에 대해 야당과 달리 여당 내지 우리 사회 보수파가 어떤 집요함을 가졌는지 보여준 예다). 그런 억압은 지난해 개봉된 영화 〈천안함 프로젝트〉가 겪은 고난에서도 나타나고 있다.

하지만 그 사건이 발발된 뒤 대중이 보인 행동과 판단을 고려하면 천안함 사건은 여전히 내연하고 있다. 이 사건은 우리 사회가 사태 차원에서의 진위조차 이해관계나 권력 추구에 의해서 은폐되거나 조작되는 사회인지, 그런 은폐와 조작 시도에 굴복하는 사회인지를 가늠하는 리트머스 시험지 같은 것이다. 하지만 이 문제에 대한 제대로 된 해명은 단지 사실 자체의 힘이 아니라 전체 사회의 민주주의의 진전에 의존한다는 것도 사실이다.

짧은 지면인데다가 국방부 발표 이전에 쓰인 내 칼럼은 천안함 사건처럼 크고 복잡한 사건을 어떤 측면에서 접근해 새롭게 의미 규정하는 방식으로는 효율적이지 못했다. 풍자적인 방식의 접근으로는 사건에 대한 더 명료한 인식을 원하는 상황에 부응하기 어려웠던 것이다. 이 글보다 한결 잘 쓰인 칼럼(아마 이 시기에 쓰인 이 사건에 대한 칼럼 가운데 베스트라 할 만한 칼럼)은 김대호 사회디자인연구소장의 「臣에게 아직 열두 척의 배가 남아 있습니다」(창비주간논평, 2010년 5월 26일자)이다. 그런 만큼 김대호 소장의 글은 사회적 반향도 컸다. 아직 읽어보지 못한 분에게는 일독을 권한다.

6·2 지방선거와 지식인의 정치적 책임

6·2 지방선거가 끝났다. 그 결과 중대한 권력 변동이 발생했으며, 정치인과 정당은 이 변화에 대해 정치적 책임을 지게 되었다. 하지만 이런 책임으로부터 한발 비켜선 집단들이 있다. 예컨대 정치적 발언을 한 지식인들이 그렇다. 지식인의 정치적 발언은 학문적 명망과 시민적 참여를 적극적으로 결합함으로써 동료 시민들과 동등하게 한 표를 행사하는 것 이상의 지도적 행위를 수행하게 된다. 따라서 그만큼 책임의 무게가 무겁다고 할 수 있다. 하지만 이런 책임의 무게에도 불구하고 지식인에게는 정치인이나 정당처럼 그 책임이 객관적으로 부과되지 않는다. 따라서 지식인의 정치적 발언은 공론장 안에서 그 책임을 검토하는 것이 필요하다.

그런 견지에서 내가 문제삼고자 하는 것은 일군의 지식인들이 주도한 하나의 선언과 그 선언의 배경을 이루는 하나의 담론이다. 전자는 '교수 · 연구자 107명 진보신당 지지선언'(이하 '107인 선언')이고, 후자는 반MB 정치연합을 위한 노력을 '묻지마 반MB연합'으로 격하한 담론(이하 '연합정치 견제론')이다. 대부분 나의 학문적 선배와 동학인 107인의 지식인들의 학문적 업적에 대해 나는 깊은 존경심을 가지고 있다. 하지만 이들의 정치적 발언은 비판적 논의를 필요로 한다는 것이 내 판단이다.

지식인의 정치적 발언도 그것이 정치적 행위인 한 정치적 행위 일반에 적용되는 기준에 입각해 타당성이 검사되어야 할 것이다. 이런 기준으로 나는 막스 베버의 주장이 적합하다고 생각한다. 그는 소명을 가진 정치가는 열정, 책임감 그리고 균형감각Augenmass이라는 자질을 갖추어야 한다고 주장했는데, 이런 자질은 직업정치가에 한정되지 않고 진지한 정치적 행위 모두가 충족해야 할 기준이라고 할 수 있다.

107인 선언의 참여자들은 열정과 책임감이라는 기준을 쉽게 통과할 것이다. 자신의 존재를 걸고 적극적으로 발언하는 지식인의 모습은 깊은 열정을 배경으로 해서만 이해될 수 있다. 또한 앞서 이들의 행위가 객관적 책임에 직면하지 않는다고 했지만, 행위가 야기한 사태 전체를 감당하려는 의지의 수준에서 이들이 책임감을 결여하고 있다는 뜻은 아니다. 내가 이들의 정치적 발언을 문제삼는 것은 바로 이런 주관적 의지를 조금도 의심하지 않기 때문이다.

문제는 균형감각의 수준에서 발생하며, 이것이 진정으로 중요하다. 다시 한번 막스 베버를 인용하자면, 균형감각은 "정치가의 매우 중요한 심리적 자질이다. 균형감각이란 내적 집중과 평정 속에서 현실을 관조

할 수 있는 능력, 즉 사물과 사람에 대해 거리를 둘 수 있는 능력"이다. 그리고 이 "거리감의 상실은 그것 자체로서 모든 정치가의 가장 큰 죄과 가운데 하나"이다.

107인 선언이 겨냥하는 바는 명료하다. 그것은 진보신당에 대한 대중의 지지를 호소하는 것이었다. 하지만 이런 호소는 상황 판단의 수준에서 그리고 연합정치에 대한 판단에서 사실과 상당한 거리를 가진 것으로 판명되었다.

107인 선언은 이렇게 말한다. "지금 이명박정부에 대한 심판과 비판의 목소리는 더욱 높아지고 있습니다. 그러나 비판하는 유권자들조차 누구를 찍어야 할지 헛갈리기만 합니다. 대안이 보이지 않기 때문입니다. 불만과 분노가 쌓여감에도 이명박정부와 한나라당에 대한 지지율이 좀처럼 빠지지 않고 있는 것은 바로 그 때문입니다." 이런 진술은 선거 결과에 의해 잘못된 판단임이 입증되었다. 선언은 정부와 여당에 대한 높은 지지율을 판단 근거로 삼고 있지만 선거 결과는 그간의 여론조사에 체계적 편향이 존재했음을 명료하게 보여주었다.

사실 이명박정부 아래서 치러진 재보선들이 6·2 지방선거 결과를 어느 정도 예시하고 있었음을 생각할 때, 이런 판단은 균형감각을 가진 것은 아니었다. 일례로 지난해 10·26 안산 재보선의 경우를 생각해보자. 안산 재보선은 민주당의 패권주의의 예로 인용되는 경우가 많은데, 그런 면이 두드러진다는 데는 십분 동의하지만, 역으로 그런 패권주의적 행태 속에서도 대중이 민주당을 선택한 이유는 깊이 숙고되어야 할 사안이었다. 안산 재보선 결과는 반MB라는 노선이 대중의 목소리에 근거한 것임을 보여주기 때문이다.

이것만이라면 107인 선언의 균형감각에 심각한 문제가 있다고 할 수는 없다. 선언이 발표된 시점이 5월 26일이었음을 생각하면 더욱 그렇다. 천안함 사건을 통해 정부와 언론이 대대적인 북풍몰이에 나선 상황에서 6·15 정상회담 이후 우리 사회 성원들의 심성이 얼마나 근저에서 변화되었는지는 가늠하기 힘들었고, 여론조사 결과 또한 하나같이 야권의 패배를 고지하고 있었다. 때문에 여론조사 일반을 불신하며 사태를 판단하는 것은 쉬운 일이 아니었다.

하지만 연합정치에 대한 평가 자체가 애초에 균형감각을 결하고 있었음을 지적하지 않을 수 없다. 107인 선언은 연합정치를 '묻지마 반MB연합'이라고 폄훼하는데, 이런 연합정치 견제론은 107인 선언 훨씬 전부터 손호철 교수에 의해 제기되어 여러 진보적인 학자들에 의해서 줄곧 되풀이되어온 것이어서 6·2 지방선거 직전의 정세에 의존한 판단은 아니었다. 나는 이런 연합정치 견제론이 소극적으로는 민주당의 패권주의를 경계하고, 적극적으로는 민주당의 변화와 혁신을 촉구하는 담론으로서 일정한 가치와 객관적 근거를 갖는다고 생각한다.

하지만 굳이 '묻지마 반MB연합' 같은 표현을 사용해야 했는지에 대해 의구심이 든다. 이런 식의 표현과 그것이 함축하는 프레임은 연합정치의 시도에 대해 어떤 선험적인 불신을 유포한다. 연합정치를 위한 협상은 당사자들이 모든 정치적 자원을 동원하는 과정이기 때문에 상호 협박과 패권주의가 작동할 수 있는 공간인 동시에 타협과 조율 그리고 상대에 대한 존중과 배려에 입각한 섬세한 언어와 결정을 빚어내는 과정이기도 하다. 그런데 '묻지마 반MB연합' 같은 발언은 이런 과정에 각 정당의 진정 어린 투신을 촉구함으로써 성과를 이끌어내는 데 일조하기보다 그 과정을 훼손함으로써 연합정치로부터의 이탈을 유도하는 면이 있다. 더불어 스스로 연합정치 견제론이라는 최초의 의도로부터 벗어나 독단론으로 굳어버릴 위험도 가지고 있으며, 실제로 그렇게 되었다고 나는 판단한다.

107인 선언은 한 정치학자의 발언을 인용하며 "반MB연합의 틀은 한국 정치의 희망이기보다는 절망에 좀더 가까운 결과를 낳았다"고 말한다. 이 발언이 선거 결과에 대한 평가와 합치하지 않음은 재론의 여지가 없거니와, 이런 사후평가를 떠나서도 그 발언의 전후 맥락을 검토하면 더 심각한 문제가 드러난다. 그는 5+4로 불린 연합정치의 틀을 시민운동의 원로들에 의한 "사제적 권력"의 행사쯤으로 치부하고 이견을 억압하는 "도덕주의적 강요"로 파악하기 때문이다.

과연 5+4(내지 4+4)의 연합정치를 그렇게 볼 수 있을까? 5+4의 구성방식에 대해서는 여러모로 이견이 있을 수 있지만, 그것은 우리의 시민운동이 선거 시기의 정치적 중립이라는 오래된 틀을 깨고 최초로 당파성을 가지고 연합정치에 참여함으로써 형성된 틀이었다. 그런 의미에서 그것은 매우 중요한 정치적 실험이었다.

시민운동이 이런 입장을 취한 이유는 한편으로는 참여정부를 경과하면서 보수적 시민단체가 활성화됨으로써 시민운동이 내적 분화를 겪게 된 때문이기도 하지만, 이명박정부의 반민주성이 중요한 요인이었다. 실제로 이명박정부의 법을 빙자하거나 우회하는 통치는 노무현 전 대통령이나 한명숙 전 총리뿐 아니라 다수의 촛불시민들이나 네티즌에게도 매우 억압적으로 행사되었다. 이런 상황에도 불구하고 107인 선언은 대중의 경제적 상황이라는 단일 준거로 한나라당과 민주당을 신자유주의

세력으로 등치할 뿐, 압제로부터의 정치적 해방이라는 민주주의의 기본적 성과와 궁핍으로부터의 사회적 해방이라는 사회복지적 성과 사이에서 유지되어야 할 균형감각을 유지하지 못했다.

6·2 지방선거를 앞둔 시민들 가운데 상당수는 언젠가 이명박 대통령의 통치가 실패로 귀결될 것임을 믿었다고 생각된다. 문제는 4대강 사업이나 천안함 사건에서 보듯이 이명박 대통령의 실패가 우리 모두의 실패가 될 상황에 직면해 있었다는 점이다. 그렇기 때문에 이명박 대통령의 통치 가운데 적어도 일부는 당장 중지시켜야 한다는 압박감이 대중적인 반MB 정서의 핵일 것이다. 이런 대중의 지향을 생각하면 5+4 같은 시도는 더욱 존중되어야 옳다. 그런 형태의 틀이 충분한 성과를 냈는가와는 별도로 거기 참여한 시민운동가들은 연합정치가 존재하지 않을 경우 대중의 반MB 투표행위로 인해 민주당의 패권주의가 더 강화될 수 있다는 판단 아래, 연합정치를 통해 민주당과 진보적인 정당들의 동반상승을 지향하기도 했기 때문이다.

균형감각을 고려한다면, 나는 저명한 지식인들이 자기 존재를 걸고 더 의미 있게 6·2 지방선거에 개입하는 다른 방식이 적어도 두 가지 있었다고 생각한다. 하나는 연합정치 견제론을 좀더 이른 시기에 더욱 힘차게, 그러나 '묻지마 반MB연합' 같은 선동적 용어를 쓰지 않으면서 밀고 나감으로써 패권주의의 위험이 흐르는 정치적 협상을 제어할 규범적 틀을 강화하는 것이었다.

다른 하나는 107인 선언이 나온 5월 26일 시점의 상황을 더 충실히 고려하는 것이었다. 사실 그 시점에서 지식인들이 진정으로 개입했어야 할 지점은 진보신당에 대한 지지이기보다 이명박 대통령의 5·24선언에 대한 비판이었다. 이명박 대통령은 5·24선언을 통해서 천안함 사건을 둘러싼 모든 합리적 의문을 배제했다. 설령 합동조사단의 발표가 이명박 대통령 자신에게 확신에 이를 만한 것이었다 하더라도, 그는 민주화 이후 우리 사회의 폭넓은 합의를 뒤집는 선언을 하기 위해서 국민적 논의를 구하지도 않았으며 폭넓은 논의는 차치하고라도 또다른 주권적 기관인 국회와도 아무런 논의를 하지 않았다. 그리고 선언 장소조차 청와대나 국회가 아니라 하필이면 전쟁기념관에서 했다. "전쟁을 두려워하지 않는다"는 식의 대통령의 발언이야말로 합리주의의 보루가 되어야 할 지식인들이 민주주의의 이름으로 즉각 제동을 걸어야 했을 사안이었으며, 그것이 107인의 지식인이 동반자적 관점을 가진 진보신당을 보호하고 확장하는 일이기도 했을 것이다.

창비주간논평, 2010. 6. 9.

돌아보기

이명박정부 시기를 통해서 나 자신 그리고 나와 함께 의견을 나누고 생각을 모았던 창비 그룹 지식인들이 애써 한 일이 있다면, 연합정치를 옹호하고 그것을 강화하기 위해서 노력했다는 점이다. 그것은 진보정당들과 민주당 간의 연합정치를 퇴영적인 것으로 파악하며 진보정당의 독자노선을 강화하려는 노선과 맞서는 일이기도 했다. 하지만 그런 입장에 진보정당의 세력 강화가 불필요하다는 생각은 전혀 없다. 오히려 진보정당의 성장이 한국사회의 발전을 위해서 반드시 필요한 일이라고 생각했다. 다만 우리 사회에서 진보정당의 세력 강화는 민주당의 성장과 제로섬 관계에 있는 것이 아니라 동반 성장의 관계이며, 진보정당 독자 노선은 우리 사회 보수파의 세력을 강화하는 것은 물론 진보정당 자신의 발전에도 해롭다는 것이 우리의 판단이었다.

지방선거를 앞두고 나온 우리 사회의 진보적 지식인 107인 선언을 정면으로 비판하는 글을 쓴 것은 이런 정세 판단 그리고 분단체제에서 연원하는 우리 사회 특유의 모순구조에 대한 분석에서 출발한 것이다. 하지만 지식인 107인 대부분이 나에게는 선배와 동학들이며, 심지어 절친한 친구마저 포함되어 있었다. 그 때문에 이런 글을 써야 한다는 책무를 도외시하지는 않았지만, 마음고생이 덜어지는 일은 아니었다.

그래도 이 비판을 읽은 107인 가운데 내가 개인적으로 알고 있는 이들은 내 칼럼에 섭섭함을 표하지 않았다. 내 비판에 타당성이 있는 면이 있고, 내 비판의 동기에 깃든 진정성에도 신뢰를 보내주었다. 그런 점에 대해 나는 그들에게 고마움을 가지고 있다.

이 글을 쓰고 얼마 뒤 나는 두번째 연구년 출장을 떠났다. 이번엔 한 학기 동안의 연구년 출장이었다. 그래서 2010년에는 더이상 칼럼을 쓰지 않았다. 아마도 국내에 있었다면 썼을 것 같은 칼럼, 예컨대 북한의 연평도 포격 사건에 대한 것 등을 쓰지 않았다. 2010년 하반기는 나에게는 조용히 책을 읽는 시간이었다.

2011년

1월	재스민 혁명
3월	후쿠시마 원전 사태
4월	동남권 신공항 백지화
	카이스트 학생, 교수 자살
	4·27 재보선
6월	반값 등록금 촛불시위
9월	학자금 대출제한 대학 발표
	월가 점령시위 시작
10월	10·26 재보선-박원순 서울시장 당선
11월	종로경찰서장 폭행 사건

경쟁의 이중구조와 대중문화: 〈위탄〉과 〈나가수〉 그리고 〈1박2일〉의 경쟁

2년 전 창비주간논평을 통해서 나는 경쟁의 이중구조라는 개념으로 우리 사회의 특징을 살핀 적이 있다(「진보-보수의 담합과 경쟁의 이중구조」, 2009년 11월 18일자). 주장의 핵심은 이런 것이었다. 1) 우리 사회의 문제 가운데 하나는 과도한 경쟁에 있지만 그 못지않게 중요하며 문제를 악화시키는 중요한 요인은 사회가 과잉경쟁 영역과 과소경쟁 영역으로 이중화되어 있다는 점이다. 2) 더 나아가 우리 사회에서는 과소경쟁 영역에 과잉보상과 과잉권력이, 그리고 과잉경쟁 영역에 과소보상과 과소권력이 주어지며, 전자에 대한 과잉보상은 과잉경쟁 영역에 대한 약탈에 근거하는 경우가 많다. 3) 이 때문에 우리 사회 성원들은 공적으로는 과소경쟁 영역에 대해 비판하지만, 사적으로는 과소경쟁 영역으로 진입하기 위한 이차적 경쟁에 몰두하게 되는 이중적 성향이 형성된다.

이런 주장은 우리 사회 성원이라면 모두 경험적으로 잘 알고 있는 바를 정리한 것에 불과하다. 용어가 추상적이라면 그런 용어들을 정규직과 비정규직 혹은 교수와 시간강사 또는 '철밥통'이나 '스카이SKY' 같은 단어로 적절히 대치하기만 하면 쉽게 이해될 것이다.

지금 하고 싶은 이야기는 이런 경쟁의 이중구조가 대중문화에 투영되는 방식에 대한 것이다. 대중문화는 일반적으로 일상생활로부터 소재를 끌어내고 그렇게 함으로써 인기를 얻는다. 그렇기 때문에 경쟁사회에 경쟁을 테마로 삼는 TV 프로그램이 등장하는 것은 당연하기조차 하다. 하지만 그런 프로그램을 살펴보면 이들 또한 이중적 형태를 띤다는 것을 알 수 있다. 한편에서 과소경쟁 영역으로의 진입을 위한 초과잉 경쟁이 〈슈퍼스타 K〉나 〈위대한 탄생〉 혹은 〈신입사원〉 같은 프로그램을 통해서 재현되고 있다면, 다른 편에서는 과소경쟁 영역에 경쟁을 도입하는 방식을 취하는 〈나는 가수다〉 같은 프로그램이 등장하는 것이다. 경쟁의 방식도 대칭적이다. 전자는 모든 경쟁을 이겨낸 승자를 선발하고 그에게 영광을 안기는 형태를 취하지만, 후자는 가장 열등한 자를 선택하여 그에게 수치를 안기는 형태를 취한다.

〈위대한 탄생〉이나 〈신입사원〉 같은 오디션 프로그램은 '멘토제'를 도입하는 등 여러 가지 새로운 기법을 구사하긴 해도 기본적으로 잘 알려져 있는 익숙한 패턴을 따른다. 그런 프로그램이 반복해서 제작되어 온 이유는 그것이 저렴한 비용으로 괜찮은 콘텐츠를 뽑아낼 수 있는 손쉬운 방법이기 때문이다. 경쟁은 마치 정밀기계처럼 우리의 오욕칠정을 강렬한 형태로 이끌어내어 무대화하며, 또 그렇게 현현하는 생생한 감정의 결은 그와 아주 정확하게 상응하는 감동을 시청자에게 불러일으킨다. 마치 색종이 몇 장을 오려 넣어 만들었을 뿐이지만 매번 다른 현란한 이미지를 연출하는 만화경처럼 작동하게 되어 있는 셈이다.

하지만 〈나는 가수다〉 같은 프로그램의 등장은 경쟁의 이중구조라는 우리 사회의 특징에 비추어서야 제대로 이해될 수 있을 것이다. 우리 사회의 저류에 '철밥통'에 대한 시기심 혹은 증오심이 흐르고 있다는 것을 염두에 두지 않는다면 이러한 프로그램의 출현을 설명하기 쉽지 않다. 이미 경쟁을 통과한 사람들, 뛰어나다고 인정된 사람들을 다시 경쟁에 회부하는 것은 그 자체만으로 어떤 카타르시스를 유발한다.

이런 포맷은 또다른 탁월한 점을 가지고 있다. 이 경우 우리는 다른 오디션 프로그램에서처럼 우리가 몰랐던 누군가가 제한된 기회와 조건에서 발휘하는 실력을 구경하는 것이 아니다. 우리가 그 실력을 이미 알고 있는 이들이 경쟁이라는 조건이 부과될 때 어떤 변화를 이룩하는지를 보게 되는 것이다. 〈나는 가수다〉를 시청한 많은 사람들이 느낀 경쟁의 마술적인 힘은 바로 이렇게 시청자 편에서 그 변화를 목격하게 되는 설정 자체에서 발원하는 바가 크다.

다른 한편, 경쟁에 참여한 자에게도 새로운 포맷은 강렬한 동기를 불어넣는다. 이들은 여느 오디션 프로그램처럼 낯선 경쟁자들 속에 또하나의 낯선 경쟁자로 참여하는 게 아니다. 이들은 서로 알고 서로의 실력을 알고 서로의 약점마저 안다. 무시할 수 없는 잘 아는 상대와라면, 성취에 대한 보상이 아니라 그저 '쪽팔리지 않으려는' 동기만으로도 존재를 건 인정투쟁 속으로 들어가게 되는 것이다.

하지만 경쟁을 가장 강력하게 이데올로기적으로 정당화하는 이 프로그램은 치명적 약점을 가지고 있다. 경쟁을 통해 최상의 공연을 이끌어내고 그리하여 관객 모두 엄청난 감동을 얻은 바로 다음 순간 최악의 상황에 직면하기 때문이다. 경쟁을 통해 모두가 더 나은 성취를 이룩함과 동시에 누군가에게 수치를 안겨야 하는 것이다. 그것을 피할 수도 없는데, 처음부터 이 잔인함이 전제되지 않았다면 그 메커니즘은 작동하지 않았을 것이기 때문이다. 이 잔인한 순간이 닥치자 이 프로그램은 난파해버렸다.

〈나는 가수다〉가 논란에 싸인 즈음, 카이스트에서는 네번째 자살이 발생했다. 뛰어난 자들에게 부과된 징벌적 등록금 제도, 그것이 불가피하게 함께 안길 수치심, 그리고 경쟁하는 학생들 모두에게 매일 들러붙어 있는 초조감은 〈나는 가수다〉와 정확히 같은 패턴을 따르는 것이었다. 하지만 이 경우 더 고통스러운 쪽은 내 보기에 카이스트 학생들이다. 〈나는 가수다〉의 출연진은 자신의 존재와 실력을 많은 사람들에게 내보일 수 있었다. 그들의 준비 과정과 노력까지 조명되며, 그래서 공연 결과 매겨진 순위와 무관하게 인정을 받는다. 그리고 그것은 궁극적으로 그들의 삶에서 한 편의 에피소드다. 하지만 카이스트 학생들에게 그만큼의 인정은 뒤따르지 않으며, 그들에게 경쟁은 삶 자체이지 에피소드가 아니다.

〈위대한 탄생〉과 〈나는 가수다〉가 경쟁사회의 두 가지 대중문화적 표상이라면 세번째 형태로 꼽을 만한 것은 〈1박2일〉 같은 프로그램이다. 경쟁에 부심하고 경쟁의 이중구조에 시달리는 사회에서는 반反경쟁의 메시지를 띤 프로그램 또한 경쟁의 가상을 취하고 등장한다. "나만 아니면 돼!"라는 대사로 경쟁사회의 잔인함을 그려내는 것처럼 여겨지기도 하는 이 프로그램은 끊임없이 출연진에게 경쟁을 강요한다. 그래서 끼니와 잠자리마저 경쟁의 대상이 된다.

하지만 그 경쟁의 방식은 어처구니없게도 낙엽 멀리 던지기나 병뚜껑 알까기 그도 아니면 묵찌빠 같은 것이다. 그것은 경쟁이 아니라 경쟁의 정반대에 있는 제비뽑기일 뿐이다. 그들의 경쟁은 개인별이 아니라 대부분 양편으로 나뉘어 벌어진다. 그래서 경쟁의 하부단위가 협동이 되어버린다. 그날그날 패배의 결과는 참혹하게도 밥을 굶는 것이거나 야외취침이거나 얼음물에 뛰어드는 것이지만 같은 출연진이 회를 거듭하며 게임을 진행하기 때문에 사실상 경쟁은 호선互選으로 귀결된다.

이 프로그램이 경쟁을 조롱하지만 경쟁하는 척하는 모습은 경쟁 이데올로기가 가진 힘을 보여준다. 하지만 이 구강기를 못 벗어난 듯한 '어른 스머프'들의 한심한 가짜 경쟁의 행진이 오랜 시간 대중의 사랑을 받아온 것은 거기에 어떤 유토피아적 계기가 숨어 있기 때문이기도 하다. 예컨대 〈1박2일〉에서는 출연진이 어처구니없는 미션을 설계한 제작진과 끊임없이 그 과제와 수행 방법에 대해 협상을 벌인다. 때로는 그런 경쟁을 설계하고 강요하는 제작진을 그 경쟁 속으로 끌어들인다. 그리하여 그들은 경쟁에 복종하지만 또한 경쟁규칙을 설계하는 주인이 되기도 한다.

내 보기에 그것이 우리 사회 성원이 찾아야 할 위치다. 한편으로 경쟁의 이중구조를 깨뜨리고 다른 한편으로 무엇에 대해 어느 정도나 경쟁할지를 정하는 주인의 자리 말이다.

창비주간논평, 2011. 4. 20.

돌아보기

6개월 연구년 출장을 마치고 돌아와서 한동안 혼자 지냈다. 같은 시기에 연구년 출장을 간 아내는 기간이 1년이어서 딸들과 미국에 남았고 혼자 귀국했기 때문이었다. 잠시 기러기아빠 비슷해졌지만, 예전 박사과정 시절 자취할 때와도 비슷해졌다. 다른 점은 그때처럼 술 마시면서 놀 친구가 많지 않다는 것이었다. 다들 바빠서 모임을 갖기 쉽지 않았고, 모임이 있어도 다들 그렇게 늦게까지 술 마시면서 놀지 않았다.

평일엔 연구실에서 늦게까지 일하다가 오면 됐다. 하지만 주말엔 집에 덩그렇게 혼자 있는 날이 많아졌다. 그렇게 혼자 있다고 대충 먹으면 몸이 축나니 잘 챙겨먹으라고 아내가 스카이프Skype로 대화할 때마다 당부했다. 그래서 밥도 하고 된장찌개도 끓였다. 문제는 혼자 먹는다는 거였다. 처량하기도 하고, 밥 먹는 속도도 빨라져서 건강에도 좋지 않다. 그래서 궁여지책으로 TV를 보며 밥을 먹었다. 그 덕에 전에는 거의 본 적이 없던 주말 예능 프로그램을 많이 보게 되었다. 〈1박2일〉 〈무한도전〉 그리고 그 무렵 시작된 〈나는 가수다〉를 열심히 보았다. 2010년에 쓴 「남보원 유감」이라는 칼럼에 〈개그콘서트〉 관련해 말했듯이 나에게 이런 예능 프로그램 보는 일은 몇 년에 한 번씩이던 드문 일이었다. 그런데 이렇게 보다보니 나중엔 시간이 겹쳐 볼 수 없는 프로그램을 재방송으로 챙겨볼 정도가 되었고, 이런 글도 쓰게 되었다.

창비주간논평으로 글이 나간 뒤에는 재미있게 읽었다는 인사를 제법 받았다. 하지만 TV 프로그램은 아주 빨리 바뀐다. 〈1박2일〉은 예전의 명성을 완전히 잃었고, 〈나는 가수다〉는 여러 번 변신을 거듭했지만 처음부터 지속가능성에 한계를 가진 프로그램이었고 그래서 사라졌다. 더 세월이 지나면 아마 기억에서도 가물가물해져서 프로그램을 설명하자면 꽤 설명이 길어져야 할 것이다. 〈무한도전〉은 그때나 지금이나 여전히 인기가 있다. 요즘 같으면 〈무한도전〉 〈런닝맨〉 〈꽃보다 할배〉를 분석해야 사람들이 흥미를 가질 것이다.

문화비평은 문화상품의 변화 속도를 따라잡으면서도 그 변화의 속도로 사라지지 않는 힘을 가져야 한다. 요컨대 그것은 빨라진 시간 흐름 자체를 더디게 부여잡을 수 있어야 하는데, 그것이 점점 가속되는 문화상품의 변전 속에서도 변치 않고 반복되는 동일성을 파악해내는 분석적 성과를 통해서 성취되는 일은 아니다. 문화비평 자체가 새롭게 닥쳐오는 문화적 사태를 이해하고 감당하기 위해서는 다시 사용 가능한 어떤 인지적 도식과 태도를 공급할 수 있을 때 가능하다.

보수파의 오프사이드 전략과 분단체제

이명박정부는 지난 4월 동남권 신공항을 백지화한 데 이어 이달 들어서 한국토지주택공사LH 본사를 분리 없이 진주로 일괄 이전하기로 결정하고 과학비즈니스벨트 입지를 대전 대덕지구로 결정했다. 이런 정부의 결정은 많은 논란을 불러일으켰는데, 그런 논란은 결정 자체보다 과정의 불투명성과 비일관성에서 비롯된 바가 크다.

현정부를 경상도 정권으로 생각해온 영남지역에서 반발이 가장 거셌는데, 백지화된 동남권 신공항이 워낙 큰 사업이라서 LH본사의 진주 이전으로는 상실감이 달래지지 않았고 그렇기 때문에 과학비즈니스벨트에 걸었던 기대가 컸던 탓으로 보인다. 영남권의 반발을 보면서 든 생각은, 결정 과정의 혼선과 오류가 끔찍이도 심각하긴 했지만 결과적으로 이명박정부가 지지기반의 이익을 넘어 국민적 합리성을 추구한 것은 칭찬해줘야 하는 일이 아닌가 하는 것이었다.

사실 과학비즈니스벨트가 세종시 문제와 얽히면서 표류하고 연초 좌담회에서 대통령이 나서서 충청권 유치가 공약은 아니었다는 식의 말을 했을 때, 이 정부는 영남권에 새로운 특혜를 주려는 유혹에 이끌렸던 것으로 해석할 수 있다. 그렇게 보이는 이유는 지지기반에 집착하고 특혜를 주는 것이 이명박정부에서 그리 낯선 모습이 아니기 때문이다. 비근한 예로 10조 원 규모의 동남권 신공항보다는 적다고 해도 7조 2천억 원이 소요되는 포항-삼척 고속도로를 들 수 있다. 포항-삼척 고속도로는 경제성을 이유로 백지화된 동남권 신공항에 비해 경제성 지표인 비용 대비 편익이 절반 이하인데도 진행되고 있는 것이다.

이런 점을 생각하면 동남권 신공항을 건설하지 못할 이유도 없었다고 할 수 있으며, 그렇기 때문에 당파적 이익 추구 성향이 매우 강한 이명박정부가 영남권의 이익을 저버리고 비당파적 합리성을 추구한 것은 칭찬뿐 아니라 설명도 필요한 일이다.

설명을 위해서는 정치인이나 정치집단이 정치적 입장을 중심으로 펼쳐지는 일정한 정책 스펙트럼을 가진다는 점에 주목할 필요가 있다. 이 정책 스펙트럼은 폭이 넓을 수도 좁을 수도 있지만 대개 일정한 폭을 가지기 마련이다. 따라서 우파라고 모든 의제에 대해 우파적인 정책만 채택하는 것은 아니며, 이 점은 좌파도 마찬가지다. 또한 지역주의적 정당이라고 해서 모든 문제를 지역주의적으로 처리하는 것도 아니다. 만일 정책 스펙트럼이 충분히 넓다면, 정치인이나 정치집단은 상대편 당파나 실행함직한 정책, 나아가 상대편 당파가 반대에 대한 두려움 때문에 실행하지 못하는 정책마저 펼쳐나갈 수 있다.

이렇게 상대 당파의 정책 속으로 깊이 파고드는 '오프사이드 플레이'가 정치사에서 흔하지는 않지만 그리 드문 일도 아니다. 비스마르크의 복지정책, 드골의 알제리 포기, 린든 존슨의 베트남 확전, 닉슨의 중국과의 데탕트, 시온주의자 베긴의 이집트와의 평화협정, 고르바초프의 페레스트로이카(사회주의 개혁)를 들 수 있을 것이다. 서글프지만, 노무현 전 대통령의 한미 FTA 추진도 그런 예 가운데 하나일 것이다.

그렇다면 한편으로는 영남권의 이익을 배반할 정도의 합리성을 가지지만 다른 한편 당파적인 이유에서 공약 뒤집기까지 무릅써온 이명박정부의 행동은 이런 관점에서 어떻게 이해될 수 있을까? 이명박정부의 행동을 간단히 복기해보자. 이명박정부는 언제나 자신의 정책적 행동반경을 매우 넓게 잡고 있는 것처럼 행동했다. 집권하기 전에는 중도실용을 내세웠고, 집권 후에도 친서민 정책을 자주 표방했다. 그런 표방 덕에 집권도 가능했고 집권 후 추락한 인기를 회복하기도 했다.

하지만 실제 정책은 중도실용이 아니었고 친서민도 구두선口頭禪에 그친 경우가 대부분이었다. 중도실용의 표방 때문에 집권 전에는 우리 사회의 많은 진보적 이론가들조차 이명박정부가 최소한 남북관계만큼은 평화적으로 관리할 것이라 생각했다. 그렇지만 이명박정부는 예상과 달리 민주화 이후 남북관계를 가장 위험한 국면으로 이끌어가기도 했다. 이런 행동패턴은 이명박정부가 공언과 반대로 매우 좁은 정책 스펙트럼을 가지고 있음을 말해준다.

생각해보면 이명박정부는 남북관계와 스스로 친서민 정책이라 칭한 사회복지 가운데 하나에서만 전향적 정책을 채택했어도 현재와 같은 고립에 빠져들지 않았을 것이며, 야권의 대안 모색은 훨씬 힘겨운 일이 되었을 것이다. 하지만 이명박정부는 일련의 국책사업 결정에서 보듯이 오직 지역주의에 대해서만 일정한 수준의 합리성을 관철할 수 있을 뿐 나머지 분야에서는 전혀 그렇지 못했다고 할 수 있다. 이명박정부의 정책 스펙트럼이 이런 양상을 보이는 이유는 한편으로는 우리 사회의 지역주의가 약화되었기 때문이지만, 다른 한편으로는 흔들리는 분단체제 하에서도 그것의 관성적인 힘과 기득권을 유지시켜주는 힘이 남한사회 보수파를 여전히 강력하게 가로지르고 있기 때문이다.

이명박정부를 거치면서 우리 사회 민주파에게는 두 가지 학습이 이루어졌다. 하나는 한국사회의 대안이 민주당과 진보정당들 사이의 공간에서 마련될 수 있다는 것이고, 다른 하나는 두 진영 각각의 힘의 크기와 무관하게 독자 노선으로는 대안을 조직하기 힘들다는 점이다. 이런 깨달음은 야권연대를 통해서 성공의 경험을 확보하기도 했다. 수평적 정권 교체의 가능성이 민주파와 보수파 사이의 공간에서 조직되었던 DJP연합을 상기해보면, 현재 우리는 87년체제의 중력 중심의 이동을 경험하는 데까지 전진했다고 말할 수 있다. 이는 이 체제가 민주적으로 재편될 전망이 열리고 있다는 것을 말해주며, 그렇기 때문에 야권연대는 단순한 후보단일화를 넘어서는 프로젝트로 이해되어야 할 것이다.

하지만 필자는 이 두 가지 학습에 또하나의 학습을 보탤 필요가 있다고 생각한다. 그것은 우리 사회 보수파의 경우 분단체제의 기득권을 유지하려는 책략으로만 체제의 중심 이동을 용인하는 듯한 태도를 보일 뿐, 실제로는 이를 결코 허용하려 하지 않을 것이라는 점이다. 한때 우리 사회 성원은 이명박 대통령의 중도실용이라는 표어에 현혹되었다. 그리고 지금 또다시 "내 아버지의 꿈은 복지국가였다"는 박근혜 의원의 말에 이끌리고 있다. 하지만 그런 말들은 기득권 유지를 위한 집권의 수사일 뿐이다. 왜냐하면 여전히 유지되고 있는 분단체제의 힘이 그런 말을 구현할 보수파의 정책 스펙트럼을 좁게 가두고 있기 때문이다.

물론 보수파의 프로젝트가 대중을 현혹하는 데 성공할 수도 있다. 하지만 그것은 보수파의 대담한 혁신 능력으로부터 오는 것이 아니라, 진보개혁진영의 능력이 대중에게는 보잘것없게 여겨지기 때문일 공산이 크다. 예컨대 박근혜의 구호나 정책들이 설득력을 가진다면, 그것은 그 구호와 정책의 힘이라기보다 대중이 보기에 진보개혁진영의 구호와 정책이 공허하고 실행 가능성이 취약하며, 야권연대에서 보이는 협상 능력이 지리멸렬하기 때문일 가능성이 크다. 그러므로 87년체제의 중력중심을 이동시켜 그 체제를 민주적으로 재편할 가능성의 관건은 진보개혁진영 자신의 혁신 능력이라고 할 수 있다.

많은 사람들이 늘 한국사회에 합리적 보수가 없다는 것을 안타까워한다. 그러나 사람은 합리적이어야 할 때 합리적이기 마련이다. 체제의 중심 이동과 더불어 더 민주적인 체제가 수립된다면, 그와 함께 더 넓은 정책 스펙트럼을 가진 합리적 보수도 하나의 정치세력으로 출현하게 될 것이다. 그러므로 우리 사회의 진보개혁진영은 합리적 보수가 존재할 공간마저 창출해야 하는 의무를 지고 있다고 해야 할 것이다.

창비주간논평, 2011. 5. 25.

돌아보기

'정치적 오프사이드 플레이'. 괜찮은 개념을 만들어냈다고 생각했다. 다들 알다시피 오프사이드는 축구 용어다. 경기의 초점인 축구공이 현재 위치하는on-side 곳이 아닌 곳, 경합이 벌어지지 않는 면面이라는 뜻을 가지고 있다. 축구는 그런 의미에서 경기장 전체를 마음대로 쓸 수 있는 경기가 아니다. 축구는 축구공이 존재하는 곳을 통해서 경기의 진짜 장을 그때그때 정의한다. 축구장은 동적인 장인 셈이다.

정치도 축구와 유사하다. 의제가 정치적 경기장을 그때그때 정의한다. 그리고 축구팀이 경기장의 양편에서 중앙으로 그리고 상대 진영으로 진격하듯이 정당도 이 정치의 장 양편에서 자신의 정책적 스펙트럼을 펼친다. 축구에서처럼 정치에서 정책적 논쟁과 선거 경쟁은 센터라인을 중심으로 움직인다. 그렇기 때문에 축구에서처럼 오프사이드가 가정된다. 내가 급진적이라고 생각해서 내놓지 않는 정책을 상대 당 또한 펼치지 않을 것이라 기대한다.

하지만 정치는 축구와 다르다. 관객은 있지만 호각을 불어줄 심판은 없으며, 따라서 오프사이드 플레이가 반칙도 아니다. 하지만 오프사이드 플레이가 상대편 지지마저 끌어들이는 대담한 시도일 수도 있지만,

상대조차 정치적 경쟁의 장의 중심으로 부각시키기 부담스러워 하는 급진적 안을 제안하는 것은 자신의 지지층을 배신하는 것일 수도 있다. 오프사이드는 대담할 수도 있지만 자살적일 수도 있는 위험한 플레이인 것이다.

이 글에서는 간략하게 몇 가지 예를 통해서 그런 시도를 평가했다. 그리고 한 걸음 더 나아가 이런 오프사이드 플레이에 어떤 구조적 제한이 가해질지 그 가능성을 생각해보았다. 우리의 경우 분단체제가 보수파의 오프사이드 플레이 역량을 제약한다고 할 수 있다. 보수파의 이데올로기적 스펙트럼이 매우 좁으며 보수파의 이익이 그런 좁은 스펙트럼에 의해서 보호되고 있기 때문이다.

그렇게 볼 때, 이명박정부가 몇 가지 지역주의에서 벗어난 정책을 펼 수 있었던 것은 이명박정부가 지지기반 면에서 영남 의존성이 비교적 약해서였다고 설명할 수 있다. 하지만 친서민적 복지정책이나 남북관계에서는 보수파의 이익이 심하게 침해되기 때문에 오프사이드 플레이가 불가능한 것이라고 할 수 있다. 그것이 우리 사회 보수파가 87년 민주화 이행의 협약인 민주적 법치국가를 온전하게 승인할 수 없으며, 사회복지적 기획을 극히 제한적으로만 수용하며, 분단체제를 재안정화하려고 하게 되는 이유다.

이런 이론적 파악은 이명박정부와 박근혜정부 모두에 잘 적용된다. 이명박 후보가 대선 시기에 보인 중도실용이 지키고 싶어도 지킬 수 없는 약속이라는 것, 박근혜 후보가 주장한 복지국가 또한 지킬 생각도 없었지만 지키고 싶어도 지킬 수 없는 약속이라는 것을 말해준다.

경험적으로 주어진 정치적 보도의 양상, 정치인의 인격에 대해 선험적 의심을 하는 것에 대한 부담, 그래도 상황이 더 낫기를 바라는 마음 때문에 나 스스로도 이명박 혹은 박근혜 대통령이 조금 더 잘할 수 있다는 가능성, 조금 더 잘하길 바라는 마음이 생기는 것을 어쩌지는 못했다. 하지만 매번 상황은 현재 지각된 것으로부터 즉각 갖기 쉬운 생각보다 이론적으로 숙고된 결론에 더 부합했다. 그래서 사태를 이론적으로 파악해야 한다고 나 자신을 타일러야 할 필요성을 느끼게 되었다.

대학 등록금, 교과부 관료, 그리고 대학개혁

지난달 초순 교육과학기술부(이하 '교과부')는 「2012학년도 정부 재정지원 제한 대학(하위 15%) 평가 결과 및 학자금 대출 제한 대학 선정 결과」(2011년 9월 5일)라는 보도자료를 냈고, 곧장 이어서 「대학생 등록금 부담 완화 방안」(2011년 9월 8일)이라는 보도자료를 배포했다. 두 보도자료는 올해 상반기 우리 사회를 뜨겁게 달군 '반값 등록금' 논쟁이 어떤 정책적 귀결에 이르렀는지를 보여준다.

이명박 대통령의 대선 공약에 들어 있었느니 없었느니 하는 논란을 거쳐 4·27 재보선 패배 후 집권당 신임 원내총무가 야권과 대중의 복지 요구에 대응하기 위해 다시 꺼내든 '반값 등록금 정책'은 결국 '등록금 부담 완화'로 변형되었다. 4대강 사업에 수십조를 쏟아부은 정부가 반값 등록금을 요구하는 대학생과 시민에게 마련한 재원이 고작 1조 5천억 원에 불과한 것이다.

교과부 관료는 이 초라한 돈을 레버리지로 대학을 쥐어짜기로 했다. 1조 5천억 원 가운데 절반은 소득순위 하위 3분위 가구의 학생에게 차등 지원되지만, 나머지 절반은 대학의 등록금 동결 또는 인하 그리고 교내 장학금 확충을 유도하는 인센티브 자금으로 쓰인다. 이런 인센티브로 대학을 짜내면 등록금 경감 총액은 2조 2천 5백억 원 이상으로 불어날 것이라고 한다. 교과부는 이런 식의 '파생금융상품' 조성을 위해 명문대학에 대해서는 강도 높은 감사를 진행하고 열악한 대학에 대해서는 학자금 대출 제한으로 압박을 가하고 나섰다.

이런 정책이 원하는 효과를 얼마나 낼지는 두고봐야겠지만, 정책의 규범적 근거는 허술해 보인다. 대학에 대한 과도한 감사도 그렇지만, 성적이 모자라서 열악한 대학에 진학하는 학생의 경우 왜 자신이 갚을 학자금 대출조차 받지 못하게 되는 건지 이해하기 어렵다. 그런 사실을 이렇게 입시 전에 알려줌으로써 고교 졸업자들이 '잘못된' 선택을 하지 않도록 경고해주기는 하지만, 그렇게 해서 학생들이 지원하지 않는다면 해당 대학은 자신을 개혁할 자원조차 박탈당하게 될 것이다. 대출이 제한된 대학이 여러모로 문제가 있는 곳이기는 해도 이런 식의 정책은 혁신을 유도하기보다는 혁신을 아예 봉쇄하는 징벌로 작동한다.

일이 이렇게 되는 것은 교과부의 핵심 구상이 애초에 등록금 부담 경감보다는 대학 구조개혁에 있기 때문이다. 실제로 교과부는 보도자료를 통해 "대학의 부실의 범위와 정도에 따라 구조개혁 우선 대상 대학을 '평가순위 하위 대학→학자금 대출 제한 대학→경영부실 대학' 등의 단계로 체계화하였으며 (…) (그것이) 향후 대학 구조개혁의 새로운 출발점"이라고 밝혔다. 정부와 관료를 거치며 반값 등록금은 등록금 경감으로 오그라들고, 초라해진 등록금 경감의 효과를 확대하기 위한 조치는 대학 구조개혁 방안으로 변신한 것이다.

사회적으로 쟁점화된 교육적 의제들은 이렇게 교과부 관료를 통과하면 언제나 특정한 방향으로 변경되는 경향이 있는데, 그것을 이해하기 위해서는 관료들의 기본 성향 그리고 그것이 교과부 안에서 투영되는 방식을 살필 필요가 있다. 필자가 보기에 지난달 중순 언론에 보도된 교육 관료의 퇴직 후 행로가 그런 이해에 큰 도움이 된다.

한겨레에 의하면 교과부 고위 관료는 재임중 영미권에 국비유학을 가 학위를 획득하고, 고용휴가제를 이용해 대학에 비전임 교수로 임용되며, 퇴직 후에 대학교수, 학장, 총장으로 광범위하게 취임한다(「대학 목숨줄 쥔 교육 관료 퇴직 뒤 '전관예우' 누린다」, 한겨레, 2011년 9월 13일자). 이런 전·현직 교과부 고위 관료의 행로는 그들이 취임하는 대학이 비영리 법인인 학교 법인에 의해서 운영되기 때문에 공직자윤리법으로 통제하기가 매우 어렵다는 점을 제외하면 다른 부처 고위 공직자의 경우와 크게 다를 바 없다. 우리가 살펴봐야 할 점은 끊임없이 자기 부처의 업무범위를 넓히고 예산을 늘려 인사 적체를 해소하며 가능하면 퇴임 후의 자리까지 확장하려는 관료들의 끈질긴 성향이 교과부의 대학정책 속에서 어떻게 나타나는가 하는 것이다.

이와 함께 대학정책과 관련해서 언제나 읊조려진 '선택과 집중'이라는 말을 생각해보자. 적은 예산의 효율적 사용을 추구하는 듯 보이는 이 말에 의해 정당화된 정책이 교과부 관료에게 가져다주는 것은 바로 그 선택행위의 주도권이다. 즉 교과부 관료는 재분배 권한을 행사하고 그것을 통해 네트워크를 형성할 권력을 가지게 되는 것이다. 같은 선상에서 왜 그토록 교과부가 대학에 대한 지원정책을 각종 '평가'와 매개하는지도 이해할 수 있다. 그런 정책을 통해 평가의 권한을 획득할 수 있기 때문이다. 물론 구체적 선택이나 평가는 여러 대학의 교수들이나 각계 전문가가 모인 위원회의 소관이다. 하지만 그런 경우도 평가 항목, 그것과 연계된 정책 방향, 그리고 위원의 선임 과정에 교과부의 힘이 관철되며 그만큼 교과부 관료는 대학과 접촉면을 다양화하고 넓혀나간다.

그렇다고 해서 교과부 관료가 바로 그런 권력을 얻기 위해 '선택과 집중' 같은 담론을 고안한다고 생각할 필요는 없다. 그런 담론과 정책이 음모의 산물은 아니다. 단지 교과부 관료는 대안적인 여러 담론과 정책 가운데 특정한 것들과 친화력을 가질 뿐이다. 그들은 공적 대의와 관료적 이익이 편안히 동거할 수 있는 담론과 정책에 이끌리며, 양자가 충분히 조화로울 경우 그들의 업무 추진에는 '애국적 정열'마저 흐르게 되는 것이다.

이런 시각에서 보면 최근 '구조개혁 중점 추진 국립대학' 선정에서도 왜 그렇게 국립대학의 총장직선제가 중심 의제가 되는지 이해할 수 있다. 철밥통이라 불리는 국립대학 교수들의 작풍을 혁신하기 위해 거버넌스 구조를 바꿔야 한다는 주장은 많은 사람들에게 쉽사리 수용될 수 있다. 하지만 대학의 거버넌스를 바꾸는 방법은 매우 다양하며, 특정 제도 하나를 바꾸는 것으로 거버넌스가 개혁되는 것도 아니다. 총장직선제가 교수들조차 염증을 느낄 만큼 부끄럽게 운영된 경우가 꽤 많지만, 그것이 공모제로 바뀐다고 국립대학 개혁이 이루어지는 것은 아니다. 그럼에도 이미 교과부 차관 여럿이 사립대학 총장으로 취임했던 것을 생각하면 국립대학에 총장공모제를 도입하려는 정책 추진력의 출처를 짐작해볼 수 있다.

각종 사회적 개혁 의제가 관료적 성향에 매개되어 변형되는 현상은 심각한 대가를 포함한다. 지금까지 논의된 대학정책과 관련해 말한다면, 그런 정책의 관료적 굴절은 퇴임 후 관료들이 대학에 자리를 차지하는 것을 넘어서 대학개혁의 담론과 정책이 특정한 방향에 경사되어 다양한 대안이 검토되고 최적의 경로를 찾아나가는 것을 방해한다고 할 수 있다. 관료적 이익과 특정한 정책 담론의 결합은 그런 담론을 도그마dogma로 만들고 관료를 일종의 정책 탈레반으로 둔갑시킬 위험을 안고 있다. 교과부 관료들은 아마 자신의 정책을 실현하기 위해서 그것을 특정한 인센티브 구조와 결합하려는 노력을 해왔을 것이다. 마찬가지로 그들 또한 자신의 정책적 신념이 어떤 인센티브 구조에 의해 유도되는지 성찰해보기를 기대한다.

창비주간논평, 2011. 10. 5.

돌아보기

이 글에는 교육부에 대한 경멸의 분위기가 흐른다. 하지만 그것은 교육부가 정책 선택을 지나치게 공적 대의로 포장하는 것 혹은 그 포장에 대한 이데올로기적 헌신이 자기기만으로까지 심화되는 것에 대한 혐오감에서 비롯된 것이다. 지금 와서 보면 이런 나의 혐오감에는 지나친 바가 있다. 관료의 최대 관심사는 자신들의 영향력과 권력을 확장하는 것이다. 모든 정책은 이런 지향과 대조되어 평가되고 선택되며 왜곡된다. 이것은 기본적인 사회학적 통찰이다. 그러니 교육부 관료가 그렇게 행동한다고 해서 그것을 특별히 비난할 수는 없다. 그것을 막을 사회적 시스템을 우리 사회가 설계하지 못한 것이 문제인 면이 크다. 관료들이 '정책 탈레반'이 되는 자기기만에 이르는 현상도 사실 특별한 것은 아니다. 다른 사람을 속이기 위해서는 먼저 자신을 속여야 하며, 자신이 자신을 속였다는 것도 망각해야 한다는 것, 그리고 사람들이 실제로 그렇게 한다는 것 또한 사회학적 기본 통찰이기 때문이다.

아무튼 교육부가 대학개혁에서 총장직선제/공모제에 특별한 관심을 기울인 것을 이 글과 다르게 설명할 길은 없다. 사실 우리나라 정부의 고위 관료들은 다루기 까다로운 골칫거리인 면이 있다. 이들은 엄청난 권력을 가지고 있지만 그것에 비하면 그렇게 높지 않은 임금과 기대에 못 미치는 퇴직 생활의 부담을 지고 있다. 그런 그들에게 재벌과 대형 로펌들은 후견인 노릇을 한다. 그것이 야기하는 회전문 인사는 자본에 의한 국가 매수를 실제로 실현하고 있다. 이런 문제 때문에 나는 김용철 변호사의 『삼성을 생각한다』나 임종인·장화식의 『법률사무소 김앤장』이 국민 필독서가 되어야 한다고 생각한다. 하지만 여러 부처 가운데서 교육부는 재벌과 법률사무소의 후견으로부터 거리가 멀다. 대신 사학재단 그리고 중앙정부의 관할하에 있는 다양한 기관들이 후견인 구실을 한다.

서남수 교육부 장관을 통해서 그 양상을 보자. 그는 교육부 관료 출신의 장관이기 때문에 그의 이력은 교육부 고위 관료의 행로를 잘 보여준다. 경력사항은 아래와 같다.

- 1979년 : 제22회 행정고등고시 합격
- 1979년 : 교육인적자원부 행정사무관
- 1990년 : 서울대학교 연구처 연구진흥과장
- 1998년 : 교육인적자원부 기획관리실 교육정책기획관
- 1999년 : 경기도교육청 부교육감
- 2001년 : 교육인적자원부 대학지원국장
- 2002년 : 서울대학교 사무국장
- 2004년 : 교육인적자원부 차관보
- 2005년 : 서울특별시교육청 부교육감
- 2007년 : 교육인적자원부 차관

- 2008년 : 한국교육개발원 객원연구위원
- 2009년 : 관정 이종환 교육재단 고문
- 2012년 : 위덕대학교 총장
- 2013년 : 교육과학기술부 장관

그의 관료 생활은 교육부 내의 보직과 여러 국가기관들에서의 보직이 교차로 짜여 있다. 그는 서울대 파견 공무원과 교육청 부교육감 그리고 한국교육개발원 등에서 일했는데, 이 세 가지 경력은 말해주는 바가 있다. 첫번째는 우리나라 국립대학이 어떤 식으로 교육부의 영향력 아래 놓여 있는지 보여준다. 두번째는 교육부가 왜 교육청에 대한 권력을 놓지 않으려 하는지 그리고 왜 실제로 현재 권력이 행사되는지 그 이유를 보여준다. 세번째는 왜 중앙정부 부처가 산하 연구기관을 거느리는지 그 이유의 일부를 보여준다. 아무튼 그는 퇴임 후 마침내 사립대학 총장으로 갔다. 사학재단이 마침내 후견인으로서 모습을 드러낸 것이다. 경력이 화려하면 대학 총장, 그렇지 못하면 전문대 학장의 길이 교육부 고위 관료들에게 열려 있는 것이다. 그리고 그는 마침내 장관 직위에 올랐는데, 이런 그의 경력은 교육부 관료들이 소망하는 표준이라고 해도 과언이 아니다.

이렇게 서남수 장관을 예로 든 것에 서장관에 대한 어떤 모욕의 의도도 없다. 그는 기억하지 못하겠지만 교육정책기획관이던 시절의 그가 수행한 프로젝트의 팀원으로 일했던 짧은 경험에 비춰보면 그는 퍽 유능한 관료였다. 그를 예로 든 것은 그의 경우 이런 정보를 분석하는 것이 전혀 문제가 되지 않는 공인이고 그가 주어진 제도를 잘 활용했기 때문이다.

아무튼 현재 교육부가 추진하는 대학개혁은 이런 회전문에 국립대학을 포함시키고 싶은 것이라고 할 수 있다. 현재까지는 그런 양상이 구체적으로 드러나지 않았지만 장기적으로 국립대 총장 가운데 상당수가 교육부 관료가 될 가능성이 있다. 국립대 전반이 법인화된다면, 법인 이사는 물론이고 교육부 관료의 침투력은 더 커질 것이다.

그렇다면 현재 시행될 예정인 총장간선제의 양상은 어떨까? 전해 들은 이야기에 따르면, 교육부가 총장직선제 폐지의 명분으로 삼은 과도한 선거운동과 후보 난립은 간선제에서도 사라지지 않았다. 변화가 있기는 하다고 한다. 내가 왜 총장이 되어야 하는가를 내세우는 유세에서 누가 왜 총장이 되어서는 안 되는지를 유포하는 투서 분위기 쪽으로 바뀌었다는 것이다. 혹자는 그저 변했다고 하고 혹자는 더 나빠졌다고 하는데, 더 좋아졌다고 말하는 이를 아직 만나지 못했다.

안철수 현상과 2013년체제

재스민 혁명으로 시작되어 후쿠시마 원전 사태를 지나 '월가 점령'으로 가을을 맞았던 2011년이 저물고 있다. 구조적 위기와 정치운동의 출현이라는 이중의 세계사적 흐름은 우리 사회에서도 나름의 형태로 드러나고 있다. 분단체제를 흔든 87년체제 또한 크게 흔들리며, 갈수록 동요의 진폭이 커지고 있는 우리 사회는 새로운 체제로의 이행이라는 내적 압력에 직면하고 있다. 그런 상황에서 희망버스나 서울시장 보궐선거를 통해 드러난 20~40대의 세대·계급 동맹은 구조적 위기를 극복할 자원이 대중의 측면에서는 무르익고 있음을 보여준다.

하지만 그것이 결실을 맺기 위해서는 연합정치로 대변되어온 정치적 대안과 2013년체제론이 활력을 불어넣고자 해온 새로운 체제 비전이 결합되어야 할 것이다. 이를 위해서는 정치적 대안과 체제 비전을 마련하는 작업이 대중의 욕구를 깊이 경청하려는 자세 속에서 수행되어야 할 것이다. 이런 점 때문에 우리가 함께 깊이 생각해봐야 할 것 가운데 하나가 이른바 '안철수 현상'이다. 안철수의 이력이 널리 알려져왔고 그가 우리 사회 젊은이들을 위로하고 돕는 일에 힘씀으로써 쌓은 신뢰의 자산이 크다 해도, 우리 정치사에서 이토록 강력하고 빠른 속도로 한 인물이 유력한 대통령 후보로 부상했던 일은 없었기 때문이다.

그렇기 때문에 이미 이런저런 분석들이 이루어졌으며, 그런 분석들은 안철수라는 인물을 탐구하기도 하고 그를 향해 응집된 사회적 욕구를 탐색하기도 했다. 안철수 현상의 온전한 의미는 이 두 방향의 분석이 종합될 때 분명해지겠지만, 안철수 교수의 정치 투신이 불투명한 시점에서 우선 중요한 것은 그라는 인물의 몇 가지 드러난 특질에 투사된 사회적 열망에 주목하는 것이 더 필요하다. 이 사회적 열망은 향후 정국에서 중요한 요인으로 작용할 것이기 때문이다.

안철수 현상은 무엇보다 '반한나라 비민주'라는, 그가 자임한 입지점에 기인하는 것 같다. 이명박 대통령과 한나라당이 집권 후에 보인 편협한 계급이익 추구, 낡은 성장 모델에 입각한 경제정책 그리고 권위주의적 통치와 남북관계의 악화에 대해 대중은 깊은 반감을 가져왔다. 그간 야권이 각종 선거에서 승리할 수 있었던 것은 대중의 반MB 정서와 그것에 부응하려는 야권의 연합정치가 조우했기 때문이다. 하지만 야권의 연합정치는 지속적으로 발전해왔고 이번 서울시장에서는 진일보한 모습을 보였음에도 불구하고 대중의 감동을 이끌어낼 만큼 시원시원하고 흔쾌한 것은 못 되었다. 대중의 눈에는 야권의 여러 정당들이 자신들끼리의 내부 협상 능력도 충분치 못해 보이고 대의를 위해 묵은 감정적 앙금을 털어낼 대범함도 약한 집단으로 비쳤다.

안철수는 혐오스런 한나라당과 지리멸렬한 야권이라는 양자택일적 정치구도 밖에 위치한 대안이었다고 할 수 있는데, 그에 대한 열광적 지지는 대중이 이런 지겨운 정치구도에서 얼마나 벗어나고 싶었는지를 말해준다. 그러므로 안철수 현상은 야권에게 중요한 경고를 보내고 있다고 할 수 있다. 연합정치의 당사자들이 지금까지보다 더 담대한 모습을 보이지 못한다면, 위기는 야권을 더욱 크게 엄습할 수 있다는 것을 말해준다.

안철수 교수에 대한 세간의 평가 가운데는 그 또한 성공한 CEO임을 지적하며, 우리 사회에 여전히 CEO에 대한 환상이 유지되고 있다는 비판적 시선도 있다. 하지만 성공한 CEO 안철수에 대한 지지 밑에는 마땅히 존중되어야 할 대중의 소망이 어려 있다고 보아야 할 것이다. 안철수 교수의 성공과 부는 적극적으로 공공의 이익을 추구하며 가치 있는 생산물을 창조함으로써 얻어진 것이다. 그를 지지하는 대중은 그와 마찬가지로 공적 대의와 사적 성공과 행복이 연결되는 삶을 원하고 있는 것이다. 2013년에 새로운 체제를 이룩하려는 노력도 사적 행복과 공적 대의를 결속하는 것을 중요한 과제로 삼을 필요가 있다.

CEO 안철수에 대한 지지에는 대중의 좀더 깊은 분별의식도 작용하는 것 같다. 안철수를 지지하는 사람들 가운데는 한진중공업 조남호 회장을 비판할 뿐 아니라 김진숙 지도위원을 지지하기 위해 희망버스에 몸을 싣는 이들도 많다. 이와 유사하게 '월가 점령' 운동의 참여자들도 금융자본은 비판하지만 스티브 잡스의 죽음은 마음 깊이 추모한다. 이런 태도를 자본가일 뿐인 존재를 좋은 자본가와 나쁜 자본가로 구별하는 대중의 착종된 의식의 산물로 보는 것은 피상적이다.

오히려 이들은 안철수와 스티브 잡스가 가치 있는 생산품으로 우리의 삶을 풍요롭게 한 이들이지 대중을 착취하는 자들이 아니라는 것, 시장경제와 자본주의가 다르다는 것, 그리고 자본주의는 시장경제 위에 올라타 있는 거대금융과 독점이라는 것을 희미하게라도 파악하고 있다고 할 수 있다. 실제로 자본주의가 국가기구를 부패나 엘리트의 관직 독점으로 장악하고 공공자산을 침탈하고 법체계를 조작하며 언로를 왜곡하고 여론을 통제하여 초과이윤을 취득할 때 우리는 체제로서의 자본주의에 대해 말할 수 있는 것이다. 그러므로 자본주의 세계체제가 위기에 빠져든 시기에 새로운 체제를 구상하는 이들은 대중이 이미 직관적으로 이해하고 있는 시장과 자본주의의 준별이라는 브로델Fernand Braudel적 통찰에 입각해야 하며, 그럴 때 대중적 설득력을 가질 것임을 잊지 말아야 할 것이다.

『창작과비평』 2011년 겨울호.

돌아보기

2012년 대선을 경유하며 그리고 개인적으로는 2013년 들어 민주당 대선평가위원으로 활동하면서 안철수 의원에 대해 여러모로 더 알게 되고 내 개인적으로는 그에 대해 나름의 판단을 더 분명히 하게 되었다. 그런 생각의 일부를 칼럼•으로 쓰기도 했다. 아무튼 2011년 말에 안철수 현 의원은 대중의 열망을 사로잡고 있었으며, 무엇보다 그 열망 자체가 중요한 의미가 있었다. 그러므로 안철수뿐 아니라 야당들과 그 야당의 지도자들 누구든 그 열망의 의미를 잘 독해하는 것이 필요했다.

하지만 그해 겨울 몇몇 진보적인 논객들은 안철수 현상 안에서 우리 사회의 부정적 자화상을 읽어내고 있었다. 이명박정부를 탄생시킨 것은 '성공한' 자본가에 대한 환상이었는데, 그가 사실은 '나쁜' 자본가라는 것을 알게 되자 이제 '성공한 착한' 자본가로 향한 것이 안철수 현상, 아니 안철수 환상이라는 것이다. 나는 이런 좌파적 독해가 전적으로 잘못된 것은 아니지만 결코 찬성할 수 없는 것이라고 생각했다.

'자본주의'라는 말이 좌파 문화 안에서 그 자체로 악을 표상하던 시대

• 「안철수, 좋은 놈과 이상한 놈의 기로에서」, 창비주간논평, 2013년 4월 17일자.

가 있었다. 그것은 좋게 봐줘야 인간이 스스로 빠져든 연옥과 같은 곳, 인간이 천국이든 지옥이든 어딘가로 가기 위해 지나야 하는 길고 괴로운 여정과 같은 것이었다. 하지만 구사회주의권이 몰락하자 자본주의를 부정하는 것은 무모한 일로 보이기 시작했다. 그러자 자본주의 대신 신자유주의가 악을 표상하는 단어가 되었다.

이런 인지적 재조정이 학습 과정임은 분명하지만 그 학습 내용에 대해서는 여전히 어떤 자기 오해가 존재하는 것 같다. 초점이 자본주의에서 신자유주의로 바뀌지만 여전히 어떤 악에 대한 믿음이 존재한다. 이 세계의 불행의 원인이 간결하게 지목되는 것이다. 간결함은 이론적 성취일 때도 있지만 이데올로기적 성취 또는 심리적 자족일 때도 많다.

다른 한편 신자유주의를 극복하면 만사 오케이인지에 대해서 답은 불분명해진다. 신자유주의를 극복한 것이 자본주의를 극복한 것이 아니라면 신자유주의를 극복한 자본주의란 '착한 자본주의' 아닌가? 지금 많은 좌파들은 복지국가를 말한다. 스웨덴을 말한다. 그런데 그것이 착한 자본주의 아니면 무엇인가? 그렇다면 스웨덴을 더 나은 사회 혹은 대안적 비전으로 생각하는 이에게는 '성공한 착한' 자본가(사실 성공한 자본가란 동어반복이다. 자본주의에서 실패한 자본가는 이미 자본가가 아니다. 그러니 안철수는 그저 '착한' 자본가이다) 안철수도 대안적 지도자가 아닐 이유가 있겠는가?

이렇게 안철수에 대한 좌파의 표준적 비판에 어떤 자가당착이 존재한다면, 거기엔 심각한 이론적 쟁점 또한 도사리고 있다고 할 수 있다. 즉 안철수에 대한 판단 문제에도 자본주의와 신자유주의 같은 개념에 기댄 비판 자체, 그 개념 자체를 재검토해야 하는 과제가 깔려 있는 것이다.

이 문제에 대해 좀더 논증적이고 긴 글을 준비하고 있지만 언제 쓸지는 아직 모르겠다. 아무튼 그런 글의 토대가 되는 구상 가운데 하나는 이 칼럼에서 끌어들인 브로델의 시장경제와 자본주의의 구별이다. 브로델처럼 나는 시장이 공정한 경쟁과 교환의 장이라고 생각한다. 자본주의는 이 시장경제 위에 올라탄 독점의 힘이라고 할 수 있다. 그렇기 때문에 우리는 시장을 악의 근원으로 생각해서는 안 된다. 시장은 해방적인 면도 너무나 많다. 또 시장을 파괴하려고 해서도 안 된다. 우리에게 필요한 것은 시장을 활성화하고 또 그것을 보호하는 것이다. 이런 관점에 서면 자본주의를 극복하는 것과 시장을 극복하는 것은 무관한 작업임을 알게 된다. 자본주의도, 신자유주의도, 그것의 극복도 새롭게 그리고 엄밀하게 논의될 필요가 있다.

종로경찰서장 폭행 사건을 둘러싼 풍경

이 정권의 특징 가운데 하나는 오래전 일들을 자주 떠올리게 한다는 것이다. 지난 주말 한미 FTA 반대 집회에서 발생한 종로경찰서장 폭행 사건도 그런 것 중 하나다. 트위터로 이 소식을 보았을 때만 해도 기시감은 없었다. 하지만 조선일보가 대대적으로 떠들어대고 "경찰서장이 매 맞는 나라, 누가 집권한들 이끌 수 있겠나"라는 사설을 남발하자 정원식 총리서리에 대한 대학생들의 밀가루 투척 사건이 또렷이 떠올랐다. 벌써 20여 년 전에 일어난 일이다. 여전히 생생하게 기억하는 사람들도 많겠지만, 지금 한미 FTA 반대 투쟁에 참여하는 청년층에게는 생소할 수 있는 만큼 약간의 부연설명이 필요할 것 같다.

1987년 6월항쟁에 이은 대통령 선거에서 야권후보 단일화 실패로 민주화진영은 정권을 획득하지는 못했지만, 88년 총선으로 야당들은 다수

의석을 차지했고 이를 기반으로 제5공화국 청산을 시도하는 등 집권당을 수세로 몰아넣었다. 하지만 노태우정권은 차기 정권을 미끼로 김영삼과 김종필을 끌어들여 1990년 초 3당 합당(민주정의당·통일민주당·신민주공화당)을 이룩했다. 이를 통해 한나라당의 전신인 민주자유당이 만들어졌는데, 그렇게 해서 다수당이 된 집권당은 '범죄와의 전쟁'을 선포하는 등 공안정국을 조성하고 반대파를 탄압했다. 1991년 봄이 되자 이런 공안통치에 대한 저항이 대학생층을 중심으로 조직되었다. 하지만 이들의 열렬한 투쟁은 경찰에 의해 강경하게 진압되었으며, 그 과정에서 여러 대학생이 목숨을 잃었다. 또 그런 사실에 분노한 대학생들의 분신자살이 이어졌다.

며칠 상간으로 대학생들이 전국에서 죽어가던 삼엄한 상황에서 당시 총리로 임명된 정원식은 자신이 출강하던 한국외대에 마지막 강의를 하러 갔다. 그리고 정권에 분노한 대학생들에게 밀가루와 계란 세례를 받게 된다. 다음날 조선일보를 비롯한 보수언론은 몰골이 된 총리서리의 사진을 게재하고 대학생들을 노교수를 거리낌없이 모욕하는 패륜아로 몰아갔는데, 이런 여론몰이가 대학가에 타오르던 거센 투쟁의 열기를 누르고 보수적 지배를 공고히 하는 데 상당한 기여를 했다. 3당 합당으로 형성된 정당 체제가 우리 사회에 드리운 그늘이 여전히 가시지 않았다는 것을 생각하면, 정원식 사건은 특정한 사건과 그것에 이은 미디어적 증폭이 얼마나 큰 구조적 영향력을 갖는지 보여주는 사례다.

이번 종로경찰서장 폭행 사건도 이와 유사하다. 한미 FTA는 3당 합당처럼 매우 중요한 구조적 사건이다. 그렇기 때문에 유권자를 배신한 상층 보수연합에 분노했듯이 조약의 날치기 통과에 대해 대중은 크게 분노하고 있다. 그런 대중이 집회를 하자 정권은 물리적 진압을 시도했다. 이전에는 곤봉으로 대학생을 내려쳤고, 지금은 추운 날씨에 시민들에게 물대포를 안겼다. 그러자 그런 강경진압에 대한 사회적 비난이 높아졌다. 이전에는 대학생들의 투쟁이 전체 사회의 투쟁으로 확산될 수도 있는 분기점에 있었고, 지금은 한나라당 의원들마저 물대포는 너무한 것 아니냐며 우려를 표명하고 있다. 이때 집권층의 특정 인물이 분노한 대중을 향해 뛰어든다. 그리고 자작극에 가까운 일이 불러온 폭력이 보수언론에 의해 도덕적 패륜 또는 공권력에 대한 있을 수 없는 도전으로 침소봉대되는 것이다. 대학생을 죽인 경찰 폭력이 세수만 하면 지워질 밀가루와 계란 투척으로 가려지고, 고막을 터뜨리는 물대포가 서장의 전치 3주 상해 때문에 도외시된다.

하지만 이렇게 유사한 풍경에도 불구하고 세부는 많이 바뀌었고, 세부가 바뀜에 따라 사건의 영향력도 크게 달라진 것 같다. 정원식 사건에 비해 종로경찰서장 사건은 현저히 남루하다. 이전엔 저명한 교육학자이자 전직 교육부 장관 그리고 총리서리인 인물이 섶을 지고 불속에 뛰어들었다면, 지금은 이 글을 쓰는 중에도 이름이 잘 떠오르지 않는 경찰서장이다. 시위군중은 그를 두고 "조현오 물러가라"고 했단다. 장관은 아니라도 경찰총장쯤은 나서리라 생각한 판에 실망스럽게도 경찰서장 정도가 나오는 것이 이 정권의 실상인 것이다.

그리고 당시 정원식 총리서리는 그 자리에 예정된 강의를 위해서 갔다. 그는 공직에 나서기 전 교사의 의무를 다하러 간 것이었다. 하지만 지금 경찰서장은 의원들에게 갑작스레 약속을 통보하고 기다리는 이도 없는 시위군중 속으로 밀고 들어갔다. 밀가루와 계란을 뒤집어쓴 노학자의 사진이 실린 조선일보 1면에서 사람들은 어느 정도 비장미를 느낄 수 있었다. 하지만 지금은 호위경관과 시위군중과 취재진에 겹겹이 둘러싸인 서장 얼굴 옆으로 누구 것인지도 불명확한 손 하나가 솟아 있는 우스꽝스러운 사진이 공권력에 대한 도전을 표상하고 있다.

마지막으로, 이전에는 조선일보가 어떤 사건은 이렇게 해석되어야 한다고 외치면 그 본질이 무엇이든 상당한 영향력을 발휘했다. 하지만 지금은 다른 해석들이 SNS에 넘쳐나고 조선일보를 조롱한다. 종로경찰서장의 자작극이라는 말이 서슴없이 많은 이들의 입에 오르내린다. 조선일보는 그런 SNS를 괴담의 서식지로 낙인찍으려 하지만, 천안함이 북한의 인간어뢰에 의해 격침되었다는 식의 괴담을 퍼뜨린 진정한 진원지로 지목되는 것이 바로 조선일보다. 조선일보는 법이 자신들의 중심 보루임을 잘 알기에 현직 판사가 페이스북에 남긴 글을 빌미로 법조계와 SNS 모두를 통제하려고 한다. 그러자 그 현직 판사와 동료 판사가 함께 대들고 있다. 그렇게 모두 대들고 있다. 여검사가 대검을 비판하며 사표를 던지고, 〈나는 꼼수다〉의 정봉주 전 의원은 기사를 잘못 쓴 조선일보 기자에게 거침없이 욕설을 퍼붓는다. 현직 의원이 집단모욕죄로 고소한 〈개그콘서트〉는 정면에서 그 의원을 다시 한번 개그의 대상으로 삼는다. 그렇게 모두 전혀 '쫄지' 않고 있는 것이다.

창비주간논평, 2011. 11. 30.

돌아보기

특별히 할말은 없다. 어쩌면 이 글은 어설프게 시도되었다가 실패한 정권과 보수언론의 어떤 기획을 증언하는 것이다. 하지만 그런 기획에 대한 기시감 속에서 준거로 삼았던 정원식 총리 밀가루 투척 사건은 민주화운동을 2보 이상 후퇴시킨 중요한 사건이었다. 이 사건을 잘 모르는 젊은 세대에게 필요한 것은 1987년 민주화 이행 이후 민주화를 확장하고 심화하려는 시도들을 순치하기 위한 보수파의 일련의 책동들을 제대로 서술하고 설명하는 것이다. 3당 합당, 범죄와의 전쟁, 정원식 총리 밀가루 투척 사건, 학생들의 투쟁과 경찰에 의한 학생들의 죽음, 그것에 항의하는 대학생들의 분신자살, 박홍 서강대 총장과 시인 김지하의 운동권 비판, 최근 재심에 의해 강기훈씨가 무죄판결을 받은 유서대필 조작 사건 같은 일련의 사태야말로 여전히 충분히 해명되지 않았고 가르쳐지지도 않는 중요한 역사들이다. 흥미롭고 또 우려스럽게도 그 시절 바로 그런 공안 사건들을 기획하고 지휘하던 김기춘씨가 지금 청와대에서 제왕적 비서실장으로 '암약'하고 있다.

2012년

1월	대구 중학생 자살 사건 수사
2월	한나라당, 새누리당으로 당명 변경
4월	제19대 총선
5월	한중 FTA 협상 개시
	최시중 전 방송통신위원장 구속
7월	세종특별자치시 출범
8월	인터넷 실명제 위헌 판결
9월	안철수 대선출마 선언
10월	내곡동 사저 매입 사건 특검
11월	야권 문재인 후보단일화
12월	제18대 대선-박근혜 대통령 당선

대구 중학생 자살 사건에 대한 몇 가지 단상

대구 중학생 자살 사건을 계기로 지난 20여 일간 왕따와 학교폭력 문제에 대해 사회적 관심이 집중되었다. 많은 사람들은 이 열렬한 논의가 한때의 호들갑으로 끝날 위험을 경고하고 나섰다. 교실 붕괴 이야기가 나온 지 10여 년이고, 왕따 문제가 논란이 된 지 20여 년이 되어가는데다 그동안 이 문제가 간간이 여론의 주목을 받았지만 곧 잦아들곤 했던 것을 생각하면 그런 반응은 납득할 만하다. 하지만 지금은 그간의 패턴에 대한 냉소를 거두고 요란하다는 소리를 들을지언정 더 열심히 논의해야 할 때라고 생각된다.

사실 대중과 여론의 주목을 받지 못한 채 사회적 고통이 지속되는 경우는 많이 있다. 하지만 그보다 더 심각한 것은 어떤 연유에서든 의제로 부상했을 때조차 사회가 그 문제를 해결하지 못하고 지나가버리는 것이다. 그렇기 때문에 지금 필요한 것은 이 문제가 다시 수면 아래로 가라앉지 않도록 끝까지 물고 늘어지려는 태도, 지금의 감정과 호들갑과 열의를 1년 아니 2, 3년쯤 이어가려는 것이라 생각된다.

필자가 이 글을 통해서 말하려는 것은 세 가지다. 우선, 왜 대구 중학생 자살 사건이 이전보다 더 뜨거운 논의를 불러일으켰는가를 생각해보는 것이다. 다음으로, 그것이 왕따와 학교폭력 문제에 대한 논의의 지형을 어떻게 바꾸었나 하는 것이다. 마지막으로, 현재 이 문제에 대한 논의에서 발견되는 편향에 대해 지적하는 것이다. 세 논의 모두 내세울 만한 새로운 통찰은 아니다. 그런데도 지금 이 글을 쓰는 이유는 지적했듯이 문제 해결의 문턱을 넘을 때까지 열심히 논의가 계속되는 것이 중요하다고 판단해서다.

먼저 대구 중학생 자살 사건이 그렇게 깊은 관심을 불러일으킨 이유에 대해 생각해보자. 유감스럽게도 우리 사회의 도덕적 둔감성은 이미 상당히 심각해서 자살 그 자체에 대해 강한 사회적 관심이 생겨나지는 않는 것 같다. 이번 사건이 여느 청소년 자살과 다른 관심을 불러일으킨 것은 자살 외에 다른 요인이 추가되었기 때문이라고 봐야 할 것이다. 그것은 필자가 보기에 자살한 대구 중학생이 자신에게 가해진 폭력을 유서에 소상히 기록했고, 그것이 언론에 보도되었다는 점이다.

많은 사람들이 그랬고 나 또한 그랬는데, 소년의 유서를 볼 때 자살한 소년에 대한 안타까움보다 더 먼저 다가온 것은 생생한 악惡의 이미지였다. 물고문을 하고 전기선으로 피해 소년의 목을 묶어 끌고 다니면서 떨어진 부스러기를 주워먹으라고 했던 가해자들의 행태에는 단지 돈을 빼앗고 뒤통수를 쥐어박는 따위의 통상적인 학교폭력과는 다른 어떤 과잉과 기괴함이 배어 있다. 뒤이어 공개된 자살한 소년의 핸드폰 문자나 가해자들의 문자에서도 그런 느낌이 강했다.

이런 가해자들의 행태로 인해 그들에 대한 분노와 개탄이 피해자에 대한 연민보다 더 앞서는 감정이 되었는데, 그것이 두번째로 이야기하려는 왕따와 학교폭력에 대한 논의 지형의 변화를 유발한 것으로 보인다. 왕따에 대한 논의는 지금까지 대체로 왕따 당하는 학생의 특성에 주목했다. 비록 왕따 현상이 우리의 교육 현실에서 학생들이 겪는 고통과 긴장으로부터 나온 공격성의 산물로 파악되긴 해도, 정작 왕따 당하는 학생이 '다른 이'가 아니고 바로 '그'인 데는 그의 개인적 특징이 작용하고 있다고 여겨졌던 것이다. 그렇기 때문에 처방도 왕따 당하는 학생들의 개인적 적응과 교정 그리고 자기방어 능력 신장에 방점이 찍혀 있었다. 그런데 대구 중학생 자살 사건을 계기로 '문제는 피해자다'에서 '문제는 가해자다'로 논의의 초점이 이동했다.

이는 매우 의미 있는 방향 전환이기는 하지만 그 과정에서 간과되어서는 안 될 중간항이 있다. 그것은 '문제는 피해자가 아니다'라는 인식이다. 많은 분석들이 왕따 피해자들의 이런저런 특성에 대해서 말해왔다. 아마도 그런 분석들이 대체로 맞을 것이다. 하지만 피해자들이 이런저런 문제를 가졌다는 것과 그들이 왕따가 된다는 것 사이에는 건널 수 없는 간극이 존재한다. 그러므로 누구도 이런저런 어리숙함이나 모난 성격을 이유로 폭력이나 따돌림의 대상이 되어서는 안 된다는 도덕적 확신을 사회적으로 확립하는 것이 왕따나 학교폭력 문제를 해결하기 위한 노력의 출발점이 되어야 할 것이다.

그럴 때 교사는 왕따 당하는 학생을 불러 이런 점을 고쳐보라고 말하는 대신 왕따 시키는 아이를 준엄하게 야단칠 수 있으며, 가해자와 피해자 사이의 두려움 속에서 사태를 방관하던 학생들이 가해자를 '이상한 애' 또는 '야비한 애'로 비난할 수 있다. 또한 부모들의 관심사도 제 자식이 왕따 당하지 않는다는 안도감을 갖는 것에서 제 자식이 남의 자식을 왕따 시키는 수치스런 사태에 빠지지 않는 것으로 바뀔 것이다.

마지막으로 왕따와 학교폭력에 대한 논의들에서 발견되는 편향을 살펴보자. 최근의 여러 논의를 보면 좌우파 모두에서 관습적이고 문제가 있는 진단들이 드러난다. 우파적 발상법에서 나온 전형적인 논법은 학생인권조례 제정과 학생 체벌 금지가 교사들이 학교폭력을 막을 유효한 수단을 박탈했고 그것이 지금과 같은 문제를 낳았다는 것이다. 이를 입증하기 위해서 학교폭력에 대한 통계와 진보적 교육감의 분포를 연결해 제시하기도 한다. 이런 주장은 별로 설득력이 없다. 학생인권조례나 학생 체벌 금지 논의가 나오기 훨씬 전부터 우리 사회는 왕따와 학교폭력 문제에 시달려왔기 때문이다. 그들이 제시하는 통계 또한 자료수집 과정에서의 편기bias를 배제한 신뢰성 높은 것이라고 하기도 어렵다.

필자 또한 가해자들에 대한 처벌이 매우 중요하다고 생각한다. 처벌 없이 어떻게 가해자들이 학교공동체로 복귀할 수 있겠는가? 화해는 정의의 열매이지 그냥 주어질 수 없는 법이다. 그러므로 처벌을 통해서 그들의 잘못을 가르치는 동시에 그 잘못으로부터 사면되도록 하는 것이야말로 교육적 처벌이다. 또한 가해자들이 지금처럼 심각한 결과에 직면하기 전에 더 빨리, 더 제대로 그들의 잘못이 지적되고 처벌되어야 한다. 하지만 우파적 발상에서 나온 논의는 처벌을 체벌과 곧장 동일시하며 그렇기 때문에 우리에게 진정으로 필요한 체벌 아닌 처벌, 참된 교육적 처벌의 방안을 찾을 생각조차 하지 않는다.

한편 좌파적 논의에서도 편향이 드러난다. 단기적으로는 이명박정부 이후 경쟁교육의 강화 그리고 중장기적으로는 입시 위주의 교육으로 찌든 우리의 교육 현실, 부패와 위선이 만연한 기성사회에서 현재의 원인을 찾고 해결방안 역시 그 속에 함축되어 있다고 본다. 우파적 논의가 처음부터 길을 잘못 든 경우라면 이런 좌파적 논의는 기본적으로 옳은 구도에만 머무르려 한다는 문제가 있다. 만일 좌파적 논의를 따른다면, 왕따와 학교폭력 문제로부터 벗어나는 것은 요원할 것이다.

달리 생각할 필요가 있다. 학교는 전체 사회의 특징에서 자유롭지 않지만 그렇다고 해서 학교가 전체 사회와 일정한 차이를 내며 변화해가는 것이 불가능하지는 않다. 다양한 하위 부문들의 불균등한 발전이 사회의 실상에 더 부합하며, 그래서 한 사회 내에서도 상대적으로 더 효율적인 부분이 있는 것처럼 더 도덕적인 영역도 존재할 수 있다. 그러므로 적극적으로 생각하면 우리의 학교를 우리 사회보다 더 도덕적인 곳으로 바꿀 수 있을 것이다. 예컨대 학습의 수준에서 시도되는 혁신학교를 왕따와 학교폭력 없는 도덕적 혁신학교의 실험으로 이어가는 것도 가능할 것이다. 그러므로 분발할 필요가 있다. 교사와 학부모와 교육청이 힘을 모으고 단지 학생들을 돌보는 것을 넘어서 진정으로 가르치고자 해야 하며, 가르칠 만한 자가 될 것을 요구하는 가르침의 엄중함에 자신을 내맡겨야 할 것이다.

창비주간논평, 2012. 1. 11.

돌아보기

확실히 이 문제를 둘러싼 사회적 커뮤니케이션은 유사한 사건이 발생했을 때보다 더 지속성을 보였다. 하지만 그 방향이 옳았다는 생각은 잘 들지 않았다. 이 글에서 나는 왕따 문제의 초점을 피해자에서 가해자로 옮기는 것이 중요하다고 주장했는데, 교육부 역시 그렇게 하긴 했다. 하지만 교육부는 초점만 옮겼을 뿐, 그다음의 더 구체적인 단계에서는 사태를 악화시키는 쪽으로 나아갔다.

교육부가 취한 조치는 크게 두 가지였다. 하나는 학교장이나 교사들에게 왕따 사건 발생에 따른 인사고과상의 불이익이 커질 것임을 예고했다. 그리고 이런 조치가 야기할 은폐의 위험을 막기 위해서 왕따 경험의 유무에 대한 전국적인 전수조사를 벌이기도 했다. 하지만 전국적인 전수조사는 사실상 왕따 문제도 일제고사처럼 교장들의 경쟁을 통해서 해결하려 한 것이다. 이 전수조사는 방대한 예산을 투입했지만 처음부터 제대로 된 결과를 낼 수 없는 것이었고, 왕따 문제도 교장이 행정적 노력을 강화하면 해결되리라는 것은 전형적인 관료적 행정일 뿐 실제 문제를 해결할 수 없었다.

다른 하나는 잠재적 가해자들에게 두려움을 자아내는 것이었다. 엄벌뿐 아니라 처벌 기록을 남기고 그것을 대학 입시와 연계해 심각한 불이익을 안기겠다는 것이었다. 이 조치는 학생인권조례를 제정하고 그것을 교육현장에서 실현하려는 진보 교육감들과의 갈등을 낳았다. 특히 김상곤 경기 교육감은 그런 조치에 강하게 반발했다. 김상곤 교육감이 왕따 가해자의 처벌을 반대하는 것은 아니다. 단지 그런 처벌 기록을 대학 입시에서 불이익을 주는 데 사용하는 것은 이중처벌이며, 반교육적이라고 판단했기 때문이다.

이 문제는 확실히 김상곤 교육감의 판단이 옳다. 나는 이 글에서 "처벌을 통해서 그들의 잘못을 가르치는 동시에 그 잘못으로부터 사면되도록 하는 것이야말로 교육적 처벌이다"라고 언급했는데, 한 문장이지만 내 판단의 핵심을 요약하고 있다. 처벌은 무엇보다 왕따 가해자에게 그들이 한 일이 잘못이었다는 것을 가르치는 과정이어야 한다. 가르치지 않는 처벌은 교육적 처벌이 아니다.

다른 한편 처벌의 귀결은 사면이어야 한다. 사면은 근원적인 의미에서 용서 이상의 것이다. 아이가 잘못을 저질렀을 때 야단치는 부모를 생각해보라. 부모는 크게 화내며 야단칠 수 있다. 심지어 매를 들 수도 있다. 하지만 그런 나무람 속에서 아이가 후회하고 용서를 빌면 부모와 아이는 화해할 것이다. 그리고 이 화해 속에서 잘못을 저지르기 이전으로 아이를 되돌려놓게 되는 것이다. 그것이 사면이다. 사면하는 처벌은 처벌 속에서 처벌이 불필요한 순간을 만들어내고 처벌의 종결과 처벌되어야 했던 사실 자체를 말소한다. 다시 말해 종내는 처벌이 있었다는 것, 더 나아가 잘못 있었다는 것 자체를 사라지게 하는 것, 그것이 사면적 처벌이다. 교육적 처벌은 이런 사면적 처벌을 지향하며, 그렇기 때문에 왕따 가해자를 처벌하지만 바로 그 처벌을 통해 그를 더이상 가해자가 아닌 상태로 이끌고 가해 사실 너머의 존재로 복원하는 사면적 힘을 행사하는 것이어야 한다.

어쩌면 이를 위해서는 김상곤 교육감이 생각한 것보다 더 강렬하게 가르치려는 의지를 가져야 할지 모르겠다. 그것이 마지막 문장에서 "단지 학생들을 돌보는 것을 넘어서 진정으로 가르치고자 해야 하며, 가르칠 만한 자가 될 것을 요구하는 가르침의 엄중함에 자신을 내맡겨야 할 것"이라며 심각하지 않은 듯이 했던 말의 뜻한 바다.

우리 시대는 가르치지 않고 돌보려 한다. 돌봄의 가치를 무시하는 것은 아니다. 하지만 돌봄은 가르침은 아니다. 돌보는 부모는 아이를 돌봄이 필요 없는 존재로 가르치려고 하는 것은 아니다. 돌봄에는 어떤 영속성이 있다. 돌봄은 끝낼 줄 모른다. 그것은 아이가 다음에 디딜 징검다리 돌을 놓아주는 그런 행위이며, 종내 그 아이의 묏자리마저 마련해 주려는 것에 이른다. 우리는 아이를 돌보아야 하지만 또한 가르쳐야 한다. 가르침은 엄중한 것이며 그래서 자기수양적 과정이다. 그것은 사면적 처벌을 행사하는 자기 권능화와 자임된 권능 행사의 귀결들을 떠맡는 용기마저 필요로 한다.

다가오는 총선과 대선, 무엇을 이루어낼 것인가

2012년 총선이 눈앞에 다가왔다. 많은 정치학자들은 올해 총선과 대선이 새로운 정초선거foundation election, realignment election가 될 가능성을 말하고 있으며, 양대 선거를 계기로 새로운 체제 건설에 나서자는 논의(백낙청, 『2013년체제 만들기』, 창비, 2012 참조)도 널리 확산되고 있다. 다가오는 양대 선거에 지난 몇 번의 총·대선과는 사뭇 다른 역사적 무게가 실린 셈인데, 그것은 어느 정도 엄중한 것일까? 그 역사적 의미를 가늠하기 위해서는 현재 우리가 몸담고 있는 87년체제가 어떤 과제에 직면해 있었으며, 이 과제와 관련해 대통령과 의회권력의 관계가 어떤 식으로 전개되었는지 살필 필요가 있다.

전두환정권을 일종의 연장된 박정희 체제로 본다면, 87년체제는 냉전적이고 권위주의적인 발전국가의 성격을 지녔던 박정희 체제로부터 벗어나려 했다. 87년체제는 박정희 체제가 의존하면서 강화했던 분단 체제를 허물고, 권위주의적 억압으로부터 민중을 해방시키고, 경제에 대한 발전국가적 통제를 해체하는 것을 자신의 과제로 삼았다고 할 수 있다. 이 세 가지 과제의 실현 방식과 정도, 또 그것의 조합이 어떻게 될지는 열린 문제였으며, 여러 선거의 핵심적 의미 또한 이런 사회적 과제의 방향과 실행에 있어 가장 강력한 권력을 가진 대통령과 의회권력을 어떻게 구성하는가 하는 것이었다.

선거는 정치권력을 구성하는 동시에 그것이 작동하거나 제약될 지형 또한 형성하며, 이를 잘 드러내는 지점이 대통령과 의회권력의 관계다. 87년체제를 통해 대통령과 집권당은 선거 결과에 따라 의회 다수파가 되기도 하고 그렇지 않기도 했으며, 선거 주기가 다르기 때문에 한 대통령이 임기중에 의회 다수파 정권을 이끌기도 하고 그렇지 않기도 했다. 대통령은 이런 상황에 따라 87년체제의 과제를 특정한 방식으로 조합하여 실행하고자 했는데, 전형적인 패턴은 다수당일 때는 남한 사회 내부의 개혁(물론 대통령과 집권당이 생각하기에 개혁인) 과제를 실천하지만, 그렇지 못할 때는 의회 다수파가 되기 위한 전술을 펴거나 그것도 여의치 않을 경우 의회를 우회할 수 있는 개혁에 집중하는 것이었다.

그 예를 열거하는 것은 그리 어렵지 않다. 의회 다수파가 되기 위한 전술의 전형적인 예로 노태우정부의 3당 합당을 들 수 있으며, 실패한 사례지만 노무현 대통령의 대연정도 그런 시도에 속한다. 의회 다수파일 때 대통령이 추진한 사회'개혁'의 시도로 김영삼정권의 노동법 '개정'과 노무현정권의 4대 개혁입법 그리고 이명박정부의 종편 허가나 4대강 사업 같은 퇴행적인 정책들도 거론할 수 있다.

반대로 의회 소수파일 때 대내적 의제를 우회한 개혁 시도는 대체로 남북관계의 개선 아니면 경제적 개방정책의 형태로 나타났다. 남북관계와 대외개방 모두 남한 사회 내부의 세력관계와 무관한 것은 아니지만 대통령의 의지가 뚜렷하다면 추진단계에서 제약은 적은 편이다. 노태우 대통령의 북방정책과 남북한 UN 동시가입·남북한 기본합의서 채택, 김영삼 대통령의 대외개방, 김대중 대통령의 햇볕정책과 6·15 정상회담, 노무현 대통령의 10·4 공동선언과 한미 FTA 등은 역대 대통령들이 남북관계와 대외개방을 통해 추진한 것이다.

평가하자면 이 가운데 남북관계의 화해와 협력을 추구한 정책은 긍정적 효과를 산출한 반면, 급진적 개방정책은 우리 사회의 위험을 증폭하는 것이었으며 그 영향도 사회집단별로 매우 차별적이었다. 전자는 87년체제에 주어진 과제에 충실하면서도 여론의 지지에 터한 것이었지만, 후자는 정책을 조절하고 내부 활력 및 혁신과 연결될 '사회적 연대'라는 핵심 고리가 결여된 채 진행되었기 때문이다.

87년체제에서 확인되는 이런 패턴은 2013년체제 만들기와 관련해 다음과 같은 함의를 준다. 첫째, 올해의 양대 선거를 통해 단순히 정권교체를 이루는 게 아니라 새로운 체제를 수립하는 핵심 계기를 마련하고자 한다면, 총선과 대선 가운데 어느 하나의 승리가 아니라 양대 선거 모두의 승리가 더욱 필수적이라는 것이다. 사실 이명박정부에 의한 심각한 사회적 역주행이 가능했던 것도 87년체제하의 어떤 정부보다도 강한 의회권력이 있었기 때문이다. 이는 우리가 이 역주행을 회복하는 것을 넘어 크게 한 걸음을 내딛기 위해서는 총선과 대선 모두에서 큰 승리가 필요함을 말해준다.

둘째, 새로운 체제의 건설은 좌절되고 우회되었던 내부 개혁 과제가 수행될 때 이루어질 수 있다는 점이다. 이런 개혁 의제가 무엇이 되어야 할지는 이명박정부를 통해서 명료해져왔거니와 그 핵심에 있는 것은 경제민주화와 재벌개혁이라 할 수 있다. 그리고 그런 개혁은 필연적으로 관료개혁과 언론개혁, 검찰개혁 등을 함축한다. 그러므로 이 문제에 대해 단호한 의지를 가진 지도자의 선출 그리고 의회권력의 창출이 관건이라고 할 수 있다.

셋째, 의회 다수파일 때 대통령의 사회'개혁' 시도가 좌절되는 방식으로부터 교훈을 얻을 필요가 있다. 87년체제를 통해서 의회가 대통령을 제어할 수 없을 때는 대개 사회가 직접 등장했다. 우리 사회의 지배층을 건드리는 개혁이 이루어질 때 수구세력이 규합되었고, 전체 사회의 여론을 거스르는 것일 때는 1996년 노동법 파동과 2008년 촛불집회에서 보듯이 분산된 대중이 직접 행동에 나서곤 했다. 이런 문제를 해결하기 위해서는 개혁을 위한 사회적 연합을 형성하는 것이 매우 중요하다.

마지막으로 2013년체제는 백낙청 교수가 반복해서 지적했듯이 우리 사회 보수층과 정당의 개혁 자체를 요구한다. 냉전적 수구세력이 보수세력 전체에 대해 헤게모니를 잡고 합리적 대화와 사회적 합의 형성을 가로막는 현상이 극복되지 않는 한, 87년체제를 특징지은 답보와 교착을 넘어서기는 쉽지 않기 때문이다. 따라서 새로운 체제를 만드는 것은 보수의 혁신을 요구하며, 스스로 이룩될 수 없는 그 보수의 혁신을 위해서도 민주적 개혁과 평화 체제를 추구하는 정권의 창출이 간절하다.

창비주간논평, 2012. 2. 22.

돌아보기

2012년 한 해 동안 쓴 세 편의 칼럼은 교육 문제와 정치 문제에 대한 것이다. 총선과 대선이 모두 있는 해인데다가 그 총선과 대선의 중요성이 여느 해와도 다르게 느껴졌으니 정치 칼럼이 많은 것은 당연하다. 기회가 더 있고, 또 내가 쓸 필요가 있는 이슈가 더 있었다면, 기꺼이 더 많은 칼럼을 썼을 것이다.

이 칼럼을 다시 읽으며 어떤 희망과 어떤 결의 속에서 2012년 벽두를 맞이했는가를 느끼게 된다. 이명박정부를 어떤 긴 터널처럼 체험하던 사람이 나만은 아닐 것이다. 그리고 그 터널의 끝이 이제 보인다는 심정이었다. 그런 희망이 근거 없는 것은 아니었다. 2010년 지방선거에서의 야권연대의 승리나 2011년 서울시장 보궐선거에서 박원순 후보의 당선 등은 총선에서의 승리를 전망할 만한 것이었기 때문이다. MBC 노조 파업에서 시작해 KBS, YTN, 연합뉴스로 확산된 강력한 언론 노조 파업도 사태를 희망적으로 보게 하는 계기였다.

이 글은 내가 오랫동안 작업해온 '87년체제'론에 입각해서 2012년에 민주파가 지향해야 할 정치적 성과를 제시하고 있다. 나는 지금도 여기 제시된 것들이 타당성 있는 명제들이라고 생각하고 있다.

4·11 총선을 바라보며

내일이면 19대 국회의원을 뽑는 공식 선거운동이 시작된다. 지금까지가 공천 국면이었다면, 이제는 본격적인 선거 국면이다. 선거운동 기간이라고 해야 고작 2주밖에 안 되지만, 변화와 쏠림이 많은 우리 사회에서 2주는 뭔가를 예측하기에 긴 기간이다. 그러므로 섣부른 예측보다 지금까지의 경과를 짚어보며 이번 선거를 움직이는 역동성이 무엇인지, 그리고 19대 총선 결과에 따라 가능한 일이 무엇인지 생각해보는 것이 나을 듯싶다.

지금까지의 공천 국면에서 여당과 두 주요 야당은 서로 다른 과제에 직면해 있었다. 여당의 주요 과제는 박근혜 비대위원장의 세 가지 기획을 성공시키는 것이었다. 국민에게 심각한 불신을 사고 있는 새누리당을 개혁하는 것, 그 당을 박근혜 의원을 중심으로 재편하는 공천을 하는 것, 그러면서도 친이계의 대규모 이탈을 막는 것이 그 기획이었다. 이에 비해 야당들은 전국적인 야권연대를 실현하는 것, 그리고 야권연대를 위한 경선을 성공적으로 치르고 불복자를 최소화하는 것이 중심 과제였다.

결과를 놓고 보면 여당이나 야당이나 모두 목표한 바를 상당 정도 성취했다. 하지만 그것을 이루는 과정에서 대체로 야당보다는 여당이 높은 점수를 얻었는데, 여기엔 두 가지 이유가 있다. 하나는 리더십의 차이다. 박근혜 비대위원장과 한명숙 대표를 비교해보자. 두 사람 사이에 정치적 역량의 차이가 없는 것은 아니다. 하지만 당내 여러 갈등을 조절하고 그것을 위해 자원을 동원하고 미래를 약속할 수 있는 능력의 면에서 유력한 대선주자, 게다가 스스로 공언해온 당권·대권 분리 원칙마저 폐기하고 당을 장악한 대선주자와 그렇지 않은 사람 사이에는 큰 차이가 있을 수밖에 없다.

다른 하나는 여야가 직면한 과제의 구조적 차이다. 새누리당의 과제는 당 안의 문제를 해결하는 것이지만 야권연대는 당과 당 간의 문제를 해결해야 하는 것이다. 후자가 더 복잡하고 갈등적일 수밖에 없는 면이 크다. 협상 국면에서 양자가 서로 동원할 수 있는 모든 종류의 압박 수단을 활용한다면 숭고한 열정과 희생 못지않게 거친 언사와 저열한 이기심이 표출될 가능성도 커지는 법이다. 그렇기 때문에 지금까지 야당의 공천과 연대 협상 과정에서 이런저런 잡음과 실망스러운 점들이 불거진 것은 어느 정도 예측 가능한 것이었으며, 그렇기 때문에 시민사회 원로들이 최근 성명서에서 밝혔듯이 "과정의 어수선함"에 지레 낙담할 일은 아니다.

오히려 이번 선거의 역동성을 파악하기 위해서는 야당의 공천이나 야권연대에 대해 대중이 냉정한 평가를 내린다는 사실 못지않게 대중이 그런 과정에 고도로 민감하다는 것에 주목할 필요가 있다. 이명박정부 내에서 모든 선거의 행로를 규정한 중심 추동력은 야당이라기보다 이명박정부의 행태를 견제하기 위해 결집한 우리 사회 야당 지지자 집단이었으며, 4·11 총선 또한 그런 흐름 속에 있기 때문이다. 야당 지지자들, 다시 말해 우리 사회의 민주시민들은 지난 대선에서는 참여정부에 대한 실망으로 흩어졌지만 이명박정부 아래서 벌어진 심각한 민주주의의 퇴행 때문에 다시 결속했으며, 민주통합당과 통합진보당의 사이쯤에 자신의 정치적·정책적 입장을 설정하고 두 당의 행로를 현재의 지점까지 견인해왔다고 할 수 있다.

이들이 공천 과정이나 야권연대에 고도로 예민하게 반응하고 냉정한 비판을 가한 이유는 야당의 행태가 그들의 기대와 눈높이에 모자라기 때문인 동시에 그렇게 모자라서는 우리 사회의 부동층을 견인하기 어렵다고 판단했기 때문이다. 그래서 그들은 야당이 부동층을 견인할 수 있는 수준의 신뢰감 가는 정치적 대안을 조직할 것을 끈기 있게 요구해온 것이다.

민주적인 시민들이 그토록 4·11 총선에서 야당의 승리를 염원하며 야당의 행보에 노심초사하는 이유는 총선에서 야당이 승리할 때만 이명박정부에 의한 '망가진 4년'이 끝내 '망가진 5년'—아니 어쩌면 '아주 망가지는 10년'—으로 이어지는 것을 막을 수 있다고 믿기 때문이다. 예컨대 여소야대의 국회만이 이명박정부하에서 마구잡이로 만들어진 악법들을 고칠 수 있고, 이명박 대통령 측근이 저지른 수많은 비리와 이명박정부의 잘못된 정책에 대한 청문회를 개최할 수 있으며, 이외 숱한 의혹에 대한 국정조사를 수행할 수 있다고 생각하기 때문이다.

또한 심각한 파행 상태에 있는 방송과 신문을 정상으로 되돌려놓을 수 있으며, 이명박 대통령과 박근혜 비대위원장 사이에서 권력의 줄타기를 하는 듯한 검찰과 선뜻 신뢰하기 어려운 행태를 보이는 선관위를 일정 정도 제어할 수 있으며, 이명박정부가 여전히 시도하는 각종 민영화 정책을 중단시킬 수 있으며, 이명박정부에 의해 사찰당했거나, 소송당하고 수감되었거나, 징계당하고 해고당한 이들의 피해를 보상할 수 있다고 보기 때문이다.

요컨대 4·11 총선의 승리만이 이명박정부가 더이상의 과오를 저지르는 것을 막으며, 다음 정부가 이명박정부의 쓰레기를 청소하는 데 시간을 허비하지 않고 더 나은 체제를 건설하는 일에 힘차게 나설 수 있게 만든다. 그런 점을 고려하면 야당이 이런 지지집단의 염원을 수용하며 선거 승리를 통해 곧장 수행하고 이룩할 수 있는 것들을 정면에 내세우는 것이 필요한 시점이라고 할 수 있다.

창비주간논평, 2012. 3. 28.

돌아보기

총선이 가까워올수록 민주당과 야권연대 주변에서 들려온 이야기 가운데 반가운 소식은 별로 없었다. 박근혜 비대위 체제가 보인 행보는 대중을 충분히 현혹할 만한 것이었다. 새로운 인사들의 영입, 당명과 당 로고의 변경, 선거전술 등 모든 면에서 민주당을 압도하는 면이 있었다. 공천 과정에서도 그랬다. 민주당 비례대표 공천심사위 주변에서 들려온 이야기들은 걱정스러운 것이었다. 한명숙 대표의 리더십과 공천 과정에서의 행보는 심각한 수준이었다. 야권연대와 연합공천을 둘러싼 잡음도 마음이 편치 않은 것들이 많았다. 심지어 통합진보당 이정희 후보는 당 대표인데도 야권연대 경선에서 부정을 저질러 후보에서 사퇴하기도 했다. 불안했다. 총선 기간이 시작할 무렵 야권연대가 151석을 차지하는 꿈을 꾸기도 했는데, 깨고 나서 허탈한 심정이었다. 단 한 표라도 이기기를 바라는 심정이라니…… 철들고 나서는 무던히도 프로이트의 책을 읽어도 도무지 해석이 되질 않고 정신분석 서적을 읽을수록 그만큼 더 복잡해지기만 하던 내 꿈이 마치 여섯 살배기 어린이의 아이스크림 꿈처럼 단순해져 있었다.

총선을 앞두고 칼럼을 쓰면서 내가 생각한 것은 어쨌든 총선에 대해 불안해하는 민주파 시민들에게 스스로를 위무할 근거를 제공하는 동시에 그들에게 총선에서 이기는 것이 왜 중요한지 그리고 그것이 어떤 효과를 가졌는지 밝힘으로써 그들의 열정을 고무하고 싶었다. 이 글은 확실히 이 글이 닿는 범위의 사람들을 동기화하고 동원하는 것을 목표로 한 글이었다. 하지만 동원의 의도로 인해 사태에 대한 관찰이 흐려진 것은 아니었다. 만일 총선에서 야권연대가 승리했다면, 이 글에서 말한 것들은 실현되었을 것이다. 이명박정부의 재임 기간을 총선을 계기로 사실상 중단시킬 수 있었으며, 이명박정부가 임기 말기까지 저지른 패악을 막을 수 있었다. 그러나 그렇게 되지 않았다.

박근혜도 4·11 총선의 심판 대상이다

비상대책위원회를 꾸릴 만큼 어려움을 겪던 새누리당이 이번 총선에서는 심각한 위기 상황은 모면한 것 같다. 그렇게 된 이유는 새누리당의 공천과 선거를 주도한 것이 이명박 대통령이 아니라 박근혜 위원장이고, 많은 사람들은 박위원장이 이명박정부의 과오와 실정에 별로 책임이 없다고 생각하기 때문이다.

하지만 결론부터 말하자면, 박위원장은 이명박정부의 과오와 실정에 대해 큰 책임이 있다. 그녀는 미래 권력이 아니라 과거에도 현재에도 이명박정부의 권력자였기 때문이다. 좀더 엄밀히 말하면 미래 권력이 아니라 과거와 현재의 권력에 입각해 미래의 더 큰 권력을 가지기 위해서 뛰고 있을 뿐이며, 이명박정부의 실정과 과오에 대한 자신의 책임을 교묘하게 잘 숨기고 있을 뿐이다.

박위원장은 지난 4년 동안 새누리당의 전신인 한나라당 의원들 상당수와 친박연대 의원들의 실질적인 보스였고, 그런 의미에서 국회에서 가장 강력한 권력을 가진 존재였다 해도 과언이 아니다. 그런데 행정수도 문제와 동남권 국제공항 문제를 제외하고는 이런 막강한 권력을 이 대통령에게 협조하는 데 사용했을 뿐이다. 실제로 박위원장은 한미 FTA 비준과 종편채널 허가, 예산안 변칙 통과 등 이명박정부의 숱한 날치기 법안 처리에 직접 참여하거나 방관함으로써 실질적인 지지를 보냈다.

특히 2011년 예산 날치기 통과에 가담한 사실은 변명하기 어렵다. 의회정치의 규칙을 온통 짓밟으면서 그때 흙탕물과 금이 간 보로 되돌아온 4대강 사업 예산을 위해 방학중 결식아동 급식 지원 예산과 필수예방접종 민간 병의원 지원 예산이 전액 삭감되었다. 박위원장으로서는 "아버지가 꿈꾸는 나라가 복지국가"라고 말하고 다니기에 부끄러운 행적인 셈이다.

우리는 장로 대통령과 더불어 종교 간 갈등이 심화되고 기독교 내의 냉전적이고 퇴영적 분파들이 과도하게 설쳐대는 모습을 지난 4년 동안 보아왔다. 비견할 만하게도 사학재단 이사장이었고 여전히 그 영향력을 유지하고 있는 박위원장과 더불어 우리가 경험한 것은 심각해진 사학분규였다.

이명박정부하에서 구 재단 이사와 이사장이 학교 재단에 복귀함으로써 갈등을 빚고 있는 곳이 작년 말 기준 34개다. 이런 사학분규의 원인은 사학분쟁조정위원회의 잘못된 결정 때문인데, 바로 이 사학분쟁조정위원회는 박위원장이 한나라당 대표이던 시절 국회를 뛰쳐나가 장외투쟁을 통해 만들어낸 것이다. 이명박정부하의 사학분규에서 박위원장이

져야 할 책임은 이대통령보다 무겁다.

이뿐 아니다. 이명박정부의 주요 정책 기조도 이대통령보다는 박위원장에 의해 수립된 것이다. 이대통령의 747 공약은 공염불이 되었다. 하지만 박위원장의 줄푸세 공약은 이명박정부에 의해 충실하게 수행되었다. '세금은 줄인다'. 그렇다. 부자들에게 100조 원 정도의 감세가 이루어졌다. '규제는 푼다'. 그렇게 풀린 규제로 재벌이 빵집을 경영하고 골목상권을 짓이기고 일감 몰아주기로 편법 상속을 했다. '법질서를 세운다'. 엄정한 법률 집행에 의해 일어난 일이 촛불시민에 대한 숱한 소송 남발이었고, 용산 철거민에 대한 경찰의 진압이었고, 쌍용차 노동자에게 쏘아진 테이저건이었다.

이명박정부하에서는 국무총리실 공직윤리지원관실이 민간인을 사찰하는 일도 벌어졌다. 이 사건은 민간인 사찰이라는 점에서 용서할 수 없는 범죄지만, 사적인 지역 인맥을 토대로 '비밀정부'를 정부 안에 창설한 것으로 보인다는 점에서 여느 사찰 사건을 넘어서는 심각성을 가지고 있다. 하지만 그런 문제가 언론매체에 의해 상세히 드러나자 박위원장은 자신도 이명박정부 그리고 그 이전 참여정부에 의해 사찰당했다며 피해자를 자처했다.

박위원장이 자신의 주장을 입증하는 증거를 내놓지 않고 그런 말을 하는 것도 큰 문제지만, 그것이 사실이라 해도 지금까지 아무런 분노도 표출하지 않았고 아무런 저항도 하지 않았다는 점은 더 심각한 문제다.

더구나 참여정부에 의한 사찰이 정말 있었다면 이를 징벌할 권력을 박위원장은 이미 갖고 있었으며, 적어도 2년 전에 드러난 이명박정부의 불법 사찰에 대해서는 그것을 막거나 사후에라도 시정하기 위해 노력했어야 할 책임이 있다. 그렇기 때문에 박위원장은 피해자를 자처하기 전에 부끄러움과 사죄부터 표명해야 했고, '물타기'로 정부 감싸기에 나서는 일은 결코 하지 말았어야 했다.

총선이 다가옴에 따라 역대 많은 선거가 그랬듯이 공론장의 중심 의제가 집권세력의 공과, 여러 정치세력의 미래 프로그램, 국회의원 후보자들의 정책 및 입법 능력 등에 대한 평가 같은 본질적 사안에서 한참 벗어나 지저분한 폭로와 비방이 난무하고 있다. 여기에 이대통령도 애용하는 색깔론까지 들고나온 것이 바로 박위원장이며, 이런 저질 선거를 보면서 일각에서는 '그놈이 그놈이다'라는 식의 정치적 냉소주의가 퍼지고 있다. 아니 어떤 면에서 냉소와 염증은 조직되고 있다. 보수신문은 무가지를 배포하면서까지 염증을 전파하기 위해 노력하고 있고, MBC 김재철 사장은 선거 당일 선거방송 시간마저 줄이겠다고 했다.

현재 우리에게 필요한 것은 냉소에 저항하는 자세다. 안철수 원장은 좋은 후보를 뽑으라고 했다. 하지만 선거가 좋은 후보와 나쁜 후보 사이의 선택으로 느껴지지 않을 수 있다. 그럴 때도 우리는 나쁜 후보와 더 나쁜 후보 사이의 선택을 할 수 있다. 이런 선택이 흔쾌한 것이 아니긴 하지만 그것을 회피하는 것은 그 자체로 나쁜 선택일 뿐이다. 왜냐하면 나쁜 것과 더 나쁜 것 사이의 선택을 신중히 거듭하지 않고서는 좋은 것과 더 좋은 것 사이의 선택으로 나아갈 수 없기 때문이다.

그러므로 투표를 하자. 그리고 정당들의 약속에 믿음이 가지 않는다면 이미 사실로 드러난 과거의 행적을 살피자. 그렇게 과거를 살핀다면, 우리가 넘겨보아서는 안 될 점은 비리로 비리를 덮어온 이명박정부의 과오와 실정이 의회 과반수를 차지했던 한나라당(새누리당) 없이 불가능했다는 사실이다. 아니, '친박연대'를 포함한 압도적 다수 의석이 있었기에 가능했다. 박위원장은 그것에 책임이 있는 것이다.

창비주간논평, 2012. 4. 9.

돌아보기

총선 이틀 전에 쓴 글이다. 여론조사 결과의 공표가 금지되는 기간이지만, 사회학과 출신들이 여론조사기관에 많고 기자들과 친분도 있는 편이라 구체적 수치는 법적 제한 때문에 듣지 못해도 대략의 판세는 접할 수 있었다. 전망이 어두웠다. 총선 이틀 전에 내가 할 수 있는 일은 총선 판세에 영향을 주고 있는 특정한 환상을 비판적으로 다루는 칼럼을 쓰는 일 정도였다.

4·11 총선의 판세에 가장 결정적인 요인은 박근혜 의원이 비대위원장으로서 당권을 장악했다는 사실 자체에 있었다. 박위원장의 정치적 힘은 두 가지 강력한 정치적 자산에 있다. 하나는 그가 박정희 대통령의 딸이라는 것이고, 다른 하나는 그가 당내 비주류로서 이명박정부의 실정에 책임이 없으며, 행정수도 이전 문제에서는 이명박 대통령과 맞서기조차 했다는 일반적 생각이었다.

이 글은 두번째 생각이 별로 근거가 없는 환상임을 밝히는 글인데, 이런 접근은 '이명박근혜'라는 당시 야권 일반의 프레임과 궤를 같이하는 것이다. 대선 이후에 이런 프레임이 효과적인 것이었는가에 대해서는 많은 비판이 있었다. 비판의 요점은 두 가지다. 하나는 이 글에서는 대중의 환상이라고 말하지만 그 환상을 깰 만큼 효과적으로 커뮤니케이션을 조직하는 것이 가능했는지 의심스럽다는 것이다. 다른 하나는 그것이 '반MB' 정서 속으로 박근혜를 끌어넣으려는 안이한 도식이며, 그런 프레임이 박근혜 후보가 정작 야권의 중심 공약과 슬로건인 경제민주화와 복지국가를 공략하고 있을 때 그것과 적극적으로 대결하지 못하게 했다는 것이다. 이런 지적에 상당 정도 동의한다. 그리고 나에게 왜 야권의 일반적 프레임을 넘어서는 비판의 전망을 제안하지 못했냐고 하면 능력 부족을 시인할 수밖에 없다.

총선은 결국 새누리당의 승리, 그것도 예상보다 큰 승리로 끝났다. 총선이 끝난 뒤 많은 이들이 그랬듯이 나 또한 총선에서는 졌지만 그래도 심기일전해서 대선에서는 승리하기 위해 노력해야 한다고 생각했다. 이 생각은 원칙적으로는 맞는 것이지만, 사태의 객관적 측면에서 볼 때, 총선 패배는 상당 정도 대선 패배의 가능성을 함축하고 있었다. 어떤 상황에서는 나쁜 결과가 행위자의 성찰과 변화를 이끌어내기도 한다. 하지만 어떤 상황에서는 나쁜 결과가 더 나쁜 일들을 야기하는 격발 요인이 되기도 한다. 총선 패배는 성찰과 변화를 가져올 가능성을 가지지 않은 것은 아니었지만, 그보다는 일이 나쁜 쪽으로 풀려갈 가능성이 더 컸다.

그 이유는 우선 총선 패배로 인해 민주통합당(이하 '민주당') 지도부가 겪게 된 동요와 혼돈에서 찾을 수 있다. 총선 패배의 책임을 지고 한명숙 대표가 물러났다. 민주당은 그런 경우 어떻게 지도부가 계승되는지에 대한 규정 자체가 없었는데, 당의 체계가 허술함을 보여주는 한 예였다. 당권은 우여곡절 끝에 문성근 대표대행을 거쳐 박지원 비대위원장에게 전해지고 뒤이어 '이박 단합' 논란을 거치며 정식으로 경선을 거쳐 이해찬 대표가 취임했다. 총선을 경유해 대선에 이르기까지 민주당은 대표를 맡은 사람만 넷이었던 셈이다.

사태가 이렇게 진행된 것은 한편으로는 민주당이 정치 일정상 총선 패배를 추스르고 대선을 준비해야 하는 시간 압박 속에 놓이며, 이런 정치 일정은 한편으로는 자기 계파의 대선 후보를 선출하는 당내 경쟁 상황을 의미하기도 한다. 앞서 언급했듯이 대표 교체는 한명숙 대표 퇴진에서 시작해 이해찬 대표 취임으로 종결되는데, 이 과정은 범친노계가 주도한 총선 패배에도 불구하고 다시 범친노계 대표가 대선 국면을 주도하게 되었다는 것을 의미한다.

이 과정은 민주당 내에서 총선 평가가 진행된 양상을 일부 해명한다. 2012년 겨울 대선이 끝나자 한 달도 지나기 전에 민주당에서는 숱한 의원들이 대선 평가 토론회와 보고서를 발간했다. 이와 대조적으로 총선 후에는 당의 민주정책연구원의 보고서(그것도 중간보고서) 하나가 제출되었고, 그조차도 공식적인 토론이 아니라 간담회 형식으로 논의된 후 사실상 폐기되어버렸다. 그렇게 된 이유의 하나는 총선 평가가 대선 후보의 향배와 연계되기 때문이었다. 범친노가 대선 국면의 고삐를 잡는 길은 엄정한 총선 평가를 피하는 것이기도 했다.

사태가 그렇게 진행된 것은 민주당 일반 의원들 내에서도 패배 부인의 심리(또는 패배를 실감하지 못하는 분위기)가 상당했기 때문인데, 그런 심리는 어떻게 보면 그들에게는 '자연스러운' 것이기도 하다. 그들은 패배로 평가받긴 하지만 어쨌든 그 총선을 통해 국회의원으로 당선된 이들이라서 패배의 아픔을 논하기보다는 개인적으로 야심찬 의정 활동을 준비하고 싶은 상황이었기 때문이다. 그들은 몇 달 뒤 대선 패배에 대한 토론회를 열심히 열게 되지만, 총선 직후 상황에서는 얼떨한 초선이거나 18대 낙선의 울분을 떨친 재선이거나 재선·삼선으로 당내 기반을 확고히 한 즐거운 상황이었다.

만약 총선 평가가 엄정했다면 이해찬 대표의 취임은 쉽지 않았을 수 있다. 이해찬 의원이 대표가 된 것이 그 자체로 긍정적인지 부정적인지는 말하기 어렵다. 하지만 총선 평가가 유야무야되면서 범친노가 총선 실패에도 불구하고 지도부에 복귀함에 따라 민주당의 경선 과정의 공정성에 대한 내부의 불신 가능성이 커진 것은 사실이다. 이것이 경선 과정의 심각한 잡음, 경선 불복적인 자세, 대선에서 선대본 구성의 방향과 특징 등에 영향을 미치게 되었다고 할 수 있는데, 그 과정 전반에서 민주당 조직이 결집하고 효율화되었다고 말할 수 없다.

더 나아가 총선 패배와 그것에 이어지는 당의 혼선은 민주당의 지도력에 대한 대중의 불신을 야기했다. 그것의 효과는 두 가지였다. 하나는 안철수 후보의 대선 출마였다. 복잡성과 불확실성이 커졌고, 그로 인해 민주당의 대선 후보 경선은 대중의 관심을 끌지 못했다.

다른 하나는 민주당이 선출한 대선 후보조차 자신을 '민주당의' 후보로 내세우기보다 범민주세력의 후보로 내세우며 민주당과 거리를 두려 했다는 점이다. 이로 인해 민주당 선대본(대통령선거대책본부)은 매우 복잡한 구조를 가지게 되었지만 비효율적이고 통합력을 갖지 못한 조직이 되었다. 이런 조직은 결정 과정이 투명성을 갖지 못하여 끊임없이 비공식 조직에 대한 루머에 시달리게 된다. 각 조직 내 단위들의 기능 부전은 자신의 오류나 비효율성보다는 비선 조직 또는 후보 측근의 개입으로 인한 혼선으로 인지되며, 각각의 결정들이 구속력 있는 것인지에 대해 공식 조직의 단위들이 확신을 갖지 못하게 되는 일이 벌어진다. 민주당 선대본은 이런 조직 기능의 약화와 이완 그리고 불안정성을 겪었다고 할 수 있다.

그 상황에서 이런 사건의 연쇄를 정당 외부에서 잘 모니터하기는 어렵다. 하지만 어떤 식으로든 2012년 총선과 대선의 연합정치를 떠받친 시민정치세력 안에서 사태가 그런 식으로 진행될 개연성이 예상되고 논의됐어야 했다. 총선 패배는 정말 중대한 사태로 받아들여졌어야 하며, 총선 평가에 대한 요구 수위도 높였어야 했다. 패배를 부인하는 심리에서 발원한 주장들("총선은 원래 이기기 어렵다. 이 정도면 잘한 것이다" "총득표율에서는 범야권이 범여권을 이겼다" "대선에서는 투표율이 더 상승하기 때문에 총선 패배에 낙담할 필요 없다" 등등)을 단호히 거부하고, 심기일전이 아니라 더 엄격한 정치적 책임을 물었어야 하지만 나를 포함한 많은 이들은 사태가 희망적이기를 바라는 희망, 소망적 사유wishful thinking의 유혹을 잘 견뎌내지 못했다. 대선에서는 이기기를, 이길 가능성이 충분하기를 바랐고, 더 나아가 대선에 이긴다면 그것만으로도 절반을 훌쩍 상회하는 승리라고 생각하고 싶어했다.

막스 베버는 정치적 자질의 가장 중요한 덕목 가운데 하나로 지적 정직성을 꼽았는데, 이는 자신의 당파적 이익에 대해 불쾌한 정보를 수용하는 능력이다. 그 능력의 면에서 우리 사회 민주파에는 모자람이 있었던 것이다.

박정희의 아들과 딸

정치적 상속자라는 견지에서 볼 때, 박정희 전 대통령에게는 전두환, 이명박, 그리고 박근혜라는 두 아들과 딸이 있다. 이들 가운데 아들들은 대통령이 되었고, 딸은 지금 대통령 자리를 향해 가고 있다. 상속자들은 박정희의 면모를 계승하되 박정희 안에 복합적으로 얽혀 있는 여러 면 가운데 특정 측면을 더 두드러지게 잇고 있는 것 같다.

박정희는 쿠데타로 집권했으며 집권 기간 내내 반대자에 대해 사찰, 감시, 공작, 고문, 그리고 살해를 일삼았는데 이런 면은 전두환을 통해서 한층 포악한 형태로 계승됐다고 할 수 있다. 전두환정권만큼 집권 과정과 집권 기간 내내 심각한 폭력이 계속된 경우는 없었던 것 같다. 그 시절 국가와 공적 제도는 군벌 내지 조폭과 같았다.

박정희는 취약한 정당성을 경제성장이라는 업적을 통해서 보충하고

자 했으며 그것에 매우 열정적이었는데, 그가 채택한 재벌 편향적인 수출 중심 그리고 토건 경제는 이명박 대통령에 의해서 계승되었다. 그가 박정희가 덮은 청계천을 열었을 때 사람들은 그것을 박정희 시대로부터 이탈하려는 몸짓으로 오인했고, 대통령 후보로 출마했을 때는 박근혜 의원과 달리 박정희의 친자가 아닌 것에 안심했다. 하지만 그는 박정희식 경제발전이 자기 시대에서 가졌던 나름의 합리성을 상실한 시대에 그것을 괴물처럼 확장된 형태로 계승했다.

하지만 이명박 대통령은 유통기한이 지난 경제정책만 계승한 것이 아니라 그것에 함축된 인간관 그리고 성향을 만개된 형태로 발현했다. 이 점은 정적을 대하는 방식에서 잘 드러난다. 전두환은 정적을 폭력적으로 분쇄하려고 했다. 그는 탄압하고 고문했다. 이에 비해 이명박 대통령은 정적의 은행계좌는 물론이고 그 친인척과 지인 심지어 단골 음식점 계좌까지 이잡듯 뒤지고 사법적 절차 자체를 징벌적 수단으로 활용했다. 종종 그렇듯이 세상으로부터 악을 지각하는 그 눈길 자체가 사악한 법이다. 그의 탄압 방식은 모든 인간은 사적 이익을 좇을 뿐이고 그래서 사적 세계는 모두 추하다는 것인데, 그런 가정은 그 자신에게 가장 타당했다.

하지만 이들은 상속자인 한에서 차이점만큼이나 공통점 또한 풍부하다. 박정희와 아들들은 언제나 북한을 자신의 실정과 과오를 덮고 국민을 겁박하는 수단으로 이용했다. 박정희 시대의 조작된 간첩사건과 그들에 대한 사법살해는 전두환 시대의 숱한 용공조작으로 이어졌고, 이명박 시대에는 햇볕정책의 모든 성과를 되돌리려는 시도로 나타났다.

박정희가 정수장학회와 영남대를 차지하는 과정에서 그랬듯이 두 아들 또한 공권력을 활용해 사적 착복을 일삼았다. 물론 방식은 약간 달랐다. 전두환이 조폭들 '삥' 뜯듯이 그렇게 수천억의 돈을 착복했다면, 이명박 대통령은 내곡동 사저 문제나 각종 민영화를 둘러싼 수상쩍은 행보에서 보듯이 '국가를 수익 모델'로 만들었다.

박정희는 쿠데타 이후 1961년 민정 이양 약속, 1963년 민정 불참 선언, 1967년 3선 개헌 부인, 1971년 대선에서의 마지막 대선 출마 선언을 모두 뒤집었고 유신으로 영구독재를 시도했다. 이런 거리낌없는 거짓말도 계승되었다. 전두환은 북한이 수공용으로 금강산댐을 짓고 있다는 거짓말을 하고 국민들의 성금을 모아 대응 댐을 지었다. 그리고 이명박 대통령은 반값 등록금 약속을 뒤집은 것을 비롯해 촛불집회 때 미국에서 광우병이 발생하면 즉각 검역과 수입을 중단하겠다는 약속 또한 아무렇지도 않게 뒤집었다.

이런 유사점 속에서도 이명박 대통령의 거짓말에 어떤 특이점이 있다는 점은 지적해두고 싶다. 이명박은 2009년 12월 1일 국빈 방문중인 헝가리 대통령 라슬로 소욤을 초청한 만찬 자리에서 박근혜 의원에게 "나도 지난 대선 때 어느 괴한이 권총을 들고 집에까지 협박을 하러 와서 놀란 적이 있는데, 경호원들이 붙잡고 봤더니 큰 문제가 되지 않을 것 같아서 경찰에 신고도 하지 않고 그냥 돌려보냈다"고 말했는데, 이 말은 거짓말로 밝혀졌다. 그는 누구와도 다르게 용도 없는 거짓말까지 한다. 거짓말을 일삼는다.

그렇다면 이런 아들들과 달리 박정희의 딸은 어떤가? 아들이 아닌 그만큼이나 박근혜 의원은 달라 보인다. 그녀는 "아버지가 꿈꾼 나라는 복지국가"라는 거짓말을 하긴 했지만, 원칙과 신뢰를 그토록 내세워왔으니 아버지와 그 아들들만큼 후안무치하게 거짓말을 할 것 같지 않다. 사실 이명박 대통령의 경우 언어와 행동이 완전히 분리되어 우리가 그를 이해하기 위해서는 그의 말을 완전히 잊고 오직 행동의 연관만을 추적해야 했다. 이에 비해 그녀는 언어와 행동의 분리를 막기 위해 노력하는 것 같다.

다른 면에서도 박근혜 의원은 다르다. 아버지가 착복한 재산을 포기한 적 없고 그것에 얹혀 생계를 구한 바 있었지만, 스스로 그런 일을 한 것은 아니다. 정책적으로도 경제민주화를 주장하고 있으니 이 점에서도 아버지와 아들들의 성장주의로부터 조금은 비껴선 모양새다. 반북 이데올로기가 지지층의 중핵에 자리잡고 있는 한, 그녀가 남북관계를 화해로 이끌 가능성은 별로 없어 보이지만, 그것을 정적을 공격하는 수단으로 쓰리라 예단할 수는 없다.

무엇보다 그녀는 전두환처럼 공적 영역을 군벌화하지도 않고, 이명박 대통령처럼 사사화하지도 않는 것 같다. 그녀에게는 공적인 것이 오롯이 공적인 면모를 지키고 있는 것처럼 보인다. 그런 의미에서 그녀는 아버지의 나쁜 성향을 더 순정하게 구현하는 것처럼 보이는 아들들과 다른 듯싶다. 우리가 그녀에게서 보게 되는 것은 중앙정보부장 이후락에게 납치와 고문을 지시하는 폭력의 박정희나 경호실장 차지철 옆에 앉아 술잔을 기울이는 외설적인 박정희도 아닌 연두 기자회견 속의 박정희의 모습이다. 그런 의미에서 그녀는 아버지의 나쁜 점들에서마저 벗어난 듯이 보인다. 그래서 공과 사의 분리 이전의 원시적 폭력의 세계 안에 있는 것 같은 전두환이나, 공적인 것의 싹조차 없는 사적 인간인 듯한 이명박 대통령과 달리 박근혜 의원은 순수하게 공적인 인간인 듯

보인다. 하지만 이 공적인 면모가 내 보기에는 수상쩍은, 아니 오싹한 면을 지니고 있는 듯하다.

잠시 생각해보자. 사람은 왜 그리고 어떻게 공적인 인간이 되는가? 누구나 그렇듯이 사람은 혈육과 친구와 이웃에 대한 공감과 동일시 속에서 자기에 대한 사랑을 그들에게 적용하고 넓혀나가는데, 이런 사적 삶이 확장됨에 따라 공적인 세계와 맞닿게 되는 것이다. 그리고 자신과 자신이 사랑하는 이들을 위해서도 더 많은 타자의 이익이 필요하다는 안목 속에서 공적인 이익을 추구하게 된다. 또한 자신 됨 자체가 이런 넓은 사람들의 그물망 속에서 빚어진 것이며 자신이 가진 것 대부분이 그런 세상으로부터 값없이 얻은 것이라는 깨달음 속에서 공적인 인간이 되는 것일 게다. 요컨대 공적인 인간이 된다는 것은 사적 삶의 공백이 아니라 그것이 어떤 자기 도야와 정화의 과정을 겪으며 이룩되는 것이다.

그런데 박근혜 의원의 공적 면모에서는 그런 과정의 자취를 느끼기 어렵다. 단지 그녀의 깡마른 사적 삶을 탓하는 것이 아니다. 그녀의 여러 발언 속에서 유난히 두드러지게 반복되는 "아버지가……" 혹은 "아버지께서……"라는 말에서 우리가 알 수 있는 것은 그녀의 공적 지향성이 아버지의 존재 자체로부터 직접 길어올려지고 있다는 것이다.

그런데 그녀가 동일시하는 그 아버지는 너무나 많은 증언과 기사와 연구에 의해 해명된 실제 아버지가 아니라 일종의 이상적 이미지다. 물론 부모의 이상적 이미지에 매달리지 않는 자녀는 없다. 그러나 동시에 자녀는 실제 부모와 대면하고 때로 투쟁하는 것을 삶의 과제로 한다. 그 투쟁이 지향하는 바는 부모 자신도 복종해야 하는 사회의 상징적 질서와 규범을 향해 나아감으로써 부모의 어떤 면을 내버리고 어떤 면을 계승하는 과정인 것이다.

하지만 박정희는 그 스스로도 복종해야 마땅할 규범의 세계가 아예 없었고, 도리어 사회의 상징적 질서와 도덕을 끔찍한 명령으로 대치한 원시적 폭군, 법과 폭력을 참을 수 없는 방식으로 뒤섞은 자였다. 그러므로 어떤 자녀도 박정희의 친자녀만큼 무거운 청산과 승화의 과제를 짊어지지 않을 것이다. 같은 이유에서 그 과정을 이룩하지 못할 때, 아버지의 굴레에 꼼짝없이 갇힐 위험도 커지는 것이다.

이 내면적 과정이 어느 정도 이루어진 것인지는 쉽게 알기 어렵지만, 지난 3월 총선을 앞두고 부산에서 열린 9개 지역민방 공동 초청 토론회에서 그녀의 발언을 통해 짐작은 해볼 수 있다. 토론회에서 그녀는 "산업화 과정에서 본의 아니게 피해를 입은 분들께 저는 항상 죄송한 마음을 가져왔다"며 "그분들께 사과를 드린다"고 말했다. 부산에서 야권연대가 영향력을 증대시키는 시점에서 이루어진, 부마항쟁으로 아버지의 통치에 일격을 가한 부산 시민에게 하는 말이라는 점에서 정략적인 고려를 배제하기 어려운 말이기는 하나, 정략적 의도가 있다 해서 거짓말이라고 할 수는 없다. 이미 지적했듯이 이 점에서 박근혜 의원은 이명박 대통령과는 다른 종류의 사람이다. 하지만 표현을 주의깊게 보면, 이 발언은 진정한 의미에서의 사과와는 거리가 아주 멀다. 그녀는 아버지 박정희가 잘못을 저질렀다고 말하는 것이 아니라 선하고 올바른 의도로 이루어진 사업인 산업화에 부수적 피해collateral damage가 있었다고 말하는 것이기 때문이다. 이런 발언으로 보건대 그녀에게서 아버지의 어떤 면모도 부인될 수 없는 것 같으며, 그런 의미에서 승화는 이루어지지 않았거나 적어도 불완전하다고 말할 수 있을 것이다.

만일 그렇다면, 그러니까 아버지 박정희가 승화되지 않은 채 계승되고 있다면 그녀에게서 드러나는 공적 면모는 박정희의 폭력성과 거짓과 사적 야심의 직접적 전도라고 말할 수 있다. 그런 경우 박정희의 부정적 모습은 그녀의 공적 면모에 안감으로 덧대어 있게 된다. 그러므로 박근혜 의원의 공심公心은 정화된 것이 아니라 그것의 근원적 에너지를 공격성과 원한 감정으로부터 길어올리는 그런 것이라고 할 수 있다. 이따금 드러나는 그녀의 싸늘하고 공격적이며 단정적인 자기 확신의 발언은 단순히 통제되지 않은 감정의 발산 같은 것이 아니다. 박정희의 부정적 면모가 더욱 권위적인 공적 형식으로 되돌아오는 방식이라고 할 수 있다. 그런 의미에서 그녀는 어떤 아들보다 위협적이고 섬뜩한 딸일 가능성을 가지고 있다.

창비 문학블로그 창문, 2012. 5. 12.

돌아보기

창비사에서 문학 블로그 '창문'을 열었다. 그 가운데 열린 창이라는 코너에 원고를 하나 써달라는 부탁을 받았다. 주제는 자유로웠고 특별히 문학적인 주제일 필요도 없었다. 그래서 박근혜 당시 의원에 대해 분석하는 글을 써봤다. 박의원은 총선 후에 한창 상승기류를 타고 있었으며, 새누리당 대선 후보가 될 것이라는 점은 누구도 의심하지 않던 시절이었다. 박의원의 이미지는 대통령이 된 후 일 년이 지난 지금 시점과는 달리 민주파조차도 나쁘다고 생각할 수 없는 시기였다. 적어도 이명박 대통령보다야 못하겠냐는 판단이 두루 설득력을 얻고 있었다.

나는 전혀 그렇지 않다고 생각했다. 사람은 역사와 이력을 갖는다. 경험으로부터 자유로운 인간은 없다. 아니 어떤 의미에서 경험 자체가 그 인간이다. 박의원으로부터 예상될 수 있는 통치의 방향은 그의 발언이 아니라 생애사로부터 추론되어야 한다. 이 추론이 훨씬 정확하다는 것이 내 판단이었다.

하지만 글이 쓰인 시기의 분위기를 염두에 두었다. 그래서 "후안무치하게 거짓말을 할 것 같지 않다"고 했고, "남북관계를 화해로 이끌 가능성은 별로 없어 보이지만, 그것을 정적을 공격하는 수단으로 쓰리라 예단할 수는 없다"고 적었다. 하지만 나는 그럴 가능성이 있다고 생각했고 내 조심스러운 표현은 그런 불안의 표현이었다.

하지만 당시에 주장할 수 있는 것은 아무리 예단을 피한다고 하더라도 여전히 그의 생애사로부터 추론할 수 있는 사실뿐이었다. 그가 당시 내보인 현저한 공적 면모가 승화된 것이 아니라면(아니라고 볼 수밖에 없는데), 그것은 "박정희의 부정적 면모가 더욱 권위적인 공적 형식으로 되돌아오는 방식"이리라는 것이다.

박근혜의 특징을 드러내기 위해서 나는 이 글에서 그를 전두환, 이명박과 대조했는데, 그러다보니 새삼스럽게 우리의 역사가 박정희에 얼마나 짓눌려 있는지 느껴졌다. 박정희의 18년 독재에 그의 두 군사적 수양아들 전두환과 노태우의 12년, 그리고 의붓자식이나 다름없는 이명박의 5년만 해도 합치면 35년이었다. 그런데 결국 우리는 거기에 박근혜의 5년을 더 얹었다. 40년이다. 참 끔찍하다.

내곡동 사저의 '꺾기도'

KBS 2TV 〈개그콘서트〉 가운데 '꺾기도'라는 코너가 있다. 그 코너의 주연 김준호에 의하면 꺾기도란 모든 상황을 뜬금없이 꺾어 상대방을 공황 상태에 빠뜨리는 '무술'이다. 이를테면 "안녕하십니까불이"나 "알겠습니다람쥐" 혹은 "잘했구나쁜놈"처럼 맥락과 아무 상관 없거나 반대가 되는 말을 느닷없이 연결하는 것이다. 이런 꺾기도는 얼핏 보기는 매우 천진한 말장난들로 채워져 있는 것으로 보인다. 하지만 그렇기만 했다면 꺾기도는 몇 회를 넘기지 못하고 통편집되어 사라졌을 것이다. 내 보기에 꺾기도가 호소력을 갖는 것은, 통치자의 언어가 소통이 아니라 당혹이나 경악을 실어나르는 세상을 희미한 형태로나마 반영하고 있기 때문이다.

이명박 대통령은 헝가리 대통령 라슬로 소욤 접견중 동석한 박근혜

의원에게 "나도 지난 대선 때 어느 괴한이 권총을 들고 집에까지 협박을 하러 와서 놀란 적이 있다"는 거짓말을 했다. 그는 지난해 9월 확대비서관 회의에서는 자신의 정권이 "도덕적으로 완벽한 정권"이라는 말을 늘어놓기도 했다. 명백한 거짓말, 그도 아니면 말하는 이가 말과 주체로서 관련을 맺지 않는 대통령의 '유체이탈 화법'은 현정권에서 후퇴한 것이 단지 민주주의가 아니라 언어의 타락이고 언어 속에 기거하는 사유의 뒤틀림이라는 것을 말해준다.

이번주 월요일 내곡동 사건 수사 보도를 읽기까지는 이명박 대통령의 말에 의해 공황 상태에까지 빠지진 않았다. 보도에 따르면 이명박 대통령의 내곡동 사저 땅 매입 과정에서 국고 손실을 야기한 것으로 고발된 이대통령 아들 이시형씨에 대한 검찰수사와 관련해 청와대가 "사저가 들어서면 주변에 개발이익이 있을 텐데, 국가가 혼자 그 혜택을 다 받는 게 적절치 않다고 생각했다"(한겨레, 2012년 6월 11일자)고 진술했다는 것이다. 화자가 청와대라고 되어 있을 뿐 정확히 누구인지 밝히고 있지 않지만, 대통령의 아들이 연루된 사건인 만큼 이 발언의 뿌리가 대통령에 있다고 추정하지 않을 수 없다. 그렇게 보면 그 말의 저간에 있는 대통령의 사유는 상황을 뜬금없이 꺾어 상대방을 공황 상태에 빠뜨리는 꺾기도에 다름 아니다.

대통령이 퇴임 후 사저를 내곡동에 마련하려 하는데, 내놓고 땅을 보러 다닐 경우 땅값이 오를까봐 아들 시형씨가 자기 명의로 땅을 사러 다녔단다. 효성이 지극해 빚까지 내서 저보다 한참 부자인 부모의 집을 마련하려 했다는 아들을 둔 대통령의 자식 복이 의심스럽긴 하지만 그것은 그냥 넘어가주자. 놀라운 것은 그렇게 마련한 사저 주변에 경호처가 함께 사들이는 경호동 터는 지목이 모두 '밭'인데, 앞으로 사저가 들어서면 지목 변경과 개발 효과로 땅값이 오를 것이기 때문에 그 '미래 이익'의 일부를 시형씨에게 떼어주려 했다는 것이다. 그런데 그것이 시형씨가 국고를 이용해 헐값으로 땅을 산 것으로 오인되었다는 주장이다.

이런 청와대의 변명 혹은 거기에 깃든 대통령의 생각의 요점은 자신이 했던 어떤 선택의 결과로 인해 국가가 이익을 보았다면, 국가만 이익을 보아서는 안 되고 자신도 그 이익을 나눠가져야 한다는 것이다. 신선하고 기이하고 위험한 발상법이다. 왜 그런지 따져보자.

만일 이명박씨가 대통령이 아니었다면, 그가 퇴임해서 어디에 살든 거기에 경호동이 들어설 일은 없을 것이다. 그렇다면 경호동 땅값이 오를 일도 없다. 따라서 그가 특정한 곳을 사저 터로 선택함으로써 국유재산이 증대되었다고 해도 그것은 국가가 그렇게 하고 싶어서 그런 것이 아니다. 국가는 법에 의거해 그를 경호하려 하는 것이지 그것을 통해 국유재산이 늘고 줄어드는 것 모두에 무관심하다.

결국 문제는 그가 대통령이라는 사실에 있다. 그리고 대통령은 국가와 관련해 특수한 지위에 있다. 대통령은 하나의 조직체로서 국가를 운영하는 자이며, 국가를 총괄적으로 재현한다. 그래서 대통령만이 유일하게 직위를 수임할 때 해야 할 선서를 헌법 조항(제69조)으로 규정하고 있다. 시민 가운데 국가와 자신을 가장 가깝게 동일시할 수 있는 자는 대통령이라고 할 수 있는 것이다. 그런데 검찰이 전한 청와대의 말은 당혹스럽게도 그런 대통령이 국가를 마치 사업 파트너 혹은 협상 대상으로 간주하고 있음을 드러내고 있다.

불편한 마음으로 이 특이한 사고방식을 따라갈 때도 의문이 든다. 대통령의 활동과 선택으로 인한 이득을 대통령이 국가와 나누어야 한다면, 왜 고작 내곡동이었을까? G20 정상회담 당시 청와대 대변인은 행사의 경제효과가 수십조에 달한다고 말했다. 그렇다면 이명박 대통령은 국가로부터 수조 원을 청구했어야 하지 않을까? 왜냐하면 수십조의 경제적 이익 가운데 세수로 국가에 흡수될 수 있는 몫이 수조 원이 될 것이고 그렇다면 그것의 일부를 대통령이 가져야 하는 것 아닌가?

반론이 있을 것 같다. 대통령은 좀더 논리적이다. 그렇게 하지 않은 이유는 G20은 대통령의 단독 행동이 아니라 방대한 공무원과 함께한 일이니 그것을 대통령만 배분받을 수 없었던 것이다. 하지만 다른 의문이 생긴다. 대통령이 그렇다면 모든 공무원이 자신의 공무 수행으로 발생한 이익을 분배받을 권리가 있는 것 아닌가? 그러니 G20이 가져다줄 수도 있는 막연한 미래의 경제효과를 빌미로 2010년 말에 대통령과 공무원들 모두가 보너스 잔치를 해야 했던 것 아닌가? 하지만 아마 우리는 이런 세계를 끔찍한 악몽으로 여길 것이다.

이런 의문도 든다. 우리의 대통령이 '국가만 이익을 볼 수 없다'고 생각했다면, 마찬가지로 '국가만 손해를 보게 할 수 없다'는 생각도 했는가 하는 것이다. 대통령은 며칠 전 한반도가 바짝 타들어가는 가뭄 가운데 라디오에 나와 홍수가 예방되었다는 '꺾기도'를 선보이기도 했는데, 만일 올해 4대강 사업으로 인해 수해가 발생해 국가가 보상금을 지급해야 한다면, 사재를 털어서라도 국고 손실을 보전할 생각인지 말이다.

하지만 따지고 보면 이익이든 손실이든 그것을 분배받겠다는 생각 자체가 범죄적이다. 민주적인 현대국가는 국민에 의해 선출된 사람들이 국민의 이익을 위해 봉사하는 것을 정당성의 기초로 삼는다. 그렇기 때문에 국가의 모든 자산은 국민들이 공동으로 형성한 공동의 자산이다. 그러므로 국가와 이익을 나눠먹겠다고 덤비는 것은 국민들의 공유자산을 침탈하는 것이고, 국익을 추구하라고 뽑아놓았더니 국익을 잠식하는 짓거리일 뿐이다.

그런데도 검찰은 그런 청와대의 '해명'을 받아들여 이시형씨를 무혐의 처리했다. 확실히 대통령의 꺾기도에 검찰이 제대로 공황 상태에 빠진 것 같긴 한데, 그것이 대통령이 탁월하게 꺾어서인지, 검찰이 아둔해서 꺾인 것인지는 잘 모르겠다.

한 가지 분명한 것이 있다. 고위 공직자들이 국가정책을 왜곡하여 공적 자산을 사유화하는 것이 지배와 거대한 부의 어두운 원천인 경우가 많지만, 그것을 감추고자 했고 공적 대의로 포장하려 한 것이 상례였다. 그리고 그것이 드러날 경우 수치심을 보였다. 그리고 바로 이런 점 때문에 공적 자산을 침탈하려는 시도가 어느 정도 제어되기도 했다. 하지만 우리의 대통령은 공적 자산을 침탈하려는 의도를 어리둥절할 정도로 분명하게 드러냈다. 그리고 그만큼 우리의 공적 언어의 세계는 더 타락해 버린 것이다. 숨어서 행할지언정 말할 수 없다고 생각되었던 것들이 후안무치하게 말해지고 있는 것, 그것이 이명박 시대인 것이다.

창비주간논평, 2012. 6. 13.

돌아보기

〈개그콘서트〉의 '꺾기도' 따위와 통치자의 언어가 엄밀한 평행성을 보이는 시대는 비극적이다. 더 비극적인 것은 내가 그런 것을 꼼꼼히 분석해야 했다는 것이다. 그리고 끔찍하게도 내가 그런 것을 분석하게 된 이유는 두 가지다. 하나는 대통령의 개소리를 대중매체가 여과 없이 그리고 큰 문제 없다는 듯이 보도했기 때문이다. 만일 KBS나 MBC 기자가 저녁 9시 뉴스에 나와 "대통령이 퇴임 후 사저 경호동 부지 매입을 이용해 국가 재산을 해처먹고 그것도 모자라 개소리를 하고 자빠졌다"고 일갈했다면, 나는 이런 글을 쓰지 않아도 되었을 것이다.

다른 하나는 내가 이 글을 쓸 무렵 그렇게 온 나라 사람들의 머리를 산란하고 정신없고 참담하게 만든 이 사건을 검찰이 어이없이 처리했기 때문이다. 2012년 6월 10일 검찰은 이명박 대통령의 내곡동 사저 터 헐값 매입 사건으로 고발된 이대통령 등 7명을 모두 불기소 처분했다. 검찰은 개소리에 개소리로 응답한 것이다.

'국립대 통합 네트워크'에서 서울대를 빼버리자

2003년 정진상 교수가 서울대 포함 전국 30여 개 남짓의 국공립대를 하나의 네트워크로 통합하고 공동학위제를 운영하는 '국립대 통합 네트워크' 방안(이하 '네트워크안')을 처음 제안했을 때, 그것에 귀를 기울인 것은 민주노동당뿐이었다. 하지만 제안된 지 10년 만에 그것은 18대 대선을 앞두고 민주통합당의 교육개혁 방안으로 진지하게 검토되고 있다. 그만큼 이 안이 대안으로 설득력을 넓혀왔고 실현 가능성도 높아졌다고 할 수 있다.

하지만 필자가 보기에 그것이 실제 변화를 이끌어내는 정책안이 되기 위해서는 우리 대학과 사회의 상황에 대해 좀더 '타협적'이 될 필요가 있다고 생각한다. 이 점을 논하기 전에 잠시 4·11 총선에서 있었던 일 한 가지를 상기하고 싶다.

4·11 총선 전 여러 유명인들이 트위터를 통해 투표율이 70%를 넘으면 어떤 특정한 퍼포먼스를 약속하는 이야기를 많이 했다. 투표 독려의 충정에는 깊이 공감하지만 투표율 70%는 불가능한 수치였다. 이렇게 목표치가 지나치게 높으면 퍼포먼스 약속이 그렇게 진지하게 받아들여지지 않게 되고, 그만큼 사람들의 마음을 움직이기는 어렵다. 실제로 4·11 총선의 총투표율은 54.2%에 그쳤다.

하지만 만일 그들이 목표치를 60%로 하거나 2010년 지방선거보다 3%만 더 끌어올리자고 했다면 어떻게 되었을까? 단정하기 어렵지만, 필자는 그런 적절한 설정이야말로 시민 각자가 자신의 참여를 통해 목표를 실현할 수 있다는 믿음을 불러일으켜 투표율을 높였을 것이라고 생각한다. 요컨대 사회적 대안을 조직하는 일에서는 원대한 비전을 갖는 것 못지않게, 대중이 자신의 참여로 원하는 것을 손안에 넣을 수 있다는 믿음이 가는 목표를 설정하는 것이 진정으로 급진적이며 대담하기까지 한 것일 수 있다.

네트워크안도 투표율과 마찬가지의 문제를 가지고 있다는 것이 필자의 생각이며, 이 경우 논란이 되는 것은 그 안에 가시처럼 박혀 있는 서울대다. 네트워크안은 서울대를 전국 국공립대학 네트워크 안의 학생들에게 학부 강의는 제공하지만 학부생을 모집하지는 않는 대학원 중심 대학으로 개편할 것을 주장한다. 서울대를 포함해 전체 국공립대학을 하나의 네트워크로 묶기 위해서는 국공립대학들 가운데 현격하게 다른 규모와 위상을 가진 서울대를 이런 식으로 개혁하는 것이 불가피하다.

하지만 바로 이 때문에 네트워크안은 서울대 폐지안의 일종으로 오인될 소지가 있으며, 일부 언론들은 그 점에 악의적으로 초점을 맞춰 반대 여론을 조직하고 있다. 예컨대 서울대가 폐지되면 연세대·고려대를 중심으로 학벌 서열화가 재편될 뿐 달라질 것은 별로 없을 것이라든가, 국공립대학의 하향 평준화만 이루어질 것이라는 반론이 그런 것이다.

아마 네트워크론을 펴온 쪽에서는 이런 주장을 논박할 수 있다고 할 것이다. 하지만 아직 논쟁이 본격화되지 않아 상세히 드러나지 않아서 그렇지 네트워크론은 매우 복잡한 개혁안이다. 그리고 네트워크론 쪽의 논박은 그런 복잡한 개혁이 순조롭게 이루어질 때 충족될 수 있다.

예컨대 서울대의 학부 교육에 누가 참여할 수 있으며 그들을 어떻게 선발할지, 대학의 물리적 자산 및 정원과 정확히 비례하지 않은 인구 분포를 어떻게 조정할지, 대학원 중심 대학인 서울대와 나머지 대학들의 대학원 간의 관계는 어떻게 설정할지, 의·법학을 비롯한 여러 전문대학원은 어떤 체제로 운영할지 등 쟁점 사항은 매우 많다. 그리고 그 하나하나가 정교한 설계 못지않게 여러 해 누적된 노하우의 축적 없이 제대로 운영되기 쉽지 않다.

네트워크안의 이런 복잡성은 그렇지 않아도 이를 거부할 근거를 찾는 기득권 집단, 특히 서울대와 그 동창 집단의 도전을 강화할 가능성이 많다. 이들이 가진 엄청난 기득권을 생각하면 서울대 폐지론으로 쉽게 오인되는데다 복잡하고 정교한 정책들의 순항에 의해서만 소기의 효과를 낼 수 있는 개혁안의 관철은 재벌 서너 개를 한꺼번에 개혁하는 것보다 더 힘든 것이라고 할 수 있다.

이외에도 서울대 법인화가 실행되어 법적 장애도 생겼다. 네트워크안이 실현되기 위해서는 일차적으로 민주통합당 혹은 야권연대가 그것을 공약으로 내걸고 연말 대선에서 승리해야 한다. 하지만 그럴 때조차 지난 국회에서 서울대를 법인화하는 법령을 단독 처리한 한나라당의 후신 새누리당이 다수당인 국회에서 네트워크안이 수용될 가능성은 거의 없다.

그렇기 때문에 네트워크안이 실현될 수 있는 길은 국공립대 통합 네트워크에서 서울대라는 가시를 빼버리는 것이다. 서울대를 제외하면 서울대 폐지에 갇힌 논쟁에서 벗어날 수 있고, 서울대와 그 동창 집단이 반대를 조직할 일도 없어진다. 더불어 국회 다수당인 새누리당의 반대도 상당 정도 명분을 잃게 된다. 그뿐 아니다. 서울대로 인해 엄청나게 복잡해진 네트워크안도 간결하게 만들 수 있다. 서울대를 제외하면 국공립대들의 조건은 격차가 그리 크지 않기 때문에 합의와 조정 작업 또한 그리 어렵지 않을 것이다.

그러므로 이런 식으로 발상을 전환해서 보게 되면 서울대 법인화는 국립대학 체제의 사멸을 고지하는 조종弔鐘이라기보다 새로운 국공립 네트워크 체제로 이끄는 카펫이 될 수도 있다. 왜냐하면 장애물인 서울대는 이미 국립대학 체제 안에 있지 않기 때문이다.

어떤 이는 서울대가 빠진 네트워크안은 학벌 체제와 입시 지옥을 타파하지 못할 것이라 말할 것이다. 한마디로 서울대 없는 국공립대학 통합 네트워크는 '앙꼬 빠진 찐빵'이라고 할 것이다. 하지만 그래도 그건 배고픈 우리들에게 먹음직스런 찐빵일 수 있다. 정말로 제대로 통합되고 개혁된다면, 그리고 그것을 위해 충분한 재정지원이 이루어진다면, 우리는 서울의 명문 사립대학과 대등한 또는 더 우월한 지방 국립대학 체제를 마련할 수 있다.

이렇게 해서 우리 대학이 한 줄의 서열에서 벗어나 중상위권이 두툼해진다면 그만큼 대학 간 경쟁도 더 의미 있는 것이 될 것이며, 입시 경쟁도 크게 완화될 것이다. 그리고 국립대 네트워크가 발전하고 또 발전한다면 언젠가 서울대조차 그 속으로 들어오고 싶어할 수도 있다. 무엇보다 서울대 폐지의 논란으로부터 벗어난 네트워크안은 손에 넣을 수 있는 대안으로서 대중의 기대감을 높일 것이다. 마치 총선 투표율 목표 70%가 아니라 60%가 그렇듯이 말이다.

창비주간논평, 2012. 7. 4.

돌아보기

정말 괜찮은 생각을 할 때가 있다. 나는 이 칼럼의 구상이 그렇다고 생각한다. 정진상 교수는 나에게는 몇 해 선배 되는 분이다. 그가 『국립대 통합네트워크』(책세상, 2004년)라는 책을 발간했을 때, 그에 대한 존경심이 일었다. 사람이 하기 힘든 일이 먹고살 만한 사람이 자신의 존재 기반, 자신이 디디고 선 발밑의 땅을 성찰하는 일이다. 정진상 선배는 그런 문제에 대해 깊이 고민한 사람이었다. 하지만 학술지에서 그의 책에 대한 서평을 요청했을 때, 나는 그의 구상이 실현되기 어려운 이유를 조목조목 적을 수밖에 없었다. 그때 그럴 수밖에 없었던 중요한 이유는 바로 서울대학교 때문이었다. 서울대가 여타 국립대학과 가진 비대칭성 때문에 제도적 구상의 곳곳이 문제와 허점에 노출되었다.

이 글을 쓸 당시는 법안 통과로 서울대 법인화가 한창 진행되던 때였는데, 나는 곰곰이 생각해보았다. 교육에서의 이런 신자유주의적 개혁과 공세를 역전할 수 있는 기획이 없을까 하고 말이다. 그렇게 해서 이 글을 썼다.

나는 여전히 이 기획이 해볼 만하다고 생각하지만, 그것이 사회적 신빙성을 획득하며 대안으로 부상하기는 쉽지 않다고 생각한다. 서울대 문제를 건드리지 않는 개혁안은 대중의 열정에 불을 지르지 못한다. 대중의 열정을 건드리지 못한다면, 대중매체로부터 주목을 끌기도 어렵다. 그런 점은 내 제안이 가진 심각한 약점이다. 우리 사회의 민주파 지식인들은 놀라울 정도로 최대강령주의자들이다. 나쁘게 말하면 그들은 실현 가능성보다 단지 '옳기'를 원할 때가 많은 것이다. 이런 성향도 나의 제안이 무시될 개연성을 높인다.

내 제안은 어쨌든 국립대학 교수들의 관심을 끌어야 한다. 하지만 국립대학 교수들은 이 안에서 어떤 이익을 발견하기 어렵다. 월급이 오르는 것도 아니다. 서울대를 자신들과 같은 등속으로 엮어넣지도 않는다. 통합 시스템은 그들의 일상적 삶을 복잡하고 예측 불가능하게 변경시킬 가능성이 크다. 그러므로 내 제안에 관심을 갖기 어려운 것이다.

하지만 제안하는 수밖에 없지 않은가? 역사는 언제나 실현되지 않은 가능성들의 폐허이기도 하니까 말이다. 그 폐허 속에는 물론 실현되지 않은 것이 불운인 것만큼이나 다행인 것들도 많다. 내 제안도 어떤 이들은 실현되지 않은 것이 나쁜 일은 아니었다고 판단할 것이다.

이주호 장관을 변론한다?!

교장 자격 요건을 대폭 다양화하여, 교직경력 15년 이상인 교사 중에서 소정의 전문적인 학교경영 교육을 받은 자, 교육학을 전공하여 박사학위를 소지한 자, 특성화 학교인 경우는 해당 분야에서 객관적으로 능력과 권위가 인정되는 자 등의 요건 중에서 하나만 충족하더라도 교장으로 초빙이 가능하게 하여야 한다.

사립대학의 지배구조에 있어서 설립자 및 후계자 이외의 이해관계자들에 대한 사립대학 경영의 책임성을 강화할 필요가 있다. (…) 기업 지배구조 이론에서도 소위 잔여청구권residual claims을 가지는 채권자, 종업원 등을 일반적으로 포함시키는 것에 비추어, 사립대학의 지배구조에 관한 논의에 있어서도 교수, 직원, 학생, 동창, 학부모, 지역사회 등이 포함되는 것은 당연한 일이다.

우리가 대학 간의 경쟁 촉진을 추진할 때 지방대학들이 상대적으로 경쟁의 열위에 처해 있다는 점이 고려되어야 한다. 그럼에도 불구하고, 현재 정부가 여러 국립대학 중에서 유독 서울에 위치한 국립대학에 월등히 높은 학생 1인당 운영지출비를 투자하고 있는 것은 문제가 있는 것으로 보인다. 지방 국립대학들에 대하여도 서울의 대학에 버금가는 교육투자가 이루어져야 할 것이다.

학력 부진아 혹은 열등한 사회경제 조건으로 인하여 어려움을 겪는 학교들에 대하여 정부의 재정적인 지원을 크게 강화하는 교육의 형평성 증대를 위한 다른 정책들이 내신 제도에서 학교 간 차이가[sic] 인정과 반드시 병행하여 추진되어야 한다.

자신의 논문 속에서 이렇게 말한 사람은 누구일까? 민교협 소속 교수, 혹은 진보적인 교육학자일까? 아니다. 이런 주장을 편 사람은 뜻밖에도 현 교과부 장관 이주호다.• 그것이 뜻밖으로 느껴지는 것은 물론 그가 교수 시절의 주장을 실현할 수 있는 권력을 쥔 지난 몇 해 동안 그것을 전혀 실천하지 않았기 때문이다. 그는 교장공모제가 학교운영위원

• 인용한 순서대로 전거를 밝히면 다음과 같다. 「교육정책의 원칙과 실천과제」, 『ITBI 리뷰』 9권 2호(2003년), 63쪽; 「사립대학 지배구조의 개혁 의제」, 『한국행정학보』 34권 4호(2000년 겨울호), 151쪽; 「한국대학의 서열과 경쟁」, 『경제학연구』, 51권 2호(2003년), 31쪽; 「고등학교 등급제: 내신 제도와 학교 차이의 인정」, 『한국교육논단』 1권 1호(2001년), 35쪽.

회와 교사에 의해서 주도적으로 실현되는 것을 방해했으며, 그가 장관으로 있는 동안 크게 증가한 사학분규는 대체로 비리로 쫓겨난 설립자나 그 혈족의 재단 복귀로 인해 불거진 것이었다. 지방 국립대학의 경우 서울의 대학에 버금하는 교육투자는커녕 총장직선제를 포기하라는 윽박질을 당했으며, 자율고 증설 정책과 경영 위기에 빠진 자율고에 대한 재정지원은 교육의 형평성 제고와는 거리가 멀다.

왜 그렇게 된 것일까? 재임 기간이 짧거나 대통령의 신임을 받지 못해서일까? 그렇지 않다. 그는 이명박정부 초대 교육과학문화 수석비서관이었고 교과부의 실세 차관 자리를 거쳐 장관이 되었으며 이명박 대통령 임기 마지막 날까지 장관직에 머무를 것으로 예상된다. 민주화 이후 이렇게 한 사람이 대통령의 깊은 신임 속에서 지속적으로 교육정책을 총괄한 경우는 없었다. 그러니 소신을 따랐다면 진보진영을 포함해 국민들이 두루 환영할 만한 정책을 실천할 수 있었을 텐데 그렇지 못했다.

혹 다른 더 중요한 일에 바빴기 때문일까? 그렇게 볼 수 있는 면이 있다. 지금 이주호 장관이 하고 있는 사업 가운데 가장 중요한 것은 대학평가에 입각한 정부 재정지원 제한 대학 선정 및 대학 퇴출 사업이다. 그런데 생각해보면 이 사업의 원인을 제공한 이는 이주호 장관 자신이다. 그는 1995년 교육개혁위원회 전문위원으로 우리나라 교육개혁안 중에 가장 큰 영향을 끼쳤다고 평가되는 '5·31 교육개혁안'을 만드는 데 일조했는데, 그것의 심각한 악영향 가운데 하나가 대학설립준칙주의의 도입으로 인한 대학의 남설濫設이었다.

'5·31 교육개혁안'에 대해 전문위원이 져야 할 책임은 부분적이라고 변명할지 모르겠다. 하지만 훈련된 교육경제학자가 학령인구 감소를 앞두고 일어난 대학의 남설이 어떤 사회적 부작용을 불러올 줄 몰랐다는 건 변명이 안 되며, 알았다면 온 힘을 다해 대학설립준칙주의 도입을 막았어야 했다. 그때 방기된 책무를 지금 그는 떠맡고 있다. '먹튀'가 난무하는 우리 사회에서 자신이 저지른 일의 설거지라도 하고 있음은 높이 사줄 일이긴 하나, 그 작업이 또 한번의 분탕질이 되고 있다는 점은 지적해두고 싶다.

이주호 장관은 이외에도 학교폭력을 막기 위해 분주하다. 그는 학자 시절 여러 교육 문제에 대해 직접 연구했지만 우리나라 학교에 스민 폭력 그리고 그것의 원인이자 결과인 학생들의 소외감이나 고통에 대해 연구한 적은 없다. 그렇기 때문에 그는 자신이 추진한 일제고사와 중고생들의 자살 사이의 연관을 통찰할 수 없으며, 왜 보수적 교육감이 교육을 주도하는 자신의 고향 지역에서 더 많은 중고생이 자살하는지 이해하지 못한다. 많은 예산을 들여 폭력실태 전수조사 같은 쓸모없는 정책을 교과부가 남발하는 이유는 장관부터 고통에 대한 감수성을 결여한 탓인 듯싶다.

그렇다고 해도 그가 교수 시절 연구하고 주장해온 바를 실천하지 못하는 것은 단지 부실대학 정리와 학교폭력 방지에 바빠서만은 아니고, 정치인 생활을 통해 우리나라 교육 제도의 기득권 집단과 쉽게 맞설 수 없으며 자신이 구상한 정책들을 그렇게 쉽게 제도화할 수 없다는 것을 알았기 때문으로 보인다. 아니 역으로 이 점을 잘 깨닫고 한계를 수용했기 때문에 교육부 장관으로까지 발탁될 수 있었다고 할 수 있다. 하지만 그렇게 기득권 집단에 굴복하거나 혹은 그것에 맞게 자신의 사고와 이데올로기를 조정해나감으로써 한국 교육을 개혁하겠다는 그의 정치적 초심을 모두 잃었다면 그는 전혀 흥미롭지 않은 인물일 것이다. 그는 이런 타협 속에서 그래도 한 가지 일을 성취했는데, 그것은 시간강사들에게 교원의 지위를 제공하는 개혁이었다. 고작 그거냐고 할 사람들이 많겠지만, 그것은 대학 운영의 내면을 잘 모르기 때문에 하게 되는 말이다.

시간강사야말로 외환위기 훨씬 이전부터 존재해온 우리 사회의 가장 오래된 저임금 비정규직이며, 문화예술인들의 착취와 관련해 최근에야 의제화되기 시작한 '열정노동' 착취의 유서 깊은 형태다. 대학생 알바 없이 편의점과 패스트푸드점이 이윤율을 유지할 수 없는 것처럼 저임금 비정규직 시간강사 없이 대학이 오늘날의 형태로 성장하고 정규직 교수의 지위와 임금이 지금 수준에 이를 수 없었다. 시간강사는 우리 대학이 방대한 착취의 체제임을 증언하는 존재인 셈이다.

그런 착취가 그렇게 오래 존속된 이유는 사학재단과 교육부 관료들은 물론이고 대학 학생회와 교수 집단까지도 은밀한 공모와 무관심에 가담했기 때문이다. 그런데 시간강사 자신들을 제외하고 그런 제도를 개혁하기 위해서 중단 없이 노력해온 한 사람이 있다면 내 보기에 그건 진보진영의 어떤 교육운동가가 아니라 바로 이주호 장관이었다. 그는 국회의원 시절 의도한 것에 비하면 후퇴한 형태이긴 해도 마침내 장관이 되어 자신과 반대편 진영에 있는 이들마저 환영할 개혁을 이룬 것이다. 우리 대학을 덜 수치스러운 곳으로 만든 것이다. 이주호는 분명 훌륭한 장관은 아닐지 모른다. 하지만 나는 이 한 가지 개혁만으로도 그가 실패한 장관으로 평가받지 않을 이유가 충분하다고 생각한다.

『르몽드 디플로마티크』, 2012년 7월호.

돌아보기

나는 평소 『르몽드 디플로마티크』의 독자가 아니었다. 그런데도 편집장으로부터 원고 청탁을 받았다. 청탁 조건이 매우 훌륭했다. 아무 주제나 쓰고 싶은 글을 써달라는 것이었다. 그즈음에 쓰고 싶은 글을 썼다. 하지만 글을 쓰면서도 이런저런 걱정이 없었던 것은 아니었다. 내가 이명박정부의 교육부 장관 이주호를 옹호한다는 것에 놀라는 이들도 있을 것이고 아마도 짐작건대 한국비정규직교수노동조합의 비판도 있을 것이라 짐작되어서이다(이 짐작은 여지없이 맞았다. 불길한 짐작은 왜 그렇게 잘 들어맞는지…… 독자가 원한다면, 비정규직 교수 노조의 입장에서 교육부를 비판하지만 동시에 내 글도 비판하고 있는 임순광 교수〔경북대〕의 「죽거나 혹은 나쁘거나」〔『르몽드 디플로마티크』 2012년 8월호〕를 인터넷에서 읽을 수 있다). 이런 걱정 때문에 나는 제목 끝에 촌스럽게 '?!'를 연속해서 붙여놓았다. 이주호를 옹호한다는 말에 갸우뚱해서 읽겠지만, 그래도 다 읽고 나면 '그런 면이 있구나!' 해주길 바란 것이다.

지금 와서 보면 이 글은 확실히 무리한 면이 있다. 이주호 장관이 고등교육법을 개정해서 현재 시간강사라 불리는 분들에게 교원 지위를 부여한 것은 맞지만 그것이 내가 생각한 것만큼의 개혁을 가져온 것인지는 아주 의심스러운 방향으로 사태가 흘러가고 있기 때문인데, 왜 그런지는 잠시 뒤에 살피고, 이주호 장관의 법 개정을 높게 평가하며 그것의 성공 가능성마저 후하게 전망한 내 심리에 대해서 말하고 싶다.

대학 시절에 나에게 정신적으로 가장 충격적이었던 사건 가운데 하나는 마르크스의 『자본론』을 읽은 것이다. 먼저 읽은 것은 일본학자가 쓴 『자본론』 해설서였다. 뒤이어 친구 아버님의 서가에 은밀히 꽂혀 있던 『자본론』을 빌려 읽었는데, 그것은 해방 직후 전석담 교수가 번역한, 당시로서는 구하기 어려운 판본이었다.

『자본론』이 준 충격은 한마디로 해서 내가 살아가는 세계가 착취의 연쇄 속에 있다는 것이었다. 인간이 다른 인간을 착취한다는 것, 그리고 그런 착취가 방대하게 조직된 것이 세계의 경제 체제이며, 이 경제 체제의 힘에 의해 정치와 일상적 삶이 구조화되어 있다는 것이 나에게는 충격적이었다. 나의 존재가 누군가의 착취 위에 건립되어 있을 수 있다는 것, 그것에 대해 생각해보기도 전에 이미 그랬을 수 있다는 것, 나의 소망과 무관하게 그럴 수 있다는 것, 때로 그럴 수밖에 없다는 것은 고통스러운 것이었다.

착취가 구조적으로 발생하는 세계를 살아가는 윤리적 자세는 그런 착취를 끝내기 위해서 노력하는 것이다. 하지만 그런 중에도 또는 그만큼의 커다란 일을 해낼 수 없을 때라도 윤리적 태도를 고수하기 위해서는 최소한 착취자의 자리에 서지 않으려 해야 하고, 착취하지 않으려는 의지를 가져야 한다.

나는 그런 의지를 품었지만, 삶은 의지보다 복잡하다. 내가 대학원 박사 과정을 다닐 즈음이 되자, 착취하지 않으려는 의지보다 착취당하지 않으려는 의지가 나에게 더 절실하고 중요한 것이 되었다. 그러나 그런 의지에도 불구하고 나는 종종 착취를 감내해야 했다. 사회학적으로 훈련되었기에 나는 도처에서 착취를 더 잘 지각할 수 있었고, 그 덕분에 착취를 남보다는 조금 더 잘 피할 수 있었기도 하다. 그래도 시간강사로 그리고 잡지에 원고를 쓰는 집필 노동자로 살아가는 삶은 착취를 감내하는 삶이었다.

당연히 나에게 그 당시 꿈은 나와 내 가족을 위해서 그리고 내 연구를 위해서 교수가 되는 것이었다. 연구자 가운데 일부만이 누릴 수 있는 행운 덕에 나는 교수가 되었다. 이 글에서 지적했듯이 시간강사는 우리 대학이 방대한 착취의 체계에 다름 아니라는 것을 입증하는 존재이다. 그러므로 내가 시간강사에서 교수가 되었다는 것은 바로 내 자신이 착취자의 자리로 옮겨갔다는 것을 뜻한다. 내가 얻은 지상의 양식은 치욕스러운 것이며 나는 그것을 모르지도 않았다.

당연히 나는 그런 착취에 터한 대학 체제를 바꾸기 위해서 노력해야 했다. 내가 '민주화를 위한 전국교수협의회'(이하 '민교협')의 상임 집행부를 맡았던 것에는 착취하지 않으려는 의지를 실현하려는 욕구도 있었다. 하지만 금세 민교협이 그런 일을 해낼 수 없는 조직임을 깨달았다. 내가 민교협에서 일하던 시기는 교수 노조가 만들어지던 시기였는데, 교수 노조가 시간강사를 조합원에 포함시키지 않기로 결정하였을 때 교수 노조에도 희망을 걸기 어렵다는 것을 알게 되었다. 그다음엔 착취의 죄업을 쌓으며 그냥 살았다. 그런 삶은 적어도 일부는 썩어 있는 것이다.

어쩌면 이런 자의식 때문에 나는 남들보다는 훨씬 빨리 이주호 전 장관에게 주목할 수 있었던 것 같다. 그의 논문들 대부분을 읽어보았다. 그리고 그의 지그재그 행로에서 적어도 그가 시간강사에게 교원의 지위를 부여하려고 한다는 것을 짐작해낼 수 있었다. 그의 교육정책 가운데 많은 것들은 이명박정부의 전반적 기조와 조율된 보수적이거나 반동적인 것이며, 실효성이 없거나 갈등적인 것이 많다. 하지만 적어도 시간강사에게 교원 지위를 부여하려고 한 면에서 그는 단순한 정치인이 아니라 어떤 신념을 추구하는 면모를 가진 듯이 보인다. 물론 그가 애초에 기획한 것과 상당히 거리가 있는 형태의 제도화긴 하지만 나는 이 의지의 존재를 부인할 수는 없다고 보았으며, 그가 내 삶의 썩은 부분을 조금은 걷어내려는 노력을 했다는 것을 인정하지 않을 수 없다.

이주호 전 장관에 대한 판단은 기본적으로 변한 것이 없다. 하지만 앞에서 지적했듯이 고등교육법의 교원 관련 조항의 개정(14조)과 신설(14조 2)의 효과 그리고 교육부의 후속 조치의 효과가 어디로 향할지는 유동적이다. 2012년 1월 26일에 개정되고 2013년 1월 1일 시행 예정이었던 해당 조항들은 지난 대선 시기 전국학교비정규직노조의 반발로 인해 시행이 한 해 미뤄졌다. 해서 2014년 1월 1일자로 시행된다. 법 개정 이후 대학들은 그것에 대비 이런저런 조치를 실행하고 있다(하지만 대학들이 느끼는 부담이 매우 큰 데 비해 현재 교육부 장관은 이 정책에 특별한 의지를 가지고 있지 않기 때문에 시행이 다시 일 년 미뤄질 가능성은 여전히 남아 있다).

내가 글을 쓰던 시기 한국비정규직교수노조가 법 개정과 시행에 대해 가진 비판적 입장은 이런 것이다. 이 법에 의하면 강사는 교원에 포함된다. 하지만 그 인정은 매우 제한적이어서 교육공무원법과 사학연금

법과 관련해서는 교원의 지위를 인정받지 못한다. 말이 교육공무원법이지 그것도 연금과 관련된 것이다. 한마디로 해서 강사는 교원이지만 연금에서는 교원이 아닌 셈이다. 다른 하나는 교원에게 9시간의 시수가 규정될 예정이었는데, 그럴 경우 현재 전국 시간강사의 평균 시수가 4.5시간이어서 대량 해고가 불가피하다는 것이었다.

이 두 가지 비판은 서로 다른 방향으로 향한다. 하나는 강사에게 더 제대로 된 교원 지위를 달라는 것이고, 다른 하나는 강사 제도를 도입해서는 안 된다는 것이다. 물론 두 가지 비판을 모두 충족시키는 것이 불가능하지는 않다. 강사들 모두를 정규직으로 채용하고 연금을 비롯한 모든 처우 수준을 현재의 교원에 맞추면 된다. 하지만 그것은 엄청난 예산을 필요로 하며, 한 번에 그것을 해결해달라는 것은 그냥 현재 상태 그대로 두자는 것과 마찬가지 결과를 낳는다. 내 보기에 연금 문제는 현재로서는 해결이 어렵다. 우선 교원 지위를 획득하고 점차 해결하는 방안을 찾아야 한다. 엄청난 예산이 뒷받침되지 않는 한 기존 교원의 연금을 깎아야 하는 개혁이 필요할 수도 있다. 이 경우 국립대 교원은 전체 교사는 물론이고 공무원의 연금과도 연계되므로 제도화를 생각하면 결코 길이 간단치 않다. 그래서 현재 문제는 두번째 비판의 문제가 중심일 수밖에 없다.

이 두번째 문제와 관련해 교육부는 이런 비판의 예봉을 이렇게 저렇게 피하고 있는 상황이다. 시행이 일 년 미뤄졌는데, 이런 유예는 대개 일부 시간강사라도 예상되는 불리한 상황을 피해 다른 길을 찾도록 유도한다. 그렇게 되면 약간이라도 저항의 강도는 약해지게 마련이다. 대량 해고 문제에 대해서는 새로운 제도하의 강사에게 5시간 이상의 시수만을 명문화하고 구체적인 결정은 대학에 위임했다. 대학들이 5시간 정도를 맡는 강사에게 4대 보험과 방학중 임금을 지급할 가능성은 없다. 강사를 교원으로 받아들이는 한 임금 비용을 줄이기 위해 그들에게 많은 강의를 맡길 것이다. 대략 9시간을 시수로 정할 것이며, 이로 인해 현재 강사들 가운데 일자리를 잃는 사람이 많을 것이다. 교육부는 단지 자신에게 비난이 돌아오지 않도록 했을 뿐이다. 그러니 제도 이행기에 발생하는 피해 문제는 해결되지 않은 상태이다. 나는 그 규모나 피해 정도가 비정규직 교수 노조가 주장하는 것보다 덜할 것이라고 보지만, 아무튼 피해를 입는 이의 입장에서는 고통스럽기 그지없는 일이다.

이 문제에 답이 없는 채로 우리 대학은 지금 제도 이행을 실행하고 있다. 대학의 인건비 상승에 대해 교육부는 아무런 지원 대책도 마련하고 있지 않다. 대학이 과잉공급 상황이고 대학설립준칙주의를 도입한 교육부가 그런 과잉공급의 원인이지만, 지금 구조조정의 칼날을 휘두르는 것은 여전히 교육부다. 외환위기를 부른 재벌이 외환위기를 기화로 더 승승장구하는 것과 유사하게도 권력 자원을 많이 가진 이들은 자신의 실수조차 권력 강화의 기회로 삼는다. 그런 교육부가 현재의 제도 이행에서 생기는 문제를 해결하려고 애쓸 까닭이 없다. 문제를 해결해야 하는 것은 대학이다. 이행기가 어떻게 극복될지는 알 수 없다. 몇 년 뒤에는 고통의 대차대조표를 작성해볼 수 있을 것이다.

이행기 문제와는 별도로 내년부터 도입되는 강사 제도가 대학의 전체 구조에 어떤 함축을 가질까? 이 제도는 지금의 시간강사보다는 낫지만 예전의 전임강사보다는 조금 못한 교수직을 형성할 것이다. 이 새로운 지위가 어떤 운명을 가지고 있을지는 예단하기 어렵다. 전임교수들만큼 강의하지만 권력도 권리도 없는 이들이 학생들의 지지와 성원 속에서 새로운 힘을 갖출지, 점차 조교수가 되기 위한 관문으로 자리잡을지, 그 미래는 열려 있다.

대학들은 이들을 받아들이는 데 드는 비용을 줄이기 위해서 전임교수들에게 더 많이 강의하라고 요구하고 있다. 결국 임금 풀의 배분에서 강사들이 장기적으로는 더 큰 몫을 가져갈 것이다. 그러므로 대학 내에서 강사와 전임교수 집단 간의 차이는 줄어들 가능성이 크다. 현재와 같은 구조조정의 시대에는 서울 명문대학의 젊고 평판이 좋은 강사의 생활과 운명이 한미한 지방대학 전임교수의 미래보다 더 나을 수도 있다. 그리고 역설적이게도 대학 강의의 40% 이상을 맡는 제도적으로 더 안정적인 집단의 출현은 지금 이 제도의 도입을 반대하는 현재의 비정규직 교수 노조의 구조도 바꾸고 역설적으로 그 힘도 강화될 것이다. 그렇게 해서 우리는 새로운 구조 속으로 이행하고 있는 것이다. 그것이 내가 원했던 덜 착취적인 대학의 형성인지는 두고볼 일이다. 사회는 이 경우에도 문제를 해결하기보다 새로운 문제로 이행한다. 진화란 그런 것이며, 삶은 개선되기보다 다만 달라지는 것인지도 모르겠다. 그 속에서 내가 교수로서의 삶을 덜 치욕스럽게 느끼게 된다면 좋겠지만, 그럴 때조차도 착취의 분할선이 이동하고 가시성만이 낮아지는 것일지도 모른다.•

• 이렇게 쓴 원고를 출판사에 보낸 뒤, 2014년 1월 1일 새벽, 예산안과 여러 법규가 무더기로 국회 본회의를 통과할 때 강사에게 교원 지위를 부여하는 고등교육법 14조의 2는 민주당 윤관식 의원의 발의에 의해 다시 한번 시행이 유예되었다. 그런데 이번엔 유예 기간이 2년이다. 이런 사실은 두 가지를 말한다. 하나는 법 개정에 대한 반대가 사회적으로 광범위하고 여야 간에도 이견이 없다는 것, 다른 하나는 긴 유예 기간으로 보아 이 조항이 한 번도 시행되지 않고 개정되어 사라질 가능성이 크다는 것이다.

'멘붕스쿨'의 박근혜 후보

어떤 단어가 한 시대의 분위기를 요약하기도 하는데, 지금 그 단어는 '멘붕'인 듯싶다. 지난 몇 달 사이 'mental breakdown'이라는 말의 어정쩡한 번역 약어에 사람들이 익숙해진 계기는 4·11 총선에서의 야권연대 패배와 뒤이어 벌어진 아수라장이라 해도 과언이 아닌 통합진보당 사태였다. 하지만 이 말은 곧장 이런저런 정치 경험에 적용되고 일상생활의 여러 면을 서술하는 말이 되었다.

시대의 징후에 예민한 KBS 〈개그콘서트〉는 그런 상황을 반영해 '멘붕스쿨'이란 코너를 선보였다. 줄거리는 간단하다. 문제 학생을 상담하는 교사에게 이런저런 학생들이 순차적으로 등장해 선생님을 당혹감에 빠뜨린다. 불량기 넘치는 소영이, 조기유학 실패자 성원이, 연기자 지망생 태훈이, 여자 꾀는 데 몰두해 있는 납득이, 부르지 않았지만 찾아오는 범생이 승환이가 등장한다. 그리고 마침내 장안의 화제인 '갸루상'(girl의 일본식 발음 '갸루'에서 비롯한 말로, 독특한 스타일의 젊은 여성을 가리킨다)이 등장해 선생님을 멘붕 상태로 몰아넣는다.

이 과정은 꽤 짜임새 있는 전개다. 갸루상 이전에 등장하는 모든 인물은 매우 자기중심적이다. 그들은 소통의 제스처를 취하지만 콘텍스트를 무시하거나 벗어나 독백을 거듭할 뿐이다. 예컨대 소영이는 "그거나 그거나" 똑같다고 우기고, 성원이는 "미국 영어는 다르다"고 억지를 쓰며, 납득이는 "납득시켜드리겠다"고 하지만 납득되지 않는 말만 한다. 이런 소통 장애는 점점 도를 더해 태훈은 자신의 의도를 배반하는 악센트에 시달린다. 승환이는 우기지도 않고 그저 자기 하고 싶은 말만 하고 사라진다. 그리고 갸루상에 이르면 의미와 소통 그리고 정체성 자체가 파괴된다.

소통과 자아 정체성의 붕괴를 상징하는 갸루상으로 이르는 과정에 캐릭터 하나를 더 삽입하는 것이 가능하다면, 나는 기꺼이 새누리당 박근혜 대통령 후보를 천거할 것이다. 그녀는 최근 들어 점점 더 우리의 의미 세계를 파괴하는 일을 해왔으며, 갸루상 앞에 등장하는 모든 인물들의 속성을 가지고 있기 때문이다.

소영이에게 "헬리콥터균이나 헬리코박터균이 그게 그거"듯이, 박후보가 보기에 5·16쿠데타는 4·19혁명을 계승한 것이며 5·16쿠데타는 4·19혁명을 지키기 위해서 등장한 것이다. 그리고 소영이에게 "베트남 칼국수나 베트남 쌀국수나 그게 그거"듯이 박후보에게 1차 인혁당 사건과 2차 인혁당 사건(인혁당 재건위 사건)이 모두 그게 그거다(1차 인혁당 사건 또한 재심중이며 무죄판결이 예상되고 있다는 점도 물론 그녀는 모른다). 5·16쿠데타가 "불가피한 최선의 선택"이라는 박후보의 말도 불가피한 것과 최선을 뒤섞는 소영이 화법의 일종이다.

박후보는 때로 납득이처럼 우리를 납득시키려 한다. 새누리당의 지난 19대 총선 당선자 문대성이나 김형태 파문에 대해서는 "사실이 확인되면 거기에 따라 당이 (결정)할 거니까 더 되풀이할 필요가 없는 얘기 같다"고 했으며, 현영희 의원의 공천 헌금에 대해서는 "개인 비리일 뿐, 당이 돈 받은 거 아니"니 문제될 것이 없다는 것이다. 하지만 아무도 납득이 안 되자 이들은 하나같이 출당·사직·탈당했는데, 그것이 납득이랑 유사한 박근혜식 '콘셉트'인 듯하다(이 글을 쓰는 중에 또 홍사덕 전 의원도 탈당했다). 하지만 이 콘셉트에는 예외가 있다. 동생의 비리 의혹에 대해 박후보는 "본인이 아니라고 말했으니 그걸로 끝난 것"이라고 했다. 그 말에 아무도 납득하지 않았지만, 박지만씨는 아직 동생에서 탈당하지도 동생 직을 사임하지도 않았다.

'멘붕스쿨'의 태훈이는 연기하려는 바로 그 순간에 연기에 실패한다. 의도의 과잉이 의도의 배반으로 귀결되는 것이다. 박후보는 태훈이의 거울상과 같다. 그녀는 자신의 발언을 잘 연기하지만 그것을 관할하는 초자아가 지쳐 졸고 있을 때마다 우리를 당혹스럽게 했다. MBC 라디오 〈손석희의 시선집중〉(2004년 4월 9일)에 출연한 박후보는 곤란한 질문이 계속되자 "저하고 싸우자는 거냐"며 진행자 손교수를 쏘아붙였다. 이런 예는 여럿이지만 역시 백미는 지난해 가을 안철수 원장의 지지율이 박근혜 후보를 넘어섰는데 어떻게 생각하시냐는 기자의 질문에 "병 걸리셨어요"라고 히스테리컬하게 반응한 것이다.

박후보는 박정희의 딸일 뿐 아니라 유신 시절 여성구국봉사대를 적극적으로 조직하던 활동적인 퍼스트 레이디였고 사립대학과 거대 장학재단의 운영자였으며, 오랫동안 보수정당과 정권의 비중 큰 정치가였다. 그런 그녀가 5·16쿠데타와 10월유신의 피해자들에게, 나아가 노무현 대통령의 서거에 대해 국외자인 척할 수는 없다. 하지만 그녀는 승환이가 상담실에 나타나듯이 그렇게 느닷없이 그런 분들의 유가족을 찾아간다. 그리고 놀란 유족들은 상담실의 선생님(송중근 분)처럼 깜짝 놀라 묻는다. "사과하러 왔니?" 그러면 박후보는 승환이처럼 말한다. "아니 아니, 그게 아니고요." 그녀는 사과를 말해야 할 자리에 위로를 말하고 화해가 요청되는 곳에 통합, 그것도 대통합을 읊조린다.

그런데 위로하는 자의 위치란 어떤 것인가? 우리는 통상 가해자로부터 위로받지 않는다. 가해자의 딸로부터도…… 우리가 위로를 구하는 자는 상처에 공감하지만 삶의 은혜로움 덕에 그 상처받은 자보다는 덜 상처받아 아직 사랑을 나눌 마음의 여력을 가진 제3자다. 우리는 그런 자로부터 얻은 위로를 자양분으로 스스로를 일으켜세워 가해자를 용서하는 고양된 존재가 되는 것이다. 그러니 박후보가 말하는 '위로'는 최악의, 끔찍한 유머인 셈이다.

박근혜 후보와 우리의 소영이 혹은 승환이 혹은 태훈이나 납득이가 다른 점은 무엇인가? 이들은 연기하고 그래서 우리를 웃게 한다는 것, 의미의 파괴된 양상을 재현함으로써 의미를 구제해야 할 필요를 느끼게 하지만, 박후보는 소영이, 승환이, 납득이와 유사한 모습을 보이더라도 그것은 연기가 아니라는 것, 바로 소영이와 승환이가 웃음을 통해 비판하려는 그 의미와 소통 파괴의 출처라는 점이다.

이렇게 계속되는 의미와 소통 와해의 귀결로 등장하는 것이 갸루상이다. 한때 우리 사회는 자신에게 국토를 맡겨달라는 통치자를 선택했다. 그는 국토와 자연을 자기 호주머니 공깃돌처럼 가지고 놀았다. 그러고는 모래톱과 습지를 품고 굽이굽이 흘러가던 강을 초록색 썩은 호수로 만들어 되돌려주었다. 그렇게 자연 붕괴가 벌어진 뒤 곧장 또 한 사람이 등장해 이한구와 김종인, 줄푸세와 경제민주화를 100% 뒤섞은 대한민국을 만들어주겠다고 한다. 그러면서 많은 문제를 역사에 맡기자고 한다. 하지만 그녀가 갖고 싶은 것은 바로 그 역사를 움켜쥐고 일그러뜨릴 권력일 뿐이다.

상담실 선생님이 되어 박근혜에게 물어보자. "김종인이냐?" "김종인, 아니무니다." "그럼 이한구야?" "이한구, 아니무니다." "그럼 도대체 누구야?" "박정희이무니다."

창비주간논평, 2012. 9. 19.

돌아보기

원고를 쓰고 반응이 좋았다. 잘 읽었다는 문자도 받았다. 잘 알려진 문화적 텍스트와 설득력 있게 박근혜의 언행들을 엮음으로써 풍자적 쾌락을 생산할 수 있었기 때문이라고 생각한다. 그럴 수 있었던 것의 절반은 물론 배경 텍스트로 활용된 〈개그콘서트〉 그리고 그 안의 '멘붕스쿨'이라는 코너 안에 그런 의미론적 자질이 들어 있었기 때문이다.

그런 면을 고려하면 지금 〈개그콘서트〉는 참담하다. 그동안 〈개그콘서트〉는 '봉숭아학당'의 동혁이 형, '나를 술푸게 하는 세상' '사마귀 유치원' '남보원' '애정남' '비상대책위원회' '용감한 녀석들' '멘붕스쿨' 등 뛰어난 사회풍자와 정치풍자 코너들을 자랑해왔다. 하지만 지금 〈개그콘서트〉에서는 그런 것들이 자취를 감췄다. 남녀 간의 소소한 사랑 이야기('남자가 필요 없는 이유' '두근두근' '놈놈놈' 등)나 가족 이야기('편하게 있어' '딸바보' 등)가 주종을 이루고 경찰서에 잡혀온 가난하고 억울한 이웃을 다룬 '나쁜 사람' 같은 코너조차 약간의 동성애 코드가 담긴 '귀막힌 경찰서' 같은 사회성을 상실한 것으로 바뀌었다. 가장 인기 있다는 코너인 '뿜엔터테인먼트'는 '시청률의 제왕'과 마찬가지로 연예계의 자기 풍자일 뿐이다.

이런 퇴행은 프로그램의 아무런 이유 없는 자기 진화 과정의 산물일까? 아니라는 쪽에 '내 전 재산과 오른쪽 손목을 건다'. 정치적 자기 검열 혹은 타자 검열 없이 대중의 열광적 환호가 정확히 예상되는 아이템들을 남김없이 피해나갈 수는 없는 것이다. 한두 시간만 모여 브레인스토밍하면, 나 같은 사람조차 박근혜 대통령이나 윤상현 당 부대변인, 김기춘 비서실장, 진영 전 보건복지부 장관, 채동욱 전 검찰총장, 윤석열 여주지청장, 김진태 의원 같은 인물을 뒤섞거나 풍자한 코너 서너 개는 만들어낼 수 있을 것 같은 기분인데, 개그맨들이야 오죽하겠는가?

87년체제를 넘어 2013년체제로 나아가자

87년체제는 김영삼과 김대중의 단일화 실패로 인해 민주화 투쟁의 성과가 미흡하고 왜곡된 형태로 제도화됨으로써 시작되었다. 이 실패의 그늘은 어둡고 깊었다. 독재와의 투쟁 속에서 야당-재야·시민사회운동-대중을 아우르며 형성된 최대 도전연합은 이후 민주화를 이끌 사회세력 연합으로 발전하는 대신에 전에 없이 반목하며 흩어져버렸다. 반독재 투쟁 속에서 민주적 감수성을 단련한 자유주의 세력이 독자적 정체성을 가지며 발전하기는커녕 지역주의에 편승해 권력을 재생산하는 퇴영적인 존재가 되었으며, 3당 합당이나 DJP연합처럼 보수세력과의 타협 속에서 겨우 정치적 대안을 조직할 수 있었다. 이로 인해 개혁적 자유주의 세력과 진보진영 사이에도 심대한 분열이 일어났다.

이런 과정에서 우리가 치른 것은 재벌을 중심으로 하는 경제구조의 심화나 수구적 사회세력의 존속 같은 사회경제적 대가에 한정되지 않았다. 무엇보다 심리적 대가가 컸다. 과거의 정치적·사회적 악행에 대한 청산과 평등하고 공정한 삶으로 나아갈 길이 비틀리게 된 원인의 일부가 민주개혁진영 내부에 있다는 점을 부인할 수 없었으며, 그것이 주는 자존감의 상처는 컸다. 또한 지도자들의 이기심과 오판이 열성적 추종자들을 경유해 대중 속으로 파고들어감으로써 사회적 분열도 증폭되었다. 이후 우리는 사회개혁의 비전과 담론, 정당 그리고 사회집단이 제대로 정렬되지 않고 어긋나는 착종과 혼돈의 긴 시간을 겪어왔다.

하지만 이런 87년체제의 제약을 넘어서려는 탈피의 운동도 지속되어 왔다. 이 움직임은 민주화 이후 최초로 대규모 반동을 시도한 이명박정부하에서 문턱을 넘기 시작했다. 체제 변동을 이끄는 담론의 수준에서도 박정희 체제를 넘어 87년체제 내내 영향력을 발휘했던 보수적 성장주의 그리고 보수파가 주도한 신자유주의가 설득력을 상실했다. 그 대신 수평적인 사회적 유대에 터한 복지, 평화 그리고 정의의 담론이 헤게모니를 획득했다. 2008년 도심을 밝힌 촛불항쟁에서 모습을 드러낸 대중의 직접행동은 일관성 있는 투표와 정당 및 정치 혁신의 요구로 발전했다. 그렇게 해서 담론-정당-시민사회운동-대중을 연결하는 최대 도전연합이 1987년 6월항쟁 이후 처음으로 재출현했다. 그리고 87년체제로부터의 탈피운동을 새로운 체제 수립으로까지 밀어붙일 수 있는지 시험하는 단계에 접근하고 있다. 그런데 여기서 우리는 87년체제의 출범기에 마주쳤던 지도자 문제를 다시 대면하고 있다.

이 글을 쓰는 시점에서 야권의 유력 대선주자 문재인 후보와 안철수 후보의 회동이 이루어졌으며, 회동 직후 발표된 합의문은 그전에 옳게 퍼져 있던 긴장과 불안감을 상당 부분 씻어내렸다. 이로써 체제 전환을 향한 또하나의 중대한 고비를 넘어섰다. 단일화 실패 속에 출범한 체제를 단일화를 통해 극복할 길이 열리고 있는 것이다. 분명히 문·안 두 후보는 양김보다 정치적 훈련이 모자라고 그들만큼 확고한 지지세력을 가지고 있지 않다. 하지만 감히 말하건대 이들은 바로 그 미약함 때문에 도리어 우리에게 더 위대한 것을 선물할 수 있다.

이미 시작된 '새정치 공동선언' 협상에 이어 벌어질 단일화 협상 그리고 대선 승리를 향해 가는 과정이 순탄하지만은 않을 것이다. 여러 가지 문제들이 출현할 텐데, 이와 관련해 두 가지 점을 말해두고 싶다. 우선 단일화 방식을 둘러싸고 이런저런 계산이 있을 수 있다. 두 후보가 대의를 지향하며 계산을 억제하려 해도 지지자와 대중에 의해서 그리고 새누리당과 보수언론의 부추김을 통해서도 계산이 이루어질 것이다. 그리고 계산은 불신을 자아내는 통로 구실을 할 것이다. 이때 요구되는 것은 한편으로는 각자가 승리할 수 있다는 기대감을 가질 수 있는 공정한 규칙이고, 다른 한편으로는 후보나 지지자들 모두 자기 쪽이 질 가능성을 허심탄회하게 수용하는 마음가짐이다.

다른 하나는 단순한 후보단일화가 아니라 현재의 도전연합을 대선 이후 개혁연합으로 공고하게 하는 작업이 있어야 한다는 것이다. 이를 위해서는 '권력은 나눌 수 없는 것'이라는 억견을 넘어서는 일도 필요하다. 생각해보면 그런 말 자체가 권위주의적 통치의 유산일 뿐이다. 민주화란 권력의 분점과 분권화이며 궁극적으로 권력 형성과 행사가 시민 모두에게 분산되는 과정에 다름 아니다. 중요한 것은 권력을 나눈다는 것이 아니라 나눌 만큼 신뢰한다는 것, 그리고 나눔을 통해 더 큰 시너지를 내는 것이다. 그러므로 단일화 경쟁에서 진 후보와 그 세력이 대선 승리 이후에도 국정에 참여할 길을 폭넓게 여는 창의력 있는 정치적 실험이 모색되어야 한다. 그럴 때 단일화 결과보다 가치와 정책의 연합이 더 중요해지고 단일화 승부에 대한 집착을 떨칠 수 있다.

그렇게 해서 단일화에 이어 민주진영의 대선 승리가 이루어진다면, 그것은 해방 후 한국사회에서 민주파가 단독으로 집권에 성공하는 첫 번째 사례가 된다. 그런 경우에도 여전히 여소야대의 국회 상황이 기다리고 있기는 하다. 하지만 안철수 현상으로 대변되는 정당 혁신과 정치 혁신의 움직임은 대선 승리를 이룰 경우 현재의 정당 체제 전반을 새롭게 재구성하는 계기가 될 것이다. 그런 견지에서 현재의 단일화 논의가 민주적 세력연합에 조응하는 대안적인 정당운동을 구상하고 지향하는 쪽으로 확장될 필요가 있다. 이런 흐름이 결실을 맺는다면 새누리당 또한 현재의 틀을 유지하기 어려울 것이며, 그런 의미에서도 대선 승리는 2013년체제를 수립하는 초석이라고 할 수 있다.

밖으로 눈을 돌릴 때도 체제 전환의 의미는 중대하다. 87년체제는 냉전 속에서 이룩된 성과였다. 그래서 체제의 내적 한계와 외적 제약 요인 때문에 분단체제를 동요로 이끌긴 해도 결정적 전환을 이루기 어려웠다. 하지만 지금은 동서냉전이 종식된 지 오래임은 물론 자본주의 세계체제 변화의 폭과 깊이가 심대해지고 있으며, 한반도를 둘러싼 강대국들과 북한 모두 앞서거니 뒤서거니 권력 교체 시기를 경과하고 있다. 우리 사회에서 공고한 민주적 세력연합에 기초한 새로운 민주정부의 탄생은 한반도발發 세계체제 변동의 계기가 될 수 있으며, 분단 체제의 질곡을 결정적으로 돌파하는 시대를 열 수 있다.

이렇게 커다란 가능성과 기회가 우리 손안에 있다. 그리고 그 모든 가능성과 기회의 포착 가능성이 현재의 정치 과정에 참여한 모든 이들의 미시적인 행위와 발언에서의 신중함, 창의력 그리고 열정에 달려 있다고 할 수 있다. 도래한 미래를 현실화하는 것, 87년체제로부터의 탈피를 2013년체제의 수립으로 잇는 것, 문턱을 마침내 넘는 것, 그것이 지금 우리가 해내야 할 일이다.

『창작과비평』 2012년 겨울호.

돌아보기

이 글을 쓰던 시점에서는 18대 대선의 가장 큰 변수가 문재인-안철수 단일화 협상이었다. 그리고 백낙청 교수를 비롯한 창비 그룹 지식인들이 주장해온 2013년체제의 약한 가능성의 관건도 이 단일화 협상 문제로 응축된 상황이었다. 야권 대통령 후보 단일화 협상은 여러모로 기시감을 유발하는 사안이다. 그래서 이 문제를 87년체제의 출범 시기로 거슬러올라가 조망해보았다.

「4·11 총선을 바라보며」(2012년 3월 28일자)에 대한 논평에서 이미 지적했듯이, 야권의 19대 총선 패배는 18대 대선 패배의 가능성을 높였다. 사후적인 판단이 될 수밖에 없으며 그렇기 때문에 2012년 가을의 시점에서 이루어진 생각과 행동을 평가하는 것은 불공정한 것이 되기 쉽다. 그럼에도 불구하고 이 글 그리고 안철수 후보의 의미에 대해 지금 시점에서 생각해볼 필요가 있다.

안철수 출마의 중요한 명분 가운데 하나는 그 자신도 그렇게 말했듯이 야권의 총선 패배였다. 그의 출마는 한편으로는 대선 국면의 예측 불가능성을 높였다. 예측 불가능성 자체는 긍정적인 사안도 부정적인 사안도 아니다. 양쪽으로 전개될 가능성을 다 가진다. 확실히 안후보의 등장은 총선 패배는 물론이고 그것에 이어진 통합진보당 비례대표 경선 부정 의혹을 둘러싸고 일어난 파국적인 당내 갈등의 후유증으로 침체된 민주파 시민들에게 생기를 불어넣는 사건이었다. 예측 불가능성 자체만으로도 대선 국면에 대한 대중의 관심을 환기하는 면이 큰데, 민주파 시민들의 침체까지 떨친 점은 안철수 후보의 긍정적인 면이었다.

하지만 안철수 후보와 문재인 후보 사이의 단일화가 대중의 지지도에 의해서 판가름나지 않고(즉 두 후보 간의 현격한 지지율 격차가 발생하지 않고) 두 후보 진영에 맡겨진다면, 예측 불가능성은 불길한 것으로 바뀔 가능성이 크다. 이 점은 흔히들 노무현-정몽준 단일화를 상기하면 알 수 있다. 지지율 격차가 적었던 두 후보는 결국 여론조사에 의한 후보단일화에 나섰다. 그런데 이 여론조사는 한편으로는 그런 사전 경험이 없었다는 상황과 다른 한편으로는 두 후보의 모험주의적 성향으로 인해 가능했다. 하지만 결국은 단일화는 파기되었으며, 그런 의미에서 그것은 명백히 실패한 단일화였다. 그럼에도 불구하고 그것이 실패로 기억되지 않은 것은 노무현 당선이라는 결과가 단일화 실패 사실을 압도했기 때문이다.

이런 경로로 접어들지 않고 지지율 격차가 문제를 해결할 수 있는 시기는 대략 안후보의 출마 시점인 9월 19일부터 10월 22일까지의 기간이었다. 22일이 되면 102명의 문화예술인이 단일화 촉구를 선언하는데, 이 선언은 대중의 시선에서 볼 때 둘의 지지율이 엇비슷하다는 것이 드러났다는 것을 의미한다. 그렇게 본다면 안후보는 출마 후 한 달이라는 결정적인 시기에 왜 자신이 유일한 대안인지를 대중에게 각인하는 데 실패했으며, 상대적으로 문후보는 대중의 호감을 축적했다는 것을 의미한다.

11월 5일 공식적으로 단일화 협상이 시작되었고 이 글은 그 소식 직후에 쓰였다. 대선 후에 민주당 대선평가위원으로 활동하며 특히 후보 단일화 협상 부분을 책임 집필하며 느낀 것은 그 단일화 협상은 처음부터 실패할 개연성이 훨씬 높았다는 것, 그리고 그 사실을 협상 당사자도 대중도 잘 몰랐다는 것이었다.

조금만 생각해보면 안후보와 문후보 사이에 신뢰가 형성되기보다는 그렇지 않을 가능성이 훨씬 높다. 경쟁자이며 정치적 성과를 배분하는 협상을 전개할 수도 없는 상황에서 어떻게 평소에 별다른 친분도 없는 두 후보가 선의와 신뢰를 형성할 것인가? 그것은 극히 예외적인 일이고 우리는 2012년 겨울 예외적인 일보다 상례가 발생한 것을 보았던 것이다.

더구나 이것은 캠프 간 협상이며 이 협상은 제로섬 게임에 기초한 '적대적인' 협상이다. 양쪽에 개인적 친분을 가진 사람들이 포진해도 그렇다. 구조적 조건이 한쪽이 얻으면 상대가 잃는 게임인 한에서, 그것도 전부를 얻거나 전부를 잃는 것으로 지각되고 그것을 막을 길이 없어 보이는 게임인 한에서, 그 안에서 일어나는 상호작용은 정보 및 통보의 혼선을 경유하며 불신의 형태로 나갈 가능성이 그 반대편보다 훨씬 크다. 그렇기 때문에 우리가 본 것은 결국 정몽준 후보보다는 그래도 한결 냉정했던 안후보가 내린 후보 양보라는 형식의 단일화 협상 실패였던 것이다. 그것의 어정쩡한 형식의 협상 실패의 후유증은 적지 않았다. 지금 우리는 지난 대선의 부정선거 의혹 속에 있다. 하지만 지난 대선에서 이런 부정선거마저 돌파할 힘을 민주파가 갖지 못했다는 것도 인정하지 않을 수 없는 사실이다. 그리고 그 중심에 단일화 협상 실패가 있는데, 사후적 관점에서 보면 이런 협상 자체가 과도하게 위험한 것이었다. 나 자신도 과정을 복기하고서야 하게 된 판단이라서 내세워 말하기엔 부담스럽지만, 2012년 여름과 가을에 야권의 정치인과 지식인들은 2002년 단일화 협상을 반복하려고 해서는 안 된다는 판단 아래 다른 경로를 모색해야 했다.

이 글은 지난 2012년 총선과 대선을 87년체제 탈피운동이라는 관점에서 서술한다. 이 탈피를 2013년체제 수립으로 연계해보자는 제안은 실패했다. 하지만 87년체제 탈피운동은 여전히 우리 사회에 내연하고 있다. 하지만 그런 상태에서 2013년체제론은 어떤 위상을 가지는가? 이 문제를 나는 「2013년의 2013년체제론」(『르몽드 디플로마티크』 2013년 5월호)에서 부분적으로 다뤘다. 관심 있는 독자의 일독을 권한다.

아직 깨지지 않은 **박근혜**에 대한 **환상**

박근혜·문재인 두 후보가 박빙의 경쟁을 벌이고 있다. 가장 큰 관심사는 문재인 후보의 놀라운 지지율 상승이 당선으로까지 이어질 것인가다. 하지만 되돌아보면 지난 총선과 이후 대선 과정을 통해 정말로 놀라운 것은, 대세라는 말까지 나왔을 정도로 높았던 박근혜 후보의 지지율이다. 이명박정부의 실정을 염두에 둔다면 여당 후보가 이렇게 강력하다는 것은 있을 수 없는 일이다. 물론 조사기관에 따라 지지율에 편차가 있고 마지막 여론조사 이후 상황이 달라졌다는 분석도 있다. 어쨌든 이런 일이 일어난 것은 박근혜에 대한 어떤 환상이 작동하고 있어서다.

이런 환상 가운데 어떤 것들은 이미 야권 혹은 지식인들의 비판으로 깨져버렸다. 대표적인 것이 박정희 전 대통령의 후광이다. 그 후광은 '유신 공주'라는 말이나 정수장학회 논란 등을 겪으며 격하되었다. 열렬한 지지자 그룹에서야 우이독경이었겠지만 그렇지 않은 집단으로의 확장은 차단되었다. 또한 박정희 전 대통령의 후광의 중심에 있는 성장주의의 경우, 이미 이명박 대통령이 그 유산을 '털어먹은'데다 그것이 이제는 쓸모없는 것임도 증명해버렸다.

그래서 박근혜는 경제민주화를 들고나왔다. "내 아버지의 꿈은 복지국가였다"고 하며, 김종인 위원장 영입을 통해 야권이 마련한 밥상에 숟갈을 얹고, '박근혜도 경제민주화를 할 것'이라는 환상을 유포했다. 이 환상이 먹혔기 때문에 지난 총선에서 박근혜는 상당한 지지를 끌어냈다. 하지만 김종인 위원장과 불화를 겪는다든가, '줄푸세'와 경제민주화 사이에 아무 모순이 없다는 최근 발언을 통해 박근혜 스스로 이 환상을 무너뜨렸다.

하지만 여전히 작동하는 두 가지 환상이 더 있다. 하나는 '박근혜의 당선도 정권 교체'라는 것이다. 박근혜는 이명박정권과 교묘한 차별화를 시도했다. 당명을 바꾸고 로고와 유니폼을 바꾸며 이명박정권과 아예 무관한 척하는 것에 더해, 박근혜 당선도 정권 교체이며 박근혜가 대통령이 되면 민주당보다 더 세게 이명박 대통령을 징치할 것이라는 구전 홍보를 강화해왔다.

이 환상은 여전히 작동하고 있긴 하지만 많이 약화되었다. 이명박정부의 정책에 협조한 박근혜와 친박 의원들의 의정 활동이나 김재철 MBC 사장 퇴진을 막기 위해 MBC 이사회에 김무성 선대본부장이 행사한 압력 등을 통해 그 허구성이 드러났다. '이명박근혜' '이명박정부의 안주인'이라는 비판 프레임이 설득력을 얻어갔기 때문이다.

그러자 '정권 교체를 넘어 시대 교체로'라는 구호를 들고나왔다. 이 구호는 중의적이다. '문재인이 정권 교체라면 나(박근혜)는 시대 교체' 라는 주장이기도 하고 '나는 이명박정권을 교체할 뿐 아니라 그것을 시대 교체로까지 이끈다'는 주장이기도 하다. 하지만 손수조, 이준석도 아니고 이회창, 이인제, 정몽준과 동행하는 시대 교체의 설득력은 취약하다. 그리고 무엇보다 효과를 발휘하기에는 너무 늦게 조직된 환상이다.

다른 하나는 여타 환상과 달리 분명하게 테마화되지 않은 채 일종의 서브텍스트처럼 작동하는 환상이다. 그것은 우리가 이명박정부에서 어떤 바닥을 보았다는 생각에서 출발한다. 그러니까 어떤 대통령도 이명박보다 나쁠 수 없으며 어떤 정부도 이명박정부보다 못할 수 없다고 생각하는 것이다. 그런데 이런 인식은 박근혜든 문재인이든 모두 이명박 대통령보다는 나을 것이라는 결론을 은밀히 함축하고 있다. 그리고 그런 생각이 작동하는 한에서 이명박정부에 대한 실망 혹은 분노가 박근혜에 대한 반대로 연결되는 고리가 끊어지며, "지난 5년 행복했습니까"라는 질문이 이명박에 대한 불만 안에 가두어진다.

이명박 대통령보다 더 나쁠 수는 없다는 인식은 이명박정부 비판자 속에서도 폭넓게 퍼져 있다. 예컨대 성한용 기자는 지난달 말 한겨레에서 "박근혜 후보 개인의 자질은 이명박 대통령에 비하면 괜찮은 편이다. 박근혜 후보는 그 나름대로 애국심이 있는 사람이다"라고 했다. 과연 그런가? 나는 그렇지 않다고 생각한다. 오히려 진실은 이달 초 광화문 유세에서의 조국 서울대 교수의 발언 중 "박근혜가 당선되면 이명박이 그리울 것"이라는 말에 담겨 있다고 생각한다. 그런데 유감스럽게도 조국 교수의 통찰력 있는 발언은 사회적으로 회자되며 박근혜에 대한 환상을 깨는 데까지 나아가지 못했다. 거기엔 "그리울 것이다"라는 말에 깃든 풍자적 태도가 그 말의 진지함을 약화시킨 것도 작용한 듯하다.

그래서 나는 조국 교수의 발언에 분명한 근거를 덧붙이고 싶다. 우선 5년 전 보수는 박근혜 후보가 아니라 이명박 후보를 선택했다는 사실을 기억할 필요가 있다. 지금은 이명박 대통령보다 못한 대통령감이 없어 보일지 모른다. 하지만 기억을 더듬고 예전의 신문기사를 재검색해보면 이명박 대통령이 박근혜보다 후보로서 더 뛰어난 면모가 있었다는 것을 쉽게 알 수 있다. 그는 더 친화력이 있고 말을 잘했으며 야권에서 빌려온 것이 아닌 자신의 업적과 정책과 슬로건으로 승부했다. 그것이 의미하는 것은 박근혜는 확장성과 능력에서 이명박만도 못한 인물이라는 것이다. 바로 어제의 TV 양자토론에서도 그 점은 분명히 드러났다.

둘째, 이명박정부가 겪은 행로를 이해할 필요가 있다. 이명박정부는 처음에 시장 보수주의를 중심으로 조직되었다. 그런데 통치의 위기가 닥치자 냉전형 수구세력의 품에 안겼다. 그것은 우리 사회 보수층의 특권을 조직하는 중심이 냉전형 수구세력임을 말해준다. 그리고 박근혜는 그 냉전적 수구세력과 이명박 대통령보다 훨씬 더 깊은 친화력을 가지고 있다. 아니 성한용 기자가 박근혜의 애국심으로 평가한 것은 바로 표정만 온화한 냉전적 수구성이라 할 수 있다. 그러므로 박근혜가 당선되면 수구세력의 헤게모니는 지속될 것이라는 것이 합리적 예측이다.

셋째, 이명박정부는 민주화의 성과를 후퇴시켰다. 검찰의 노골적으로 편파적인 법 적용과 시민에 대한 소송 남발, 광범한 민간인 사찰과 노동조합 탄압, 그리고 유례없는 기간 동안 계속된 언론사 동시 파업을 유발한 언론 장악이 그런 것이다. 그런데 박근혜의 현재 지지율은 그런 제도적 환경에 근거하지 않고는 이룩될 수 없는 것이다. 만일 그녀가 당선된다면 어떻게 자신을 떠받치고 있는 이 제도적 토대를 무너뜨릴 수 있겠는가? 왜 검찰을 개혁하고 언론을 개혁해야 하겠는가?

마지막으로 이명박정부는 자신이 원하는 것을 이루기 위해서 이미 축적된 민주화의 제도적·문화적 성과를 무너뜨리는 작업을 해야 했던 데 비해, 만일 당선된다면 박근혜는 그런 '수고'조차 할 필요가 없이, 이명박정부가 잘 닦아놓은 역진逆進의 길 위에 있는 셈이다. 박근혜의 당선은 바로 그 역진의 길을 질주해도 좋다는 신호를 국민이 보낸 것이 된다. 우리는 이명박정부에서 어떤 바닥에 이른 것이 아니다. 박근혜가 당선된다면 우리 사회는 지금까지 바닥이라 생각했던 것보다 한참 더 아래에 처박히게 될 것이다.

민주화 이후 많은 선거가 있었다. 그 가운데 우리의 삶에 영향을 미치지 않은 것은 없다. 기초자치단체의 보궐선거들조차 그랬다. 하지만 이번 대통령 선거처럼 커다란 것이 걸려 있는 선거는 없었던 것 같다. 더 나은 미래를 향해 크게 한 걸음 내디딜 가능성과 심각한 역진의 가능성이 동시에 열려 있기 때문이다. 우리는 미래를 위해서 투표해야 하며, 투표참여는 더 나은 미래를 가져올 것이다. 그런데 투표하지 않으면 어떻게 되는가? 그때 우리는 현재 상태에 머무르는 것이 아니라, 이명박정부보다 더 나쁜 정부가 어떤 것인지 경험하게 될 것이다.

창비주간논평, 2012. 12. 17.

돌아보기

대선 이틀 전에 발표한 글이다. 선거는 박빙을 예고하고 있었다. 내가 할 수 있는 것은 총선 전과 마찬가지로 박근혜에 대한 환상을 파괴하는 데 조금이라도 일조할 글을 쓰는 것이었다.

물론 「4·11 총선을 바라보며」에 대한 논평에서 이미 지적했던 '이명박근혜'론의 문제점을 이 글 역시 안고 있다. 하지만 한 가지 면에서는 더 나아갔다. 그것은 박근혜 후보가 이명박 대통령보다 더 심각한 사회적 퇴행을 가져올 가능성에 대한 구조적 조건을 밝힌 점이다.

이 글을 쓴 구체적 동기는 한겨레 성한용 기자의 「박근혜 후보의 결함에 관하여」(한겨레 2012년 11월 26일자)라는 칼럼이었다. 이 칼럼 또한 박근혜 후보에 대한 신랄한 비판을 담고 있다. 하지만 동시에 박후보에 대한 상당히 깊은 신뢰도 표현하고 있다. 칼럼에 인용된 부분을 포함해 그는 이렇게 적었다. "그래도 박근혜 후보 개인의 자질은 이명박 대통령에 비하면 괜찮은 편이다. 박근혜 후보는 그 나름대로 애국심이 있는 사람이다. 국민들에게 거짓말을 하지 않는다. 공과 사를 구분할 줄도 아는 것 같다. 하지만 대통령은 혼자 할 수 없다. 박근혜 후보의 진짜 문제는 주변에 '사람'이 없다는 것이다."

그렇지 않다. 지도자가 주변에 사람이 없다면 혹은 좋은 사람이 없다면 그것은 지도자의 잘못이다. 지도자는 사람을 모으는 사람이고 사람을 보는 안목이 제1의 자질이기 때문이다. 박후보는 괜찮지 않으며 이명박 대통령에 비하면 낫다는 판단도 의심스러운 것이다. 더구나 더 나쁠 조건들이 하나둘이 아니지 않은가.

이 글에 제시된 박후보에 대한 나의 판단은 이론적 추론에 근거한 것이다. 나 역시 박근혜 후보가 가진 풍모, 그의 생애에 대한 동정심, 만일 그가 대통령이 되면 그가 괜찮은 사람이어야 할 텐데 하는 근심을 가졌다. 그리고 그 때문에 박후보를 괜찮은 사람으로 생각하고 싶은 유혹에 계속해서 이끌렸다. 그런 유혹은 2013년 3,4월까지도 지속되었다. 이 칼럼은 내 스스로 그런 유혹에 저항하며 이론적 추론을 고수해서 쓴 글이었다. 느낌보다 추론을 신뢰하는 것이 옳다는 판단에서 쓴 글이었다.

박근혜 후보가 당선되고 백낙청 교수는 창비주간논평 신년 칼럼(「'희망 2013'을 찾아서」, 2012년 12월 28일자)에서 이 글의 일부를 인용하며 이렇게 말했다.

> 선거를 앞두고 김종엽 교수가 지적했듯이, "이명박정부는 자신이 원하는 것을 이루기 위해서 이미 축적된 민주화의 제도적·문화적 성과를 무너뜨리는 작업을 해야 했던 데 비해, 만일 당선된다면 박근혜는 그런 '수고'조차 할 필요가 없이, 이명박정부가 잘 닦아놓은 역진逆進의 길 위에 있는 셈이다". 이번 선거의 민의가 박근혜 대통령이 그리해도 좋다는 신호라고는 보기 어렵다. 하지만 당선인 본인이나 선거철을 맞아 더욱 거침없이 활개치고 나선 고비용·저품질 인생들이 그렇게 오해할 소지는

충분하다. 역진을 막기 위한 시민사회의 지루한 진지전과 때로는 불꽃 튀는 기동전이 불가피할 듯싶다.

지금 우리는 그 진지전의 상황에 있으며, 기동전의 시간이 다가올 가능성 또한 엄존하는 상황 속에 있다.

2013년

2월 박근혜정부 출범
3월 북한 정전협정 백지화 선언
5월 남양유업 대리점 '밀어내기' 논란
윤창중 청와대 대변인 성추행 사건
6월 노 전 대통령 남북정상회담 NLL 포기 발언 논란
9월 통합진보당 이석기 의원 내란음모 혐의 체포
12월 철도 노조 총파업

대통령과 언어 그리고 커뮤니케이션

민주주의하에서 선거 제도는 인민주권의 구조적 특징과 관련을 맺고 있다. 인민주권은 존재하지만 그 형태는 분산적이다. 그래서 선거는 두 가지 측면을 가진다. 하나는 이 인민주권을 확인하는 장치라는 면이다. 다른 하나는 그 확인 과정과 동시에 집행 능력을 가진 행위자agent로 이전하는 과정으로 삼는 면이다.

물론 구체적인 선거 제도는 고도로 선택적인 것이다. 그렇기 때문에 민주주의의 규범적 요구와 실제 제도 사이에는 언제나 논쟁적인 간극이 존재한다. 여기서 그런 논쟁의 구조적 양상이나 사례들을 살필 수는 없다. 다만 우리가 채택하고 있는 대통령제의 특징을 간단히 짚으려 한다.

대통령제는 왕의 목을 베어버림으로써 인민들 사이로 분산된 주권을 다시 모아 왕을 수립하는 원초적 과정을 영구 반복하는 제도다. 비유하자면 우리 사회는 5년마다 사울이 왕이 되고 다윗이 그를 승계하는 이야기를 담은 성경의 「사무엘서」를 반복해서 상연한다고 할 수 있다.

대통령제의 장점은 인격적 통일성에 기대서 결정의 통일성을 가정할 수 있다는 점이다. 이런 가정이 그렇게 쉽게 충족되지 않는다는 것은 의지박약과 자기기만에 대한 오래된 철학적 논술들이 밝히고 있는 바이다. 그럼에도 불구하고 결정의 통일성을 인격의 통일성보다 더 담보하는 방법은 별로 없다.

결정의 통일성이 꼭 필요하냐는 질문이 제기될 수 있다. 독재자에 의해 강제되는 것이 아니라 인민이 대통령제를 선택하는 경우라면, 한 인격에 의한 결정 독점의 합리성은 오직 위기 상태에 대한 예감에 의해서만 지탱된다. 위기는 시간을 희소한 자원으로 만들어 논증과 타협을 거친 결정을 기다리기 어렵게 하기 때문이다. 그래서 독재자는 자신의 권력 찬탈과 독점을 정당화하기 위해 위기를 조작하는 것이다.

대통령제의 장점이랄 수 있는 결정의 통일성은 동시에 약점이기도 하다. 대통령제는 그것을 담당하는 대통령의 인격적 특이성idiosyncrasy에 의해 깊게 규정된다. 대통령제하에서 산다는 것은 그런 특이성에 사람들이 자신의 운명의 일부를 한시적으로 위탁하는 것이기도 하다.

그렇기 때문에 과학적 합리성과 효율성을 강조하는 근대 문화에 토대를 둔 사회는 대통령제를 통해 풀려나오는 특이성의 힘을 다시 통제하려는 경향을 보인다. 같은 선상에서 특이성을 문제삼고 담론화하는 것을 정치사회학자들은 좋아하지 않는다. 하지만 다루지 않는 것이 특이성을 억제하는 것의 한 방법이긴 해도 그렇게 효율적인 것은 아닌 것 같다. 그래서 이 문제에 대해 좀더 살펴보고 싶다.

특이성은 인격적인 것인 한, 전면적인 것이기도 하다. 그래서 어떤 특이성을 논점으로 삼을지 선택해야 한다. 대통령이 칼국수를 좋아하느냐 그중에서도 칼칼한 칼국수를 좋아하느냐 그도 아니면 삼계탕을 좋아하느냐는 특이성에 속하긴 해도 우리의 관심사는 아니기 때문이다. 내가 다뤄보고 싶은 것은 언어, 언어에 대한 태도, 커뮤니케이션 전략에서의 특이성 같은 것들이다. 이것이 의미 있는 이유는, 대통령은 가장 비중이 큰 지도자이며 지도하는 행위는 기본적으로 언어를 매개로 하기 때문이다.

언어와 커뮤니케이션 문제를 다루기 위해서는 먼저 언어의 특성에 대해 주목할 필요가 있다. 언어는 20세기 내내 철학계를 뜨겁게 달궜던 주제였다. 내가 감당할 수 없는 그 방대한 논의의 부스러기만 조금 가져와 말한다면, 언어는 탁월한 커뮤니케이션의 매체이지만 동시에 두툼한 불투명성, 심지어 깊은 어둠마저 가지고 있고 의도된 혹은 의도되지 않은 오용과 남용과 기만의 가능성이 활짝 열려 있는 영역이라 말할 수 있다.

사회가 그토록 애써 정직과 신실함을 교육하려 하는 것, 그것을 장려하여 일종의 도덕적 강박으로까지 만들고자 노력하는 것은 사회가 근본적으로 언어 없이는 존재할 수 없지만 기만과 남용이 언어의 근본적 속성인 때문이기도 하다. 하인츠 폰 푀르스터의 멋진 책제목처럼 "진리는 거짓말쟁이의 발명품이다". 그리고 언어는 진리와 거짓말 모두의 서식지다.

이런 언어에 대해 주체는 다양한 태도를 지닐 수 있고, 그 태도는 커뮤니케이션에 대한 지향성과 연결된다. 예컨대 어떤 주체는 언어 속에서 참을 수 없는 희박함을 느낀다. 고산병에 걸린 듯한 이런 주체는 살기 위해 언어가 더 무성한 공간을 향해 나아간다. 아니 그런 언어의 수목원을 만들려 할 것이다. 어떤 주체에게 언어는 견딜 수 없는 무게로 다가온다. 중요한 타자들significant others의 분노가 배어 있는 언어에 에워싸인 주체는 언어 밖으로 걸어나가고 싶을 것이다. 또 어떤 주체는 자신의 말이 언제나 타인을 향해 절름거리며 걸어가는 것을 목도하는 슬픔에 잠길 수 있다. 혹은 언어란 그저 견고한 현실 혹은 이해관계의 표면에 덮인 얇고 가벼운 포장지에 지나지 않는다고 느끼는 주체도 있을 것이다. 한 단어가 아니라 한 단어에서 다른 또 한 단어로의 이행의 희미한 순간에 집착하는 주체도 있을 것이다. 이런 태도 그리고 그에 따른 언어 사용의 종류는 주체의 수만큼 많을 것이다. 그걸 잘 정비된 분류법으로 정돈하기는 쉽지 않다. 그러니 가깝게 자주 기억나는 노무현, 이명박 그리고 얼마 안 있어 대통령으로 취임할 박근혜를 중심으로 대통령의 언어와 커뮤니케이션 지향에 대해 살펴보자.

노무현 전 대통령(이하 '노무현')은 대통령의 언어를 처음으로 관심 대상으로 만들었던 대통령이었다. 그는 말하길 좋아하고 말하고 있을 때 신나는 사람처럼 보인다. 지금도 인터넷에서 동영상으로 쉽게 만날 수 있는 2007년 6월 참여정부 평가포럼에서 노무현의 말하는 모습을 보면 청중을 이끄는 힘, 유머, 열정, 모든 면에서 발군의 솜씨를 보여준다. 하지만 그 환한 모습은 그가 지지자에게 둘러싸인 온화한 공간 속에 있을 때 피어난 것임을 기억할 필요가 있다.

노무현은 공적인 장면에서, 그러니까 자신에게 적대적인 이들과 우호적인 이들 모두를 가로질러 말해야 할 때 비틀거렸다. 그는 언어 자체가 의전에 의해 구조화되어 다소간 건조하고 인격적 색채가 증류된 형태로 말해야 할 때, 즉 언어가 인격적 울림을 가질 필요가 없거나 가지지 말아야 할 때, 언어가 생명력을 가지고 약동하지 말아야 할 때, 견디기 힘들어했다.

그는 언어란 관습이고 의전이며 때로 사람들은 그런 외관을 지킴으로써 서로 편할 수 있다는 것을 잘 이해하지 못한 것이다. 언어란 매끄럽고 따스한 것이 아니며 커뮤니케이션은 통상 높은 수준의 정신적 비용을 치르는 끈기를 요구한다는 것을 잘 체득하지 못했다. 그는 언어 속에 진정성을 실어 보내는 것에 성공할 때, 그 속에서 행복한 사람이었고, 실패할 때 우울해지는 사람이었다. 대통령 시절 그가 보인 조울증적인 리듬은 커뮤니케이션을 조절하고 통제하려 하기보다 성공한 커뮤니케이션의 엑스터시에 집착하는 태도에서 비롯한 면이 크다. 서정적 주체가 웅크렸다 뛰쳐나오고 다시 웅크리는 과정은 많은 이를 당황하게 했다.

진실을 발화하는 것과 진실의 커뮤니케이션이 이루어지는 것은 다르다는 것, 사람들은 타자의 진실을 알기를 가끔만 원한다는 것, 과도한 진실은 일종의 외설일 수도 있다는 것을 그는 정확히 감지하지 못했다. 노무현에게서는 확실히 커뮤니케이션에 내재한 비극성이 강도 높게 분출되고 있다. 그래서 그의 말은 때로 자신을 아프게 했을 뿐 아니라 그 지지자들을 당혹스럽게 했고, 반대자들을 화나게 했던 것이다.

비극 다음엔 곧잘 희극이 닥쳐온다. 이명박 대통령(이하 '이명박')의 언어와 커뮤니케이션 지향은 노무현의 정반대 지점에 있다고 해도 과언이 아니다. 그에게 언어는 의전, 순수한 외관이다. 그의 언어에는 주관적 울림이 없다. 그의 말은 그 말을 하는 주체와 연동되지 않는다. 그러니 그의 말은 그의 말이 아닌 셈이다. 도대체 이 '유체이탈 화법'의 내적 구조는 어떤 것일까?

통상 아나운서는 인격적 어려움을 가지고 있다. 왜냐하면 그는 그가 짓지 않은 말을 마치 자신이 지은 말인 것처럼 말해야 하기 때문이다. 그래서 아나운서는 실감나게 말하기 위해서 노력하지만 그 결과 실감나게 말하게 될수록 어떤 당혹감에 빠질 수 있다. 그래서 자기 분열을 방지하기 위해서 그는 자기 말의 청자로서 그 말에 기꺼이 동의하고 동화되어야 한다.

이명박은 아나운서와 일면 유사하다. 하지만 아나운서와 달리 그에게는 자신이 지은 말을 자신이 짓지 않은 말처럼 받아들이는 단계가 선재하는 것 같다. 그러니까 그는 이런 식으로 말한다. 자신으로부터 발원하는 말은 자신의 말이 아닌 것처럼 수용한다. 그리고 그렇게 해서 낯설어져 자신과 인연을 상실한 말을 자신의 말인 듯이 마치 아나운서처럼 연기하는 것이다. 그렇기 때문에 그는 아나운서처럼 당혹감을 느끼지 않는다. 이런 복잡한 절차를 잘 마무리한 것의 만족감이 앞서기 때문이다.

언어를 의전의 외관으로 전환하는 것은 커뮤니케이션으로부터 열기를 빼앗는 과정이다. 이 열기의 약화는 진정성의 과잉으로부터 면제된다는 점에서 기실 편안한 것이기도 하다. 노무현의 커뮤니케이션에 지친 사람이라면 그것을 환영할 수도 있다. 하지만 이명박에서 외관으로의 전환은 주체와의 분리를 경유하는 것이다. 그런 경우 언어에 내장된 구속력도 더불어 사라진다. 언어의 약속하고 증언하는 힘이란 결국 언어와 주체의 연관이 사라지지 않기 때문에 가능해지는 것이기 때문이다. 대통령은 약속하고 실천하는 자리에 있는 사람 아닌가? 우리가 그와 커뮤니케이션의 엑스터시를 맛보지 않는 것은 상관없지만 그와의 커뮤니케이션이 아무것도 아닌 일이 되는 것은 곤란한 것이다.

주체가 분리되어 유지되는 외관들은 서로 간의 일관성을 잃게 된다. 외관과 의전은 단지 개별적 상황 속에서만 통용된다. 하지만 커뮤니케이션이 마치 매일 아침 바꿔맨 넥타이처럼 될 때 외관은 비일관성 속에서 붕괴한다. 이런 비일관성이 선명한 사례로 나타나는 것이 바로 이명박의 거짓말들이다. 그럴 때 우리에게는 의심이 밀려든다. 진심과 진정성을 커뮤니케이션하지 않는 것(그것은 하나의 커뮤니케이션 전략일 수 있다)과 진심과 진정성이 아예 없다는 것은 전혀 다른 것이기 때문이다. 이명박에게는 어떤 경이로운 면이 있다. 우리가 마주하고 있는 이가 진심과 진정성이 없는 괴물인 것은 아닐까 하는 의구심을 불러일으키기 때문이다.

그를 괴물로 방치하지 않는 유일한 길(그를 순수한 비일관성으로 파악하지 않는 길)은 그로부터 어떤 일관성을 재발견하는 것이다. 그리고 주체로서 그를 관통하는 일관성이 커뮤니케이션 채널로 들어올 수는 없는 성질의 것이어야 한다.

내곡동 사저 문제를 실마리 삼아 이명박을 '구제'해보자. 사람들에게 놀라운 것은 그가 적지 않은 재산을 가지고 있으며, 대통령이라는 대단한 명예를 얻었으며, 엄청난 권력을 휘둘러보았고 여전히 휘두를 수 있는 위치에 있음에도 불구하고 온갖 규정들을 꼼꼼히 이용하고 하수인들을 부려 그토록 하찮은 재산 형성에 탐닉했다는 점이다.

여기엔 확실히 어떤 기이한 면이 있다. 하지만 그것을 이해하는 길은 바로 그 기이한 면을 이명박의 '뼛속'으로 받아들이는 것이다. 바로 그 작은 재산이라는 향유 대상에 온갖 규정을 이용하고 회피하고 조작하며 얻어내는 능란함, 그리고 법망을 피해 도주하는 쾌감이 잉여 향유로 덕지덕지 붙어 있는 것이다. 그렇기 때문에 그는 언어를 완전히 도구적으로 농락할 수 있다는 것 자체를 자신의 '실용적' 우월성으로 인식하는 것, 도덕적 큰 타자the Other의 부재를 증명해내는 것 속에서 즐기는 주체가 되는 것이다.

이것이 과도한 해석일까? 아니다. 이렇게 파악할 때만 우리는 그의 일관성을 가정할 수 있고, 그 '뼛속'이 근본적으로 커뮤니케이션 불가능성을 함축하고 있음을 파악할 수 있으며, 더불어 그가 괴물이 아니라 가련한 존재라는 것을 이해할 수 있다.

노무현과 이명박, 이 두 사람은 각각 충만한 언어와 텅 빈 언어를 대변한다. 한 사람이 진정성의 커뮤니케이션과 그것의 실패를 보여주었다면, 다른 한 사람은 반反커뮤니케이션을 상연했다. 그렇다면 박근혜 당선자(이하 '박근혜')는 어떠한가? 흔히들 그녀가 절제된 말을 한다고 한다. 확실히 박근혜의 말은 에너지와 열정으로 차오른 말이 아니다. 간결하고 단정하다. 그 점에서 노무현과 다르다.

그녀는 자신을 약속을 지키는 정치인으로 내세운다. 그런 점에서 말과 주체의 분리를 거부하는 것을 지나 양자가 단단히 결속되어 있음을 주장한다. 언어가 시간을 극복하며 주체를 제어하는 힘을 유지한다는 점에서 그녀는 이명박과도 다르다. 이렇게 보면 박근혜의 말은 충만한 말도 아니지만 텅 빈 언어도 아니다. 얼핏 보기에 박근혜는 노무현과 이명박 각각의 약점을 지양하고 있는 듯이 보인다. 과연 그런 것일까?

박근혜가 대통령 당선자가 되지 않았다면, 우리는 그녀가 어떤 커뮤니케이션 지향을 가지고 있는지 다소간 불분명하게 파악하고 끝났을지 모른다. 대통령에 도전하는 자와 대통령에 당선된 자는 다르다. 권력의 크기가 다르고 행사 방식이 다르다. 단언컨대 개인의 특이성은 그가 권력행사에 있어서 장애가 없을수록 분명하게 드러난다고 할 수 있다.

그녀가 당선자가 되자 금세 드러난 것은 일종의 비밀주의다. 그런데 비밀은 커뮤니케이션 관점에서 본다면 커뮤니케이션에 일종의 터부를 설정하는 것이며, 그런 의미에서 커뮤니케이션 억압이라고 할 수 있다. 비밀을 유지한다는 것은 커뮤니케이션할 수 있는 주제와 커뮤니케이션할 수 있는 사람들을 선별한다는 것을 의미하며, 그렇게 선별되지 않은 것은 커뮤니케이션에서 배제함을 뜻한다.

이런 커뮤니케이션 억압은 확실히 커뮤니케이션 비용을 줄여준다. 말하고 그것이 오해를 유발하고 그 오해를 풀기 위해서 또 말하고 그것이 다시 말실수로 이어지는 일을 우리는 일상적으로 경험한다. 커뮤니케이션은 문제 해결 수단인 경우 못지않게, 아니 그 이상으로 문제를 유발하는 출처이긴 하다. 하지만 그 비용을 회피하기 위해 터부를 부여하는 것은 한 사회 내에 말할 수 없는 것을 만들어내는데, 그것은 권력의 가장 오래된 테크닉 가운데 하나다. 터부로부터 공적 시선이 투과할 수 없는 어둠이 생기고, 그 심연으로부터 결정이 솟아오른다. 바로 그런 방식으로 우리는 밀봉되고 보호되고 차단된, 조금도 왜곡되거나 첨삭되거나 함부로 해석되어서는 안 되는 박근혜의 말을 듣게 되는 것이다.

이것이 우리 사회 성원 대다수는 물론이고 새누리당 국회의원들에게

조차 어떤 효과를 발휘할지 생각해보라. 그들은 오로지 비밀의 이너서클 외부로 떨어지지 않으려 애쓸 수밖에 없다. 고도로 선별되는 커뮤니케이션 채널에서 미끄러지지 않기 위해 그들은 귀뚜라미처럼 더듬이를 쫑긋거릴 것이다. 기자들 또한 쏟아지는 말 가운데서 의미를 색출하는 역할을 더이상 할 수 없고, 더듬거리는 대변인 뒤에 있는 권력의 벽에 귀를 갖다대야 할 것이다.

커뮤니케이션 자체를 통제하고 선별하기에, 이제 언어는 약속하는 언어가 아니라 선포하는 언어가 된다. 약속은 주체가 그 약속된 말 범위 밖으로 벗어나는 것을 막는 힘을 행사한다. 그래서 모든 주체는 사소한 약속에서도 어떤 가벼운 두려움을 느낀다. 하지만 선포는 그 자체로 수행적이다. 그것은 주체의 의지를 표명하며 그래서 철회되지 않는다. 선포를 스스로 철회하는 순간은 주체가 그 권능을 상실한 것과 동일한 순간이다. 그러므로 선포는 철회되지 않고 청자에 의해서 거부될 수 있을 뿐이다. 그 때문에 선포하는 자는 신중하게 거부를 회피한다. 그리고 이 회피가 자신의 한계나 두려움의 소산임을 숨겨야 한다. 그런 점에서 비밀은 다시 비밀을 불러들인다고 할 수 있다.

커뮤니케이션 차단과 선별에 입각한 비밀은 박근혜가 생각하는 국민통합과 법질서가 어떤 것인지도 말해준다. 그녀에게 국민은 차단된 커뮤니케이션 바깥의 존재이며, 그렇기 때문에 대등한 시민이 아니다. 그녀는 그런 국민을 포함하는 동시에 배제하고 배제하는 형태로 포함한다. 그리고 포함된 배제에 대한 태도가 자비고 배제된 포함의 태도가 바로 진노다.

그녀는 지난해 말 난곡 주민들의 무상급식소에서 자원봉사를 했다.

그것이 바로 배제된 자들이 자비를 통해 포함되는 양상이다. 어제 신문에는 신세계그룹이, 오늘 아침 신문에는 현대그룹에 대해 검찰수사가 진행되고 있다. 그것이 바로 포함된 것에 대한 배제이며 진노의 희미한 낌새다. 그녀가 말하는 국민통합과 법질서란 결국 진노와 자비라는 가장 오래된 주권자의 야누스적 얼굴의 새로운 이름인 셈이다. 그녀는 생각보다 훨씬 더 태곳적인 셈이다. 하지만 권력의 습속에서 그 태고성은 여전히 익숙한 것이기도 하다.

생각해보면 진정성의 커뮤니케이션이 실패한 자리에 반커뮤니케이션이 들어섰고, 모든 말이 부평초처럼 되었다. 그리고 지금은 태곳적 권력 기술과 커뮤니케이션 억압이 그 자리를 이으려 한다. 이러저런 요소들이 뒤섞인 범상한 우리들에 비해 한결 기이하기만 한 대통령들의 언어와 커뮤니케이션의 근원은 대통령제 자체가 카리스마적 요소를 중심으로 선회하기 때문이며, 카리스마가 우연성과 특이성이 강도 높게 출현하는 지점이기 때문일 것이다. 결국 우리는 우리보다 극단적인 이들을 대통령으로 선출한 것이다.

그래도 대통령제에 사는 한, 말을 잘하는 대통령을 맞이하고 싶다. 이 소망이 소박하긴 해도 쉽지 않다는 건 안다. 그래도 바라지 않을 수 없다. 커뮤니케이션에 터부를 설정하고 비밀을 자아내지는 않지만 과도한 커뮤니케이션의 비용을 이해하는 이가 대통령이었으면 좋겠다. 그의 커뮤니케이션에 어떤 온도조절 장치가 부착되어 있으면 한다. 열기와 엑스터시의 언어로 포효할 수 있지만 잔잔하게 식은 의전의 언어로 돌아갈 줄 알면 좋겠다. 외관과 의전의 세계를 통해 우리의 공적인 삶을 평온히 꾸려나가지만 여유 있는 유머를 통해 언어와 주체의 긴밀함을 언뜻언뜻 비치며 약속의 언어를 반듯하게 세울 줄 알기 바란다.

잘 말하는 자는 언어가 자기 것이라 생각지 않는다. 언어와의 긴장 어린 관계를 끈기 있게 이어갈 줄 알며, 커뮤니케이션에 대해 커뮤니케이션할 줄 안다. 그는 더 적게 말해야 할 때와 크게 말해야 할 때와 많이 떠들어야 할 때와 조용해야 할 때와 아예 침묵할 때를 안다. 그때의 중심을 움켜진다. 그렇게 해서 우리를 이끌고 우리를 위로한다. 잘 우려낸 차 한 잔처럼.

창비 문학블로그 창문, 2013. 1. 11.

돌아보기

이 칼럼은 이 책에서 유일하게 2013년에 쓰인 것이다. 하지만 글 자체는 2012년 연말에 거의 완성된 형태로 쓰였다. 2013년 1월에 '창문' 블로그에서 원고 하나 써주면 좋겠다는 의뢰가 있어서 조금 수정해서 발표했다. 박근혜 대통령의 화법이 가진 특이성 그리고 그것에서 추론되는 통치 스타일에 대한 것이 주된 분석이라는 것도 여기에 싣기로 마음먹은 한 이유이다. 2012년에 쓰인 글과 연속성이 많아서 언제 한 권의 책으로 묶일지 모르는(어쩌면 만들어지지 않을지도 모르는) 다음 칼럼집보다 여기에 싣는 것이 나을 것 같았다.

글을 쓰면서 두 가지 생각이 떠올랐다. 하나는 대통령의 특성과 비판 양식 사이의 상관성이다. 이명박 대통령 집권기에 〈나는 꼼수다〉(이하 〈나꼼수〉)가 대단한 성공을 거두었는데, 이 성공은 〈나꼼수〉가 선택한 비판 양식이 이명박 대통령의 행위 및 화법에 적합한 것이었기 때문이다.

〈나꼼수〉의 김어준이 탁월하게 명명했듯이 이명박 대통령은 '유체이탈 화법'을 구사한다. 이런 화법은 주체와 언표 사이의 분리에 기초하기 때문에 언표에 대한 비판이 주체에 대한 비판으로 이어지지 않게 된다. 따라서 〈나꼼수〉는 이명박 대통령의 말을 언표 수준에서 비판하거나 말과 행동의 관계를 대조함으로써 말의 허구성을 비판하는 통상적인 이데올로기 비판의 절차를 따르지 않았다.

그 대신 대통령의 행동 연관만을 추적함으로써 언표의 층위와 전혀 무관해 보이는 의도와 향유의 영역을 재구성해서 제시했다. 여기서 중요한 것은 그 제시가 또한 일종의 상연과 같은 것이기도 했다는 점이다. 〈나꼼수〉는 권력자의 숨은 향유를 폭로하는 동시에 그것이 어떻게 비판하는 편에서도 향유를 생산할 수 있는지 보여준다. 우선 재구성은 그 자체로 일종의 지적 성취(〈나꼼수〉의 경우 취재와 그것에 입각한 합리적 추론의 성취)이며, 이 성취는 그 자체로 일종의 향유를 생산한다.

이 향유 생산을 증거하는 동시에 그것을 강화하는 것이 '씨바'다. 욕은 그 자체로 향유로 물들어 있는 말이다. 통상 그것은 억압된 말이었기 때문에 그것이 일종의 영탄으로 빠져나오는 순간 해방감을 산출한다. 〈나꼼수〉에서 '씨바'도 그런 기능을 하는데, 그것이 사용되는 방식은 적어도 세 겹의 의미작용을 동시에 작동시킨다.

첫째, 이명박의 향유 장면을 들여다본 것에 성공했음을 표시한다. 둘째, 그것은 이해의 순간 우리가 느끼는 경멸을 표현한다. "고작 그거였어. 돈 몇 푼 더 처먹으려고. 그렇게 너절한 것이었어." 동시에 그것이 '씨바' 같은 욕이라는 것, 기본적으로 주체가 통제할 수 없게 새어나온 탄식의 형태를 취한다는 것은 자발적 감정 상태를 표시한다. 마지막으로 '씨바'는 그것이 권력자를 향한 것이기 때문에 기개를 표현한다. '나는 너의 권력이 두렵지 않다'는 감정을 표현한다. "쫄지 마"라는 말과 연결되는 이 기개는 자아에 일종의 대양적大洋的 감정을 불어넣는다.

〈나꼼수〉가 채택한 비판의 형식은 더 상세히 논의할 주제들을 많이 담고 있다. 하지만 여기서 그것을 더 이야기하는 것은 적당하지 않은 것 같다. 요점은 〈나꼼수〉 형태의 비판이 박근혜 대통령에게는 잘 작동하지 않으리라는 것이다. 박대통령에게서는 말과 주체의 분리는 일어나지 않는다. 따라서 비판 대상의 향유를 비판하는 동시에 자신의 향유를 산출하는 형식의 비판이 잘 작동하지 않을 것이다.

다른 하나는 박근혜 대통령의 커뮤니케이션 전략이 이 글에서 묘사한 것보다 조금 더 복잡한 것 같다는 것이다. 여전히 박근혜 대통령 자신의 커뮤니케이션은 일종의 비밀주의, 강도 높은 선별, 전반적인 커뮤니케이션 억제의 전략을 따른다. 이런 식의 커뮤니케이션 전략에 도전하는 기본적인 방법은 커뮤니케이션 증식으로 대응하는 것이다. 즉 커뮤니케이션될 수 있는 것과 그럴 수 없는 것의 경계를 무너뜨리며 도처에서 억압된 것들이 커뮤니케이션 대상으로 부상하게 하고 그렇게 해서 억압자가 어떤 통제 불가능성을 체험하게 하는 것이 필요하다(예컨대 경찰이 대자보를 떼어내면 밤새 더 많은 대자보가 붙는 독재국가를 상상하면 된다).

하지만 박대통령도 기본적으로는 민주화 이후의 권위주의다. 그렇기 때문에 박대통령 자신과 그 측근의 커뮤니케이션은 억제된 형태를 고수하며, 가능하면 주요한 커뮤니케이션 채널을 억압적으로 통제하겠지만 타자의 커뮤니케이션을 완전히 통제할 수 없다. 그리고 그 점을 박근혜 정부도 안다. 그렇기 때문에 사용되는 방법이 1) 타자의 커뮤니케이션을 덮을 수 있는 다른 의제 제시하기 2) 적극적으로 반대 프레임을 제시하여 의제보다 갈등 자체로 주목을 이동시키기 그리고 3) 커뮤니케이션 자체를 과잉 상태로 만들어 대중이 정보 자체를 획득하기 어렵게 하기 같은 방법들이다.

이런 갈등과 혼란의 이미지를 생산하려는 커뮤니케이션에 대응하는 방법은 의제를 단순화하고 그것에 집요하게 달라붙는 것이다. 모든 것을 하나의 중심 의제로 응결하며, 그렇게 함으로써 분명한 정보와 메시지를 생산하는 것이 기본일 것이다. 이 글의 주제와 연결해서 말하자면, 그리고 앞으로도 4년 정도 남은 박근혜정부 시기를 통과해 나가려면, 더 나은 커뮤니케이션 능력은 바로 우리들 민주적 시민의 과제가 된 셈이다.